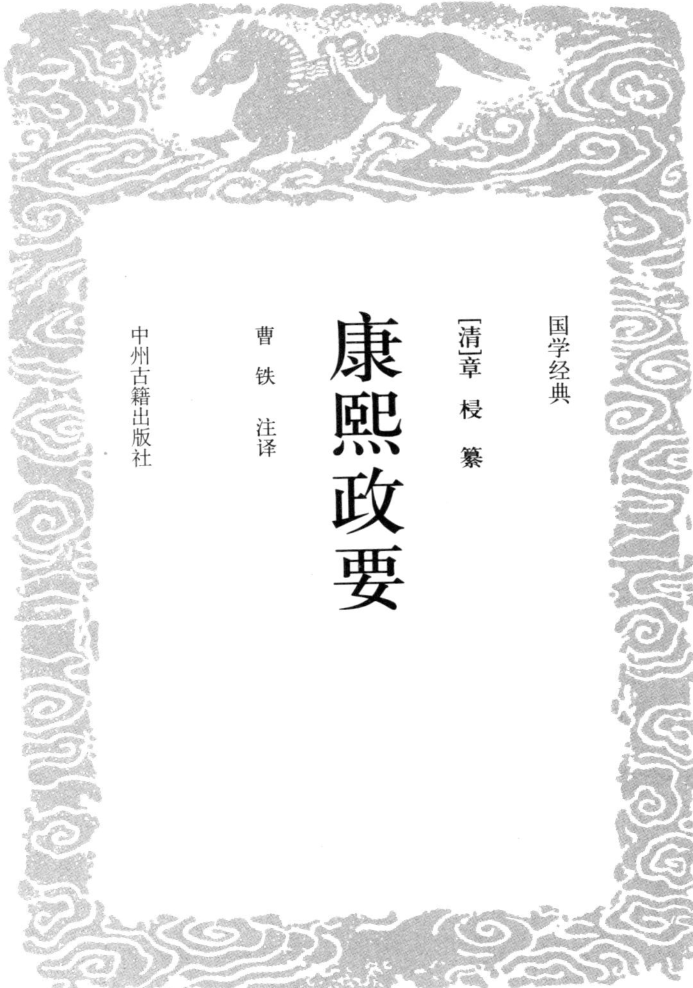

国学经典

[清]章梫　纂

康熙政要

曹铁　注译

中州古籍出版社

康熙政要

前　言

在中国历史上，康熙皇帝爱新觉罗·玄烨（1654～1722）是一位具有雄才大略和远见卓识的政治家。他八岁登基，在位六十一年，对于当时社会经济文化的恢复和发展，统一的多民族国家的形成与巩固，颇多建树，开创了康乾盛世，不仅在封建帝王中屈指可数，堪与唐太宗李世民相提并论，而且与同时代的外国君主，如法国波旁王朝的路易十四（1661～1715年亲政）、俄国罗曼诺夫王朝的彼得大帝（1682～1725年在位）相比，也毫不逊色，因而成为在中国历史乃至世界历史上具有重大影响的历史人物之一。

关于康熙的历史评价，历来褒贬不一。清代朝野自然对其赞颂有加，誉为“自古英哲非常之君”、“圣人”、“千古一帝”。晚清曾国藩《国朝先正事略序》曰：“若汉之武帝，唐之文皇，宋之仁宗，元之世祖，其时异材勃起，俊彦云屯，焜耀简编。然考其风流所被，率不过数十年而止。唯周之文王，及我圣祖仁皇帝，乃阅数百载而风流未沫。周自后稷十五世集大成于文王，而成康以洎东周，多士济济，皆若秉文王之德。我朝六祖一宗，集大成于康熙，而雍乾以后，英贤辈出，皆若沐圣祖之教。”外国人的著述，如白晋《康熙帝传》、白克好司与濮兰德《清宫秘录》、西本白川《康熙大帝》、后藤末雄《康熙大帝与路易十四》等，或比之欧洲文艺复兴时代，或称之“中国之文化黄金时代”，或赞颂其修明政绩、英勇机智、渊博学识、仁爱胸怀，或视之为三代王道的继承者、儒家道统的代表者，都给予了高度评价。但是到了清末民初，资产阶级革命派的评论则反其道而行之，贬抑为专制暴君，甚至比秦始皇、路易十四有过之而无不及。新中国成立后，20 世纪 60 年代，史学界曾经开展关于康熙问题的讨论；近三十年来，随着研究的不断深入，陆续出版和发表了大量的档案资料、研究著作和学术论文，为我们客观地评价康熙奠定了良好的基础。

人贵有自知之明。康熙皇帝对自己的生平亦曾经反复进行总结。康熙四十七年（1708）冬大病之余，他就着手草拟遗诏，希望在自己明爽之际，倾诉衷肠，此后十年间从不间断，到五十六年（1717）十一月卧病时曾口述给诸位皇子和满汉大臣，这也是他辞世后所发遗诏的初稿。其中，其基本评价包括：享年高，在位久；殚心竭力，勤勉政事；用兵临戎，统一国家；力戒骄奢，节用爱民；不尚虚文，力行实政等。揆诸其一生行实，应该说这个评价是实事求是的，并无浮夸自誉之辞。

近三百年后的今天，我们透过历史的烟云，通过文献的爬梳，客观地考察康熙其人，我们觉得这是一个祖国统一的实践者，一个升平盛世的开创者，一个励精图治的管理者，一个涉猎广博的学者，一个可亲可敬的老人。是他，处在世界历史新旧交替的时代，内有权臣挟制、朋党倾轧，外有割据叛乱、强敌环伺，运筹帷幄，决胜千里，捉鳌拜、平三藩、统一台湾、平定蒙古、安定西藏、击退沙俄侵略，使中华帝国以其空前统一、疆域辽阔的形象屹立东方、威服世界；是他，勤勉政事，发展经济，轻徭薄赋，安定民生，提倡理学，昌明文教，祛奢崇俭，移风易俗，开创了康熙之治。他，是一个日理万机的大国管理者，同时也是一个博闻强记的学者，正如《康熙政要叙》所谓：“经经纬史，博极群书，上而天象、地舆、历算、律吕之精微，三礼八政之繁赜，下至射御医筮，百家众技之长，极之满蒙回藏文字之源流，泰西各国制器考工之新法，莫不洞穷蕴奥，兼综旁通。”更为难能可贵的是，他践行经世致用之学，对各种知识都亲自实验，亲身体会，雅好诗文，游心翰墨，堪称一位博学之士。至于其为了“正朝廷以正百官，正百官以正万民”，有关勤政、廉政、爱民、养民、养生、修身的谆谆叮咛，更仿佛一位可亲可敬的老人的“过庭之训”。当然，康熙一生并非没有历史的局限和人生的烦恼，但瑕不掩瑜，其历史贡献不可磨灭。他所留下的宝贵的丰富的历史遗产，值得我们今天借鉴。

《康熙政要》一书，就可以作为我们研究借鉴康熙历史遗产的百科全书。作者利用其任职史馆的便利，广搜博取，分门别类，去粗取精，去伪存真，为我们省却了翻检文献之劳，提供了极大的方便和捷径，从而系统再现了康熙时代和康熙其人的方方面面，也为我们展现了封建国家的成功管理案例，与唐代史学家吴兢的《贞观政要》并称媲美，堪称是中国帝王学的双璧。

《康熙政要》的编纂者章梫（1861～1949），名正耀，字立光，号一山，浙江宁海（今属三门县海游镇）人，著名学者，教育家、书法家。出身于书香门第，六岁入私塾，十八岁中秀才，至杭州深造于诂经精舍，师从著名学者俞曲园，学业大进。后担任幕友，就职于四川、江西、湖南等地，考察民情风俗，增广见识。光绪二十八年（1902），受聘为上海澄衷中学校长。同年，中乡试。次年创办海游学堂。光绪三十年（1904）中进士，授翰林院检讨。后历任京师大学堂译学馆提调、监督，国史馆协修、纂修，功臣馆总纂，德宗实录馆纂修，兼任京师大学堂经科、文科提调，邮传部、交通部传习所监督，北京女子师范学校校长等。1914 年回到上海，受聘为青岛孔德大学教授。第一次世界大战期间德国占领青岛，他移居上海，受聘为商务印书馆编辑、浙江通志馆编辑。后任教仓圣明智大学。七七事变后，蛰居上海租界，以佛老之学自遣，吟诗、作书自娱。其书法工行、草书，雍容浑厚，传世甚多，后人称其“夙善楷法，晚岁笃好草书，执笔五指并用，运腕如拨镫，翰墨清华，体势秀逸”；“自唐以来千余年，学《书谱》者第一人”。1948 年迁居杭州。次年 2 月病逝，享年八十九岁。其子章以吴，长期从事金融证券业务，新中国成立后曾担任中央文史研究馆馆员；长孙章文晋，新中国著名外交家，曾任中国驻美大使、外交部副部长、中国人民对外友好协会会长。

章梫一生著述丰富，在历史、文学、艺术等领域均有一定的造诣和较大的成就。有《康熙政要》二十四卷、《旅纶金鉴》六卷、《一山文存》十二卷、《一山息吟诗集》一卷、《一山骈文》一卷、《王章诗存合刻》十七卷，翻译日文《学校教授学管理法纲要》，校订辑刊《逊志斋集》等。另有未刊《德宗实录》、《光绪新政》、《方正学祠志诗存》、《明遗民传》等，多所散佚。新中国成立后，其部分遗物包括明清古籍、碑帖、拓片、字画以及文集木刻版，由其子章以吴分别捐赠给浙江图书馆、浙江博物馆，《康熙政要》抄稿一部及沈曾植诸名家题跋手书一卷，捐赠北京图书馆。

《康熙政要》一书仿照唐代吴兢《贞观政要》体例，分门别类，选辑各种文献中有关康熙事迹的资料，其篇目较《贞观政要》增加了“论政体”、“遵法祖制”、“优礼大臣”、“勤学”、“恤勋旧”、“尚廉”、“理学”、“舆地”、“历算”等，更加突出了康熙时代的特点以及康熙皇帝的才华、学识、品德与治国之道，后人称其“辑述清代典章，抉择精洽”。据作者“题识”，完成于宣统二年(1910)，亦当于此时刊刻行世。

本书整理即以宣统刻本作为底本，参考其征引的相关文献，对其中的个别错误字句进行校勘修订，并就一些引文、人名、职官及个别字词作了注释，在此基础上进行白话翻译。限于篇幅，本书作了较大的删节，同时第三、第四卷“任贤”两篇所收《国史碑传集》、《国朝耆献类征》、《先正事略》中的图海、魏象枢、费扬古、汤斌、伊桑阿、熊赐履、于成龙、李光地、陆陇其、张伯行诸人的传记，仅保留原文，未作注释和翻译。特此说明，敬请读者指正。

目　录

康熙政要卷一

论君道第一

康熙六年，圣祖躬亲大政，诏谕天下曰："朕以冲龄，嗣登大宝，辅政臣索尼[①]等，谨遵皇考世祖章皇帝[②]遗诏，辅理政务，殚心效力，七年于兹。今屡次奏请，朕承太皇太后[③]之命，躬理万几[④]。唯天地祖宗，付托至重，海内臣庶，望治方殷。朕以凉德，夙夜祗惧，天下至大，政务至繁，非朕躬所能独理。宣力分猷，仍唯辅政臣、诸王贝勒[⑤]、内外文武大小各官是赖。务各殚忠尽职，洁己爱民，任怨任劳，不得辞避。天下利弊，必以上闻，朝廷德意，期于下究，庶政举民安，早臻平治。凡我军民，宜仰体朕心，务本兴行，乐业安生，以迓休宁之庆[⑥]。政在养民，敢虚天地生成之德；时当亲政，恒念祖宗爱育之心。布告天下，咸使闻知。"（《圣训》）[⑦]

［注释］

①索尼（1600～1667）：满洲正黄旗人，赫舍里氏。清太祖时为一等侍

卫，世祖亲政，晋一等伯，擢内大臣兼议政大臣，总管内务府。康熙即位，为辅政大臣。卒谥文忠。传见《清史稿》卷二百四十九。②世祖章皇帝：即爱新觉罗·福临（1638～1661），清入关后第一位皇帝，1643～1661年在位，年号顺治。③太皇太后：即孝庄文皇后，博尔济吉特氏，清太宗皇太极妃，崇德元年（1636）封永福宫庄妃；世祖即位，尊为皇太后；圣祖即位，尊为太皇太后。④万几：几，通“机”，事物变化的征兆，引申为事务、政务。⑤贝勒：即多罗贝勒，满洲贵族世袭封爵之一，仅次于和硕亲王、多罗郡王。⑥休宁之庆：为迎接安乐太平的盛世而举行的庆典。⑦《圣训》：即《圣祖仁皇帝圣训》，世宗雍正九年（1731）编，乾隆六年（1741）刊，为康熙皇帝的训政言论汇集，凡六十卷，三十二类，总共一千九百余则，有四库全书本。

［译文］

康熙六年（1667），圣祖皇帝爱新觉罗·玄烨开始亲政，于是颁布诏书晓谕天下说：“我以幼小年龄，继承皇位登上宝座，辅政大臣索尼等人，严格遵循皇父世祖章皇帝的遗诏，辅佐我处理政务，殚心竭虑，效力朝廷，到今天已经整整七年了。如今，经过大臣们的屡次奏请，我遵照太皇太后的旨意，亲自处理军国政事。每每想到天地和祖宗的托付，至为重大；海内臣僚庶民盼望天下大治的心情，至为殷切。而我的德行浅薄、能力有限，因此日夜战战兢兢，忧惧万分，感到天下无比广大，政事无比浩繁，不是我自己所可以独自治理得了的。分任责成，效力谋划，仍然要倚赖各位辅政大臣、诸王贝勒以及朝廷内外文武大小官员。希望各自竭尽忠诚，尽心职守，廉洁自律，爱护百姓，任劳任怨，不得推辞和回避。天下的利弊得失，一定要向上奏闻朝廷；朝廷的恩德盛意，则期望向下传达民间。只有这样，才差不多能够使得政事治理，人民安乐。凡是我的军民，都应当体察我的心意，一定要致力本业，振兴生计，安居乐业，从而迎接太平盛世的庆典。为政的关键在于爱养百姓，我怎么敢不虔诚对待天地生成的大德；当此亲政的时刻，我更加感念祖宗的爱育之心。以此布告天下，希望天下人民都能知晓。”

是年，又谕吏部等衙门曰："民为邦本，必使家给人足，安生乐业，方可称太平之治。近闻直隶各省，民多失所，疾苦颠连，深可悯念。或系官吏贪酷，朘削穷黎，抑或法制未便，致民失业，果何道以遂其生耶？一切民生利病，应行应革，尔内外各衙门大小文武等官，念切民依，其各抒所见，毋隐。"……（《东华录》[①]七）

［注释］

①《东华录》：清代编年体史料长编。乾隆三十年（1765），国史馆纂修蒋良骐就实录及其他官书文献摘录史料，起自太祖天命元年（1616），迄于世宗雍正十三年（1735），凡三十二卷，以国史馆位于东华门内，题为《东华录》。光绪年间，王先谦摘录乾隆、嘉庆、道光三朝史料，成《东华录续编》二百三十卷；又补充蒋录，合为《九朝东华录》；后潘颐福辑咸丰朝《东华录》一百卷，王先谦再辑同治朝《东华录》一百卷，合称《十一朝东华录》。朱寿鹏辑光绪朝《东华续录》二百二十卷。

［译文］

这一年（康熙六年，1667），又吩咐吏部等衙门说："民众是国家的根本，一定要使民众家给人足，生活安定，百业兴旺，才可以称得上是太平之治。近来听说各直隶省民众多流离失所，疾苦不断，深可怜悯。有的是因为官吏贪婪残酷，剥削穷苦的百姓；有的是国家法律制度不合理，导致民众失去生业，究竟有什么办法可以遂其生业呢？所有民生的利弊，哪些应该推行，哪些应该革除，你们内外各个衙门大小文武官员，要切中民众的需求，各抒己见，不要有所隐瞒。"……

康熙十一年，圣祖召讲官等至懋勤殿[①]。谕曰："汉官中有请令言官以风闻言事者，朕思忠爱之言，切中事理，患其不多。

若不肖之徒，借端生事，假公济私，人主不察，必至倾害善良，扰乱国政，为害甚巨。”又谕曰：“从来与民休息，道在不扰，与其多一事，不如省一事。朕观前代君臣，每多好大喜功，劳民伤财，紊乱旧章，虚耗元气，上下讧嚣，民生日蹙，深可为鉴。”熊赐履奏曰：“皇上此谕，诚千古为治之要道也。”（《圣训》）

[注释]

①懋勤殿：清宫殿名，在今故宫西南，与端凝殿相对，是皇帝读书、批阅奏章和鉴赏书画之所。

[译文]

康熙十一年（1672），圣祖皇帝在懋勤殿召见讲官等，吩咐说：“汉族官员中有人请求让言官根据风闻上奏言事，我想凡是忠君爱国之言，又切中事理，唯恐不够多。如果是不肖之徒，借端生事，假公济私，作为君主如果不用心体察，必定会导致倾害善良之辈、扰乱国家政务的后果，其危害非常之大。”又说：“自古以来与民休养生息，其正确的方法就在于不扰民，与其多一事，不如省一事。我观察前代的君臣行事，每多好大喜功，劳民伤财，紊乱旧章，虚耗元气，上下争权夺利，民生日益艰难，值得后世深深引为借鉴。”熊赐履上奏说：“皇上这一谕旨，真是千古为政的要道啊！”

康熙十二年，圣祖御弘德殿[①]，讲官进讲毕，谕讲官等曰：“从来民生不遂，由于吏治不清。长吏贤，则百姓自安矣。天下善事，俱是分所当为。近见有寸长片善，便自矜夸，是好名也。”又谕曰：“有治人无治法，但真能任事者，亦难得。朕观人必先心术，次才学。心术不善，纵有才学何用？”熊赐履奏曰：“圣谕及此，诚知人之要道也。”寻又谕讲官等曰：“从来君臣一心图治，天下不患不治。此等光景，未易多得，朕与诸臣，何可不交勉之?”熊赐履奏曰：“为政端在得人，故用舍黜陟，人主出治之大权，最当审量者也。”

圣祖曰：“知人难，用人不易，致治之道，全关于此。朕即欲不尽心，不可得也。”又谕讲官等曰：“致治之道，不宜太骤，但须日积月累，久之自有成效。朕平日读书穷理，总是要讲求治道，见诸实行，不徒空言耳。”又谕曰：“人主势位崇高，何求不得？但须有一段敬畏之意，自然不至差错。即有差错，自能省改。若任意率行，略不加谨，鲜有不失之纵佚者。朕每念及此，未尝一刻敢暇逸也。”熊赐履奏曰：“圣谕及此，即尧舜兢业之心也。”(《东华录》十三、《圣训》)

［注释］

①弘德殿：乾清宫之小西殿，始建于明，初名雍肃殿，万历十四年(1586)改今名，为皇帝召见臣工之处。清代则为皇帝办理政务及读书之所。

［译文］

康熙十二年(1673)，圣祖皇帝驾临弘德殿，讲官进讲完毕，吩咐讲官等说：“自古以来民生不遂顺，都是由于吏治不清明。官长小吏贤明，百姓自然安定。天下的善事，都是分内所应当做的。近来见许多人有了一寸长处、一点善事，便自我骄矜夸耀，这就是所谓的好名。”又说：“有治人无治法，但真正能够担当职事的，亦颇为难得。我观人一定以心术为要，才学为次。如果心术不善，纵然富有才学，又有什么用处?”熊赐履上奏说：“皇上谕旨说到这一点，的确是知人的要道啊！”不久，皇帝又吩咐讲官等说：“自古以来君臣一心，励精图治，天下就不怕治理不好。这样的光景，却不易多得，我与诸位大臣，怎么可以不相互勉励呢?”熊赐履上奏说：“为政关键在于得人，所以人才的用、舍、升、降，是君主的重大权衡，最应当审慎衡量。”

圣祖皇帝说：“知人很难，用人不易。达到太平之治的道路，关键全在于此。我就是想不尽心，也是不可能的。”又对讲官等说：“达到太平之治的道路，不适宜太过急迫，只须日积月累，久而久之，自然会取得成效。我平日读书，穷究事理，总归要讲求治国之道，一定要见之于实际行动，而不仅仅相信空言罢了。”又说：“君主权力巨大，地位崇高，追求什么不能得到？但必须有一种敬畏的心意，言语行为自然才不会出现差错。即便出现差错，也能够自觉意识到并加以改正。如果任意妄为，率性而行，一点也不知道谨慎，那么就很少有不出现纵情失措之举的。我每每考虑到这一点，从来不曾有一刻敢于休闲逸乐。”熊赐履上奏说：“皇上谕旨说到这一点，这就是唐尧虞舜所谓的兢业之心啊！”

康熙十六年，讲官喇沙里[①]、陈廷敬[②]等进讲《孟子·一暴十寒章》[③]。圣祖曰：“君子进，则小人退；小人进，则君子退。君子小人，势不并立。孟子所谓一暴十寒，于进君子退小人，亲贤远佞之道，最为明快，人君诚不可不知也。”又谕讲官曰：“尔等进讲经书，皆内圣外王修齐治平之道。朕亦孜孜详询，每讲之时，必专意以听，但学问无穷，不在徒言，要唯当躬行实践，方有益于所学。尔等仍直言无隐，以助朕好学进修之意。”(《东华录》十九)

［注释］

①喇沙里（？～1679）：满洲人，康熙时任翰林院掌院学士、实录馆总裁官，卒谥文敏，赠礼部尚书。曾纂修《皇舆表》十六卷、合撰《钦定日讲四书解义》二十六卷等。②陈廷敬（1639～1712）：字子端，号说岩，晚号午亭，泽州（今山西晋城）人。累官至文渊阁大学士兼吏部尚书，卒谥文贞。著有《午亭文编》、《尊闻堂集》、《河上集》等，主持编纂《大庆一统志》、《佩文韵府》、《康熙字典》等。③《孟子·一暴十寒章》：《孟子·告子上》：“虽有天下易生之物也，一日暴之，十日寒之，未有能生者也。”比喻君主亲

贤臣、远小人要有恒心，否则就等于一曝十寒，无所成就。

［译文］

康熙十六年（1677），讲官喇沙里、陈廷敬等进讲《孟子》的“一暴十寒”章。圣祖皇帝说：“君子进用，则小人斥退；小人进用，则君子退位。君子和小人，势不两立。孟子所说的一日暴之，十日寒之，对于进用君子、斥退小人，亲信贤臣、远离奸佞的道理，讲得最为明快，作为君主，的确不可不知啊！”又对讲官说：“你们进讲儒家经典，都是关乎内圣外王、修身齐家、治国平天下的道理。我也孜孜不倦学习，详尽地加以咨询，每次进讲的时候，一定专心听讲，然而学问无穷无尽，关键不仅仅在于言语，更重要的只有躬行实践，这样才有益于所学的知识。你们仍应一如既往，直言无讳，以便助成我好学进修的心意。”

康熙十八年，圣祖谕浙江巡抚李本晟①曰：“近来兵民多不能调和，尔宜尽心料理。每见各省督抚料理事务，所见止在一省，不能通行。凡事应悉心区画，从天下大计起见。”李本晟奏曰：“目前唯兵饷最急，民富则国裕，民贫则兵饷无从而办。”圣祖曰：“百姓足，君孰与不足？百姓不足，君孰与足？古今不易之理也。”（《圣训》）

［注释］

①李本晟（？～1682）：字旸若，湖北蕲春人。顺治六年（1649）进士，历任工部主事、广西佥事、云南按察副使、云南右布政使、太常寺卿、大理卿，康熙十八年（1679）九月授浙江巡抚，二十一年（1682）卒于任。

［译文］

康熙十八年（1679），圣祖皇帝吩咐浙江巡抚李本晟说：“近来军政、民政多不能协调，你应当尽心料理。我每每见到各省总督、巡抚处理事务，其所见识只局限于一省，而不能通行全国。凡事都应当悉心谋划，从天下大计起见。”李本晟上奏说：“目前只有筹措军饷最为紧要，只有民众富足，国库才能充裕；民众贫穷，那么军饷就无从筹办。”圣祖皇帝说：“百姓富足，君主还有什么不足？百姓不富足，君主又如何能够充裕？这是古往今来颠扑不破的真理。”

康熙二十九年，圣祖谕大学士、九卿①、詹事、科道曰：“尔等诸臣称雨泽霑足，固当欢悦。但去年大旱，民困未苏，昔汉文帝②为三代以下令主，贾谊犹以处厝火积薪之上而谓无危为喻③，以今较之，可无虑乎？且今虽得雨，不知夏秋若何，其当远虑深思，愈加轸恤，何得称庆？”（《圣训》）

［注释］

①九卿：中国古代朝官名称，起于三代，《礼记》：“夏后氏官百，天子有三公、九卿、二十七大夫、八十一元士。”历代相沿，九卿所指多有不同，清代以六部、理藩院、都察院、大理寺长官为大九卿，以宗人府丞、詹事、太常寺卿、太仆寺卿、光禄寺卿、鸿胪寺卿、国子祭酒、顺天府丞、左右春坊庶子为小九卿。②汉文帝（前 202 ~ 前 157）：刘恒，西汉第三位皇帝，公元前 180 至前 157 年在位，重本抑末，休养生息，成就了文景之治的盛世局面。③贾谊犹以处厝火积薪之上而谓无危为喻：贾谊（前 200 ~ 前 168），洛阳人，西汉文学家、政论家，官至太中大夫、长沙王太傅。厝火积薪之喻，出于贾谊的名作《治安策》：“夫抱火厝之积薪之下，而寝其上，火未及燃，因谓之安。方今之势，何以异此！”

［译文］

康熙二十九年（1690），圣祖皇帝对大学士、九卿、詹事、科道官说：“你们奏称雨泽充足，固然应当欢悦。但是去年天下大旱，民众的困苦尚未解脱。当年汉文帝号称三代以下的贤明君主，贾谊还以处于厝火积薪之上而无危机之心作比喻进行讽谏，以此与今日比较，我们可以高枕无忧吗？况且现在虽然下雨了，还不知道夏秋收成如何，因而应当深谋远虑，深思远图，更加顾念和体恤民生疾苦，怎么可以称庆呢？”

康熙三十年，工部等衙门议复古北口总兵官蔡元疏言：“古北口一带，边墙倾塌甚多，请行修筑。应如所请。”圣祖谕大学士等曰：“蔡元所奏，未谙事宜。帝王治天下，自有本原，不专恃险阻。秦筑长城以来，汉、宋亦常修理，其时岂无边患？明末我太祖统大兵，长驱直入，诸路瓦解，皆莫敢当。可见守国之道，唯在修德安民。民心悦服，则邦本得而边境自固。所谓众志成城者是也。如古北、喜峰口一带，朕皆巡阅，概多损坏。今欲修之，兴工劳役，岂能无害百姓？且长城延袤数千里，养兵几何，方能分守？蔡元见未及此，其言甚属无益，谕九卿知之。”（《圣训》）

［译文］

康熙三十年（1691），工部等衙门会议答复古北口总兵官蔡元的奏疏道：“古北口一带，长城倒塌很多，请批准进行修筑。应当按照其所奏请而行。”圣祖皇帝对大学士等官说：“蔡元所奏请的，并未谙熟事情的机宜。帝王治理天下，自有其本原所在，不能专门依凭山河险阻。自秦朝修筑长城以来，汉朝、宋朝也经常维修，但那时难道就没有边患吗？明末我太祖统率大军，长驱直入，各路明军纷纷瓦解，没有敢于当其锋锐者。可见保卫、守护国土的道理，只在修养德化，安定民心。民众心悦诚服，那么国家的根本就得以保全，边境也得以稳固。这就是所谓的众志成城。至于古北口、喜峰口一带地方，我都曾经巡阅过，长城的确多有损坏。现在要修筑，大兴土木，征发劳役，岂能无害于百姓？况且长城绵延几千里，需要多少兵力，才能分地把守？蔡元的见解未能达到这一境界，其奏言甚属无益，诏谕九卿官员知道。”

先是，康熙四十六年，圣祖谕大学士温达[①]等曰："顷因刑部汇奏事内，有一字错误，朕以朱笔改正发出。内外各衙门奏章，朕皆一一全览，外人谓朕未必通览，故朕于一应本章，见有错字，必行改正。其翻译不堪者，亦改削之。当用兵时，一日有三四百本章，朕悉亲览无遗。今一日中仅四五十本章而已，览之何难？一切事务，不可少有怠慢之心也。"至五十年，谕大学士等曰："朕理几务年久，阅本甚速，凡一应奏折及绿头牌[②]，顷刻即能遍阅。前尚书穆和伦[③]数次奏事，意朕未加详阅，复行奏请。朕将事内缘由指明，穆和伦乃默然无言而退。且朕阅事，不止于速，凡一经目，断不遗忘。一应奏章及汇题案件，无不详阅，有差误字句，朕必以朱笔更改发出。"（《东华录》、《圣训》）

［注释］

①温达（？～1715）：满洲镶黄旗人，费莫氏，由笔帖式累迁至内阁学士、左都御史、工部尚书，充经筵讲官，康熙四十六年（1707）授文华殿大学士，卒谥文简。②绿头牌：清代凡遇紧急事务或事涉琐碎，由六曹上奏者，即用绿头木牌，以满文书节略于其上，称为绿头牌。王士祯《池北偶谈》："国朝六曹奏章，悉沿明制。唯紧急事或涉琐细者，则削木牌而绿其首，以满洲字书节略于其上，不时入奏取旨，不下内阁票拟，谓之绿头牌子，盖古方策遗意也。"③穆和伦：满洲镶蓝旗人，喜塔腊氏，康熙朝大臣，自笔帖式累迁至内阁学士、工部侍郎、礼部尚书、户部尚书。

［译文］

起初，康熙四十六年（1707），圣祖皇帝吩咐大学士温达等说："刚刚因刑部汇奏事情的奏疏中有一个错字，我用红笔改正后发出。内外各个衙门的奏章，我都一一观看，外人不知，以为我未必通览，所以我对于一应奏章，只要见到错字，一定改正。有翻译不通的，也加以修正。当用兵之时，一天有三四百本奏章，我都亲自阅览，没有遗漏。如今一天仅有四五十本罢了，阅览有何难哉！一切事务，都不可稍有怠慢之心。”到康熙五十年（1711），对大学士等说：“我执掌朝政时间长了，阅览奏章非常快，凡是一应的奏章以及绿头牌，顷刻就阅览一过。以前尚书穆和伦多次奏事，以为我不可能详细阅览，再次奏请。我将其中的缘由剖析明白，穆和伦于是默默无言而退。况且我批阅奏章，不仅速度快，而且一经寓目，断不遗忘。因此凡是奏疏本章和汇题案件，无不详细批阅，凡遇字句差错，必定用红笔改正发出。”

康熙五十六年，圣祖谕大学士等曰：“自古人主多厌闻盗贼水旱之事，殊不知凡事由微至巨，豫知而备之，则易于措办。所以朕于各省大小事务，唯欲速闻之也。即如各省来京之人，从福建来者，朕以浙江米价询之。自江南来者，朕以山东米价询之。伊系经过之地，必据实陈奏。即彼省大吏，知不可隐，亦皆实奏。米价既已悉知，则年岁之丰歉，亦可知矣。”（《圣训》）

［译文］

康熙五十六年（1717），圣祖皇帝对大学士等说：“自古以来，君主大多讨厌听到盗贼猖獗、水旱灾害之类的事情，殊不知凡事都是由微不足道逐步大到不可控制，预先知道，筹谋对策，就容易解决问题。所以，我对于各省的大小事务，只想尽快知道真相。即便是各省来京的人，如果从福建来京，我就询问浙江的米价；从江南来京，我就询问山东的米价。这些都是他经过的地方，必定根据实际情况陈奏。即便是该省的封疆大吏，知道不可隐瞒，也都据实陈奏。米价变动全部知悉之后，那么年岁的丰歉，也就可以知晓了。”

是年，又谕大学士等曰：“为君之道，要在安静，不必矜奇立异，亦不可徒为夸大之言。程子曰：‘人不学为圣人，皆自弃也。'[①]此语亦属太过。尧舜之后，岂复有尧舜乎？昔人有言，孟子不足学，须学颜子[②]，此皆务大言不务实践者。朕自幼喜读性理书，千言万语，不外一敬字。人君治天下，但能居敬，终身行之足矣。”尝论居敬行简曰：“观民气之静躁，而政之得失可知也；观政事之繁简，而治之隆替可知也。上古之世，淳淳闷闷，执契而自平，结绳而自治，猗欤盛矣。自禅继相承，创守代见，张弛因革，道非一端。约而举之，其政简者其治隆，其政繁者其治替，此古今不易之理，虽百世而可知也。虽然，此特就其所行者言之耳。若夫宰治之原，则有至要者存焉。使操之无本，而一切以简为主，则任法之弊，必尚于综核，省事之渐，必流于丛脞。秦之衡石程书[③]，晋之清言招祸[④]，其所失均也。必也主之以至一，本之以无私，正心以穷理，而是非不得淆其中，虚己以知人，而邪正不得淆其外。夫然后见之措施，清静画一，无为而治，事有不期简而自简者，故曰君子之学大居敬。”（《圣训》、《御制文集》[⑤]）

［注释］

①程子：即宋儒程颢、程颐兄弟，世称明道先生、伊川先生。“人不学为圣人，皆自弃也。”出自《河南程氏粹言》，为伊川语：“人皆可以为圣人，而君子之学必至圣人而后已。不至圣人而已者，皆自弃也。”②孟子（前372～前289）：名轲，字子舆，鲁国邹人，著有《孟子》七篇，战国时期儒家代表人物，后世尊为“亚圣”。颜子（前521～前490），名回，字子渊，亦作颜渊，孔门七十二贤之首，后世尊为“复圣”。③衡石程书：亦作衡石量书，语出《史记·秦始皇本纪》：“天下之事无大小皆决于上，上至以衡石量书，日夜有程，不中呈不得休息。”衡即秤；石，百二十斤。秦始皇每日要读一石重的奏章文书（竹木简），形容文书之多。④清言招祸：清言即清谈，魏晋间何晏、王衍等崇尚老庄无为，玄谈成风，后以此招致杀身之祸。⑤《御制文集》：即《圣祖仁皇帝御制文集》，初集四十卷，二集五十卷，三集五十卷，

四集三十六卷，总共一百七十六卷。

［译文］

这一年（康熙五十六年，1717），圣祖皇帝又对大学士等说：“为君之道，关键在于安静，不必骄矜奇功、标新立异，也不必徒为夸大之言。程颐曾经说过：‘人不学为圣人，都是自暴自弃。’这话说得也太过。尧舜之后，难道还会有尧舜那样的贤君吗？从前人们也有一种说法，孟子不足以效法，要学就学颜子，这些都是务虚大言而不务实践的言论。我自幼喜欢读性理之书，千言万语，不外乎一个敬字。君主治理天下，只要能够居敬，并且终身践行不怠，也就足矣。”圣祖还曾经专门论述“居敬行简”道：“观察民众风气的沉静与浮躁，那么政事的得失也就可得而知了；观察政事的繁苛与简明，那么治理的盛衰兴替也就可得而知了。上古时代，民风淳朴，政治宽松，君主执契垂拱，天下自平，结绳记事，天下自治，是何等的盛事！自从禅让与继承相替代，创业与守成交相更替，政事的张弛沿革，其治国之道亦非一端。概括说来，其政尚简明者，其治理就兴盛；其政尚繁苛者，其治理就衰颓，这是古往今来不变的道理，即使百代而后亦可考知。即便如此，这也只是就其政治的实施效果而言的。至于统御天下的方法，则还有其至为切要的理论所在。假使治理的运作缺乏理论依据，一切以简明为主，那么以法治国之弊端，必定崇尚综核，简洁省事之滥觞，必定流于琐碎。秦始皇政治繁苛，文书繁多，不免二世而亡；魏晋崇尚无为，清谈依然招致祸端。一繁一简，均失其所本。因此，一定要以至一之道为主，以公正无私为本，正心诚意以穷究物理，从而使一切是非都不得混淆其中；虚心正己，知人善任，从而使一切邪正都不得混淆其外。这样以后再运用具体的措施来推行，清静划一，无为而治，政事不必期望简明而自然简明，所以说君子之学以居敬为最重要。”

是年，圣祖御乾清宫东暖阁，召诸皇子及满汉大学士、学士、九卿、詹事、科道等入，谕曰：“朕少时天禀甚壮，从未知有疾病。今春始患头晕，渐觉消瘦，至秋月塞外行围，蒙古地方水土甚佳，精神日健，颜貌加丰。每日骑射，亦不觉疲倦。回京之后，因皇太后违和[①]，心神忧瘁，头晕频发。有朕平日所欲言者，今特召尔等面谕。从来帝王之治天下，未尝不以敬天法祖为首务。敬天法祖之实，在柔远能迩，休养苍生。公四海之利为利，一天下之心为心。体群臣，子庶民，保邦于未危，致治于未乱。夙夜孜孜，寤寐不遑，宽严相济，经权互用，以图国家久远之计而已。自古得天下之正，莫如我朝太祖、太宗[②]。初无取天下之心，尝兵及京城，诸大臣咸奏云当取，太宗皇帝曰：‘明与我国素非和好，今取之甚易。但念中国之主，不忍取也。’后流贼李自成攻破京城，崇祯自缢，臣民相率来迎。乃翦灭闯寇，入承大统。昔项羽起兵攻秦，后天下卒归于汉。其初，汉高祖一泗上亭长耳。元末陈友谅等并起，后天下卒归于明。其初，明太祖一皇觉寺僧耳。我朝承席先烈，应天顺人，抚有区宇。以此见乱臣贼子，无非为真主驱除也。朕年将七旬，在位五十馀年者，实赖天地宗社之默佑，非予凉德之所致也。朕自幼读书，于古今道理，粗能通晓。凡帝王自有天命。应享寿考者，不能使之不享寿考；应享太平者，不能使之不享太平。自黄帝甲子至今，四千三百五十馀年，称帝者三百有馀。但秦史以前，三代之事，不可全信。始皇元年至今，一千九百六十馀年，称帝而有年号者，二百一十有一。朕何人斯，自秦汉以下，在位久者，朕为之首。古人以不矜不伐，知足知止者，为能保始终。览三代而后，帝王践祚久者，不能贻令闻于后世。寿命不长者，罔知四海之疾苦。朕已老矣！在位久矣！未卜后人之议论如何，而且以目前之事，不得不痛哭流涕，豫先随笔自记，而犹恐天下不知吾之苦衷也。自古帝王多以死为忌讳，每观其遗诏，殊非帝王语气，并非中心之所欲言，此皆昏瞀之际，觅文臣任意撰拟者。朕则不然，今豫使尔等知朕之血诚耳。当日临御至二十年，不敢逆料至三十年；三十年，不敢逆料至四十年，今已五十七年矣！《尚书·洪范》所载：‘一曰寿，二曰富，三曰康宁，四说攸好德，五曰考终命。’五福以考终命列于第五者，诚以其难得故也。今朕年将七十，子孙曾孙百五十馀人。天下粗安，四海承平，虽不能移风易俗，家给人足，但孜孜汲汲，小心敬慎，夙夜不遑，未尝少懈。数十年来殚心竭力，有如一日，此岂仅劳苦二字所能赅括耶？前代帝王，或享年不永，史论概以为侈然自放、耽于酒色所致。此皆书生好为讥评，虽纯全尽美之君，亦必抉摘瑕疵。朕为前代帝王剖白，盖由天下事繁，不胜劳惫之所致也。诸葛亮云：鞠躬尽瘁，死而后已。为人臣者，仅诸葛亮一人耳。若帝王仔肩甚重，无可旁诿，岂臣下所可比拟？臣下可仕则仕，可止则止，年老致政而归，抱子弄孙，犹得优游自适。为君者勤劬一生，了无休息。如舜虽称无为而治，然身殁于苍梧。禹乘四载，胼足胝手，终于会稽。似此皆勤劳政事，巡行周历，不遑宁处，岂可谓之崇尚无为清静自持乎？《易·遁卦》六爻，未尝言及人主之事。可见人主原无宴息之地，可以退藏。鞠躬尽瘁，诚谓此也。昔人每云：‘帝王当举大纲，不必兼综细务。’朕心窃谓不然。一事不谨，即贻四海之忧；一时不谨，即贻千百世之患。不矜细行，终累大德。故朕每事必加详慎。即如今日留一二事未理，明日即多一二事矣。若明日再务安闲，则后日愈多壅积。万几至重，诚难稽延。故朕莅政，无论巨细，即奏章内有一字之伪，必为改定发出。盖事不敢忽，天性然也。五十馀年，每多先事绸缪，四海兆人，亦皆载朕德意，岂可执不兼综细务之言乎？朕自幼强健，筋力颇佳，能挽十五力弓，发十三握箭，用兵临戎之事，皆所优为。然平生未尝妄杀一人。平定三藩，扫清漠北，皆出一心运筹。户部帑金，非用师赈饥，未敢妄费。谓此皆小民脂膏故也。所有巡狩行宫，不施采缋，每处所费不过一二万金，较之河工岁费三百馀万，尚不及百分之一。幼龄读书，即知酒色之宜戒，小人之宜防，所以至老无恙。自康熙四十七年大病之后，过伤心神，渐不及往时。况日有万几，皆由裁夺，每觉精神日逐于外，心血时耗于内，恐前途倘有一时不讳，不能一言，则吾之衷曲未吐，岂不可惜？故豫于明爽之际，一一言之，可以尽一生之事，岂不快哉！人之有生必有死，如朱子之言，天地循环之理，如昼如夜。孔子云：'居易以俟命。'皆圣贤之大道，何足惧乎？近日多病，心神恍惚，身体虚惫。动转非人扶掖，步履难行。当年立心以天下为己任，许死而后已之志。今朕躬抱病，怔忡健忘，故深惧颠倒是非，万几错乱。心为天下尽其血，神为四海散其形。既神不守舍，心失怡养，目不辨远近，耳不分是非，食少事多，岂能久存？况承平日久，人心懈怠，福尽祸至，泰去否来，元首丛脞，而股肱堕。至于万事隳坏，而后天灾人害，杂然并至。虽心有馀而精神不逮。悔过无及，振作不起，呻吟床榻，死不冥目，岂不痛恨于未死！昔梁武帝亦创业英雄，后至耄年，为侯景所逼，遂有台城之祸。隋文帝亦开创之主，不能豫知其子炀帝之恶，卒致不克令终。又如丹毒自杀，服食吞饼，宋祖之遥见烛影之类。种种所载疑案，岂非前辙？皆由辨之不早，而且无益于国计民生。汉高祖传遗命于吕后，唐太宗定储位于长孙无忌，朕每览此，深为耻之。或有小人希图仓卒之际，废立可以自专，推戴一人以期后福。朕一息尚存，岂肯容此辈乎？朕之生也，并无灵异，及其长也，亦无非常。八龄践祚，迄今五十七年，从不许人言祯符瑞应。如史册所载，景星、庆云、麟凤、芝草之贺，及焚珠玉于殿前，天书降于承天，此皆虚文，朕所不取。唯日用平常，以实心行实政而已。今臣邻奏请立储分理，此乃虑朕有猝然之变耳。死生常理，朕所不讳，唯是天下大权，当统于一。十年以来，朕将所行之事，所存之心，俱书写封固，仍未告竣。立储大事，朕岂忘耶？天下神器至重，倘得释此负荷，优游安适，无一事撄心，便可望加增年岁。诸臣受朕深恩，何道俾朕得此息肩之日也。朕今血气耗减，勉强支持，脱有误万几，则从前五十七年之忧勤，岂不可惜？朕之苦衷血诚，一至于此。每览老臣奏疏乞休，未尝不为流涕。尔等有退休之时，朕何地可休息耶？但得数旬之颐养，保全考终之死生，朕之欣喜，岂可言罄！从此岁月悠久，或得如宋高宗之年，未可知也。朕年五十七岁，方有白须数茎，有以乌须药进者，朕笑却之曰：'古来白须皇帝有几？朕若须鬓皓然，岂不为万世之美谈乎？'初年同朕共事者，今并无一人，后进新升者，同寅协恭，奉公守法，皓首满朝，可谓久矣，亦知足矣！朕享天下之尊，四海之富，物无不有，事无不经，至于垂老之际，不能宽怀瞬息，故视弃天下犹敝屣，视富贵如泥沙也。傥得终于无事，朕愿已足。愿尔等大小臣邻，念朕五十馀年太平天子，惓惓丁宁反复之苦衷，则吾之有生考终之事毕矣。此谕已备十年，若有遗诏，无非此言。披肝露胆，罄尽五内，朕言不再。”（《东华录》一百）

［注释］

①违和：本义为不协调、失常，《易林·屯之泰》：“调摄违和，阴阳颠倒。”引申为身体失于调理而不适，后世多用于他人患病的婉辞。清·昭梿《啸亭杂录》：“上违和，医药皆公掌之。”②太祖、太宗：太祖即努尔哈赤

(1559～1626)，爱新觉罗氏，万历四十四年（1616）称汗，建立后金，年号天命。太宗即皇太极（1592～1643），努尔哈赤第八子，天命十一年（1626）继承汗位，天聪十年（1636）称帝，改金为清，年号崇德。

［译文］

这一年（康熙五十六年，1717），圣祖皇帝驾临乾清宫东暖阁，召见各位皇子以及满汉大学士、学士、九卿、詹事、科道等官进来，吩咐道："我年少时身体强壮，从不知有疾病。今年春天才患头晕，身体逐渐消瘦，到秋天塞外围猎，蒙古地区水土甚好，精神日益劲健，面容也日见丰硕。每天骑马射箭，也不觉得疲倦。回到北京之后，因为皇太后身体欠佳，心神忧虑劳瘁，头晕频频发生。我有些平日想说的话，今天特地召见你们当面吩咐。从来帝王治理天下，未尝不以敬畏天命、效法祖先作为首要任务。敬畏天命、效法祖先的实质，在于怀柔远方、优抚近地，使人民休养生息。公开四海之利益为大利，统一天下之人心为本心。体恤群臣，爱养庶民，保卫国家，消弭危机，达到升平，防止动乱。日夜孜孜求治，清醒与睡梦中都不忘却，为政宽严相济，持经与权变相互为用，以图谋国家的长远大计罢了。自古以来，得天下之正，没有比得上我朝太祖和太宗的。起初并没有夺取天下之心，曾经统兵打到京城，各位大臣都奏请应当直取京师，太宗皇帝说：'明朝与我国素来并不和好，如今夺取京城非常容易。但是考虑到明朝为中国之主，不忍心夺取之。'后来流寇李自成攻破京师，崇祯皇帝自缢而死，明朝群臣和民众相率来迎接入关，才起兵消灭李自成部，入都承继大统。昔日项羽起兵反抗秦朝，最后天下还是归于汉朝。汉高祖刘邦，最初只是泗上的一个亭长罢了。元朝末年陈友谅等群雄并起，最后天下还是归于明朝。明太祖朱元璋，最初只是皇觉寺的一个僧人罢了。我朝承继先辈余烈，上应天命，下顺民心，统一天下。由此可见，乱臣贼子，无非是为真命天子驱除、扫清道路罢了。我年将七旬，在位已经五十多年，实在是有赖天地宗祖的护佑，并非我微薄的德行所能达到的。我自幼读书学习，对于古往今来的道理，初步能够通晓。大凡帝王，自有天命所归。应当享有高寿的，不能使之不享有高寿；应当安享太平的，不能使之不安享太平。自从黄帝甲子年算起，至今四千三百五十多年，称帝的有三百多位。但秦朝以前，夏、商、周三代的事情，不可全信。从秦始皇元年（前246）至今，一千九百六十多年，称帝而且有年号的，共有二百一十一位。我是何等人？自从秦汉以下，在位最久的，以我为首。古人认为不自夸自大，知足知止的人，才能保持善始善终。观察夏、商、周三代以后，帝王在位长久的，多不能留下美好的名声于后世。寿命不长久的，又不知天下民众的疾苦。我已经老了，在位也已经很久了，不知道后人的评价如何。而且根据目前的政事，不得不痛哭流涕，预先随笔记录下来，还唯恐天下人不知道我内心的苦衷。自古以来，帝王多以死亡为忌讳，每每观看他们的遗诏，殊非帝王语气，所说的也并非内心所想说的，这些都是临死昏迷之际，寻找文臣任意编撰草拟的。我就不这样，今天就让你们知道我内心真诚的思虑。当初在位到二十年，不敢预料到三十年；到了三十年，不敢预料到四十年，如今已经五十七年了。《尚书·洪范》所说的五福：‘一是高寿，二是富贵，三是康宁，四是所好者德，五是善终不横夭。’五福以善终不夭折列于第五，的确是因为其难得的缘故。如今我已年近七十岁，皇子、皇孙、曾孙一百五十多人。天下初现安宁，四海承平，即使不能移风易俗，家给人足，但孜孜求治，汲汲国事，小心敬慎，日夜不遑暇食，不曾稍微懈怠。几十年来殚心竭力，有如一日，这些难道是仅用劳苦二字所能概括的吗？前代帝王有的享年不久，史家评论都认为是骄纵放任、耽于酒色所导致的结果。这都是书生喜欢讥讽批评，即使是尽善尽美的君王，也必定寻找指摘其瑕疵。我替前代帝王剖白解释，这都是由于天下事情繁杂，不胜劳苦疲惫所导致的结果。诸葛亮说：鞠躬尽瘁，死而后已。作为人臣，能够做到的也就诸葛亮一人罢了。这些做帝王的，肩负的责任重大，又无可推诿，难道是臣下所可比拟的？臣下可以出仕为官则出仕，可以引退则引退，年老了就致仕归田，抚养子孙，还可以逍遥自得。作为君王，勤劳一生，从没有休息之日。例如上古时代的虞舜，即使所谓的无为而治，但最终亡身于苍梧之地。夏禹水乘舟，陆乘车，泥乘輴，山乘樏，手掌和脚掌都生了茧，最后亡身于会稽。像这样都是勤劳政事，巡行周历天下，来不及安稳休息，难道可以说是崇尚无为而治、清静自持吗？《易经·遁卦》六爻艮下乾上，不曾说到君王的事情。可见君王本来就没有晏然修养之地，可以引退安身。鞠躬尽瘁，的确说的是这种情况。以前人们往往说：'帝王应当标举大纲，不必兼综细务。'我内心不以为然。一件事情不谨慎，就会贻累四海之忧；一时一刻不谨慎，就会贻累千百代之患。如果在小事上不慎重，终究会连累大局。所以我每遇事情一定详细慎重。就如今天留下一两件事没有处理，明天就多出一两件事来。如果明天再想享安闲，那么后天就会有更多的事情积压下来。国家军政事务至为重要，实在难以拖延推诿。因此，我临朝理政，无论事务大小，即便是奏章内有一个错字，也必定改正后发出。这是因为凡事不敢轻视，天性使然。五十多年来，往往事先未雨绸缪，天下亿万民众也都感戴我的德意，难道可以坚持君王不兼综细务的说法吗？我自幼身体强健，体力颇佳，能够拉动十五力的大弓，发射十三握的长箭，用兵临阵之事，也都游刃有余。但平生不曾妄杀一人。平定三藩之乱，扫清漠北蒙古叛乱，都出于一心的运筹帷幄。户部的帑金，如果不是用兵或赈济，不敢妄自靡费。我认为这些都是民脂民膏，因而不敢轻易使用。所有巡幸各地的行宫，也都不装饰彩绘，每处花费不过一两万两银子，与每年治河费用三百多万两相比，还不足百分之一。幼年读书，就知道酒色应当戒除，小人应当防备，所以一直到老，安然无恙。自从康熙四十七年（1708）大病之后，过于劳心费神，身体渐渐不及以往。况且一日万机，都由我来裁定，常常感到精神驰逐于外，心血损耗于内，唯恐以后一旦身体不行，不能说话，那么我内心的苦衷未曾吐露，岂不可惜？因此预先在神清气爽的时候，一一袒露出来，可以此概括一生的事情，难道不是很快乐的事吗？人有生必有死，正像朱熹所说，乃天地循环、昼夜更替的常理。孔子说：‘君子平心静气守住本分以待天命。’这些都是圣贤的大道理，有什么可怕呢？近日多病，精神恍惚，身体虚弱疲惫。行动若无人搀扶，就步履艰难。当年立志以天下为己任，许下死而后已的志向。如今我抱病在身，心慌健忘，所以非常害怕颠倒是非，行政错乱。心志为天下劳瘁而尽其血性，精神为四海忧虑而散其形态。既然魂不守舍，心乏怡养，目力不能辨别远近之物，听力不能分辨是非曲直，饮食减少，事务繁多，如何能够长久支撑？况且天下承平日久，人心懈怠，福尽祸至，泰去否来。作为元首的君王如果琐碎而无大略，那么作为股肱的大臣便怠惰无为，以至于天下万事败坏，然后天灾人祸纷扰而至。即使心有余而精神已经不足了。悔过也来不及，振作又做不到，以致呻吟于病榻之上，死不瞑目，岂不痛恨未能早日死去？当年梁武帝萧衍也称得上是创业英雄，后来到了晚年，为侯景之乱所逼迫，最后困死于台城。隋文帝杨坚也是创业垂统的君王，可惜不能预测其子隋炀帝杨广的奸恶，最后导致不得善终。还有服食丹药、毒酒自杀，吞金自尽，以及宋太祖赵匡胤遥见烛影摇红、斧声斫地之类。历史记载的种种疑案，难道不是前车之辙、后车之鉴吗？这些都是由于没有及早分析明白，而且无益于国计民生。汉高祖刘邦遗命吕后临朝称制，唐太宗听从长孙无忌之言传位于高宗李治，我每次读到这里，都深以为耻。或许有小人希望在仓促之际，可以专权废立，拥戴一人以期给自己带来后福。

我一息尚存，岂能容忍此辈？我的出生，并没有什么灵异之处，我的成长，也没有什么非常之处。八岁即位，至今五十七年，从来不允许人们谈论祥瑞符应之事。即如史籍所记载的景星、庆云、麟凤、芝草之可贺，以及焚烧珠玉于殿前，天书降临于承天门，这些都是虚妄之文，不足取法，只有平常以实心推行实政罢了。如今有大臣奏请册立太子分理政事，这是忧虑我会有猝然之变罢了。死生乃常理，我并不忌讳，只是天下大权，应当统一。十年以来，我将所行之事，所存之心，都书写下来，密封加固，目前尚未完成。册立太子这样的大事，我怎么能忘记呢？作为天下神器，帝位至为重大，倘若能够放下这一负荷，优游安闲，没有一件事情扰乱心神，便可望长寿延年。各位大臣受我深恩，有什么办法让我得此息肩之日呢？我如今血气损耗，勉强支持，万一有误军国政务，那么从前五十七年的忧虑勤劳，岂不可惜？我的满腔苦衷，一至于此。每每阅览老臣奏疏乞求退休，未尝不为之流涕。你们都有退休之时，我到何处才可休息呢？哪怕只有数十日得以颐养天年，保全善终，我的欢喜，岂可说尽！从此岁月悠久，或许得以有宋高宗享年八十岁之福，也未可知。我五十七岁时，才有几根白胡子，当时有人进奉乌须之药，我笑着辞退之，说：'自古以来白须皇帝有几人？我如果须鬓皓然，难道不为万世之美谈吗？'当年与我共事的大臣，如今已无一人；后来晋升的大臣，同年协力供职，奉公守法，皓首满朝，可以说已经很久了，我也知足了。我享有天下之尊，四海之富，物产没有不拥有的，事情没有不经历的，到了垂垂老矣之际，还不能有瞬息宽怀，所以我视抛却天下犹如敝屣，视富贵犹如泥沙。倘若临终天下平安无事，我的心愿也就足矣。希望你们大小臣工感念我这个五十多年的太平天子，反复恳切叮咛的苦衷，那么我平生善始善终的大事也就如愿了。这个谕旨我已经准备了十年，日后如有遗诏，也无非就是这些话。披肝露胆，罄尽我内心所愿，我的话就是这些，不再多说。”

圣祖躬尧舜之姿，行汤武之政，所以立万年长治之基者，曰行王道。御制《王道论》曰：“治天下必审择所以为治之道，然后运之有本，而措之也不劳。盖得其道，则一时无赫赫之功，而久大之业，可以永建而不拔。不得其道，则殚精敝形，而终无以几于治。故治理之方，不可不审也。其要在仁义而已矣。昔三代之盛也，蠲烦去苛，屏饰斥伪，先躬行而后文告，崇礼让而缓刑罚。优游渐渍，不期效于旦夕。迨积之既久，风俗日茂，人心日醇，大化敦庞，号为上理，此行仁义之所至也。秦汉而下，务为一切苟且之政，以检束其民。民生其时，亦皆匿情饰貌以应其上。上下相蒙，竞趋媮薄[①]，治功之降，远不古若，此则不行仁义之过也。故曰：‘仁以育之，义以正之。’仁以育之，所以养也；义以正之，所以教也。孔子曰：‘如有王者，必世而后仁。’又曰：‘圣人久于其道，而天下化成。’[②]盖言王道之成，仁义之效也。是以圣王在上，制田里，广树畜，省刑而薄敛，崇本而抑末，使天下之民，家给人足，有俯仰之乐，而无阽危之患。由是立庠序之制，置慈惠之师，修六礼[③]以节其性，播六乐[④]以淑其情，明七教[⑤]以兴其德，齐八政[⑥]以禁其非。当是之时，六合之远，一家之积也。四海之广，一身之推也。天下之久安而长治，犹泰山而四维之也。其去夫驩虞之治[⑦]，不亦远乎？呜呼！天下重器也，有天下之大业也。彼挈瓶之智[⑧]，犹必厝之于至安，况夫居重器而履大业者哉！盖亦知所择矣。”（《御制文集》）

［注释］

①媮薄：轻薄、浮薄。《汉书·刑法志》：“媮薄之政，自有滋矣。”②如有王者，必世而后仁：语出《论语·子路》，意谓圣明的帝王治理天下，教化大行，必定在三十年后实现天下归仁。圣人久于其道，而天下化成：语出

《易经·恒卦》，意谓圣人长久以仁治国，则天下就会善化而为清平盛世。③六礼：即冠礼、婚礼、丧礼、祭礼、乡饮酒礼、相见礼。④六乐：即云门大卷、咸池、大韶、大夏、大濩、大武六种上古时代的乐舞，依次为黄帝、唐尧、虞舜、夏禹、商汤、周武王之乐。⑤七教：即关于父子、兄弟、夫妇、君臣、长幼、朋友、宾客七种伦理关系的教化。《礼记·王制》："司徒修六礼以节民性，明七教以兴民德。"孔颖达疏："七教，即父子一，兄弟二，夫妇三，君臣四，长幼五，朋友六，宾客七也。"⑥八政：《尚书·洪范》以食、货、祀、司空、司徒、司寇、宾、师为八政。⑦驩虞之治：语出《孟子·尽心上》："霸者之民，驩虞如也。"意谓霸者行善于民，恩泽易知，故民驩虞乐之也。⑧挈瓶之智：语出《左传》："虽有挈瓶之知，宋不假器。"以提瓶汲水喻小智。

[译文]

圣祖皇帝以唐尧、虞舜之姿态，践行商汤、周武王之政，之所以能够确立万年长治久安的基础的，就是推行王道。他亲笔撰写的《王道论》说："治理天下，一定要审慎选择为政之道，这样以后行政就有所本，而实施起来也就不烦劳了。如果深得为政之道，那么即使一时没有赫赫之功，但长久伟大的事业，可以因此而建立起来而且坚不可摧；如果不得为政之道，那么即使竭尽心神、耗尽体力，终究也不能达到治平天下的目的。因此，治理天下的方法，不可不审慎地加以选择。其关键之处，就在于推行仁义罢了。从前夏、商、周三代兴盛的时候，祛除繁扰和苛政，摈弃粉饰和诈伪，首先躬行而后再昭告天下，崇尚礼让，减缓刑罚，优游闲适，循序渐进，不期望在短时间内取得实效。等到长时间积累之后，风俗日益朴茂，民心日渐醇厚，天下教化敦厚笃实，号称上上之治，这都是推行仁义的结果。秦汉以后，历代都追求一切苟且之政，以便管制其臣民。那么，人民生当其时，也都是收敛真情、粉饰外貌以应付其上司。这样上下相互欺蒙，竞相趋于浮薄，因而治理功效的取得，远远比不上古代，这都是不推行仁义的过错。所以说：'以仁爱来抚育人民，以德义来引导人民。’以仁爱抚育人民，就是为了爱养人民；以德义引导人民，就是为了教化人民。孔子说：‘如果有圣明的君王出来，也一定要经过三十年的治理才能实行仁政。’又说：‘圣人长久以仁治国，天下就会因其教化而有大成。’大意是说王道的化成，是推行仁义的效果。因此，圣明的君王治理天下，均平土地，多养牲畜，减省刑罚，降低赋税，崇尚农业根本，抑制工商末业，使天下的人民家给人足，上下和乐，而没有危机和祸患。在此基础上确立学校教育的制度，设置仁慈惠民的军队，申明六礼以节制他们的性情，传播六乐以平和他们的情感，明确七教以激发他们的道德，实行八政以禁绝他们的非法之举。当此之时，天地四方之大，就像是一家的集合；四海之广，就像是一人的化身。天下的长治久安，就像是泰山的四隅一样安稳。其距离所谓的驩虞之治，不也是很远的吗？唉！天下的重器（政权），就是保有天下的大业。那种提瓶汲水的小智小慧，也一定要置于非常平安的境地，何况是掌握天下的政权、践行保有天下的大业的人呢？因而也应当知所选择了。”

圣祖孜孜求治，日昃不遑。几务之馀，犹有日课。其《宫中日课记》曰：“尝读《商颂》之咏成汤也，曰‘圣敬日跻’[①]。《周诗》之咏文武也，曰‘缉熙’，曰‘执竞’[②]。其咏成王也，曰‘夙夜基命宥密’[③]。而史亦称大禹惜寸阴[④]，盖古帝王未尝不终日乾乾，夕惕若也[⑤]。朕于宫中，未明求衣，辨色而起。则命讲官捧书而入，讨论义理，是典学者为一时。出御宫门，则群工循序奏事，朕亲加咨度，是听政者为一时。已而阁臣升阶，朕与详求治理，咨诹军国者久之。若夫宫禁之务，各有攸司，廷臣退，乃裁决焉。既事竟，罢朝。宫中图籍盈几案，朕性好读书，丹黄评阅，辄径寸，辨别古今治乱得失。暇或赋诗，或作古文，或临池洒翰，以写其自得之趣。止此数事，已不觉其日之夕矣。及宫中燃烛，玉漏初下，则省一日所进章疏，必审其理道之安而后已。要非夜分，不就宴息也。如是者岁率以为常。夫禹、汤、文、武、成王之德，自揣乌能企及，而不敢懈逸之心，或者其庶几焉。因为记自勖，以比于盘铭之义⑥云。”（《御制文集》）

［注释］

①圣敬日跻：语出《诗经·商颂·长发》：“汤降不迟，圣敬日跻。”意谓商汤降生之后，以其恭敬、端肃的德行，每天都有进步。②缉熙：语出《诗经·大雅·文王》：“穆穆文王，于缉熙敬止。”意谓庄重的周文王，延续着光明、敬重的形象。执竞：语出《诗经·周颂·执竞》：“执竞武王，无竞维烈，不显成康，上帝是皇。”意谓能持强道而克商定天下者，没有比得上周武王的功业的。③夙夜基命宥密：语出《诗经·周颂·昊天有成命》：“昊天有成命，二后受之。成王不敢康，夙夜基命宥密。”意谓上天既有成命，周文王、武王受之，成王不敢图安逸，日夜勤勉，以谋其政。④大禹惜寸阴：语出《晋书·陶侃传》：“大禹圣者，乃惜寸阴；至于众人，乃惜分阴，岂可逸游荒醉，生无益于时，死无闻于后，是自弃也。”⑤终日乾乾，夕惕若也：语出《周易·乾卦》：“君子终日乾乾，夕惕若。厉，无咎。”⑥盘铭之义：盘铭即古代刻在盘器上的劝诫文辞。《礼记·大学》：“汤之盘铭曰：‘苟日新，日日新，又日新。’”郑玄注：“盘铭，刻戒于盘也。”

［译文］

圣祖皇帝孜孜求治，太阳过午还没有时间吃饭。日理万机的余暇，还有每天的日课。其《宫中日课记》中说：“我曾经读到《诗经·商颂》吟咏商汤，说：‘商汤以其恭敬、端肃的德行，每天都有进步。’《诗经》吟咏周文王、周武王，说：‘周文王延续着光明、敬重的形象。’说：‘周武王秉持强道而平定天下。’其吟咏周成王，说：‘周成王日夜勤勉，以谋其政。’历史记载也说大禹珍惜每一寸光阴，大约自古以来帝王未尝不是整天忧愁戒惧，晚上也警惕着。我住在宫中，天色未明就穿衣，天刚发亮就起床。吩咐讲官捧着书进来讨论义理之学，这样学习一个时辰。出来到宫门，群臣按顺序奏请议事，我亲自加以咨询揆度，这样听政一个时辰。然后是内阁大臣升殿，我与他们详细探讨治理之道，咨询军国大事很久。至于宫禁中的事务，各有职掌的部门，朝廷大臣退朝后，我就裁决这些事务。以上事务全部完成，才罢朝。宫中图书典籍堆满几案，我生性喜欢读书，以丹黄二色笔墨校点评阅，评阅文字常多达一寸厚，以辨别古今治乱得失。闲暇时间，有时赋诗，有时写作古文，有时临池泼墨，以抒写自得之趣。只是以上几件事情，已不知不觉天色将晚了。到了宫中掌灯时分，玉制的计时器刚刚响过，我就开始审读这一天群臣所进的奏疏，一定要审定其道理所在而后结束。一般不到夜半时分，我从不就寝休息。像这样年复一年，习以为常。夏禹、商汤、周文王、周武王、周成王的德行，自揣不能企及，但从不敢懈怠放纵的心理，或许差不多能够达到。于是记录下来以自我勉励，与古人刻铭于盘的意义略同。”

圣祖综理万几，在位数十年，恒如一日。尝作《无逸以致寿论》曰：“三代盛时，民风沕穆，政令醇简，天下诸侯，分治其国。为之君者，可以优游坐治矣。乃圣君处此，必兢兢业业，宵旰不遑，以自劳其神力，然卒获享遐福，而成令名。秦汉以降，废封建而为郡县，凡事之有关于宫府者，无不奏请于天子。其几务之众，千百倍于三代。宜为之君者，日给且不暇。乃或自图便安，至信神仙为可学，辄为方士所误，曾不之返者，何哉？朕尝观于商、周、汉、唐诸往事，而得其故矣。人君之所无逸者，莫如商之中宗与高宗[①]，及周之文王。中宗则严恭寅畏，天命自度。高宗则作其即位，不敢荒宁。文王则怀保小民，惠鲜鳏寡。而考其享国之年，此三君者，最为悠久。迄今《无逸》[②]一篇，班班可睹也。人君之好逸乐者，莫如秦之始皇，汉之武帝，唐之宪宗。[3]始皇既并天下，方士争言不死之药。于是遣使访三神山，久之，药卒不可得。武帝敬鬼神之事，祠太乙，建飞廉馆，作柏梁台，以招天神之属。游心芒思者数年，究无左验，乃自叹愚惑。宪宗招求方士，用柳泌为刺史，求仙药，后服之日益燥渴。夫中宗、高宗、文王之敬修其德，而享福者若此。始皇、武帝、宪宗之博养其生，而寡效者若彼。然则帝王致寿之道，从可识矣。宋儒吕祖谦[4]曰：‘敬之方，寿之理也。盖无逸则主敬，主敬则无欲，无欲者仁也。’孔子曰：‘仁者寿。’又：‘仁则有德。’孔子曰：‘大德必得其寿。’舜年百有十岁是也。则寿之理，亦视其德之盛衰为何如耳。朕愿后世之为君者，无惑于神仙之说，而第求之无逸之旨，则身与天下皆蒙其福矣。”（《御制文集》）

［注释］

①商之中宗与高宗：中宗，即太戊，商代第十位国君，在位七十五年，任用伊陟、巫咸为相，天下大治；高宗，即武丁，在位时重用傅说、甘盘等大臣，孜孜求治，在位五十九年，号称中兴。②《无逸》：《尚书》篇名。成王初政，周公恐其逸豫，故戒之使无逸。③秦之始皇，汉之武帝，唐之宪宗：秦始皇嬴政（前259～前210），中国历史上第一个中央集权封建国家的建立者，晚年迷信方士方术，遣人赴蓬莱、瀛洲、方丈三神山采不死之药。汉武帝刘彻（前156～前87），西汉盛世之君，亦信奉鬼神方术，大兴土木，建飞廉馆、柏梁台，祈祷天神。唐宪宗李纯（778～820），亦号为中兴之主，但也迷信神仙，求取方药。④吕祖谦（1137～1181）：字伯恭，世称东莱先生，南宋婺州（治今浙江金华）人。隆兴元年（1163）进士，累官太学博士、国史院编修官、秘书省秘书郎等。他学总关洛，曾促成朱熹、陆九渊鹅湖之会，与朱熹合编《近思录》，著有《东莱集》、《东莱左氏博议》、《历代制度详说》、《古文关键》、《十七史详节》等，浙东学派代表人物。

［译文］

圣祖皇帝综理万机，在位数十年，恒如一日。曾经写过一篇

《无逸以致寿论》说："夏、商、周三代兴盛的时候，民风淳朴，政令简明，天下诸侯，分治其国。作为君主，可以优游闲适，坐治天下。圣明的君主处于其位，也必定兢兢业业，日夜忧惧，自劳其精神体力，然而最终得以享受无穷的福祉，成就美好的名声。秦汉以后，废除分封制度，建立郡县，大凡有关宫廷、官府的事情，无不奏请于君主定夺。其事务之纷繁复杂，比三代增加了千百倍。这样，作为君主，就应该每天应接不暇。可是有的自己图谋便宜安逸，甚而至于笃信神仙可学，都为方士所误，却迷途而不知返，这是为什么呢？我曾经观察商、周、汉、唐各代的往事，从而得知其中的缘故。历代君主中不曾贪图安逸的，没有比得上商朝的中宗太戊与高宗武丁，以及周朝的文王的。商中宗太戊严肃庄重，心存敬畏，以天命为标准来度量自己；高宗武丁则到即位三年沉默不语，不敢荒废政事、贪图安乐。周文王则关心爱护民众，施惠于鳏寡孤独、无依无靠的人。而考察他们享国的年数，这三位君主，也最为悠久。迄今《尚书》中还有《无逸》一篇，可以为证。历代君主中贪图逸乐的，没有比得上秦朝的始皇帝，汉朝的武帝，唐朝的宪宗的。秦始皇兼并天下之后，方士争着上言长生不老之药，于是就派遣使者探访蓬莱、瀛洲、方丈三神山，久而久之终究不可得。汉武帝迷信鬼神之事，祭祀太乙，建筑飞廉馆、柏梁台，以招致天神之类。费尽心思多年，终究没有结果，于是自叹愚昧迷惑，无缘得接天神。唐宪宗招求方士，任用方士柳泌为刺史，求取仙药，最后服用仙药日益燥热，消渴不止。商中宗、商高宗、周文王恭敬地修其德行，于是这样地享受福祉；秦始皇、汉武帝、唐宪宗广泛地修养生命，却是那样地没有效果。既然这样，那么帝王长寿的方法，从中就可以知道了。宋朝大儒吕祖谦说：'敬畏天命的方法，就是长寿的道理。这是因为不贪图安逸就敬畏，敬畏就没有欲望，没有欲望的人就具有仁爱之心。'孔子说：'仁爱的人长寿。'又说：

'仁爱就有德行。'孔子说：'德行崇高的人必定得其高寿。'虞舜享年一百一十岁就是一个例子。这样，长寿的道理，也要看其德行的盛衰如何了。我希望后世的君主，不要迷惑于神仙之说，而要探求不贪图安逸的深意，那么其自身与天下人民都将蒙受其福祉了。"

圣祖阅史，至司马光上宋仁宗札子[①]，曰："司马光立朝行己，正大和平，无几微之可议。不只冠有宋诸臣，求之历代，亦不可多得。其论君德有三，曰仁、明、武。治道有三，曰任官、信赏、必罚。要言至理，可书丹扆座右，万世不易也。"（《御制文集》）

［注释］

①司马光（1019～1086）：字君实，夏县（今属山西）人，北宋著名史学家，官至尚书左仆射兼门下侍郎，卒赠太师、温国公，谥文正。著有《资治通鉴》、《司马文正公集》、《涑水纪闻》、《稽古录》等。宋仁宗：赵祯，1022～1063年在位。札子：即向皇帝上疏时的奏本。

［译文］

圣祖皇帝读史，读到司马光上奏给宋仁宗的札子，感叹道："司马光立朝行政、立身处世，正大光明，和乐平允，没有一点一滴可以议论的。他不仅仅在宋代诸臣中首屈一指，即使是放在历朝历代评价，也是不可多得的。他论述君主之德有三条：一是仁爱，二是英明，三是雄武。他论述治国之道也有三条：一是任官唯贤，二是奖赏必信，三是刑罚必严。要言不烦，堪称至理，可以书写下来刊刻于碑，或置之座右，万世不变。"

圣祖阅史，至宋高宗[①]作《损斋论》，曰："宋高宗以损名斋，自是清心寡欲之意。第当其时，正宜奋励有为，非仅淡泊抝谦，可以恢复大业。即此一端观之，知其优游苟且，而无振作之

志矣。”（《御制文集》）

［注释］

①宋高宗（1107～1187）：即赵构，字德基，南宋开国皇帝，《书史会要》称“高宗善真、行、草书，天纵其能，无不造妙”。著有《翰墨志》等。

［译文］

圣祖皇帝读史，读到宋高宗作的《损斋论》，感叹道：“宋高宗以‘损’来命名其书斋，自然有清心寡欲的意思。但是当其在位之时，正是国家危难、应当奋发有为的时候，并非仅仅靠淡泊谦恭，就可以恢复大业的。从这一点来看，就可以知道他优游无为、苟且偷生，而没有振作发奋、成就大业的志向。”

圣祖《讲筵绪论》曰：“尝观明仁宗、宣宗[①]时，用法皆极宽平，每思人君承天子民，时育万物，自当以宽厚为根本，始可成敦裕之治。但不可过于纵弛，所贵乎宽而有制耳。”（《御制文集》）

［注释］

①明仁宗：即朱高炽，年号洪熙。明宣宗：即朱瞻基，年号宣德，1425～1435年在位。

［译文］

圣祖曾经撰写《讲筵绪论》，其中写道：“我曾经观察明代仁宗、宣宗时代，运用法制都极其宽平，因而每每想到君主承受天命统治民众，正像旭日雨泽化育万物一样，自然应该以宽厚作为根本，才可能成就风俗纯美、民生充裕的治世。但也不可过于放纵宽大，其所贵在于宽厚而有节制罢了。”

《论》曰：“人君以天下之耳目为耳目，以天下之心思为心思，何患闻见不广？观舜以好问、好察而称大智，则知自用则小

者，正与之相反矣。”（《御制文集》）

［译文］

圣祖《讲筵绪论》写道：“作为君主，要以天下人的耳目作为自己的耳目，以天下人的心思作为自己的心思，这样何愁闻见不广博呢？观察虞舜以好学善问、明察秋毫而称为大智慧，就可以知道只凭借自己的闻见、知识是多么的渺小，正好与此相反。”

《论》曰：“临民以主敬为本。昔人有言：一念不敬，或贻四海之忧；一日不敬，或以致千百年之患。《礼记》首言‘毋不敬’。《五子之歌》[①]始终皆言‘敬慎’。大抵诚与敬，千圣相传之学，不越乎此。”（《御制文集》）

［注释］

①《五子之歌》：《尚书·夏书》篇名，序曰：“太康失邦，昆弟五人，须于洛汭，作五子之歌。”后世沿用“五子之歌”作臣子劝诫之辞。

［译文］

圣祖《讲筵绪论》写道：“君临天下、统治万民以主敬作为根本。从前有人说过：如果有一个念头不诚敬，就可能会带来四海之忧患；如果有一天不诚敬，就可能会导致千百年的祸害。《礼记》开篇就谈‘毋不敬’。《尚书》中谈到《五子之歌》始终都说到‘敬慎’。大体说来，诚信与敬慎，是千古圣贤一脉相承的学问，不外乎此。”

《论》曰：“古人有言，反经合道谓之权。先儒已有论其非者，天下止有一经常不易之理。权衡轻重，随时斟酌，而不失乎经常之理，此即所谓权也。岂有反经而可以行权者乎？”（《御制文集》）

［译文］

圣祖《讲筵绪论》写道："古人有个说法，反经而合道称为权变。先儒已经指出了这种说法的错误，天下只有一个经常不易的道理。权衡轻重，随时斟酌，但不能失去这个经常不易之理，这就是所谓的权变。岂有反经而可以行权的吗？"

《论》曰："古人记一事，当观其要旨所在。如郭隗市骏[①]之语，见求士不可以不诚；甘茂投杼[②]之言，见任人不可以不信。此要领处，尤不可不知也。"（《御制文集》）

［注释］

①郭隗市骏：典出《战国策·燕策》。郭隗先生曰："臣闻古之君人，有以千金求千里马者，三年不能得。涓人言于君曰：'请求之。'君遣之。三月得千里马，马已死，买其首五百金，反以报君。君大怒曰：'所求者生马，安事死马而捐五百金？'涓人对曰：'死马且买之五百金，况生马乎？天下必以王为能市马，马今至矣。'于是不能期年，千里之马至者三。今王诚欲致士，先从隗始；隗且见事，况贤于隗者乎？岂远千里哉？"②甘茂投杼：典出《战国策·秦策二》。甘茂，战国楚下蔡人，入秦为秦武王左相。他曾引用曾参之母闻三人皆言"曾参杀人"，投杼下机，逾墙而走，言谣言之可怕，用人之不可疑。

［译文］

圣祖《讲筵绪论》写道："古人记录一件事，应当观察其要旨所在。如郭隗购买千里马之说，就可以从中看出访求贤士不可以不诚；又如甘茂曾母投杼之说，就可以从中看出任用人才不可以不信。这就是读书的要领之处，尤其不可不知。"

圣祖《庭训》[①]曰："人唯一心，起为念虑。念虑之正与不正，只在顷刻之间。若一念之不正，顷刻而知之，即从而正之，自不至离道之远。《书》曰：‘唯圣罔念作狂，唯狂克念作圣。’②一念之微，静以存之，动则察之，必使俯仰无愧，方是实在工夫。是故古人治心，防于念之初生，情之未起，是因为用力甚微而收功甚巨也。”（《庭训格言》）

［注释］

①《庭训》：即《庭训格言》，雍正八年（1730）雍正皇帝追述其父在日常生活中对诸皇子的训诫笔述而成，共二百四十六条，包括读书、修身、为政、待人、敬老等，具体而生动，颇有教育意义。②唯圣罔念作狂，唯狂克念作圣：语出《尚书·多方》，意谓圣者如有妄念即可作为狂妄之徒，而狂妄之徒如能克制妄念亦可成为圣者。

［译文］

圣祖皇帝所撰《庭训格言》写道：“人只有一心，心中产生念头。念头的正与不正，只在顷刻之间。如一念不正，顷刻之间就知道了，就立即改正它，自然就不至于离道太远。《尚书》上说：‘圣明的人如有妄念即为狂妄之徒，而狂妄之徒能克制妄念亦可成为圣明之人。’一个细微的念头，安静时保存它，思虑动时加以审察，必定要它处处正直，对天对地没有愧怍，才是修身的实在工夫。所以古人修养身心，预防在念头最初发生、感情尚未兴起之时，是因为用力气很小，而收效甚大啊！”

康熙政要卷二

论政体第二

康熙元年，圣祖谕吏部曰："设官用人，国家大务，除授升迁，宜立画一之规，方可永行无弊。所进《品级考》，为时已久，官衔品级，尚有未符，宜再详定，务期允当，以垂永久。不得各为本衙门起见，但计目前，致日后纷更。著九卿、科道会同详酌妥议，以成一代典制。"（《东华录》）

［译文］

康熙元年（1662），圣祖皇帝吩咐吏部说："设置职官，选用人才，是国家的重大事务。官吏的除授与升迁，应当建立统一的规范，才可以永远遵行，而不出现弊端。吏部所进的《品级考》，为时已经很久，官衔和品级，还有与实际不相符合之处，应当再加详定，务必达到允当，以垂永久。不得各自为了本衙门的利益起见，仅仅计较目前，以致日后纷更。着九卿、科道官会同详细斟酌、妥为议处，从而形成一代典制。"

康熙四年，广东总督卢崇峻[①]奏《请政归简易以端治原疏》。略曰：“臣窃以为国之大利，在于政治简易；国之弊，在法令烦多。何也？夫法令一多，则内外衙门，在大官唯成例是遵，每多查驳之烦。在有司唯功令是畏，有不遑救过之虑，岂能计及民生之休戚，而施抚字之仁耶？且因丛迫之际，以致左右作奸，则民生愈受其困矣。若政治一归简易，则大小臣工，各有暇豫之精神，衙门各役，莫施鬼蜮之伎俩。是害不除而自绝，利不兴而自溥，不必求遂民生，而民生自遂。故古来止颂宽大之为美政，未闻以文法之烦为善治也。夫一法立，则一弊生，故法愈多，而弊愈滋。夫滋弊缘于法多，则救弊唯在减法，有不辨而自明者矣。向来立法之密，其意在于除弊安民，奚知弊反从此而滋，民又从此而扰乎？恭逢我皇上智仁天纵，知大计军政之循陋规，知考满等第之恣营求，而毅然停之。知四部考成之烦琐丛弊，而归并户部综核。知各差官之骚扰商民，而责成地方征收。天下官民商贾，已受无穷之福，此即多事不如省事之明效也。今日求治之法，不须远法前王，只就皇上此念而扩充之。将六部现行事例，命其逐件讲求，如《书》有云：‘刑故无小，宥过无大。’止将贪暴奸私，明知故犯者，按例处治。其馀因公获过之事，概免琐议。减之又减，直至于必不可减，而始存其大且要者。则法令简明，大官易于综核，有司得以展舒，始能共讲抚字之术，以遂民生而回天象，不难矣。”疏入，报可。(《皇清奏议》[②])

［注释］

① 卢崇峻：汉军镶黄旗人，顺治间由佐领累擢至广东总督，康熙五年（1666）改任山陕总督。②《皇清奏议》：六十八卷，琴川居士辑，收录顺治元年（1644）至乾隆六十年（1795）诸大臣奏议五百八十一件。

［译文］

康熙四年（1665），广东总督卢崇峻上奏折《请政归简易以端治原疏》。其内容大略是说："我认为国家的大利，就在于政治简便易行；而国家的弊端，就在于法令繁苛。为什么呢？法令一多，内外衙门之中，大官只遵守成例而行，往往增加查访、批驳的烦琐；而官吏只畏惧功令，往往有来不及补救过失的忧虑，这样怎么能够考虑到民生的休戚，从而推行爱养百姓的仁政呢？况且在匆忙急迫之际，以致左右小人作奸犯科，那么民众生活就愈加受害了。如果政治统一归于简便易行，那么大小臣工各自都有闲暇优游的精神，衙门的吏役也无法施展其鬼蜮伎俩。这样，祸患不必清除就自行绝迹，利益不必刻意追求就自然丰足，也不必追求施惠民生，而人民生活自然顺遂。所以自古以来只见称颂宽大为良法美政，没有听说过以法令繁苛为善于治理的。一个法令确立，就会有一个弊端出现，所以法令越多，弊端也就滋生得越快。滋生弊端是因为法令过多，那么挽救这些弊端就只有删减法令，这是不必辩论就可明白的道理。向来立法过密，其本意在于消除积弊安定民生，岂知弊端反而从中滋生出来，民众又从中受到困扰！如今恭逢皇上以天纵的智慧仁爱，知道大计军政的遵循陋规，知道考满等第的恣意营求，因而毅然叫停。知道四部联合考成的烦琐，弊端丛生，因而归并到户部汇总核查。知道各种差官骚扰商贩民众，因而责成地方征收商税。天下的官民商贾，已经受到了无穷的福祉，这就是多事不如省事的明显效果。今日寻求治理天下的方法，不必远远地效法前代君王，只需要就皇上此一理念加以扩充。将六部现行的事例，命令他们逐件讲求清理，正像《尚书·大禹谟》所说：'故意犯罪，无论大小都要施用刑罚；过失犯罪，无论大小都可以宽恕。'只将那些贪婪残暴、作奸谋私、明知故犯的人，按照律例处治；其余因公获罪的事情，一概免除烦琐的议论，减而又减，直到无法删减，才保存其重大而且关键的条目。这样法令简明，大官容易综合考察，官吏得以减轻负担，才有可能一同讲求爱养百姓的办法，以便使民生顺遂，而回应天象，也就不难了。”奏疏进呈之后，获得批准。

康熙八年，圣祖谕宗人府、吏部、兵部曰：“凡令议政王、贝勒、大臣会议之事，俱系国家重大机密事务，理应极其慎密。今闻会议之事，尚未具题，外人即得闻知。此皆会议处不严行约束闲杂随从之人，以致听闻传说，将国家大事，预先泄露，殊属不合。至于人众愈觉繁杂，其诸王、贝勒、长史、闲散议政大臣，俱著停其议政。以后凡会议时，诸王、贝勒、大臣，务须慎密，勿致泄露。著即通行晓谕严饬。”（《圣训》）

［译文］

康熙八年（1669），圣祖皇帝吩咐宗人府、吏部、兵部说：“凡是让议政王、贝勒、大臣会议的事情，都是国家的重大机密事务，理应极其慎重缜密。如今听说会议的事情，还没有来得及具疏题奏，外面的人就听说了。这些都是由于会议讨论的地方没有严格约束闲杂随从的人，以至于听到传播，将国家大事，预先泄露，殊属不合事理。至于说参加会议的人多更加繁杂，那么诸王、贝勒、长史、闲散议政大臣，都停止参与议政。以后凡遇会议之事，诸王、贝勒、大臣一定要慎重缜密，不要再造成泄密事件。即刻通行晓谕，严饬遵行。”

康熙九年，圣祖谕礼部曰：“朕唯至治之日，不以法令为亟，而以教化为先。其时人心醇良，风俗朴厚，刑措不用，比户可封，长治久安，茂登上理。盖法令禁于一时，而教化维于可久，若徒恃法令，而教化不先，是舍本而务末也。近见风俗日敝，人心不古，嚣凌成习，僭滥多端，狙诈之术日工，狱讼之端靡已。或豪富陵轹孤寒，或劣绅武断乡曲，或恶衿出入衙署，或蠹棍诈害良民。萑苻之劫掠时闻，仇忿之杀伤叠见，陷罹法网，刑所必加。诛之，则无知可悯；宥之，则宪典难宽。念兹刑辟之日繁，良由化导之未善。朕今欲法古帝王尚德缓刑，化民成俗，举凡敦孝弟以重人伦，笃宗族以昭雍睦，和乡党以息争讼，重农桑以足衣食，尚节俭以惜财用，隆学校以端士习，黜异端以崇正学，讲法律以儆愚顽，明礼让以厚风俗，务本业以定民志，训子弟以禁非为，息诬告以全良善，诫窝逃以免株连，完钱粮以省催科，联保甲以弭盗贼，解仇忿以重生命，以上诸条，著通行晓谕八旗，并直隶各省府州县乡村人等，切实遵行。”（《圣训》）

［译文］

康熙九年（1670），圣祖皇帝吩咐礼部说：“我认为天下大治的时代，不以法令为急，而以教化为先。那时候民心醇厚善良，风俗淳朴厚道，刑法措施无处可用，每家每户都有可以受封爵位的德行，国家长治久安，繁荣昌盛，达到大治。这是因为法令只能禁绝一时，而教化则可以维持永久，如果单单依靠法令，而不以教化为先，那就是舍本求末的行为。近年以来，风俗日益凋敝，人心不古，依仗权势欺凌他人成为风气，假借势要横行霸道违法多端，奸猾狡诈的手段日益工巧，刑狱诉讼的案件层出不穷。有的是富豪欺凌孤苦贫寒之人，有的是土豪劣绅武断乡曲，有的是不法绅衿出入官署、包揽词讼，有的是流氓恶棍欺诈残害良民。强盗的劫掠时有所闻，仇恨的杀伤层见叠出，一旦陷落法网，必定遭受刑罚。如果依法诛杀，就会觉得其无知实堪怜悯；如果加以饶恕，就会觉得法典难以宽免。考虑到这样刑辟日渐繁苛，都是因为教化引导未能尽善。我如今想效法古代帝王崇尚德化、减缓刑法，教化民众、移风易俗，凡是推崇孝悌以重视伦理关系，笃亲宗族以显扬和睦欢乐，和睦乡党以平息争执诉讼，重视农桑本业以丰衣足食，崇尚节俭以珍惜财用，发展学校教育以端正士林风气，罢黜异端邪说以崇尚正学，讲求法律以警醒愚昧顽固之人，提倡文明礼让以醇厚风俗，专心致志于本业以安定民众的志向，教育培训子弟以禁绝胡作非为，消弭诬告之风以保全良善之人，惩戒窝藏逃人以免除株连，按时完纳钱粮以避免催逼科敛，联结保甲以消除盗贼之患，调解仇恨矛盾以尊重爱惜生命，以上圣谕十六条，着通行晓谕八旗以及各个直隶省、府、州县、乡村人等，切实遵照施行。”

康熙十二年，御史魏双凤[①]奏《请诏令宜信疏》。略曰：“臣闻人君所以鼓动天下者，在乎诏令。而诏令之敷布于天下者，尤贵遵行。苟发之不妄，而持之必行，坚如金石，信如四时，则普天之下，莫不竦听而悦服。《书》曰：‘令出唯行。’传曰：‘令重则君尊。’故诏令不可不信也。臣阅邸报，见今日已经奉旨定例之事，奉行不力者有之。臣以为当慎持于未发之前，不宜轻格于既发之后。否则诏甫下而不遵，令未及而辄变，不特各官阳奉阴违，有负职掌，揆之国体王章，诚未见其可也。如征收杂项钱粮银七分钱三分之例，奉有旨矣。今直省州县存留收放，未尝力行也。如每钱十文作银一分之例，奉有旨矣。现在户部每发钱一千作银一两，而市肆贸易，每钱一千，竟作八钱一二分不等也。如禁滥留衙役之例，奉有旨矣。今各直省大小衙门衙役蜂拥，或改名色，或几人朋充，未尝遵定额也。如禁聚会烧香之例，奉有旨矣。今直省各处鸣锣张帜，敛钱号佛未止也。如禁服饰奢华之例，奉有旨矣。今街衢微贱，云绮奢华自若也。如擅用非刑之例，无辜毙狱之例，擅索夫马之例，俱奉有旨矣。今职官故犯，列之弹章者比比也。凡此之例，难以枚举。皆因内外臣工，积玩成风，全不实行担当，实力遵守。是以皇上有不忍人之心，无人代为宣播；皇上有不忍人之政，无人代为奉行，百姓无从而得所。夫王言如丝，其出如纶；王言如纶，其出如綍；[②]煌煌天语，炳若日星。而官不遵令，民不守法，何以示信于天下？伏乞严敕内外部院督抚、大小诸臣，嗣后洗心涤虑，精白承休[③]，凡一切奉旨定例之事，有益于民生，有益于风俗者，实心举行，一体恪遵。内而五城，外而有司，如奉行不力，当即题参。弊在必剔，勿计考成，奸在必釐，勿畏强御。事当为即为之，勿事苟且以塞责；事当言即告之，勿存避讳以误公。则法令永遵，而人心大定，天下共仰皇上之明且断矣。”疏入报闻。(《皇清奏议》)

［注释］

①魏双凤：字雍伯，直隶获鹿县人。顺治进士，官至宗人府丞。②王言如丝，其出如纶；王言如纶，其出如綍：语出《礼记·缁衣》。③精白承休：语出《汉书·贾谊传》："天下之士，莫不精白以承休德。"

［译文］

康熙十二年（1673），御史魏双凤上奏《请诏令宜信疏》。其内容大略是说："我听说君主赖以鼓动天下的，关键在于诏令。而诏令广布于天下，尤其贵于依照诏令遵行。如果诏令颁发得不错，那么接到诏令必须遵行，就像金石一样坚定，像四季更迭那样诚信，这样普天之下，没有不恭敬闻听、心悦诚服的。《尚书·周官》说：'命令一出，民众必定信而执行。'《书传》解释说：'诏令为民所重，君位就尊贵。'因此，诏令不可不诚信。我阅读邸报，看到今天已经奉圣旨定例的事情，还有人奉行不力。我认为应当在诏令未发之前审慎持重，不应当在诏令颁发之后轻易搁置。否则诏令刚刚下达就不遵行，法令还没有实施就改变，不仅仅各级官吏阳奉阴违，有负其职掌，就是根据国家政体、君主制度来考量，实在是未见其可。如征收杂项钱粮银七分、钱三分的事例，已经奉有圣旨。但是现在各个直隶省、州县钱粮的存留收放，并不曾积极奉行。例如每钱十文作银一分的事例，已经奉有圣旨。现在户部每发钱一千相当于银一两，而市场贸易中，每一千钱竟然作银八钱一二分不等。又如禁止滥留衙役的事例，已经奉有圣旨。但如今各个直隶省大小衙门衙役蜂拥而至，有的改换名色，有的几人合伙蒙混冒充，没有遵从定额。又如禁止聚会烧香的事例，已经奉有圣旨。如今各个直隶省到处鸣锣扯旗，聚敛钱财，念佛诵经，没有禁止。又如禁止服饰奢侈华丽的事例，已经奉有圣旨。如今大街小巷身份微贱的人身着云绮绫罗，奢侈华丽依然如故。又如禁止擅自使用非刑的事例，无辜死于狱中的事例，擅自索取驿夫驿马的事例，都奉有圣旨。但现今在职的官员却明知故犯，列于弹劾奏章的比比皆是。像这样的事例，难以枚举。这都是因为内外官员长期以来玩忽职守，成为风气，根本不以实际行动担当责任，实心实力遵照执行。因此，皇上有怜悯体恤民众之心，没有人代为宣扬传播；皇上有怜悯体恤民众之政，没有人代为奉行，百姓没有办法各得其所。君王的言论像丝那么细，传出去就像丝带那么粗；君王的言论像丝带，那么传出去就像绳索那么粗。君王的言论光彩夺目，就像太阳、星星一样光明显耀。可是官吏不遵诏令，民众不守法规，如何向天下昭示诚信？请求严厉敕令内外部院督抚、大小群臣，从今以后洗心涤虑，以洁白之心行中正之道，大凡一切奉旨定例的事情，有益于民生，有益于风俗的，实心推行，全部谨敬遵守不怠。从京城的五城兵马司，到京外的各级官吏，如果有奉行不力的，当即题本参奏。有弊病一定剔除，不考虑任职考核；有奸邪一定澄清，不畏惧豪强势要。事情应当做就坚决做，不要苟且塞责；事情应当说就坚决说出来，不要心存忌讳而误了公事。这样，法令得以永远遵行，民心也得以长久安定，天下民众共同仰仗皇上的英明和决断。”奏疏进呈后，得到允准。

康熙二十五年，圣祖谕大学士等曰：“朕唯自古帝王，抚御群臣百姓，政教修明，治化流畅。与其绳以刑罚，使人怵惕文网，苟幸无罪，不如感以德意，俾民蒸蒸向善，不忍为非。《书》称：‘协和万邦，黎民于变时雍。’又称：‘临下以简，御众以宽。’[①]唐虞盛时，从欲风动，效验章章如是。朕尝心慕隆古，力行教化，冀以感发天良，偕之荡平正直之道。而人情嚣伪，风俗颓敝，敕法国宪，不可以已。虽尝屡行矜恤，绝去烦苛，终思尚德缓刑，乃为至治之极轨。自康熙元年以来，中外臣民，习染浇风，争事诈伪，公行贿赂，贪冒营求，因缘请托，作奸犯科。顽钝者，恬弗知耻；奸黠者，愍不畏法，以致是非乖谬，纲纪渐弛。朕亲政以后，洞悉奸弊，加意釐剔，振饬宪章。务使违律干纪之众，莫能匿慝。法无旁贷，人无遁情，庶几禁遏顽豪，杜塞侥幸。近见罗于罪网者，渐觉减少。但革面未能革心，畏罪不如知耻。原夫立法之意，本欲使人难犯，今因法令严密，群心日夕恐惧不宁，辄思苟免。苟免之心切，则弥缝之弊深，巧伪愈滋，亦未可定。今欲崇尚德化，务存惇大，荡涤邪秽，一切令之自新。除前经审拟完结各案，及关系宫殿、陵寝、河道工程、侵欺正项钱粮不议外，其内外见今发觉，一应枉法得赃行贿，与受人员，仍革职，止免拟重辟，照律定罪追赃。其此等未经发觉者，悉与宽免。有以谕前事参奏讦告者，一概不准。自谕以后，中外臣民，须洗心易虑，省改前非，守法奉公，敦厉廉耻，以副朕使人寡过之至意。再有干犯，自难曲宥。至于旗下闲散官员人等，及民间豪恶党类，并无职任，乃揽说公事，交结衙门，妄行讹诈，贿嘱关通，实繁有徒，朕皆稔悉。嗣后益当恪遵法纪，勿蹈故辙。如怙终不悛，发觉之时，从重治罪，决不宽贷。尔法司即通饬内外大小各衙门、八旗及内府佐领[②]晓谕知悉，一体遵行。”（《圣训》）

[注释]

①协和万邦，黎民于变时雍：语出《尚书·尧典》。临下以简，御众以宽：语出《尚书·大禹谟》。②佐领：即牛录额真，清代官名，掌所属人户、田宅、兵籍等。太祖定三百人为一牛录，作为八旗的基本编制单位。

[译文]

康熙二十五年（1686），圣祖皇帝吩咐大学士等官说："我认为自古以来帝王抚绥统御群臣百姓，政治清明，教化通畅，与其以刑罚惩治民众，使人畏惧法网，幸免无罪，不如以道德感化，使民众纯一向善，不忍心为非作歹。《尚书》上说：'天下万邦调和融洽，黎民百姓变得良善和睦。'又说：'皇帝对臣下简明易行，对民众宽宏大量。'唐尧、虞舜的时代，依从人们的愿望来治理，像风一样鼓动四方人民，其效果就验证了这一点。我曾经倾慕上古的兴隆，努力推行教化，希望以此感发人们的天良，与他们一起走向正直之道。然而人情轻浮诈伪，风俗颓丧败坏，即使有国家的制度法令，也不能加以制止。虽然我们也曾多次赈恤安抚民众，禁绝烦琐苛刻的行政，最终还是想崇尚德治、减缓刑罚，才是至治之世的最高境界。从康熙元年以来，内外的臣民都沾染了浇漓的风气，争相欺诈作伪，贿赂公行，贪婪假冒，营私舞弊，借端请托，作奸犯科。顽固愚昧的人，恬不知耻；奸诈狡猾的人，不畏法律，以至于是非颠倒，纲纪凌夷。我亲政以后，洞悉其中的奸情弊端，用心予以革除，以振作风气、整顿法制。务必使违犯法纪的人，无可逃脱制裁。这样法令无可旁贷，人情无所逃避，差不多可以禁绝顽固的豪强势要，杜绝侥幸的盗贼小民。近来看到因犯罪而落入法网的人，逐渐减少。但是革面而未能洗心，畏罪却不如知耻。考察立法的本意，本来就希望人们难以违犯，如今因为法令严密，民众的心里日夜恐惧不安，总想着如何苟且幸免。这样幸免之心迫切，那么解决问题的弊端就多，奸巧诈伪就由此滋生，也不一定。如今要崇尚德化，一定要存心敦厚宽大，扫除各种奸邪污秽，让一切改过自新。除了以前已经审问完结的各个案件，以及关系到宫殿、陵寝、河道工程、侵占正项钱粮等事不再讨论外，内外各个衙门现在发觉的案件，一应贪赃枉法、行贿受贿的人员，仍然革去职务，只免判死刑，其余按照律例定罪追赃。至于尚未发觉的案件，一律宽大赦免。凡是以这一谕旨颁布前的事情参奏告状的，一概不予批准。从这一谕旨颁布之后，内外臣民必须洗心革面，痛改前非，奉公守法，勉励廉耻之心，以符合我使人寡过的深切用意。如果再有触犯法律，自然难以曲为宽恕。至于八旗的闲散官员人等以及民间豪强恶霸之类，并无官职，却包揽公事，交结衙门，妄行讹诈，买通关节，这类人所在多有，我都很了解。今后更应当谨遵法纪，千万不要再蹈覆辙。如果怙恶不悛，发觉之后，从重治罪，决不宽贷。有关司法部门当即饬令内外大小各个衙门、八旗以及内府佐领知道，一道遵行。”

康熙四十二年，圣祖召大学士等谕曰：“观近日南方风景，民间生殖，较之康熙三十八年南巡时，似觉丰裕。大约地方督抚安静而不生事，即于民生有益。倘徒恃才干，不体下情，以此争先出众，民必受其殃矣。所以朕于扈从人等，恐其生事，时廑于怀，诸事唯务谨慎，不时严禁。倘朕欲将州县官员日加驱使，未为不可，所以不忍为者，亦因体恤微员耳。今总督、巡抚能如此体恤者甚少。”又谕曰：“赵申乔[①]居官诚清，但性喜多事，所以小民反致受累，较之张鹏翮[②]、李光地[③]、徐潮[④]，则赵申乔甚为褊浅矣。”（《东华录》七十一）

［注释］

①赵申乔：武进人，康熙进士，历官浙江巡抚、户部尚书，卒谥恭毅。
②张鹏翮：麻城人，康熙进士，累官河道总督、刑部尚书、户部尚书、武英殿

大学士，卒谥文端。③李光地：安溪人，官至吏部尚书，卒赠太子太傅，谥文贞。传见本书卷四。④徐潮：钱塘人，康熙进士，官至河南巡抚、吏部尚书，卒谥文敬。

［译文］

康熙四十二年（1703），圣祖皇帝召见大学士等吩咐说："观察近日南方的风景，民间生产状况，比起康熙三十八年南巡的时候，似乎更加丰裕了。大体说来，地方总督、巡抚安静而不生事，就对于民生有益。倘若只是仗着有才干，不体恤民众的实际情况，以此频繁兴举，争先出众，那么民众必定要遭受其祸殃了。所以我对于随从人等，唯恐他们生事，时刻记挂在心，各种事务只求谨慎，不时严立禁约。倘若我将州县官员每日加以驱使，也没有什么不可以，之所以不忍心这样做，也是出于体恤基层官吏罢了。如今总督、巡抚能够如此体恤下情的很少。"又说："赵申乔居官的确很清廉，但是生性喜欢多事，所以民众反而受其拖累，比起张鹏翮、李光地、徐潮来，赵申乔的见识非常狭隘短浅。"

康熙五十年，圣祖谕大学士等曰："督抚大吏办事，当于大者体察，不可刻意苛求。宽则得众，信则民任焉。治天下之道，以宽为本。赵申乔任浙江巡抚时，民多怨之。后任湖南巡抚，大小官员无不被参，岂一省之内，无一好官耶？总之为大臣者，不可轻率参人。明时臣工，不能秉公，颠倒是非，挟仇弹劾，此风不可不戒。夫官之清廉，只可论其大者。今张鹏翮居官甚清，在山东兖州为官时，亦曾受规例。张伯行[①]居官亦清，但其刻书甚多。刻一部书，非千金不得，此皆从何处来者？此等处亦不必究。又两淮盐差官员，送人礼物，朕非不知，亦不必追求。盖唯愚民为不可欺，居官之善与不善，到任不过数月，人即知之。故曰：'天视自我民视，天听自我民听。'[②]民意即天意也。"（《圣

训》)

［注释］

①张伯行：河南仪封人，康熙二十四年（1685）进士，官至礼部尚书，被康熙称为天下清官第一。卒谥清恪，赠太子太保。著有《正谊堂文集》等，编刻理学著作甚多。传见本书卷四。②天视自我民视，天听自我民听：语出《尚书·泰誓》。

［译文］

康熙五十年（1711），圣祖皇帝吩咐大学士等说："总督、巡抚大臣办事，应当于大处体察，不可刻意去苛求。宽大就能得民心，诚信就会得到民众的支持和依赖。治理天下的方法，以宽大为根本。赵申乔担任浙江巡抚时，民众多有怨恨。后来调任湖南巡抚，大小官员无不被参劾，难道一省之内，就没有一个好官吗？总之，作为大臣，不可轻率参劾人。明朝时候的大臣，不能秉公任事，颠倒是非，挟仇弹劾，这种风气不可不加以戒除。官员的清廉，只可论其大端。如今张鹏翮居官非常清廉，但在山东兖州做官时，也曾经接受过规例。张伯行居官也非常清廉，但他刻书很多。刻一部书，没有千金不行，这些银钱都从何而来呢？这些地方也不必深究。又如两淮盐政的官员，送人礼物，我并非不知道，也不必追究。因为所谓的愚民百姓最不可欺骗，居官善与不善，到任不超过数月，人们就知道了。所以《尚书》上说：'上天的临视来自民众的临视，上天的倾听也来自民众的倾听。'民众的意志也就是所谓的天意。"

康熙五十四年，圣祖谕大学士等曰："张伯行为巡抚时，每苛富民。如富民家堆积米粟，张伯行必勒行贱卖，否则治罪。此事虽使穷民一时感激，要非正道，亦只为米价翔贵，欲自掩饰耳。地方多殷实之家，最是好事。彼家赀皆从贸易积聚，并非为官贪婪所致，何必刻薄之以取悦穷民乎？况小民无知，贪得无厌。近闻陕西有方耕种，即挟制州县报荒者。此等刁风，亦不可长。又赈荒一事，苟非地方官员实心奉行，往往生事。盖聚饥寒之人于一乡，势必争夺。明时流贼，亦以散粮而起，此不可不慎也。《书》云：'明四目，达四聪。'[①]朕于天下事无不洞悉，然知之即发，亦非大体。总之，为政以中正诚敬为本。中正则能公，诚敬则能去私。朕日读性理诸书，见得道理如此。"（《圣训》）

［注释］

①明四目，达四聪：语出《尚书·舜典》，意谓广开耳目，洞悉天下四方之情。

［译文］

康熙五十四年（1715），圣祖皇帝吩咐大学士等说："张伯行担任巡抚时，常常刻薄富民。如果富民之家堆积米粟，张伯行一定强迫他们贱卖，否则治罪。这样的事情虽然可使穷人一时感激，却不是正道，也只是因为米价腾贵，想以此掩饰罢了。地方多有殷实之家，最可称为好事美谈。他们的家资都是从贸易积聚，并非为官贪污受贿所得，何必刻薄他们以取悦于穷人呢？况且民众无知，贪得无厌。近来听说陕西有的地方可以耕种，就挟制州县报称撂荒。此等刁风，不可助长。又如赈济一事，如果不是地方官实心奉行，往往生事。因为聚集饥寒交迫的民众于一个地方，势必引起纷争。明朝时的流寇，也就是因为散粮而起，不可不谨慎对待。《尚书》上说：'明四目，达四聪。'我对于天下之事无不洞悉，然而知道了就发作，也不算识大体。总之，为政要以中正诚敬为根本。中正就能够做到公平，诚敬就能够袪除私欲。我每天阅读性理之书，体会到这样的道理。"

圣祖之治，上接三王，尝作《王霸辩》曰："禅继之统分，而后有三王。会盟之事兴，而后有五霸。世之儒者，尚论古今，推明已事，语仁义则尊隆王道，言权术则崇尚霸功，要其同异得失之辨，可得而言也。大约出之有诚伪，行之有公私耳。天下之民，其阽于危而思即安也，不啻如饥之待哺，寒之待衣。上之人有万物一体之怀，有天下为家之意，仁以渐之，义以摩之。而下之人亦皆爱之如父母，敬之如师保，咸有不忍去其上之心，此王道也。法立而政明，令行而禁止。有市德于下之心，而下亦有所慑服，此霸功也。故诛伐同也，而应天顺人之与克威立惮，不同也。播告同也，而至诚恻怛之与噢咻呕喻，不同也。此诚伪之分，公私之辨，可以见王霸之大端矣。世或有谓古今异宜，王霸贵乎杂用者。不知古今虽异，而天命民彝之理，岂有异乎？春秋战国之时，三纲沦，九法斁[①]，世风日下，人心日偷矣。而孔子、孟子生于其时，不闻有随时迁就之说，所守者一以道德仁义为归。虽其不能见用于时君，而万世之天下，皆得以其空言治之，孰谓王道之宜于古而不宜于今乎？若以杂霸之术，而欲奏熙隆之治，犹适楚而北其辕[②]也。故作《王霸辩》云。”（《御制文集》）

［注释］

①九法斁：九法，上古时代的九种法律制度。斁，懈怠。②适楚而北其辕：意谓背道而驰。《申鉴》：“先民有言，适楚而北其辕者。”

［译文］

圣祖的政治，上可与夏禹、商汤、周武王相提并论。曾经御撰《王霸辩》说：“禅让制与继承制的替代，而后有夏禹、商汤、周武王三王；诸侯会盟之事兴起，而后有齐桓公、晋文公、秦穆公、宋襄公、楚庄王春秋五霸。世上的儒生，喜欢讨论古今兴衰的道理，推演已经发生的往事，标举仁义者就尊崇王者的道德，讨论权术者就崇尚霸主的功业。其中的异同得失的分别，还可以进一步加以探讨。大体说来，其出发点有真诚与诈伪，其行事也就有至公与谋私罢了。天下的民众，处于危机而渴望安定，就像是饥饿者等待饭食，寒冷者等待衣服。位居上层的人具有万物一体的胸怀，具有天下为家的心意，以仁爱来感化他们，以道义来教化他们。而身处底层的人们也像对父母那样爱戴他们，像对师长那样敬重他们，都不忍心去掉其向上之心，这就是所谓的王者的道德。法制确立而政治清明，法令施行而禁例绝迹。位居上层的人具有收买德行的心思，而身处底层的人们也有所慑服，这就是所谓的霸主的功业。因此，二者诛伐无道是相同的，但上应天命、下顺民情，还是战胜权威、标举勇敢，是二者的不同。二者都传播告知天下是相同的，但内心悲戚的真诚与表面和悦的伪善，又是二者的不同。这就是所谓的诚、伪之分，公、私之辨，从中可以看出王道与霸道的大端了。世人有的说古今不同，王道与霸道贵于交杂为用。殊不知古今虽然不同，而天命民彝的道理，难道有什么不同？春秋战国时代，三纲沦丧，九法废弛，世风日下，人心日益苟且。而孔子、孟子生当其时，没有听说过圣人有随时迁就的说法，他们所坚守的乃是以道德仁义为指归。即使不能被当时的诸侯国国君所信用，而后世千秋万代的天下，都得以他们的空言作为治国的依据，谁说王道只适宜于古代而不适宜于今天呢？如果用杂家霸道之术治理国家，想要达到升平治世，就好像南辕北辙，背道而驰。因此，我撰写了这篇《王霸辩》。”

圣祖政尚宽仁，不事严威，尝作《宽严论》以昭示天下。论曰：“昔子产[①]之论政也，曰：‘唯有德者能以宽服民，其次莫如猛。’斯殆为郑言之耳，要非致治之本论也。致治之本在宽仁。今夫天化育万物，生之以春，长之以夏，成之以秋，藏之以冬。阴阳消息，四序代嬗。而其道归于生生为用，仁爱为极，夫岂春夏宽而秋冬严欤？古之圣王知其然，体上天仁爱之心，出而御物，德以道之，政以齐之，刑以范之，唯务化民于善，闲民于义而已。不忍制民以术，怵民以威也。是故五刑之数三千，皆本怵怛之心以出之，而非惨刻峻削之为也。夫物刚则折，弦急则绝，政苛则国危，法峻则民乱。反是者有安而无危，有治而无乱，三代之成事无论矣。秦用李斯②，学荀卿③之学，行督责之令，不数年而秦亡。汉高④以宽大为政，入关而万民大悦。光武⑤以柔道治天下，而王业用兴。唐太宗听魏征⑥之言，崇尚教化而几致刑措。是古之帝王以宽得之者多矣，未闻其以宽失也。若后世祖述申韩⑦之徒，有谓骄于爱，听于威，非严不足以集事。不知衰世之主百度废弛，驯致论败者，其失在纲纪废弛，讵宽之谓哉？朕抚绥元元，期以纯王之道，化民成俗，凡束湿之政，弗敢庸也。苛察之明，弗敢尚也。恐恐焉，日虑其刑之重而德之薄，夫宁忍从事于猛欤？《书》曰：‘克宽克仁，彰信兆民。’⑧《诗》曰：‘不竞不絿，不刚不柔，敷政优优，百禄是遒。’⑨诗书之言，朕之蓍鉴矣。”（《御制文集》）

［注释］

①子产：即公孙侨，春秋郑国政治家，为相数十年，实行改革，颇有建树。②李斯：秦国政治家，秦统一中国后任丞相，后为赵高所害。③荀卿：即荀况，战国思想家，著有《荀子》三十二篇。④汉高：即汉高祖刘邦，汉朝的开国皇帝。⑤光武：即光武帝刘秀，东汉的建立者。⑥魏征：字玄成，唐初大臣，以善于谏诤闻名史册，封郑国公。⑦申韩：即申不害、韩非，赵国著名思想家，法家代表人物。⑧克宽克仁，彰信兆民：语出《尚书·汤誓》。⑨不竞不絿，不刚不柔，敷政优优，百禄是遒：语出《诗经·商颂》。

［译文］

圣祖皇帝为政崇尚宽厚仁爱，不喜欢严法立威。曾经撰写《宽严论》昭示天下。其中说：“从前子产论述为政之道，说：‘只有道德高尚的人能够以宽大臣服民众，其次没有比得上严刑峻法的。'这种说法大约是针对郑国而言，并非讨论为政的根本。为政的根本在于宽厚仁爱。如今，上天化育万物，使之春天出生，夏天成长，秋天成熟，冬天收藏。阴阳消长，四季更替。其中的道理归结为生生为用，仁爱为极，难道是春夏宽厚而秋冬严苛吗？自古以来，圣明的君王知道这个道理，体察上天的仁爱之心，以此来统御万物，以道德加以引导，以政事加以统一，以刑法加以规范，只图教化民众善良，引导民众仁义罢了。不忍心以权术控制民众，以权威慑服民众。因此，各种刑法之数多达三千，但都是本着警惧之心制定出来，并非为了残酷地惩治民众。物体过于刚直就容易折断，弓弦过于紧绷就容易断绝，政治过于苛刻国家就会产生危机，法律过于严酷民众就容易动乱。反之，就会有安定而没有危机，有治理而没有动乱。夏、商、周三代的历史且不说。秦朝重用李斯，学习荀子的学说，施行督察责罚的政令，不上数年秦朝就灭亡了。汉高祖施行宽大的政令，进入关中，万民大悦。东汉光武帝以怀柔之道治理天下，帝业得以兴盛。唐太宗听从魏征的话，崇尚教化，几乎用不着刑罚。这些都说明古代的帝王以宽厚得天下的多了，没有听说以宽厚失去天下的。至于后世奉行申韩法家学说的人，有所谓骄奢生于仁爱，服从来自权威，不严刑峻法不足以成就大事。岂不知衰世的君王各种制度趋于废弛，导致其失败的，关键在于纲纪废弛，难道是为政宽厚的结果吗？我抚绥民众，希望以纯王之道，教化民众，移风易俗，凡是驭下严酷急切的办法，都不敢用；以烦琐苛刻为明察，都不敢提倡。每天担忧刑罚过重，道德微薄，怎么忍心从事严刑峻法呢？《尚书》上说：'君王为政本着宽厚仁义的原则，才能取信于广大人民。'《诗经》上说：'不争不急，不刚不柔，施政和平有德，那么百种福禄就会积聚。'《诗经》、《尚书》中的言论，是我考察古今成败的借鉴。"

圣祖阅史，至魏征《十思疏》[①]。曰："人莫不慎于创业，怠于守成。故善始者未必善终。唯朝乾夕惕，不敢少自暇逸，乃可臻于上理。魏征所陈，可谓深识治要。"至唐太宗谕长孙无忌及侍臣语，曰："唐太宗用魏征之言，偃武修文，化洽海宇，诚得古帝王善治之道。至其二喜一惧，兢兢以骄奢自戒，尤履盛而谦，安不忘危之至计也。"至唐太宗面举群臣得失，谓刘洎[②]私于朋友，曰："传有之云：'公尔忘私。'私于朋友者，必有忝于朝廷。在昔已然，今人愈甚矣。"至唐高宗时太子宏以忤天后遽薨[③]，曰："宏之奏义阳、宣城二公主[④]出降，洵仁厚之至意，第时方母后逞志，宜曲为感悟，徐俟转移。径上闻于君父，致触母后之怒，亦自取之咎云。"（《御制文二集》）

［注释］

①《十思疏》：全称《谏太宗十思疏》，作于唐贞观十一年（637），从十个方面告诫太宗要知足、知止、谦冲、海涵、有度、善终、虚心、正身、不滥赏、不滥罚，是魏征敢言直谏的代表作。②刘洎：江陵人，唐贞观中官尚书右丞，累晋银青光禄大夫。③唐高宗：即李治，唐太宗子，公元649至683年在位。太子宏：即高宗与武则天之子李弘，显庆初立为太子。天后：即武则天。④义阳、宣城二公主：唐高宗与萧淑妃所生之女，被武则天囚禁。

［译文］

圣祖皇帝读史，读到唐代魏征的《谏太宗十思疏》，说："人们没有不慎重于创业的，但懈怠于守成。因而善始的人不一定能够善终。只有日夜勤勉谨慎，不敢稍微休闲安逸，疏忽懈怠，才可能达到最好的治理。魏征所奏，可以说深明为政的关键。"读到唐太宗吩咐丞相长孙无忌及侍从诸臣的话，说道："唐太宗信用魏征的言论，停止武备，振兴文教，教化泽被于天下，的确深得古代帝王的治国之道。至于他所说的二喜一惧，小心谨慎，以骄奢淫逸为戒，尤其堪称是处于盛世而保持谦恭，处于安定而不忘危机的根本大计。”至于说到唐太宗当面列举群臣的得失，如说刘洎为朋友徇私，说道：“典籍上有一句话，叫做公而忘私。为朋友徇私，必定对朝廷失职。从前是这样，现在人更是这样。”读到唐高宗时代太子李弘因为发现义阳、宣城二公主被武则天囚禁，请求高宗释放她们并择婿出嫁，违背了武则天的意旨而被毒害致死，说道：“太子李弘奏请义阳、宣城二公主出嫁，的确是仁厚的至意，但当时其母后正临朝称制，应当委婉地加以感悟，逐渐改变其心意。这样径直上奏给父皇，结果触发了母后的怒火，也是自取的罪过。”

圣祖阅史，至宋太祖欲察群情向背，颇为微行，曰：“宋太祖欲察群情，而不安于深宫宴处。洵励精求治之心，第当命驾时巡，省方问俗，进穷椽之父老，而使自言其疾苦，则民隐足以周知，可无九阍万里之隔矣。何必仆仆微行，以自轻耶？”（《御制文二集》）

［译文］

圣祖皇帝读史，读到宋太祖赵匡胤想考察民心的向背，经常微服私访，说道：“宋太祖想考察民心向背，而不安于闲处深宫，端居庙堂。这的确是励精图治的心胸。但应当公开不时出巡，考察四方的民情，询问各地的风俗，召见贫穷的父老乡亲，让他们自己说明其疾苦，那么民间的隐情足以知晓，可以使朝堂之上与江湖之远消除万里之隔阂。何必微服私访，轻视自己的生命安危呢？”

圣祖《庭训》曰：“太监原为宫中使令，备洒扫而已，断不可使其干预外事。朕宫中之太监，总不令在外行走。有告假者，日中出去，晚必进内。即朕御前近侍之太监等，不过左右使令，家常闲谈笑语，从不与言国家之政事也。”（《庭训格言》）

［译文］

圣祖皇帝《庭训格言》写道："太监原本就是宫中供使唤的，用来供洒扫使用就是了，一定不能让他们参与外边的事。在我宫中的太监，总不让到外边去。有请假的，正午出去，晚上一定回来。就是我御前的近侍太监，不过左右使令，家常闲谈说笑，从来不跟他们谈论国家的政事。"

《训》曰："孟子曰：'为政者，每人而悦之，日亦不足矣。'①是言也，诚得为政之要道。即如近河居民，地势洼下，阴雨稍多，即觉水涝。近山居民，地势高阜，数日不雨，即觉亢旱。天道尚然，何况人事？故为政者，应持大体。府事允洽，自然万世永赖。久安长治之道，未有以政洵人者也。孟子此言，深切政体，特语尔等知之。"（《庭训格言》）

［注释］

①为政者，每人而悦之，日亦不足矣：语出《孟子·离娄下》。

［译文］

圣祖皇帝《庭训格言》写道："孟子说：'执政的人要使每个人都喜欢，那么时间就不够用了。'这句话，的确深得为政的重要道理。就好像住在河边的居民，地势低洼，阴雨天气稍微多些，就感觉水涝；靠山居住的居民，地势高阜，如果数日不下雨，就感觉大旱。自然的规律尚且如此，何况人间的事情呢？因此，为政的人应该把握大局。官府的事情治理得公允，自然就能够万代依赖，长治久安。而长治久安之道，从来也没有用政事来顺从他人的。孟子这句话，非常切合政体，特地告诉你们知道。"

圣祖《讲筵绪论》曰："人君出入警跸，固宜严肃。朕见明朝之君，高居深宫，过于安逸。凡郊祀偶出，所乘之辇，皆铁丝作帷，以防不测。人君临御天下，以四海为一家，当使遐迩上下，倾心归慕，若刀矢可加于辇幄之中，则人心离贰，虽铁壁何益？故古来圣贤之君，尚德不尚威也。”（《御制文集》）

［译文］

圣祖皇帝《讲筵绪论》写道：“君主出入的侍卫警戒，固然应当严肃。我考察明朝的君主，高居深宫，过于安逸。凡是郊祀大典偶尔出行，所乘坐的御辇，都用铁丝做帷帐，以防不测。君主临朝统御天下，以四海为一家，应当使上下远近的人们，都倾心归附，像刀枪弓箭可以打到御辇帷帐之上，那民心的背离反叛，即使是铜墙铁壁，又于事何补呢？因此，自古以来圣贤的君主，崇尚德化而不崇尚权威。”

康熙政要卷三

任贤第三上

图海，姓马佳氏，满洲正黄旗人。初由笔帖式加员外郎衔。顺治二年，改国史院侍读。八年，世祖幸南苑，图海负宝以从，上见其举止严重，授秘书院学士。九年，恩诏予骑都尉世职。越岁，授弘文院大学士，列议政大臣。十二年，加太子太保，摄刑部尚书。十五年，命同大学士巴哈纳等校订律例，旋以承审江南考试作弊事迟延，削加衔。明年，坐谳事失实，上诘问不以实对，下廷臣察议论死。得旨宽免，仍夺职。十八年正月，世祖升遐，遗命起用。圣祖御极，授满洲都统。

康熙二年秋，流贼郝摇旗、刘体纯、李来亨等，自四川啸聚湖广郧襄山中。命为定西将军，副靖西将军都统穆里马率禁兵会楚属之师讨之。至则与总督李国英、提督郑蛟麟等连营困之。贼以三千兵来犯，图海率兵邀击，败之。又连犯诸营，各分兵夹击，咸溃败。未几，郝摇旗为副都统甘敏所擒，刘体纯相继破灭。唯李来亨拥众据茅麓山，图海率兵围之，绝其声援，搜剿外寇略尽。贼穷蹙，来亨阖门自经死。伪公伪将军以下，伪官五百八十馀人，以兵八千八百降。执斩伪新乐王及伪官七人，俘其家口三十馀众还。六年，拜弘文院大学士，晋轻车都尉世职，充实录馆总裁官。七年，命测仪象。八年，命录刑部重囚，并称旨。九年，奏乞解机务，专力戎行，上慰留之。十一年，命清理刑狱，会吴三桂、耿精忠叛。上以筹饷需才，命摄户部尚书。十四年，疏请通饬外省勿私派军需，勿先期拘集夫役，勿额外科敛钱粮。词讼重者速审结，小者勿滥准滋累，衙役土豪，勿令鱼肉良善，奉旨允行。时察哈尔蒙古布尔尼，劫其父阿布奈以叛。命图海为将军。同抚远大将军信郡王鄂托率师往讨。四月，师次达禄，布尔尼设伏山谷，别以兵三千来拒战。我师进攻，伏发，我土默特兵当之，败。图海分兵鏖击，贼以四百骑继至，力战歼之。布尔尼乃悉众出，用火器拒战，图海令严阵以待。贼败复聚，连击大破之，招抚人户千三百有奇。布尔尼仅以三十骑遁，追斩之。

察哈尔平，班师，上御南苑大红门迎劳之，叙功晋一等男。

十五年三月，上以贝勒洞鄂攻叛将王辅臣于平凉，未克，命图海为抚远大将军总辖陕西全省，贝勒以下，咸听节制。三月，至平凉。明赏罚，申约束，军威大振，贼众闻之惧。诸将请乘势攻城。图海曰："仁义之师，先招怀而后征伐。吾奉天威，讨凶竖，无虑不克。顾念城中数十万生灵，皆朝廷赤子，遭贼劫掠至此，覆巢之下，杀戮必多，俟其向化归诚，乃可体圣主好生之德。"城中军民闻者皆感泣，咸思自拔以出。贼势由是日蹙。

五月，夺虎山墩。虎山墩者，在平凉城北，高数十仞，贼守以精兵，通西北饷道者也。图海曰："此平凉咽喉，得此则饷道绝，城不攻自下矣。”即率兵仰攻，贼万馀人列火器以死拒战。图海令翻休迭进，自巳至午，战益厉。斩伪总兵二人，贼被杀及坠崖死者无算，遂夺其墩据之。俯视城中，如在掌握，因发巨炮击之，城中恟惧。辅臣乃乞降。疏闻，诏赦辅臣罪，抚慰之。六月，(扎)〔札〕授七品官周昌为参议道，赍诏入城。翌日，辅臣遣党献军民册。又遣其子继正等缴所授伪敕印，然犹疑惧观望。图海复令周昌同其兄子侍卫保定往谕，辅臣乃薙发降。图海令副都统吴丹入城抚定，秋毫无所犯。平凉被围日久，城中食尽，死亡过半，因令地方官赈穷乏，掩胔骼。其老弱转徙不能归者，遣将士分送安插，远近帖然。初周昌往招辅臣时，言昌母孙氏殉节死，愿以身报国，为母请旌，因请往。至是，奏旌其母，又奏蠲秦省被兵及转饷各州县赋，皆从之。是月，遣振武将军佛尼勒败贼将吴之茂于牡丹园。又败之于西河县北山。将军穆占进攻乐门，败于红岩，复礼县。于是伪巡抚陈彭、伪总兵周养民等共率伪官九百馀人、兵四万八千相继降，关陇悉平。

八月，上谕阁臣曰：“图海器识老成，才猷练达，以文武之长才，兼忠爱之至性，劳绩懋著，朕甚嘉焉。其晋封三等公，世袭罔替。”时汉中、兴安犹为贼据，平凉、庆阳初定，人心尚动摇。图海奏请分兵防守诸隘，缓攻汉中、兴安，别遣一旅往湖广会剿吴逆。有旨命亲率精锐以行。图海因陕西反侧未安，虑有变，疏陈其状。圣祖因授都统穆占为征南将军，率师赴楚，留图海镇陕西，议取汉中、兴安。奏调绿营兵，檄提督孙思克等赴秦州，赵良栋赴凤翔，以将军张勇、王进宝各引兵助之。期以明年正月二十日如约至。下张勇等会议以闻。勇等谓宜俟夏秋收获丰歉，再图进取。

十六年正月，上虑克复汉、兴后宜设重兵，转饷不易，若俟夏秋，则顿兵糜饷，本非计。谕令严守要隘，而分兵赴荆州。会剿吴逆，议遂寝。三月，招抚韩城等县伪官百馀人。四月，遣兵进逼礼县益门。先后败贼于五盘山、乔家山诸处，复塔什堡。九月，赐服物并御制诗二章。

十七年二月，奏请分兵两路进取汉中、兴安。旋奉密谕止之。闰三月，将军佛尼勒等败贼于牛头山，四川总督周有德等败贼于秦岭，复潼关堡五寨。四月，庆阳贼袁本秀受吴逆伪札作乱。发兵会王进宝讨之，斩本秀，馀众溃散。十二月，疏请轻骑赴京，面奏事宜，许之。

十八年二月，还陕。五月，贼犯栈道、益门镇各口，奏请提督赵良栋进临五寨，相机而行，俟击破贼垒，分道征进。时湖广、广西平。上谕亟歼宝鸡之贼恢复汉兴，以平蜀地。七月，破益门镇。毁偏桥，兵不能进，有诏严督。九月，进取汉中、兴安，分兵四路，图海亲率将军佛尼勒等由兴安进，令总兵官程福亮为后援，驻守旧县关诸路。将军毕力克图、提督孙思克等由略阳进，总兵官朱衣客为后援，驻守西河诸路。将军王进宝、总兵官费雅达等由栈道进，总兵官高孟为后援，驻守宝鸡。提督赵良栋由徽县进，克日并发。十月，亲率师次镇安，分兵为二队，进攻伪总兵王遇隆，败之。渡乾玉河，夺梁河关，伪将军韩晋卿遁入四川。是月，进宝复汉中，良栋复徽县、略阳，毕力克图复威县。又复阶州，降伪官十九人，兵三百有奇。十一月，复兴安，降伪官三百八十二人，兵万四千三百有奇。平利、紫阳、石泉、汉阴、洵阳、白河及湖广竹山、竹溪、上津等县皆平之。是月，毕力克图遣参将康调元复文县。先是，进宝、良栋捷音先至，圣祖以图海及毕力克图等迟缓，切责之。至是捷闻，得旨嘉奖，下部叙功。寻命率大军之半，驻守凤翔。

十九年正月，命赴汉中，转饷以济蜀师。九月，陕督哈占由保宁直上，击贼帅谭宏。命发兵为声援，以分贼势。是月，获奸民杨起隆。初起隆于康熙十二年诈称朱三太子，谋作乱于京师，正黄旗周公直家奴陈益聚众将应之。图海直首其事，率兵围之，陈益等悉就缚，至是并获起隆送京师。

二十年，贼犯四川之叙州，调副都统翁爱率所部往援，复奏请亲行。谕仍驻汉中，防守秦蜀。以疾还京，十二月卒。累官至太子太傅、中和殿大学士兼吏部尚书，世袭三等公，谥文襄，赐祭葬如礼。明年，赠少保兼太子太傅。

二十二年，御制碑文立石墓道。雍正二年，加赠一等忠达公，配飨太庙。复命建专祠，御制文刻石以旌之，并祠祀陕西名宦。图海器识沉毅，好读书，羽檄旁午，披览不辍。将略由天授，不居故常。察哈尔之役，其功尤著。子诺敏袭爵。（《国史碑传集》、《耆献类征》）

魏象枢，山西蔚州人。顺治三年进士，选庶吉士。明年，改刑科给事中。性骨鲠，敢言事，尤注意于当世人才贤不肖。治术得失，民生休戚，是是而非非，必尽意乃止。

八年，世祖章皇帝初亲政，诏免天下额赋，罢城工，除加派。其时有以私征侵帑坐罪者，因上疏极陈其弊，且请定藩司会计奏报之法，以杜欺隐；立内外各官治事之限，以清稽滞，从之。又请严考绩大典，禁反噬。劾江苏左布政刘汉祚缺赋五十馀万，请敕部察究，论如律。最后，请圣躬慎起居一疏，辞逼辅臣。略言："圣政维新，中外想望治平，匪同昔日，如皇上近巡京畿，辅臣当陪侍法从，以效启沃之忠。傥远有所幸，尤当谏止銮舆，以尽保傅之职。"疏上，人谓祸且不测，世祖嘉之。又因灾变陈言，谓天地之变，乃人事反常所致，历举近日颠倒旨意、轻重纶言等事。语侵权贵尤亟。疏下九卿科道议，左给事例不与议，象枢补陈颠末，特命会议。因与诸大臣抗论是非，在廷为仄目，独大学士范文程心识之，曰："此我国家任事之臣也！"其后有构象枢者，辄于众中剖析之，卒得白。九年，迁吏科都给事中。十年，大计，锁厅阅册，令兵马司周卢巡徼，纲纪肃然。上四疏皆言计典。其一谓纠拾之旧制宜复，言官不宜反坐，下所司议，著为令。又详陈民命、民情、民食、民困四端，以佐勤民大政。皆报可。十一年，大学士陈名夏得罪，言官坐不先事纠发，六科长皆被议。降补詹事府主簿。屡遵旨陈言，并奏定荐举各官格式，稍迁光禄寺丞。十六年，告养归，家居讲求实学，以躬行实践为宗。

康熙十一年，大学士冯溥特疏荐，圣祖再召，乃趋朝，补御史。疏言欲明赏罚，断在奖廉黜贪。请甄别考察，并以操守清廉为上等。又请增俸以养廉，改罚俸为记过。又请永不许正月开征，以昭万世守法。又言畿辅盗案过多，请设总督，兼辖满汉兵民。寻劾湖广藩司刘显贵亏帑九万七千有奇，抚臣徐化成巧为出脱。又劾给事中余司仁罔上行私，曲庇刘显贵，并下所司察治。满岁，晋四品卿衔，仍掌御史事。疏言，崇教化，则宜励臣僚之家教；重河工，则宜蓄任使之人才；正人心，则宜戒淫巧；定民志，则宜辑礼书。上皆韪其言，擢左佥都御史。明年，迁顺天府尹。原任巡按御史郝浴，为吴三桂诬陷，流徙底阳堡，凡二十年。象枢屡疏荐之，曰："臣才守学识，皆愧不如，愿以职让。"其后浴卒起用，为名臣，转大理卿，擢户部侍郎。承旨保举人才，举原任布政使李士桢、庆阳道王天鉴、候补道郑端、常熟知县魏先升，皆报可。会西南用兵，上筹饷三疏，曰确估价值以清浮冒，严核关税以杜侵渔，慎简藩司以清赋税，从之。

上命与侍郎班迪清理部库，八阅月而蒇事。十七年，授左都御史。首疏申明宪纲十事。谓国家根本在百姓，百姓安危在督抚。督抚廉则物阜民安，督抚贪则民穷财尽。愿诸臣为百姓流膏血，为国家培元气。臣不敢不为朝廷正纪纲。上嘉其切中时弊，立予施行。会征博学鸿儒，举原任布政使毕振姬、岭北道汤斌、粮道王紫绶、员外郎冯云骧、评事白梦鼐应诏。时嘉定知县陆陇其以盗案落职，特以清操饮冰，爱民如子荐之。镇江知府刘鼎溺职无状，而报擢粮道。绛州知州曹廷俞贪酷吏民，大吏庇纵不劾，特疏纠之。又因磨勘顺天乡试卷，陈科场八弊，请设内帘监试御史。陈学政十弊，请据为三年考核之实，廷议并著为令。举学臣之贤者曰邵嘉劳之辨，劾其劣者曰卢元培、程汝璞。会汝璞已经浙江督抚保擢京堂，遂胪陈汝璞罪状。并劾督抚欺罔。下九卿科道议，寻论罪如律。

明年春，象枢奏事毕，上命近臣捧御书诗一卷，“清慎勤”三大字，“格物”二大字赐之。传谕以尔居官克称此三言，故有此赐。他日复赐紫貂披领。上面谕：“今年暂著，明年且别制为卿换之。”会京察自陈，优旨命供职。未几，有刑部尚书之命。疏言：“当贪风日长，吏治未清，大吏因循，小民困苦之际，仰见皇上宵旰焦劳于上，臣不计身家，不避嫌怨，奉朝廷之法，与海内臣工，共相砥砺。内而科道，外而督抚，参劾之疏屡上，已有澄清之机。而府道以上，贪墨之官，尚多漏网。臣职司风纪，夙夜兢兢，不敢自安。昔汲黯自请中郎补过拾遗，臣亦欲竭愚悃，请辞司寇，留御史台，激浊扬清，为皇上振肃纪纲。”上嘉其奏，遂加刑部尚书衔，留原任。于是疏劾榷税芜湖之主事刘源骄恣贪污，及山西巡抚王克善贿庇学道卢元培诸罪状。

是日，地连震。上昼夜坐武帐中，象枢直入奏曰：“地，臣道也。臣失职则地反常。臣不能肃风纪以修职业，请先罪臣以会天变。”上召入，伏地涕泣，请屏左右，语移时。极言“天变若此，乃索额图、明珠二相植党市权，排忠良，引用佥壬，以剥蒸黎之应”。及出，副都御史施维翰迎于后左门，见象枢泪流颊未干也。是日，宿帐中，语施维翰云：“今百姓困苦已极，而大臣家益富，地方官吏，剥民媚上，督抚司道又转馈政府，小民推动辄徇私，将帅无复纪律，蠲免钱粮，灾民不沾实惠。刑官鬻狱，豪右为奸，皆可忧可危之事。”维翰曰：“何不极言之？”曰：“圣明洞烛，何待吾言？吾侪负国，万死不足赎矣。”

明日，上以六条宣廷臣集议，大略如象枢所指。于是朝士咸知造膝所请，而用事大臣皆为之股栗。明年，索额图罢。二十七年，明珠为左都御史郭琇劾罢。至四十五年春，上始以象枢面对语谕群臣。二相之黜，象枢最先有以发之也。会诏举廉吏，疏荐原任侍郎高珩、达哈塔、雷虎、班迪，大理卿瑚密色，侍读萧维豫，郎中宋文运，布政使毕振姬，知县陆陇其、张沐，皆得旨录用。十九年，任刑部尚书。明年，扈从谒孝陵，一恸几绝。寻命与少宰科尔坤巡察畿辅，单骑按行，墨吏豪家皆敛迹，为除太甚者若尔人。还报称旨。时积劳成疾，赐人参二斤，参膏一器。感激上恩，欲引退而不忍言。二十三年春，奏事乾清门，晕踣于地，乃疏乞骸骨。温旨慰留，仍力疾视事。或劝少休，答曰：“吾偷安一日，罪人待谳者增一日苦矣。”八月再请，上惜其去，以词甚迫切，许驰驿归。并谕三觐乃行。始入赐御膳，再赐茶，三赐御书“寒松堂”额。宠其行，出国门，公卿祖帐盈道，皆叹息以谓清劲之节，至老不衰，固不愧斯称。天子之知象枢，可谓至矣！年七十，卒于家，赐祭葬如例，谥敏果。雍正八年，诏

入祀贤良祠。(《国史碑传集》、《耆献类征》)

费扬古，姓栋鄂氏，满洲正白旗人。父鄂硕，从大军入关，转战有功，晋三等伯，顺治十四年卒。明年，费扬古袭伯爵。康熙十三年，随安亲王岳乐帅师赴江西，讨逆藩吴三桂。时贼将黄乃忠纠众万馀，自长沙犯袁州。费扬古与总兵赵应奎等击败之。擒伪官童圣功，复万载。十五年，走贼将夏国相于萍乡，进围长沙，战屡捷。十八年，败贼将吴国贵于武冈，凯旋。擢领侍卫内大臣，列议政大臣。

二十九年，圣祖以噶尔丹劫掠喀尔喀，又数扰我边境，命裕亲王福全为抚远大将军，而以费扬古参赞军务，往科尔沁调兵随征。是年八月，大败噶尔丹于乌兰布通，破其驼城。

三十二年，授安北将军，驻归化城。明年五月，噶尔丹使人至归化城，言将入贡。侦其踵至者男妇二千人，遣兵迎诘，且遏之，驰疏请旨。上知噶尔丹阳修好，实潜蓄窥伺意，命侍郎满丕谕责其使，遣之还。七月，谍报噶尔丹将逼图拉。诏与右卫将军希福帅师往御。寻以图拉无警，虑噶尔丹趋归化城，有诏命旋师。

三十四年，噶尔丹至哈密，帅师往御，寻窜去。授右卫将军，兼管归化城将军事。疏言噶尔丹见踞巴颜乌兰，距归化城二千里，宜预征士马刍粮，于来年二月进剿。授抚远大将军，召入觐，面授方略。

三十五年二月，诏黑龙江将军萨卜素帅师出东路，费扬古及振武将军孙思克、西安将军博霁，帅陕甘兵出西路，上统大军由独石口出中路，约期夹攻。四月，费扬古率师抵察罕和硕，噶尔丹悉驱贼众趋克鲁伦河。当是时，东路兵尚未至科图，而上已由科图进逼贼境。五月，费扬古师抵图拉，疏言贼尽焚草地，我军迂道秣马，又遇雨，粮运迟滞，师行七十馀日，士马饥疲，乞上缓军以待。会噶尔丹登克鲁伦河之纳兰山，望见御营黄幄龙纛，环以幔城，又外为网城，军容山立，大惊，拔营宵遁。翌日，大军至河，则北岸已无一帐。克鲁伦河者，起车臣汗西界，东北入黑龙江，横亘瀚海，东北二千里，乃内外蒙古之界也。

上初意贼必扼河拒战，故两路出师，攻其腹背。及是，知贼已丧胆，乃密谕邀击，而亲帅大军追之。三日至托诺山，不见虏而还。命尽运中路之粮，以济西师。费扬古闻噶尔丹遁，即遣前锋统领硕岱、副都统阿南达等率兵先往挑战。且战且却，诱贼至昭莫多，蒙古语大树林也。在肯特岭之南，土腊岭之北，汗山之东，平旷饶水草，为自古漠北战场。时敌军至者近万，皆百战之贼。我军饥疲，马僵其半。费扬古以马力不能驰击，非反客为主，以佚待劳不可。距敌三十里，即止营其地。有小山三面皆距河，林木荟蔚，可设伏。乃率左右翼步骑，先据小山阵于东，馀沿土腊河阵于西。遵上所授方略，各军皆下马步战，约闻角声始上马。将军孙思克、总兵殷化行，以绿旗步兵居中，据山顶临之。贼争山，锋锐甚，我军据险俯击，炮矢叠发，每进辄以拒马列前自固。贼冒矢石，鏖战自未至酉不退。日暮，贼骑相离二十步，费扬古吹角者三，左右具鸣角，沿河伏骑尽起，一横贯其阵，一袭其后队辎重，贼始崩溃。乘夜追北三十馀里，诘旦收军，斩级数千，降二千，获马驼、牛羊、庐帐、器械无数，并殪其可敦阿奴。可敦者，准部称其汗之妃也。颀皙敢战，披铜甲，腰弓矢，骑异兽，临阵，精锐悉隶麾下，至是亦毙于炮。噶尔丹以数十骑遁。捷奏至御营。诏班师，留驻守科图。上亲撰铭，勒石托诺山及昭莫多山。还次归化城，亲劳西路凯旋之师，辍膳大飨士。献厄鲁特之俘，弹筝笳歌者毕集。有老胡工笳，口辩有胆气，兼能汉语。上赐之湩酒，使奏伎，音调悲壮。歌曰：雪花如血扑战袍，夺取黄河为马槽。灭我名王兮虏我使歌，我欲走兮无骆驼。呜呼！黄河以北奈若何？呜呼！北斗以南奈若何？遂伏地谢。上大笑，手书以告皇太子。

六月，驾还京师。七月，诏费扬古由科图移驻喀尔喀游牧地。甫至，噶尔丹潜使其党来肆掠，遂遣副都统祖良璧击走之，追剿至翁锦，贼败遁。我军寻以马疲移驻喀喇穆伦。会噶尔丹使其宰桑等来请纳款。上再幸塞外，驻跸栋斯拉，命驰赴行在入对，谕奖昭莫多战功。费扬古奏曰："军中机务，皆遵上密谕，以底成功。臣不能生擒噶尔丹以献，臣之罪也。"上曰："噶尔丹穷蹙实甚，朕不忍悉诛，欲招降其众，抚而治之。"遂顿首曰："圣意非臣等愚昧所能测，真天地好生之仁也。"翌日，赐御佩櫜鞬弓矢，遣还军。

三十六年正月，阿南达奏报哈密回人擒献噶尔丹之子塞卜腾巴珠等。上以其疏录示费扬古，赐胙肉、鹿尾等物。谕曰："时当上元令节，众蒙古及投诚厄鲁特齐集畅春园。适阿南达疏至，众皆喜跃，聊独居边塞，不得在朕左右，殊深轸念，故以疏示知，并赐物，问卿无恙，即如卿相见也。"

二月，上幸宁夏。命与内大臣马思喀两路进兵，驾由黄河西岸驻跸达拉布隆。颁赐上驷院马五十，骆驼十，进次萨奇尔巴勒哈逊。时噶尔丹穷蹙甚，左右亲信数台吉多面怼，闻大军将至，先后望风款附。其兄子策妄拉布坦，复拥劲兵，伏阿尔泰山，将擒以献功。噶尔丹进退无地，每夕或数惊，遂仰药死。厄鲁特部众降者相继。

车驾方自宁夏贺兰山出边，费扬古以噶尔丹自伏天诛奏。其下丹济拉以其尸及子女来献。中途为策妄拉布坦夺而献诸朝，所部悉降。于是自阿尔泰山以东，皆隶版图，拓喀尔喀西境千馀里，朔漠平。

四月，上复勒铭狼居胥山而还。御撰碑铭，告成太学，寻晋封一等公，领侍卫内大臣如故。费扬古以噶尔丹未经生擒，疏辞封爵。优旨令勿辞。谕阁臣曰："塞外情形，不可臆度，必身历其境，乃有确见。朕亲征噶尔丹，众皆不欲，唯费扬古密抒谋略，与朕意合，卒能大败积寇，累年以来，统兵诸将，未有能过之者。"

四十年六月，上幸索约勒济，扈从，疾作。圣祖驻跸一日，亲往视疾，赐白金五千两，及御帐、蟒缎、鞍马等物，遣内大臣侍卫等护送还家。寻卒，赐祭葬，予谥襄壮。

雍正十年，诏入祀贤良祠。费扬古性朴直，貌奇伟，待人以和，无疾言遽色。在军中，与士卒同甘苦，事无大小，皆亲决。有求见者立召入。好读《左氏春秋》，手不释卷。尤工诗，虽专门家自以弗逮。圣祖尝御箭亭，命诸大臣校射。奏言："臣臂痛，不可以弓。"许之。出语人曰："在曾为大将军，倘一矢不中，有损国威，且为外藩所笑，故不与将军角伎也。"人服其雅量。(《国史碑传集》、《先正事略》)

汤斌，河南睢州人，顺治九年成进士，授国史院检讨。十三年，应诏陈言，请广搜遗书，修《明史》。且言《宋史》修于元至正，特传文天祥之忠。《元史》修于明洪武，亦著巴颜布哈之义。我朝顺治元二年间，前明诸臣，亦有抗节不屈，临危致命者，宜令纂修诸臣勿事瞻顾。大学士冯铨、金之俊目为夸奖抗逆之人，拟旨严饬。

世祖特诏斌至南苑，温谕移时。是年，诏选翰林，出为监司，授潼关道。大兵下滇蜀，关中当孔道，总兵陈德以师过，檄车五千两，实需二千馀，冀以金代。斌密具车二千，自坐关上，挥士卒升车，盈十两，即出之，夜漏四鼓尽出关，总兵不得已亦出。至洛阳留匝月，军变，而关城得晏然。于是严保伍，行乡约，建义仓，立社学，流民复业数千户。会岁旱无麦，兵饷例给麦，价浮于谷，斌请以仓谷代。主兵者不可，曰："如是兵且变。"斌曰："民且饥死，独不能变乎？兵有变，吾自任之。"即与兵约以谷饷，明年补饷以麦，而令还谷于官。兵帖然。斌莅事精敏，讼无留狱，环境五十里，听质者不赍宿粮。常出勘荒，遇雨，止大树下。民朱栏其树，时以比甘棠云。

十六年，调江西岭北道。甫三日，清积狱八百有奇。平南军过南安杀人，有司以斗杀论。斌曰："力侔者谓之斗。今军无寸伤，而民以兵死，与律不应。"卒抵军于法。寻乞病归里，丁父忧。服除，闻容城孙奇逢讲学夏峰，往受业，归与同人为志学会。藩司见郡守问斌近状，守对言："实未闻有此人。"

康熙十七年，召试博学鸿儒，授侍讲，与修《明史》。复疏请顺治元二年以前，抗拒本朝临危致命诸臣，皆据事直书，毋瞻顾。圣祖嘉与，颁之史馆。由是明季诸义烈，皆得表彰。二十一年，充《明史》总裁官，直经筵为讲官。每进讲，先一日斋肃，潜思经义。尝言："君心正则天下治。如天枢之运众星，故务积诚以动上。"

二十二年，擢内阁学士。河南灾，阁臣议遣官往勘。斌曰："无益也。使者所至，苛扰州县，一闻遣使，辄辍耕以待勘，是再荒也。不如令有司自勘便。"已而河南果畏勘灾，讳者半。给事中任辰旦议阻巡狩封禅事，阁臣拟旨切责。斌曰："给事言是。”李沅云：“边患既息，恐人主渐生侈心，相公当以为虑。”或议改法令。斌曰：“官之失德，宠赂章也。不此之惩，而恃区区之法乎？”时江宁巡抚余国柱内召，廷推代者。圣祖曰：“朕闻学士汤斌，曾与孙奇逢讲明道学身体力行，可特授巡抚。”濒行，谕曰：“朕非忍出卿于外，顾吴俗奢靡，以卿耐清苦，冀有所变革。”赐御书三，鞍马一，表里十，白金五百两。并撤御馔赐之。十月，圣祖南巡至苏州。苏城道狭，总督将毁民居，广驰道。斌曰：“此非圣主勤民之意也。”止之。再赐御书及蟒服。时滞狱山积，就舟中判决，不假寐者六昼夜。初，国柱疏言淮阳二属水淹，涸出者令次年输额赋。至是，遣官履勘，水如故。疏入，部议令再勘，仍以实奏，事乃寝。于是除耗羡，禁私派，清漕政，汰蠹役，行保伍，革盐商匣费。自总督以下，皆相戒不得受所属一钱，所部肃然。苏、松常苦赋重，积逋相仍，而江北诸州县又屡被水旱。斌曰：“民气未苏，教化未易行也。”乃奏缓苏、松积欠，请分年带征。从之。又请蠲十八、十九两年灾欠，请除邳州版荒田赋。又请蠲明万历时所加九厘饷。又极陈苏、松浮梁之困。先后奏免额赋数十万两。

二十年，淮、扬、徐水灾，条上蠲赈事宜，请发帑银五万两，告籴江西、湖广，先借所属州县仓谷散放。不俟诏下，遣官遽行。又言：“饥民流亡者多，请饬漕臣徐旭龄、河臣靳辅分督淮安赈务。臣即至清河、桃源诸州县察赈。”上命侍郎素赫往助，灾民咸就抚辑。乃兴学以善民俗，令城内外及乡镇二百家以上，皆立社学。就学者廪之，择诸生中贤者为之师。月会明伦堂，讲《孝经》、《小学》，朔望集士民，讲《上谕十六条》，皆身莅之。重修泰伯祠及范文正、周忠介二祠。朔望往谒，禁妇女游观。胥吏倡优，毋得衣裘帛。毁坊刻淫词小说。诸无赖为民害者，悉痛除之。禁火葬及淹柩者。令下一岁，报葬三万馀棺。奏劾知府赵禄星、知县张协浚等。常州守祖进朝有异政，以失察属吏除调。斌疏留之。吴县令刘滋、吴江令郭琇，皆廉能称最，以积欠未征，不得与行取。斌疏荐之，皆格于部议，特旨允行。尝夜治文书至四鼓，日中始一食。或劝以少休，慨然曰："君命即天命也。日监在兹，敢自暇逸乎？"居二年，吏治蒸蒸，民俗丕变。时执政明珠，方树党招权利，引国柱长户部，先后蠲漕及缓征。以部费为名，索金四十万。布政使累以为言，斌弗许。明珠有家隶，言事多效，所至大府常郊迎。过苏，畏斌威声，弗敢谒。斌闻，使召之。辟大门，传呼，隶踞而听命。归诉之明珠，谋致难于斌。而上方向斌，念在外无从得事端，会东宫出阁读书，乃荐斌辅导皇太子。上然之，授礼部尚书，管詹事府事。将行，百姓号呼，如儿失母，罢市三日，各绘像以祀。去之日，穷乡下邑，士女童叟，手瓣香来会送，共阏城门不可行。斌揭示："吾在外不能为父老德，往者屡请核减浮粮，并为廷议所阻。今入见天子，当面陈之。"民皆罗拜，泣良久，乃得行，敝簏数肩，不增一物于旧。入朝，温谕褒其廉。问路所由，及地方利弊，斌以凤阳灾对。上遽遣近臣往赈。时国柱已为大学士，兼管户部。得斌所出示，以告明珠曰："曩议皆上所可也。今市恩推过，号于众以为名，使上如此，立蹷矣。"比斌至，语已上闻，而未之知也。进讲东宫，首陈《大学》财聚民散之义。毕讲，东宫入侍，上问所肄，具以闻。上曰："此列国分疆时语也。若海内一统，民散将安之？试询之。"斌具陈秦隋土崩状，且言一统而民散，祸更烈于分国时。上闻，犹谅其忠。

先是，淮泗水溢，山阳、盐城、宝应、高邮、泰州、兴化、如皋七州县，荡析离居。上南巡，命浚海口，泄积水，敕按察使于成龙主工务。寻以廷臣议，使受河督靳辅节制。成龙议工费八十馀万。辅议海口沙淤，非起高邮车逻镇，筑高堤束内水，高丈馀，不能出海，估费二百七十八万。上召辅及成龙面询，成龙力排辅议。淮南士大夫惧伤庐墓，亦廷争之。乃命尚书萨穆哈、学士穆成格，会斌及总漕徐旭龄合勘，兼问七州县耆老云何。辅议，执政主之。上心颇是成龙，廷臣知辅议势不可行，欲并罢成龙工役，斌力争。使者曰："是言吾当口奏。"既而匿不以闻。至是，斌内召，上语及海口，斌对："开一丈有一丈之利，一尺有一尺之利。"上愕然曰："尔时胡不言？"斌具陈前事。诘旦，召二人与质对，二人语塞。上怒，立黜之，遣工部侍郎孙在丰往浚下河，如斌议。时始设太子讲官，以斌及詹事尹泰、鄂棻，少詹事舒淑，中允阎世绳，赞善黄与坚任之。斌疏荐候补道耿介刚方笃实，学有渊源，上遂授少詹事，命斌与介辅导太子。

二十六年夏，不雨，圣祖下诏求言。斌言民间春税，力弗能堪，宜复春秋两税。又言芦课征铜，铜不常有，仍听输银便。国柱遽起，拉斌曰："欲变此法，俟国柱去户部未晚也。"会灵台郎董汉臣上书，请谕教元良，慎简宰执，语多指斥时事。御史陶式玉劾汉臣摭浮词，欺世盗名，请逮治。下内阁九卿议，执政惶悚，议与同列囚服待罪。大学士王熙继至，貌甚暇，徐曰："市儿妄语，立斩之，则事毕矣。"执政曰："上阅奏至再三，亲点次，类嘉与之，何君言若是？"熙笑曰："第以吾言入，视何如？"时斌最后至，国柱述两议以决于斌。斌曰："彼言虽妄，无死法。且所言早谕教，崇节俭，宜施行。大臣不言，故小臣言之。吾辈当自省！"国柱曰："此语可上闻乎？"斌曰："上见问，固当以此对。"于是大学士勒德洪、吏部尚书达哈塔，皆如斌议。明珠入奏，国柱尾其后而与之语。命下，汉臣免议。旋以斌当会议时，有“惭对董汉臣”之语，传旨诘问。斌奏：“汉臣以谕教为言，臣忝长宫僚，动违典礼，负疚实多。”上以词涉含糊，令再回奏。斌具疏引罪，旨仍切责之。于是，左都御史璙丹、王鸿绪，副都御史徐元珙、郑重等劾斌奉谕申饬，不痛引咎，并追论其去任时，巧饰文告沽名。会耿介以疾乞休，尹泰、舒淑及少詹事开音布、翁叔元劾介实无疾，并劾斌妄荐，举朝多为不平。而达哈塔独上疏请与斌、介同罢。并下部察议，当夺职。诏斌与达哈塔仍留任，许介去。斌适闻继母疾，乞归省，圣祖手诏慰留。

九月，改工部尚书。九卿会议，斌以入讲不至，坐降二级留任。寻得疾，敕御医就视，十月卒，年六十有一。临终戒其子溥曰：“孟子言：‘乍见孺子，皆有怵惕恻隐之心。’尔等当养此真心，时时发见，久之可达天德。若袭取于外，终为乡愿，无益也。”又曰：“吾数月来，心无一线放逸，得力深于平时。”遗疏入，上遣大臣奠茶酒。诏由驿归榇，下所司议恤。部臣以曾降七级奏。特旨仍视尚书例予祭葬。逾月，上与诸大臣语曰：“吾遇汤斌特厚，而怨讪不休，何也？”众曰：“无之。”上曰：“廷议董汉臣，彼昌言朝无善政，君多失德，大臣不言，故小臣言之。尚不为怨讪乎？”众乃知斌为执政所倾也。非上宽仁，夙重斌，必无幸矣。

雍正十年，诏入祀贤良祠。乾隆元年，赐谥文正。道光三年，诏从祀孔子庙庭。斌与陆陇其俱号醇儒。陇其之学，笃守程朱，攻陆王不遗余力。斌之学，源出孙奇逢，而能持新安、金溪之平。大旨主于刻励实行，以讲求实用，无王学杳冥放荡之弊。故为异趣而同归。官侍读时，圣祖命进所著诗文，中有《王守仁论》，上阅之，问：“尔意云何？”斌曰：“守仁致良知之说，与朱子不相剌谬。”且称其直节丰功不独理学，上首肯曰：“朕意亦如此。”斌所著有《洛学编》、《睢州志》、《潜庵语录》、《诗文集》。(《国史碑传集》、《先正事略》)

伊桑阿，姓伊尔根觉罗氏，满洲正黄旗人。顺治九年进士，授礼部主事。康熙三年，迁员外郎。十四年，擢礼部右侍郎，调户部。十五年冬，命同工部尚书冀如锡往视淮扬等处河工。十六年，擢工部尚书，调户部。时逆藩吴三桂踞湖南，廷议制鸟船、沙船，由岳州入洞庭，横亘湖中，以断贼粮道。敕赴江南督造。明年，复偕刑部侍郎禅塔海赴茶陵督造战舰。二十一年，黄河决，敕往勘，兼筹海运事宜。疏言：“黄河运道，非独输挽天庾，即商贾百货，赖以通达，国家在所必治。若海运先需造船，所费不赀，且胶莱诸河久淤塞，开通匪易，似属难行。”上是其言。是年冬，俄罗斯犯边，奉命往宁古塔督修战舰。明年，调吏部尚书。

二十三年四月，旱，命同大学士王熙等，清理刑部系囚。九月，扈跸南巡，奉谕阅视海口。疏言：“车路串场诸河，及白驹、草堰、丁溪诸口，宜敕河臣靳辅详阅地势，挑浚深阔，引流入海。”上以靳辅督理黄河堤岸，势难兼顾海口，命按察使于成龙董其事。二十四年，调兵部尚书。明年，转礼部。二十七年，拜文华殿大学士，兼吏部尚书，充三朝国史总裁，兼管兵部。三十五年，以台站马匹多毙，部臣不预严饬，又不劾奏，部议夺职。得旨，降三级留任。明年，圣祖亲征噶尔丹，命往宁夏安设驿站。事平，充《平定朔漠方略》总裁官。

三十七年，以老乞休。上谕大学士阿兰泰曰：“伊桑阿厚重老成，宣力年久。尔二人自任阁务以来，凡事推诚布公，不唯朕知之，天下无不知之者。伊桑阿虽以年老求罢，朕不忍令去也。”四十一年，复以疾请告，得旨：“卿品行端凝，才识敏练，勤劳岁久，倚畀正殷。今以老病乞休，情词恳切，可原官致仕，仍加意调摄，以副朕笃念老成至意。”四十二年卒。遗疏入，优旨议恤，赐祭葬如典礼，谥文端。伊桑阿在政府十五年，镇静和平，实心任职，尤留心刑狱。每侍直句本，上有所问，辄能举其词，不待按册而得，同列服其精详。上尝御批本房，伊桑阿与大学士王熙、吴琠及学士韩菼等，以折本请旨。上曰：“人命至重，今当句决，命在须臾，尤不可不详慎。尔等于各谳词，既经阅过，苟有所见，皆当尽言。”乃举可矜疑者十余人以对，遂皆得缓死。每垂问，奏对悉称旨。上徐曰：“此等所犯皆死，朕犹于当死之中，典求其可生之路，不忍轻毙一人。因念淮扬百姓，频被水灾，死亡不知凡几，何罪何辜，罹此惨酷！朕怒然伤之。河患不除，夙兴夜寐，不能暂释于怀也。”伊桑阿随陈灾民困苦状。上曰：“百姓既被水灾，存者必至流离转徙。田多不耕，赋安从出？今当予免明年田赋，俾灾黎于水退时，思归故乡，粗安生业。”上又曰：“天下黎元皆朕赤子，其中朕最悯念者有三等人，一读书寒士，一饥寒穷民，一无知犯法之人。”于是，伊桑阿等稽首奏曰：“圣心与天地同德，即今断狱之时，念淮扬百万生灵之苦，而预筹蠲恤。又普念天下士民之不得其所者，仰见仁心恻怛，无所不用其极也。”既出，即拟旨预免淮扬田赋。此虽一端，可想见明良一德之盛矣。乾隆十三年，入祀贤良祠。(《国史碑传集》、《先正事略》)

熊赐履，湖北孝感人，顺治十五年进士，选庶吉士，授检讨。康熙二年，迁司业，晋弘文院侍读。六年夏，诏臣工极言得失。时内大臣鳌拜辅政自专，赐履应诏上书，略言：“民生困苦已极，私派倍于官征，杂项浮于正额，一旦水旱频仍，蠲豁则吏收其实，而民受其名，赈济则官增其肥，而民重其瘠，民情实大可悯矣！虽然，此非独守令之过也。上之有监司，又上之有督抚。朝廷方责守令以廉，而上官实教之以贪；方授守令以养民之职，而上官实课以厉民之行。故督抚廉则监司廉，守令亦不得不廉；督抚贪则监司贪，守令亦不得不贪，此又理势之必然者也。伏乞将督抚大加甄别，以民生之苦乐，为守令之贤否，以守令之贪廉，为督抚之优劣。督抚得人，则监司自得其人，守令亦得其人焉。虽然，内臣者外臣之表，京师者四方之倡也。本原之地，在乎朝廷，而其大者，则在立纲陈纪用人行政之间。今政事极其纷更，而国体因之日伤；职业极其惰窳，而士气因之日靡；学校极其废弛，而文教因之日衰；风俗极其奢僭，而礼制因之日坏，宜急思所以补救之。乞皇上申饬满汉诸臣，虚衷酌理，实心任事，化情面为肝胆，转推诿为担当。汉官勿阿附满官，堂官勿偏任司官。宰执尽心献纳，勿以唯诺为休容；台谏极力纠绳，勿以钳结为将顺。庶职业修举，官箴日肃。虽然，犹非本计也。根本切要之地，则端在我皇上之一身矣。盖皇躬者，万机所受裁，万化所从出也。我皇上圣明天纵，岂常情所能窥？然生长深宫，春秋方富，正宜慎选左右，辅导圣躬，薰陶德性，优以保衡之任，隆以师傅之礼。又妙选天下英俊，使之陪侍法从，朝夕献纳。毋徒事讲幄之虚文，毋徒应经筵之故事。毋以寒暑有辍，毋以晨夕有间。于是，考诸六经之文，监于历代之迹，实体诸身心，以为敷政出治之本。若夫左右近习，必端其选，缀衣虎贲，亦择其人。佞幸不置于前，声色不御于侧。非圣之书不读，无益之事不为。内而深宫燕闲之间，外而大庭广众之际，微而起居言动之恒，凡所以维持此身者无不备，防闲此心者无不用。主德清明，君身强固。举立政敷教，知人安民，无非天德所流行，天则所昭著。由是直接二帝三王之心法，自足措斯世于唐虞三代之盛，又何吏治之不清，民生之不遂哉?”疏入，鳌拜恶其侵己，曰：“是劾我也。”遂请置赐履妄言罪，且请申禁言官不得上书陈奏。圣祖勿许，曰：“彼自陈国家事，何预汝等耶?”七年，迁秘书院侍读学士。复上言朝政积习未除，国计隐忧可虑，年来灾异频仍，饥荒叠见，正宵旰忧勤、彻县缄膳之日，讲学勤政，在今日最为切要。乞时御便殿，接见群臣，讲论政治，设诚而致行之，庶可转咎征为休征。疏入，鳌拜传旨诘问积习隐忧实事。以所陈无据，妄奏沽名，议降二级用。圣祖原之。八年，鳌拜败，圣祖手书前事付廷臣，命康亲王等勘鞫鳌拜罪状。谳词有鳌拜衔赐履劾己意图倾害一款，论如律。方鳌拜柄用时，黜陟生杀唯其意，或在上前忿争，或呵叱部臣，张威福。大臣稍异同其间，立致死。赐履论事侃侃无所避，用此直声震天下。又以上即位，尚未举经筵大典，疏请慎选儒臣资启沃，并请设起居注官，备记言记动之职。

会上欲巡幸边外，赐履疏言：“水旱频仍，圣驾不宜轻出。”诏罢前命，并嘉其直，俾“继今以后，事有未当，其悉陈所见，朕不惮改焉”。九年四月，擢国史院学士。召入内廷，命作楷书。大书“敬天法祖，知人安民”八字以进。复承命讲《大学》、《中庸》，上首肯者数四。十月，改内三院为内阁，设翰林院，以赐履为掌院学士，充日讲起居注官。遂以明年二月，肇举经筵大典于保和殿，以赐履为讲官，知经筵事。顷之，上以春秋两讲为期阔疏，遂命日进讲宏德殿。上有疑必问，赐履上陈道德，下达民隐，引伸触类，竭尽表里。盖赐履自初应诏上书，即力言圣学为第一要务，其后屡以为言。

会圣祖日益勤学，既开经筵，益尽心于尧舜羲孔之道，暨周程张朱五子之学，咨诹讨论，达于政事。仁浃而义炳，其端绪自赐履发之。十年夏，乞省母疾归，命勿开缺。十一年，命教习庶吉士。

十二年，诏撤三藩，上举以问之。赐履奏吴三桂年已老，俟其身后撤之，其势易，宜缓图。上以语诸大臣，唯明珠、米思翰力言三桂仅一子，质于朝，可勿虑其它，又安能为？未几三桂反。明年，耿精忠反。十四年春，授武英殿大学士，兼刑部尚书，疏辞。不许。既受命，参画军机，及诸道粮饷。并请严饬军行所过，不得蹂践禾稼，使兵不病民，民不失业。

十五年，陕督哈占有《开复疏防官》一疏，内阁误票三法司核议。既检举，大学士索额图初拟票稿，不得。谓赐履有改写情弊，请察议。免归。家于金陵。

二十三年，圣祖南巡，召对行在，赏赉有加。寻书“经义斋”三字，题其居。二十七年夏，起礼部尚书。冬，丁母忧归。先是，因进见，言西夷噶尔丹且有变，宜为备。至二十九年，边人告警，圣祖念其言，趣起前宫。三十年，充经筵讲官，典武会试。明年春，命往江南鞫狱，冬，调吏部尚书。

会河督靳辅请豁近河所占民田额赋，诏会督抚察勘，还，奏免高邮、山阳等州县额赋三千七百二十八顷有奇。三十三年，典会试，属九卿会推两江总督，以侍郎布彦图等十二人列奏。上问保布彦图者何人，阁臣以赐履对。上察知尚书库勒纳与布彦图有私，特谕切责之，而置赐履勿问。三十五年春，圣祖亲征噶尔丹，赐履言大臣费扬古可重任，圣祖命为抚远大将军。御史龚翔麟劾吏部选补不公，谓赐履窃道学虚名，负恩溺职。疏下都察院察议，以回奏含糊矛盾，应降三级用，上命从宽留任。三十六年，复典会试。三十八年，拜东阁大学士，知经筵如故。尝进言海内乂安，休养化导，正在此时，宜益崇学校，广教化，豫积贮，戒奢汰，则万世太平之业也。每入见，辄陈四方水旱，官方得失，推古圣人所以忧民保治之意，竭虑无隐，圣祖改容称善。三十九年，典会试。四十一年，复典会试。明年春，以老乞休。优诏许解机务，留京师食俸，备顾问。四十五年，疏辞食俸，乞归金陵。陛辞，御书"寿考"二字赐之。召入，讲论累日。因言巡幸所至，官民供办，不无烦费，唯上留意。圣祖颔之。命驰驿归，官为护送。

明年，圣祖视河工，幸金陵，赐御用冠服。会纂《朱子全书》，诏李光地与赐履移书，往复商定。赐履平生论学，以默识为真修，以笃行为至教，由程朱之涂而上溯孔孟。其言曰："圣贤之道，不外乎庸。庸乃所以为神也。"所著书有《学统》、《学辨》、《学规》、《学馀》、《经义斋》诸集。四十八年十月，卒于家，年七十有五。命礼部遣官视其丧，赐祭葬如制。赠太子太保，谥文端。遗疏至，其同姓编修熊本，窜入荐己语。上察其伪，命江督取其疏草以进，果无是语，罪本如律。

五十一年，谕吏部曰："朕初立讲官，原任大学士熊赐履，日以内圣外王之道，正心修身之本，直言谠论，务得至理而后已。且品行清正学问优长，身后屡加赐恤，至今犹轸于怀，可录用其子，以示不忘耆旧之意。"厥后侍郎方苞疏请祀贤良祠，初格吏议，后卒从之。(《国史耆献类征》、《先正事略》)

康熙政要卷四

任贤第三下

于成龙，山西永宁人。顺治十三年，以副贡知罗城县，年四十有五矣。临行与友书曰："某此行，绝不以温饱为念。所自信者，天理良心四字而已。"罗城烟瘴地，官廨在丛箐间，插棘为门，虎白昼行庭中。成龙至，累土为案，旁置爨釜一、盂一，召吏民从容问疾苦，皆感至诚，益乐就，争输田赋。初，邻瑶岁率三四至，杀掠人畜。成龙严保伍，勒乡兵，将捣其巢。瑶惧自投，不敢复犯界，数遣子女问安。每春时，命两瑶舁竹舆，行田野中，见力耕者，辄呼与语，相劳苦。民率妇子罗拜，或坐树下与饮食笑语，欢如家人。奖勤扶惰，民大劝。始至，从仆皆死亡，罗人为敛金钱，跪进曰："知阿爷苦，聊供盐米资。"笑谢曰："我一人，何须此？可持归，市甘旨，奉若父母，一如我受也。"居数年，家人来，罗人则大喜，又进金钱如初，仍却之。众泣，成龙亦泣。在罗城七年，招流亡，修学校，增陴浚隍，定婚丧之制。以卓异迁知合州，罗人遮道呼号，追送数百里。一眇者独留不去，问其故。曰：“民习星卜，度公橐中装，不能及千里，民技犹可资以行也。”竟赖其力达合州。州领县三，遗黎才数百人，正赋十五两，而供役繁重。府帖下取鱼。成龙曰：“民穷极矣，安所得鱼？”卒不与。且极陈民困状，尽裁革之。一仆一羸马自随，贷牛种，招流亡，旬月间得户千计。再迁黄州同知，驻岐亭。地多幽壑汊湖，为盗窟，遂捕得九人，大集诸父老曰：“能保后不为盗者，贳之。”保二人，其七人即诸父老前，取大索骈系，悉坑之，众股栗。又获巨盗彭百龄，贳其罪，令捕盗自赎，无脱者。巡抚张朝珍器之，举卓异。吴三桂反，檄摄武昌府事，问御乱策。对曰：“安人心，莫先下令停征。”张已草奏，与成龙意合，遂尽以兵事属之。时大军云集，供亿皆叱嗟办，恶少凭禁旅为奸，成龙立置之法。白大将军申军令，甲士拥之而哗不为动，徐敛去。谍指武昌大姓通贼，以藏兵器为征。成龙言巨室多避兵良子湖，藏械备他盗，无足怪。迹之，果无他。迁知建宁府，奏改武昌。大兵征岳州，檄造浮桥于蒲圻。贼骤至，因如城守。桥以山水暴涨圮，坐罢职。会东山寇作，张朝珍命讨贼，请得便宜从事，许之。问需兵几何，曰：“前守蒲圻数人足矣。”先是，大冶贼黄金龙亡匿刘君孚家。君孚素黠猾，收召亡命，亦兼为官吏擒盗贼，尝隶成龙岐亭役。至是得三桂伪札，与金龙潜结周铁爪等，期七月起事。事泄，君孚恐，遂以五月反于曹家河，官兵为所败。成龙侦知君孚虽反，众未合，遂直趋贼寨。未至十里止宿，榜示胁从者，许自首免罪，过三日以从逆论。投首日千人，贼势孤，欲即降，惧诛。成龙遣一人持檄往谕，而自骑一羸，一人张盖，一人鸣钲前导，命行，呼“太守来救尔山中人”。君孚匿后山，夹道伏枪弩数百，成龙疾驱抵贼舍，坐厅事，贼众环列。因问：“老奴安在?”君孚旧隶麾下，故呼以昵易之。又问：“山中雨水禾稼若何？若良民，何为作贼取屠戮？时方酷热，若父母妻子匿何所，得毋苦耶?”贼皆罗拜泣。成龙曰：“热甚，须少憩。”遂熟睡，鼾声如雷。移时寤，又谩骂：“君孚老奴，何为久不至？客至乃不设酒脯?”君孚初惧见绐，及是，出，叩头受抚，即日降其众数千。问：“金龙安在?”曰：“在望花山。”即令导行，掩其不备，擒斩之。捷闻，朝珍持露布与僚属曰：“人谓我不当用醉汉，今定何如?”成龙常襄事秋闱，大吏觞之，抵掌论时事，饮数十巨觥，吏人窃笑以为酒狂，故朝珍及之也。八月复职，调黄州。甫抵任，湖北大乱。何士荣反永宁乡，陈鼎业反阳逻，周铁爪、鲍世庸反白水坂，刘启业反石陂，各拥众数千，号十万，逼趋黄州。时援军皆赴湖南，黄州吏民才数百，至不能备阛柝。或议退保麻城。成龙曰：“黄州，七郡咽喉也。弃之则荆岳瓦解矣。吾誓死不去。然坐困亦非策，当剿之。贼虽众，皆取士荣进止，先取士荣，馀可不战下。”遂集乡兵得二千人，别遣黄冈知县李经政擒鼎业。士荣已据黄土坳，遣把总罗登云、武举张尚圣迎击。前锋战少却，成龙疾驰抵尚圣营。日午，乡兵大集，有众五千屯箔金寨，与贼对垒。诘旦，士荣率贼数万，分东西路来攻。东路贼少，登云领千人御之。而成龙率千总李茂升当其西，尚圣攻右，把总吴之兰攻左。战始合，之兰中炮死。贼斗益急，火燎成龙须，或劝少避，叱之曰：“今吾死日也。敢言退者斩!”遂鞭马直前，回顾茂升曰：“我死，可归报张公。”茂升恐失成龙，急发矢殪其大旗，军随进。茂升马被创，弃马，射杀二人，易马进战，复手刃数人。而尚圣自右山绕出贼后夹击，贼大败。斩馘数千，士荣左臂断，就擒。登云击东路，亦追奔数十里。成龙得贼名籍，立焚之。乘胜至吕王城。众欲少憩，告之曰：“破竹之势，不可失也。”方炊，覆釜以进，据鞍草檄。驰谕有能擒贼献者重赏，投诚者待以不死，胁从归者但闭门坐，家无军器，即从贼，概不追问，藏兵仗者即良民亦诛死。于是贼众闻士荣擒，名籍已毁，各解散。至白水坂，铁爪、世庸等欲进保什子寨，则已遣人守隘，不得上，悉擒之。又分众平石陂贼，乃勒石岐亭，班师。自誓师至此，二十有四日，以乡民数千破贼数万，不费公家丝粟。黄州平，时康熙十有三年十一月也。次年秋大饥，发廪赈恤，全活数万人。十五年，水旱灾，讹言复起。成龙故示暇豫，修赤壁亭榭，日与寮吏啸咏饮射其间。民皆曰：“我公如此，复何忧?”会丁继母艰，士民乞留者数万。有诏夺情视事。

十六年，总督蔡毓荣等奏复江防道，以成龙任之。明年，迁福建按察使。民遮送至九江，凡数万人，哭声与江潮相乱。十八年春，抵闽。时耿精忠乱后，康亲王驻军省会，闽民多以通海获罪。成龙力白王，言诸案所引多平民，宜省释复录。时大吏有难色，因指庭前妇孺曰：“此曹岂能反？皇天在上，独不为方寸地耶?”王久闻其名，至是益重之，悉从其请。巡抚吴兴祚荐成龙廉能第一，迁布政使。禁军月征莝夫数万，力争于王前，罢之。满兵掠浙东子女，役为奴者数万，为赎归之。各属纳赋皆应时收，不增铢黍。署中薪米不给，至无衣可典，日或不再食。随征满汉大臣朝使者，有时来过，径入卧内，或绕署周行，几案间蛛丝鼠迹、文卷书册外无长物。咸叹曰：“于公清苦，天下一人而已。”外番贡舶有所献，悉屏之。或呈样香，一嗅即持去。贡使啧指作礼曰：“天朝有此清官，吾侪未闻见也。”十九年，迁直隶巡抚。知县某经道府揭报，具牍讦告，遂疏请严定反噬挟制律，著为令。又疏请豁免宣府所属东西二县，及怀安、蔚州二卫水冲沙压荒粮三千馀石，银千馀两。从之。又因灾疏请缓征并平粜。诏即以平粜之米作赈。会旱，步祷，雨立沛。禾黍重歧三穗。民号曰“于公穗”。寻劾青县令赵履谦贪渎状，论如律。

二十年春，陛见，赐坐，赐茶，面谕曰：“尔为今时清官第一，朕所深知。”因问剿抚黄州土贼时事，又问属吏中亦有清廉者否，成龙以知县谢锡衮、同知何如玉、罗京对。上曰：“尔所劾赵履谦甚当。”成龙奏：“履谦过而不改，臣不得已劾之。”上曰：“为政当知大体，小聪小察不足为。且人贵始终一节，其勉旃。”旋赐食御书房，又赐帑金千，良马一。马，上所乘也。越数日，御制诗，手书赐之。寻遣官助成龙赈宣府各属饥。诏蠲免本年额征，及积年带征。是年秋，请缓真定府属房税银，又请破格全蠲霸州本年田赋，均报可。冬，乞假归葬，优诏许之。未几，调两江总督。濒行，举直隶守道董秉忠、通州知州于成龙、南路通判陈大栋、柏乡知县邵嗣尧、阜城知县王燮、高阳知县孙宏业、霸州州判卫济贤并堪大用。得旨俞行。抵江宁，官吏皆望风改操。知好微行，遇白须伟貌者，群相指自慑。檄郡县条上便宜，皆为兴举。会江宁知府阙，诏即以通州牧于成龙擢补。成龙，汉军人，由荫生起家，后官河道总督，谥襄勤者也。南中风俗侈丽，成龙至，人争衣布褐，布价骤腾。士民有欢笑无管弦，游惰不空手，柜坊无锁。成龙治官书，夜申旦不寐。性喜饮，甚至累月不一醉。尝中夜苦饥，索少米作糜，不得，笑而止。时苞苴尽绝，午日，遣视寮吏无敢以角黍相遗者。建虹桥书院，择高才生讲习其中，亲往训课。副都御史马世济还自江南，劾其年衰，为中军田万侯所欺蔽。部议夺万侯职，成龙休致。特诏留任。

二十三年春，巡海还，兼摄江西、安徽两巡抚事。四月十八日疾作，召属吏与诀，端坐逝，年六十有八。成龙自服官后，未尝携家属入署。至是，将军、都统暨寮吏入其寝室，见周身布被，袍一袭，靴带各一。堂后瓦瓮米数斛，盐豉数盎而已。讣闻，赐祭葬，予谥清端。七月，学士锡住勘海疆还，上询成龙在官时声绩。锡住奏其清廉，但因轻信，或为僚属欺罔。上曰："此与成龙不合者，造为此言耳。居官如成龙者有几?"十一月，南巡至江宁，谕知府于成龙曰："尔务法前总督于成龙，朕博采舆评，咸称为古今第一廉吏。可加赠太子太保，荫一子入监。"会御试词臣，作《理学真伪论》，纳卷时，上特谕曰："理学无空言，如于成龙不言理学，而服官至廉，斯即理学之真者也。"自天子广厉风节，恩礼始终，由是士皆慕效，吏治烝烝一变矣。成龙卒后，军民争绘像祀，江宁、苏州及黄州皆有祠。御书"高行清粹"四字为祠额。并书楹联赐之。平生与人交，不择贵贱，谈燕终日，一语涉私，即正色斥诘。每称曰："上帝临汝!"又曰："日监在兹。"属吏畏威，若负霜雪。及论事，辄霁颜商榷。用此，虽严惮，愈益亲乐之。年饥，屑糠杂米为粥，与僮仆共之。属吏至，亦以是进，曰："如法行之，可得留馀以赈也。"性强毅，而临事应变无方。当黄金龙被擒，即赏刘君孚百金，众疑其过，告之，曰："金龙之擒，寔由君孚密计，君等不知耳。"于是，其党疑君孚卖金龙，各散去。又以间离其亲属，君孚遂郁郁而死。成龙状如乡里学究，而用兵如神，尤善治盗。所用游徼及降盗，恒抚以恩威，辄先来报。知武昌时，营弁某弟素无赖，适远归，是夜饷被劫，弁告弟所为。已诬服狱具，成龙破械纵之。巡抚经问曰："盗冤，真盗何在?"因指堂下一校曰："是真盗也。馀党进香木兰山，今晚获矣。"寻获盗，赃尚在校家，封识宛然。江宁盗号鱼壳者，拳勇，倚驻防都统为解，有司莫能擒。抵任时，官吏远迎，日旰不至。方惊疑，而成龙已单车入府矣。群吏饬厨传馈饩牵，皆不受。按察使，其年家子也，请具一餐为寿。笑曰："以他物寿我，不如以鱼壳寿我。"按察使喻意出，以千金购名捕缚置狱。是夕，成龙秉烛坐，一男子持匕首由屋梁下。叱问何人，曰鱼壳也。成龙解冠几上，指其头曰："取！"鱼壳长跪笑曰："取公头不待公命也。方下梁时，如有物击我手，不得举，乃知公神人，某恶贯盈矣。"自反接奉匕首以献。成龙曰："国法有市曹在。"迟明狱吏报失盗，人情汹汹，而督署已命中军将鱼壳斩决于市。孙准，累官至江苏巡抚，有贤声。(《国史耆献类征》)

李光地，福建安溪人。康熙九年进士，选庶吉士，授编修。十二年，乞假归。十三年，耿精忠反，海贼郑锦踞泉州，光地奉亲匿山谷间。锦、精忠并遣人招之，以死固拒。十四年夏，密疏陈破贼机宜："闽疆褊小，自二贼割据以来，诛求鞭扑，民力以尽，贼势亦穷。南来大兵，宜急攻。不可假以岁月，恐生他变。方今耿逆悉力于仙霞、杉关，郑贼并命于漳、潮之界，唯汀州小路与赣州接壤，贼所置守御，不过千百疲卒。窃闻大兵南来，皆于贼兵多处鏖战，而不知出奇以捣其虚，非计也。宜因贼防之疏，选精兵万人，或五六千人，诈作入广之兵，由赣达汀，为程七八日耳。二贼闻急趋救，非月馀不至，则我兵入闽久矣。大军果从小路横贯其腹，则三路之贼，不战自溃。乞密敕令兵官侦谍虚实，随机进取。仍恐小路崎岖，更使乡兵在大兵之前，步兵又在马兵之前，庶几万全，可必胜。"置疏蜡丸中，遣使间道赴京，因内阁学士富鸿基上之。奏入，圣祖嘉其忠，下兵部，令领兵大臣知之。贼平，上其功，迁翰林学士。上疏辞，不报。御书

“方重醇深”额赐之。十九年，授内阁学士。因对言郑锦已死，子克塽幼弱，部下争权，宜急取之。又言内大臣施琅习海上形势，知兵，可重任。圣祖用其言，卒平台湾。复疏言编修陈梦雷当耿逆之变，有七旬父母不能脱逃，致被逼胁。梦雷虽陷贼中，托病支吾，受臣密约，图反正，请贳其从逆之辜。既法司坐梦雷斩，诏从宽免死。闰八月，圣祖命光地进家居所著文字，光地汇其读书笔录及论学文字进之。略言：“道之与治，古者出于一，后世出于二。孟子叙尧舜以来至于文王，率五百年而统一续，此道与治之出于一者也。自孔子后五百年而至建武，建武五百年而至贞观，贞观五百年而至南渡。夫东汉风俗，一变至道，贞观治效，几于成康。然律以纯王，不能无愧。孔子之生东迁，朱子之在南渡，天盖付以斯道，而时不逢，此道与治之出于二者也。自朱子以来，至我皇上又五百岁，应王者之期，躬圣贤之学，天其殆将复启尧舜之运，而道与治之统复合乎？臣虽无知，或者得依附末光，而闻大道之要。”二十五年，授掌院学士，直经筵。二十六年，以母病乞归省，命悬缺以待。二十七年夏，至京。时值孝庄文皇后丧，礼部劾光地在途迁延，弗及叩梓宫，请下吏部议。议降五级，得旨勿问。初，光地尝奏侍读学士德格勒有学行，善占易。而德格勒亦称光地有文武才，宜膺封疆重寄。会天旱，圣祖命德格勒揲蓍，因而论大学士明珠过失，珠闻而大恶之。寻有言德格勒与同官诽议朝政者，圣祖诏试诸廷臣。德格勒以文劣削五级留任。寻又以私抹起居注，为掌院库呼纳所劾，下刑部议罪。有旨以前奏诘光地，光地引罪乞处分，得旨从宽免罪。二十八年，改通政使，擢兵部右侍郎。三十七年，授直隶巡抚。在官以清勤自励，恤民隐，尤尽心于农田水利。

三十八年，诏以漳水与滹沱合易泛滥，其导漳河由运达海，以分滹沱之势。光地疏言："漳河见分为三，一支由大名经魏元城，至山东馆陶入卫归运。一支名老漳河，自山东邱县经南宫及青县与完固口合，至鲍家咀归运。一支名小漳河，自邱县经广宗、巨鹿合于滏，又经束鹿、冀州合于滹沱，由衡水出完固口，复分为两支。小支与老漳河合流而归运，大支经河间、大城、静海入子牙河而归淀。今入卫之河与老漳河流浅而弱，宜疏浚。其完固小支，应筑堤逼水入河，以达于运。更于静海、阎留二庄，挑土筑堤，束水归淀，俾无泛滥。"报可。次第讫工。因奏霸州、永清、宛平、良乡、固安、高阳、献县浚新河，占民田百三十九顷，请豁其赋额。从之。

三十九年，疏定清厘亏空之法。又应诏条上科场事宜三则，学政事宜四则，均下部议行。时圣祖以子牙河屡泛滥，自河间以北，静海以南，皆被害，遂亲临相视，发帑金，命光地于献河两岸筑长堤，西接大城，东接静海，亘二百馀里。又于广福楼之焦家口开新河引水入淀，由是下流益畅，无水灾。光地以堤工既成，请开诸州县水田，引漳、滏、滹沱、大陆诸水资灌溉，荐同知许天馥为河间知府，司其役，从之。畿属固有八旗牧地，与民田相错，岁久民多占牧为田。方奉部牒按验，光地令民自首者，按则输粮，而免其隐漏罪。其隙地愿耕者，听民便之。明年，修永定河工，自郭家务至柳岔口，开河筑堤。四十一年，饬所属州县广兴水利。近山者导泉通沟，近河者引流酾渠，去水远者凿井溉田。其水道应修浚者，俱借帑兴工。

四十二年，玺书褒美，擢吏部尚书，巡抚如故。是年冬，以畿辅被水，请发仓赈贷，令富人出粟平粜。明年，给事中黄鼎楫、汤右曾、许志进、宋骏业、王原等合疏劾光地抚绥无术，致河间饥民散入京城，又匿宁津县灾。疏下光地回奏。光地言：

“知县陈大经报灾不时，已劾罢。至民有流离，臣不敢辞咎，请从重处分。”诏原之。再疏辞尚书，不许。

四十四年，疏劾前任云南布政使张霖，假称诏旨鬻私盐，得银百六十万两。得旨，即令光地审拟，霖论斩籍没。十一月，授文渊阁大学士。时圣祖临御久，日潜心六艺之文，河图象数之学，下逮濂洛关闽之书，旁及历算、声音之道，反复研索，由源达流。光地故笃信程朱，因以上窥羲文之秘，所奏进文字，发舒心得，圣祖未尝不称善。凡御纂《朱子全书》及《群经性理》诸编，多命光地参订。中有淆赜，往复陈请不倦，亲承指授，所造益深。圣祖尝诏廷臣：“知光地者莫若朕，知朕者亦莫若光地。”抚直隶时，御史吕履恒劾光地任意断狱，上察其诬，还其奏。给事中王原劾文选郎陈汝弼受赃，法司论绞。汝弼，光地荐也。上察知供证非实，下廷臣确核。得刑讯选人逼供行贿状，汝弼免罪。承谳官降黜有差，原以嘱托私书为汝弼举首，削职。光地恐启门户之祸，益慎重寡言，其有献纳，罕见于章奏。

圣祖尝召编修沈宗敬，命作行楷书。因传谕光地曰：“朕初学书，宗敬之父荃实侍，每下笔，即指其病，兼析所由。至今每作书，未尝不思荃之勤也。”光地因奏曰：“此即成汤改过不吝之心也。苟自是而恶直言，则无由自镜矣。”每内阁奏事毕，独留光地南书房，暇则召入便殿，语移时。上尝问近日民情若何，光地对曰：“方三藩播乱，民心摇摇，未知所归。今上恩德显信于天下矣。往岁闽中旱荒，群吏不能体上意，所发帑粟多干没，民饥且死，独归怨于有司，而鲜不信上之志在矜恤者。”嗣问矿事，光地请著令：“止土著贫民无产业者，许人持一铫以往，而越境者有诛，则奸民不致聚徒山泽，以生事端矣。”议遂定，一时大豪辇金谋首事者，皆啮指自悔。先是，江宁知府陈鹏年为总督阿山所劾，问重辟。无何，上问及江督，光地言："阿山勤敏，其犯清议，独劾陈鹏年一事耳。"于是鹏年遂内召。两江总督噶礼与巡抚张伯行互纠，遣大臣往讯，狱久不决。上复罢噶礼，复伯行官，光地实赞之。戴名世以《南山集》下狱，吏议身磔族夷，集中挂名者皆死。他日，上言："汪霦死，无能古文者。"光地曰："唯戴名世案内方苞能。"叩其次，即以名世对。左右闻者，无不代光地股栗，而上亦不以为罪。已而苞得释，且召入南书房。方柄用时，昕夕入对。上所诹度，唯《尚书》、《周易》及朱子之书，而一时海内所号为廉吏，无论所习与否，皆安其位。五十年，以疾乞休，辞甚切。谕曰："览卿所奏，朕心惨然，当时旧臣如卿等者，不过一二人，今朕亦老矣，实不忍言也。"五十四年，再疏乞休，且以母丧未葬为言。优诏许假二年，赐诗宠其行。明年三月，诏以是冬赴京，且云："南方暑湿，善自保，荔枝性极热，毋多吃也。"五十六年四月，还朝。明年，卒于位，年七十有七。予祭葬，谥文贞。雍正元年，追赠太子太傅，入祀贤良祠。所著述甚多，均行于世。（《国史碑传集》、《先正事略》）

陆陇其，浙江平湖人，康熙九年进士。廷对策时务，其略曰："法者治之迹，而非所恃以为治也。为治而专恃法，自古及今，未有能治者。臣非欲陛下废法而治也。窃以为法之及人也浅，德之及人也深；法之禁人也难，教之禁人也易。今日之治，苟非崇德教以正人心，虽日议法无益矣。伏愿陛下日新其德，以尧舜禹汤文武之心为心，以尧舜禹汤文武之学为学。有弗言，言则必使天下共法也；有弗动，动则必使天下共则也。于是务敦教化，一如古者司徒党正，三物六行之制。尽其实，勿徒徇其名。

天下之人，既动于上之德，而又习于其教，则自然相渐以仁义、相尚以忠厚、相劝以正直，不待法之驱，而人皆有君子长者之风。由是立法以兴利，莫不安于上之所兴；立法以去弊，莫不安于上之所去。使不先正人心，而徒恃区区之法，议法者日益精，而刓法者日益巧，法之弊未有已也。虽然，臣犹有进焉。人之相遁于法也，始于其心之不正，亦由于用之不足。《书》曰：'凡厥正人，既富方谷。'管子曰：'衣食足而礼义生。'今之大吏，禄薄不足充其费，则思借法以自肥；小吏俸微，不能养其家，则思干法以为奸。其罪可诛，而其情可悯。是在陛下仿古待臣之礼，稍重其禄，使有以自给，而又定其车舆、服饰之制，宫室、饮食之节，勿使耗于无用。夫既有以养之，又无以耗之，则皆充然有馀，自然奉公守法，竭心力以效忠于上，然后德教行，人心正，而郅治可复也。"

由二甲用知县，需次归，益肆力程朱之学。乙卯，知江苏嘉定县。嘉定赋多而俗侈，陇其以清介自持，上官严惮之。往时令馈遗上官，动千百计，陇其岁时起居通书问而已。衙胥旧以千数，至是去者过半。其在者无所得食，令更番给事，退则为耕贩以自活。有所遣摄，计日与钱，远者许就民间一饭，括索者必痛惩之。尤务以德化民，不事刑威。民告其子不孝，讯得实，陇其涕泣自讼曰："吾德薄，不能宣教化，令汝父子至此。"因委曲诫谕，父子皆大哭去。子归，卒善事其父。有弟以盗讼其兄，廉知其弟妇翁所导也。杖而数之曰："为子婿计，乃忍断其手足耶？"兄弟皆感泣，好如初。邑多逋赋，立甘限法，令应输者自为限，届期逾半即免杖。一士人，经月无所输，陇其曰："是非故逋赋者。"察之则新遭忧也，卒不追呼而粮办。时南方用兵，征饷十万，遂为文谕民，激以大义，不一月而数足。丙辰，廷议暂抽市肆钱一年佐饷，例不及巷舍，陇其如例报征，巡抚慕天颜不悦，疏言："时方多事，陆令非应变才，请调简。"部议遂引才力不及例，镌三级调用。嘉定民大骇罢市，日号巡抚门乞留。巡抚不自安，再具疏请复，而陇其先以盗案落职矣。盗案者，邑张某与汪姓讦讼，汪赴理，夜被盗杀，其弟以仇杀告。陇其疑小隙无杀理，牒大府，请俟获犯定拟。寻获真盗七，狱具，部议以初报不直指为盗，疑讳匿，引例夺职。或谓陇其宜申辩，答曰："县有盗，长吏不知，黜宜也。何辩为？"士民相率诣大府为辩，卒莫省。会征博学鸿儒，工部主事吴元起以理学纯深、文行无愧荐。陇其未及试，奔父丧归。服除，牒部请改教官，弗许。左都御史魏象枢抗章讼冤，再疏举廉吏十人，陇其与焉。有旨复原官。癸亥，授灵寿知县。县于真定，最为硗瘠，劝课耕耨，以尽地力。请于上官，与邻县更役以苏民困；革火耗，绝私派，以养民财。又反复晓譬，化斗很轻生之习，其为民厚生正德，若谋其子弟也。尤申明乡约保伍之制。举乡饮酒礼，朔望诣学宫，与诸生讲论，导以躬行。著《松阳讲义》，谆谆于义利邪正之辨。

会岁饥，陇其牒大吏以闻，得旨免征额赋。有大姓为盗劫，巡抚不欲奏闻，命改为窃。陇其不从，曰："宁以诚去官，不欲以伪苟禄。"知府乃取盗魁杖杀之。陇其恻然曰："盗可杀，而杀之不以法，吾不忍也。"作《劝盗文》，遣吏往狱中为诸囚诵说之。闻者多痛哭。越三年，复大饥，诏发三千金以赈。遍历山谷，亲审其户口。府檄发限单，不许逾额，卒不顾，尽散之，所全活者多。巡抚格尔古德特疏荐陇其，下部议叙。尝以公事至都门，政府欲一见之，接淅行。即魏象枢屡荐陇其于朝，亦不往谒。

甲子夏，两江总督于成龙卒，上临朝痛悼问九卿、詹事、科道："今天下清廉官如于成龙者，有几？"于是廷臣以直隶巡抚格尔古德，部郎范承勋、苏赫，江南学道赵岑，扬州知府崔华，兖州知府张鹏翮，灵寿知县陆陇其对。庚午，科道员阙，上面谕在廷各举所知。于是工部尚书张英、左都御史陈廷敬、兵部侍郎李光地、礼部侍郎王泽宏交口论荐，与清苑知县邵嗣尧、三河知县彭鹏并举，遂奉谕旨行取。陇其念灵寿频年灾，正供不支，而杂徭未尽减，将受代，乃申请缓征，量减房地税。又言：上官供应久奉裁，宜永革除。又请将仓库不时借放饥民。临行，县民哭送者数万，立碑志遗爱，如去嘉定时。是年秋，补四川道监察御史，疏请将畿辅灾区钱粮悉蠲免，勿带征，特旨允行。

未几，湖广总督丁思孔请令偏沅巡抚于养志在任守制，举朝颇右之。陇其疏言："天下当承平之时，湖南非用兵之地，若因督臣请而留，后将为例，其不夺情者鲜矣。臣不知议者以养志为何如人？其非贤者耶，则固不当使之在任守制；其诚贤耶，则固不肯在任守制矣。"疏入，养志遂解任。

辛未夏，大旱。遵旨陈言：一请豁免直隶被灾带征各钱粮。一言直隶编审人丁，宜求均平。一请停捐免保举之法。谓"捐纳州县，贤否错杂，故立保举法以防之。近并保举亦得捐纳，则贤否全无可凭。且保举所重在清廉，以有清廉字样为合例，保举可捐免，则是清廉之目可纳赀得也。窃以为不但保举之捐纳宜急停，而保举之期限更当酌定。请敕部察捐纳之员，凡到任三年，而无保举者，即开缺休致，庶吏治可以澄清"。时御史陈某请停保举，而开先用之例。陇其再疏，言"捐纳先用，大抵皆奔竞躁进者也，故多一先用之人，即多一害民之人"。又申三年开缺之请，词加激切。及奉命会议，仍持前议益坚。谓："捐纳一途，唯持保举以防其弊，今并此而捐之，且待次年三月停止，此辈有不捐纳者乎？澄叙官方之典，荡然扫地矣。议者或以三年无保举，即令休致为太刻。夫以赀得官，踞于民上者三年，亦已甚矣！又不能发愤自励，其贻害于民可知。况休致归，仍在荐绅之列，为荣多矣。即云设立期限，反生营求，此在督抚不贤，则诚有之，臣不敢谓天下必无贤督抚也。”时大兵馈饷亟，计臣方恃捐纳济国用，而豪右希进者，相率庆弹冠。内外诸臣，亦多由捐纳进，陇其独于疏议中痛斥之，众大哗。部议以其拘资格，致捐纳观望，误军需，负言官职。拟削籍，谪奉天安置。庶吉士张昺尝欲从陇其受学，未果，至是恐遽失之，即日执贽为弟子。而顺天尹卫既齐巡畿辅，还，入对，言民心惶惶，唯恐陆御史远谪，上特宥之。俾还职，寻命巡视北城，凡有献纳，必斋宿竭诚。上每韪其言，以为与朕意合，故虽以议捐纳事府众怨，而圣明终鉴其诚也。是年秋，以试俸满，都察院注不称职，应外调，遂移疾归。足迹不一至城市，茅屋数椽，布衣蔬食，益以明道觉世为己任。三十一年，卒于家，年六十有三。

后二年，江南学政许汝霖任满，上曰：“原任御史陆陇其，学问优长，操守清洁，可代其任。”大臣奏陇其已故，上嗟叹久之，曰：“本朝如此等人，不可多得矣！”乃以直隶守道邵嗣尧代之。寻祀直隶江南名宦、浙江乡贤。雍正二年，临雍释奠，命增从祀贤儒。礼部尚书张伯行请以入祀，制曰可。

乾隆元年，特赐谥清献，并加赠内阁学士兼礼部侍郎衔。平生教人，必授以朱子《小学》及程氏《读书分年日程》，俾学者循序致功。其学以居敬穷理为主。谓穷理而不居敬，则玩物丧志，而失于支离；居敬而不穷理，则将扫见闻，空善恶，其不至师心自用，坠于佛老者几希。所著《学术辨》力辟阳明为禅学。谓阳明之病，在认心为性。顾泾阳、高景逸之病，在忘动求静。

论者谓程朱之统，自明薛敬轩、胡敬斋后，唯陇其能得其正宗云。(《国史耆献类征》、《先正事略》)

张伯行，河南仪封人。康熙二十四年进士。归筑精舍南郊，纵观诸子百家，及读《小学》、《近思录》，乃恍然曰："入圣门庭在是矣！"读书七年，补内阁中书。父忧归，啜粥三年，不入内室。服阕，建请见书院，与乡人士讲明正学。三十八年夏，大水，率居民筑堤保境。河督张鹏翮异之，疏请檄伯行赞理，三辞不许。以原衔赴河工，督修黄河南岸堤二百馀里，及马家港东坝高家堰石工。四十二年，授山东济宁道。值岁荒，倾家财运谷以赈。寻奉命赈汶上、阳谷饥，动仓谷二万二千有奇。藩司责其专擅，将申劾，巡抚直之，得免。四十四年，圣祖南巡阅河，御书"布泽安流"四字以赐，并诗章二，诗扇一。

明年，上遣近臣封闸催漕，谕曰："济宁道张伯行，谙晓河务，可与商榷。"伯行相高下，引运河水北注，蓄泄得宜。事竣，著书纪其事，即世所行《居济一得》也。夏，迁江宁按察使，吏白故事，送督抚贽约金四千。伯行曰："我誓不取民一钱，焉办此？"扬州诸生六人忤郡守，巡抚欲尽褫之。伯行曰："以穷诸生冠服迎合上官，吾不为也。"力雪之。

四十六年，圣祖南巡，命督抚举贤能，伯行随督抚入对。圣祖曰："朕向原认识尔，到江南即知尔为清官。"复顾督抚臣曰："张伯行居官何如？"皆曰好。大学士张玉书对亦如之。圣祖曰："江南更有如此好官否？"皆曰无。圣祖曰："然则尔等何以不保举，今朕自保之。他日居官好，天下以朕为明主，否则笑朕不知人。"又曰："张伯行笃实，即置之行间，亦非退缩者。"遂擢福建巡抚，随驾至西湖，赐御书"廉惠宣猷"四字。莅闽，值旱荒，发帑赈饥，岁遣官买米平粜，禁米船入海，绝盗粮，擒巨盗陈首魁、吴海等。疏请增乡试中额十名，从之。建鳌峰书院，祀宋五先生。集诸生院中，日纂录古人嘉言善行，依《小学》诸纲目条贯成书，手定为八十六卷，曰《小学衍义》，以教诸生。设藏书楼，购经籍四百六十馀种。毁淫祠，赎女尼为民妇。先是，台湾并屡鼓噪，伯行谓倡乱之人平日必多不法，以他事除之，煽诱自绝。镇臣如其教，后无哗者。伯行治尚严明，贪吏奸胥，辄尽置之法，政教行于四境。圣祖将令移抚江南，大学士李光地请留闽。张玉书奏："江南比岁灾，民不聊生，非此人往不可。"上笑曰："汝两人不必争，朕当慎简一人，以畀汝闽。"遂移抚江苏，而以陈瑸代之，士民攀号，如失怙恃。伯行疏请缓带征漕，又请赈徐州府，及海、高等十四州县灾，并蠲瓜州浮税。举劾属僚，无所阿徇，豪猾皆望风远遁。时总督噶礼张威服，甫莅任，劾免抚藩。苏州知府陈鹏年、粮道臧大受廉直有声，皆劾去之。

伯行遇事持正，郁郁不自得，以病乞休。有诏："张伯行操守清洁，立志不移，朕所深悉。江苏重地，不得以衰病辞。"五十年，江南乡试副考官赵晋与总督交通关节，榜出哗然。士子舁财神入文庙，正考官左必蕃不自安。疏闻，伯行亦据实奏。上命尚书张鹏翮、侍郎赫寿出按其事，伯行与总督暨安徽巡抚均会鞫，时举人程光奎、吴泌已具服。藩司吏李启供与家仆轩三营弊。轩三者，总督阍人也。于是总督持其事，谳莫能定。明年春，伯行劾督臣抗旨欺君，营私坏法，请正国典，以彰公论。总督亦飞章讦伯行不肯出洋捕贼，及诬陷牙行张元隆诸款。上命俱解任，付使者杂治。寻奏晋与光奎、泌贿通关节，拟罪如律，噶礼劾伯行不能清理案件属实，馀系苛劾，应降留。伯行劾噶礼索金事全虚，应夺职。上切责张鹏翮、赫寿掩饰和解，命尚书穆和伦、张廷枢复讯。讯如前。噶礼免议，伯行仍夺职，部议亦如之。

上以张伯行天下清官第一，责诸臣变乱是非。且曰："朕自幼读书，研穷性理，如此清官，不为保全，则读书数十年何益？而凡为清官者，何所赖以自安？"乃命九卿、翰詹、科道再议。议上。圣祖复谕曰："尔等身为大臣，既知张伯行清廉，当会议时，何无一言？及朕有旨，始同声赞其清，亦已晚矣。宜体朕保全廉吏之意，使正人无所畏忌，庶海宇长享升平之福。"遂命复任而黜噶礼，寻帑戮焉。方伯行之解职也，百姓罢市，哭声殷扬城，且议相率叩阍，慰谕再三，环泣不肯退。苏州等郡相继报罢市，士民扶老携幼，具果蔬来献。伯行辞，皆泣曰："公在任，止饮吴江一杯水，今将去，子民一片心，不可却也。"乃取腐一块，菜一束，众仍委地去，狱具回苏，扬人虑途中不测，将集江干护行，众数万。伯行闻之，五鼓登舟，比晓已渡江，抵苏寓枫桥。士民献果蔬，如在扬时。七月，复赴扬听勘。回苏时，比户焚香遮道不可行。及复任，士民欢忭，拜龙亭、呼万岁者至数十万人。复相率诣阙，跪香进疏，愿各减年寿一岁，祝添圣寿万年。上闻大悦。而全闽士民，始奔号呼吁，即而颂恩祝圣，亦与江苏不约而同。自是伯行直声浩气震天下。五十二年，辑《濂洛关闽集解》，疏荐福建布政使李发甲、台湾道陈瑸、前祭酒余正健。旋奏免扬州落地税。且曰："臣衙门旧有盐课漏规二万两，臣在任五年，丝毫弗取，众商愿每岁捐银千二百两，抵解税银。"得旨俞允。明年，疏请严海禁，寻劾布政使牟钦元藏匿通洋匪棍张令涛，请旨革职，著追。张令涛者，噶礼前劾伯行拖毙之船埠张元隆，即其弟也。时部檄搜缉海寇郑尽心馀党，崇明镇弁，诘一船人照不符，得元隆为之关通领照状。又上海民顾协一，诉令涛占踞房屋，谓其旧为噶礼幕客，今匿牟钦元署中，有水寨数处，窝藏海贼。伯行捕治令涛，因劾钦元，得旨革职，下总督赫寿察审。赫寿奏协一所控无左验，钦元署中亦无张令涛。

上复命尚书张鹏翮，副都御史阿锡鼐赴镇江审勘。遂劾伯行狂妄自矜，请解官严究讯。疏六上，上不得已允之。时伯行因事赴常州，即舟中解绶去。伴送镇江，夜分对簿，多方摧折，并胁幕下客代承。鹏翮等奏元隆、令涛皆良民，伯行诬劾。上责其不能尽心研审，令再详讯，并命伯行回奏。乃疏言："张令涛在藩幕，乃其子张二所供也。牟钦元匿使不出耳。"未几，竟坐伯行挟诈欺公，诬陷良民，议斩。伯行处之恬然，读书昼夜无间，为门人讲说，成讲义数十篇。居半岁，体加充，色加睟。狱上，圣祖不允，命免罪入都。过扬州，父老数万，焚香夹两岸行，求停舟一见，为监行者所格。抵京，请陛见，使臣不可，以付吏。上命使臣同伯行陛见。且曰："张伯行原无罪，当以钱粮事任之。"明日，召对，命讲《太极图说》，入直南书房，署仓场总督。奏除积弊。五十五年，奉命往赈顺天、永平二府，讲行社仓法。明年，典顺天乡试。时方督粮通州，特召入闱，旋授户部侍郎兼督仓场。六十年，总裁会试，所得士来谒，必告以圣贤之学，务实心报国，不可汩没势利，负科名。

会河决，召对行在，论河务。以母病归省，命便道视武陟决口。明年春，与千叟宴，偕诸臣入谢，皆赐坐。谕曰："汝等皆大臣，当惠爱百姓，如张伯行为巡抚时，是真能以百姓为心者也。"十一月，世宗即位，眷伯行旧臣逾常格，命与议政，赐紫禁城骑马，迁礼部尚书。御书"礼乐名臣"额赐之。世宗亲郊，前三日视牲。故事，皆王公、大学士行礼，特以命伯行。雍正二年，进《续近思录》、《张南轩》、《陈克斋》、《陈北溪》、《许鲁斋》诸集。命赴阙里致祭，追王先圣五代。便道归省亲。建议以明儒罗钦顺、本朝陆陇其从祀两庑。又请以宋儒张子之父张迪配享崇圣祠。从之。三年二月，卒于位，年七十有五。遗疏请崇正学，励直臣，为千古第一首出之君，绵万世无疆之祚。天子悼之，赠太子太保，予祭葬。于恤典外，加祭一次，遣大臣奠醊。命部寺汉堂官及科道于谕祭日齐集，出殡日会送，赐谥清恪。

伯行历官二十馀年，未尝携眷属。初任济宁，随行止四人。抚闽十二人，抚吴十三人。日用蔬菜、米麦、尺帛、寸丝，以至磨牛碾石，皆自河南运载之官。初莅闽，官廨帷幕皆锦绣，笃问，吏以行户铺设对。尽撤还之。比移吴，先檄所属禁陈设。无锡令送惠山泉，受之。后闻亦派民舟载送，即却不受。治民以养为先，以教为本。遇灾祲，则请蠲请赈。广设常平义社仓，所至必修建书院、学舍。闽士肖伯行象，祀于鳌峰。吴人建春风亭为其祠，与于成龙、汤斌两祠并峙。在济宁时，疏浚灉河，兖州十五县无水患。又捐赀筑五岔口堰，引水入灉，士民蒙利，立生祠五岔口。按察江苏时，始至，未受篆，即过方苞，辞，不获。入曰："吾迫欲一见，论学耳。"方苞曰："某未知学，但闻守官之大戒二，其一义利也。公既皭然不滓矣。进乎此，则利害非知命而不惑者，不能无摇。"伯行韪之。乃抚江苏，首劾噶礼。方苞适以《南山集》牵连赴诏狱。噶礼遂劾伯行久闭方苞于官舍，不知所著何书。人皆为之危，而圣祖之宥苞，实自此始。

伯行天性朴诚，凡所设施，皆本于实践，而尤以力崇程朱为己任，及门受学者几千人。辑《道统源流》、《道统录》以明圣贤之宗传。辑《伊洛渊源录续录》以明诸儒之统绪。辑《小学衍义》、《小学集解》、《养正类编》、《训蒙诗选》以端蒙养之教。辑《学规类编》、《学规衍义》、《程氏家塾分年日程》、《原本近思录集解》、《续近思录》、《广近思录》、《性理正宗》、《诸儒讲义》以垂正学之型。辑《家规类编》、《闺中宝鉴》以示修齐之范。辑《濂洛关闽集解》以配《学》、《庸》、《语》、《孟》，名曰《后四书》。谓许、薛、胡、罗为周、程、朱、张之正传。其文集及《读书集》、《居业录》、《困知记》皆选刻行之。谓陆稼书学朱子，为许、薛、胡、罗之继起。就其家搜访遗书，得《问学录》、《读朱随笔》、《读礼志疑》，为镂板以传。谓杨龟山、谢上蔡、尹和靖、罗豫章、李延平，衍程子之派者也。张南轩、吕东莱，取资于朱子者也。黄勉斋、陈北溪、陈克斋，受学于朱子。真西山、熊勿轩、吴朝宗，私淑于朱子者也。有明之学，得其正而不为邪说摇者，曹月川、陈剩夫、崔后渠、汪仁峰、蔡洨滨也。本朝之学宗朱子者，张杨园、陆桴亭、汪默庵、陈确庵、魏环溪、耿逸庵、熊愚斋、吴徽仲、施成斋、诸庄甫、应潜斋、刘仁宝也。凡诸儒述作，莫不精择而校刊之。而朝宗、徽仲、成斋、庄甫，皆隐居力学，世莫能知，特为表章，尤见阐幽之义云。伯行不从陆王之学，然未尝著书辟之。唯校刻程启暾之《闲辟录》、陈清澜之《学蔀通辨》、张武承之《王学质疑》以示学者。又重刻诸葛忠武、陆宣公、韩魏公、范文正、司马温公及文文山、谢叠山、方正学、海刚峰、杨椒山、杨大洪诸文集。其《三朝名臣言行录》、《四书正宗》、《学易编》、《五经大全》，则皆未成之书也。所自著者曰《困学录续录》、《正谊堂文集》。（《国史耆献类征》、《先正事略》）

康熙政要卷五

论遵法祖制第四

顺治十八年，圣祖仁皇帝即位，罢十三衙门[①]，仍以其事隶内务府[②]。初世祖开国，鉴明代之失，裁汰宦官，设内务府，罢织造太监。十年，乃设乾清宫执事官，及直殿局。十一年，裁内务府，置十三衙门。凡八监、三司、二局，铁敕禁宦官窃权干政。改尚方司曰尚方院。十七年，又改内官监曰宣徽院、礼仪院，已设院郎中以下官。至是，圣祖谕曰："朕唯历代治乱不同，皆系用人之得失。大抵任用宦寺，未有不召乱者。加以佥邪附和其间，则为害尤巨。我太祖、太宗痛览往辙，不设宦官。先帝以宫闱使令之役，偶用若辈，而深悉其奸，是以遗诏有云：'祖宗创业，未尝任用中官。且明朝亡国，亦因委用宦寺。'朕秉承先志，详加体察，乃知满洲佟义、内官吴良辅[③]狡诈欺蒙，变易旧制，倡立十三衙门，广招党类，以窃威福。各衙门事务，任意把持，广兴营造，縻冒钱粮，以致民力告匮，兵饷不敷。二人朋比作奸，情罪重大。吴良辅已处斩，佟义亦伏冥诛，著削其世职。十三衙门尽行革去。凡事遵太祖、太宗定制，内官俱永不用。又以其党刘正宗[4]，当遵遗诏置重典，念其年老得免死，其党并皆赦宥。”于是复内务府，以御用监之职，立广储司；以尚膳监之职，改采捕衙门；以惜薪司之职，改内工部。又改御马监曰阿敦衙门，兵仗局曰武备院（初名鞍楼，后改设鞍库）。至康熙十六年，改宣徽院为会计司（初内官监），礼仪院为掌仪司（初钟鼓司），尚方院为慎刑司。又改采捕衙门为都虞司，内工部为营造司，阿敦衙门为上驷院。其内监别立敬事房，设总管、副总管。较若画一，不相侵越。二十三年，分掌仪司立庆丰司（初名牛羊群牧处），分都虞司立奉宸苑（初归尚膳监）。于是内七司三院之职，粲然大备，与外廷六部九卿相表里。所谓宫中、府中具为一体者，昔闻其语，今真见之矣。（《东华录》一、《石渠馀记》[5]）

［注释］

①十三衙门：顺治十一年（1654）仿明朝的二十四衙门设立的宦官机构，下设司礼监、御用监、御马监、内官监、尚衣监、尚膳监、尚宝监、司设监、尚方监、惜薪司、钟鼓司、兵仗局、织染局。康熙元年（1662）裁撤。②内务府：清代管理宫廷事务的机构，包括内务府堂及所属七司、二院等，总称总管内务府衙门。③佟义：满洲人，佟佳氏，顺治朝大臣。吴良辅：顺治朝宦官，曾任司礼监太监，深受宠幸，康熙元年（1662）以变易旧制之罪处死。④刘正宗（1594～1661）：字可宗，号宪石，山东安丘人，崇祯元年进士，入清历任国史院编修、侍讲学士、弘文院大学士、吏部尚书、文华殿大学士等。⑤《石渠馀记》：六卷，清王庆云撰，记述清初至道光年间的财政、军政、吏治、漕运、货币、矿政、关税等。

［译文］

顺治十八年（1661），圣祖皇帝即位，撤销十三衙门，仍以其事隶属内务府。世祖开国之初，借鉴明朝的失败教训，裁汰宦官，设立内务府，撤销织造太监。顺治十年，设乾清宫执事官及直殿局。十一年，撤销内务府，设置十三衙门，下设八监、三司、二局，立丹书铁敕，禁止宦官窃权干政。改尚方司为尚方院。十七年，又改内官监为宣徽院、礼仪院，不久又设置郎中以下官吏。到康熙元年（1662），圣祖皇帝吩咐说："我认为历代治乱不同，都是因为用人的得失。大凡任用宦官，没有不招致祸乱的。再加上奸邪小人附和其间，就为害更大。我朝太祖、太宗痛心观览历史的教训，不设置宦官。世祖皇帝因为宫廷杂役的使令，偶尔使用宦官，但也深知其奸邪，因此在遗诏中说：'太祖、太宗创业时期，不曾任用宦官。况且明朝亡国，也是因为任用宦官的结果。'我秉承祖先的意志，详细加以体察，才知道满洲大臣佟义、太监吴良辅狡诈欺蒙，变乱旧制，倡导设立十三衙门，广泛招集党羽，窃取威权。各个衙门的事务，任意把持，大兴土木，浪费钱粮，以致民力匮乏，军饷不继。二人朋比为奸，罪行重大。吴良辅已经处斩，佟义也已经死去，都削去其世袭职位。十三衙门尽行撤销。凡事都遵从太祖、太宗时代所定的制度，宦官都永不任用。其党羽刘正宗也应当以重刑处置，念其年老免去死罪，其他党羽也都予以赦免。"于是恢复内务府的建置，以御用监的职掌，设立广储司；以尚膳监的职掌，改设采捕衙门；以惜薪司的职掌，改设内工部。又改御马监为阿敦衙门，兵仗局为武备院（最初叫做鞍楼，后改为鞍库）。到康熙十六年，改宣徽院为会计司（最初叫做内官监），礼仪院为掌仪司（最初叫做钟鼓司），尚方院为慎刑司。又改采捕衙门为都虞司，内工部为营造司，阿敦衙门为上驷院。另外内监设立敬事房，设置总管和副总管。比较起来整齐划一，各个衙门之间职掌不相交叉。康熙二十三年，从掌仪司中分设庆丰司（最初叫做牛羊群牧处），从都虞司中分设奉宸苑（最初归尚膳监）。至此，内廷七司、三院的职掌，基本完备，与外廷的六部九卿互为表里。所谓宫中、府中俱为一体，昔日只听其说，如今变为了现实。

康熙元年，圣祖谕吏部等大小各衙门曰："国家纪纲法度，因革损益，代有不同，必开创之初，筹画精详，贻谋宏远，所定典例，可以垂之奕世，永行无弊。我太祖、太宗创制立法，垂裕后昆，自当世守勿替。今应将大小各衙门见行事务，如铨法、兵制、钱谷、财用、刑名、律例，内外文武各一应恩恤、荫赠、谕祭、造葬，款项繁多，难以枚举，或满汉分别参差不一者，或前后更易难为定例者，著议政王、贝勒、大臣、九卿、科道，会同详考太祖、太宗成宪，斟酌更定，汇集成书，勒为一代典章，永远遵行。其有今昔异宜，时势必须变通，有满汉悬殊，定例难于归一者，亦须斟酌至当，详明具奏。"又谕吏部曰："世祖章皇帝遗诏内云：'纪纲法度，用人行政，不能仰法太祖、太宗谟烈，渐习汉俗，于醇朴旧制，日有更张。'朕兹于一切政务，思欲率循祖制，咸复旧章，以副先帝遗命。内三院衙门，自太宗皇帝时设立，今应仍复旧制，设内秘书院、内国史院、内弘文院，其内阁翰林院名色俱停罢。内三院应设满汉大学士等官，尔部即开列衔名具奏。"（《东华录》一）

［译文］

康熙元年（1662），圣祖皇帝吩咐吏部等大小衙门说："国家的纲纪法度，沿袭改革，损益变化，每代都有不同。一定要在开创之初，筹划精细详明，图谋宏大悠远，所确定的典制条例，可以垂则后世，永远通行而没有弊端。我朝太祖、太宗创建制度、确立法律，永垂后代，自然应当世代坚守不变。如今应当将大小各个衙门现行的事务，例如选官制度、军事制度、赋税钱粮、财政、刑法、律例，以及内外文武官员的各种恩赏抚恤、荫叙封赠、诏谕祭祀、营造葬礼之类，款项繁多，难以枚举，将其中满汉分别，规定参差不一，前后变化者，难以形成固定条例者，命令议政王、贝勒、大臣、九卿、科道等官会同讨论，详细考察太祖、太宗时期的既定制度，斟酌修订，汇集成书，作为一代的典章制度，永远遵行。其中有今昔应当有所不同，依照时势必须加以变通的；又有满汉悬殊，定例难以归于统一的，也必须斟酌至为妥当，详细明白，一并题奏。”又吩咐吏部说：“世祖章皇帝遗诏中说：‘纲纪法度，用人行政，不能效法太祖、太宗的宏图大略，逐渐学习汉族风俗，对于淳朴的旧制，常常有改弦更张。’我对于一切政务，希望一概遵循祖制，恢复旧章，以符合先帝的遗诏。内三院衙门从太宗时代设立，如今应当恢复旧制，设立内秘书院、内国史院、内弘文院，至于内阁、翰林院等名称都停止使用。内三院所应设置的满汉大学士等官员，你们吏部当即开列官衔姓名一一奏请。”

康熙十年，圣祖谕内阁、翰林院曰：“致治之道，无过法祖。鉴于成宪，乃罔有愆。钦唯太祖高皇帝开天垂统，太宗文皇帝式廓鸿图，规模宏运，启佑无疆。朕御极以来，景仰先猷，时切仪型之念。世祖章皇帝时，曾命儒臣纂修太祖、太宗《圣训》，虽具稿进呈，未经裁定颁布。兹特命总裁纂修各官，悉以前式，分别义类，重加考定，勒成全书。朕得以朝夕观览，是训是行，亦俾子孙率由无斁。尔等膺兹委任，须恪恭勤励，务期早竣，以副朕觐光扬烈至意。”（《圣训》）

［译文］

康熙十年（1671），圣祖皇帝吩咐内阁、翰林院说：“达到天下太平的办法，无过于效法祖先。以既定的典章为鉴，就不会有任何过错。太祖高皇帝创业垂统，太宗文皇帝规模鸿图，格局宏大，开导佑助无穷无尽。我即位以来，景仰祖先的宏图大略，时时殷切期望以祖先作为典范。世祖时期，曾命儒臣纂修太祖、太宗《圣训》，虽编纂成稿并进呈御览，但还没有裁定颁布天下。现在特命总裁、纂修官员完全遵照以前的体式，分门别类，重新加以考订，编成全书。使我得以朝夕观览，作为训诫加以遵行，也使得子孙后代一律遵行，而不致败坏。你们荣膺此项重任，必须恪守职责，勤勉工作，务必早日完成，以符合我继承祖先宏大伟业的深切愿望。”

康熙十七年，圣祖谕大学士等曰：“朕观古来帝王，如唐虞之都俞吁咈①，唐太宗之听言纳谏，君臣上下，如家人父子，情谊浃洽，故能陈善闭邪，各尽所怀，登于至治。明朝末世，君臣隔越，以致四方疾苦，生民利弊，无由上闻。我太祖、太宗、世祖相传以来，上下一心，满汉文武，皆为一体。情谊常令周通，隐微无有间隔，一游一豫②，体恤民情，创作艰难，立万世不易之法。朕虽凉德，上慕前王之盛事，凛遵祖宗之家法，思与天下贤才共图治理。常以家人父子之谊相待，臣僚罔不兢业，以前代为明鉴也。”（《圣训》）

［注释］

①都俞吁咈：语出《尚书·尧典》：“帝曰：‘吁，咈哉！’”又《益稷》：“禹曰：‘都，帝，慎乃在位。’帝曰：‘俞！’”均为叹词。都，赞美；俞，同意；吁，不同意；咈，反对。②一游一豫：语出《孟子·梁惠王下》：“吾王不游，吾何以休？吾王不豫，吾何以助？一游一豫，为诸侯度。”指帝王出巡的游乐生活。

［译文］

康熙十七年（1678），圣祖皇帝吩咐大学士等说：“我观察自古以来的帝王，如唐尧、虞舜君臣同心同德相与讨论，唐太宗虚心听取大臣的规谏，君臣上下，好像家人父子一样，情谊融洽，所以能够陈奏善言，摈弃奸邪，各尽所言，从而达到天下大治。明朝末年君臣隔绝，言路不通，以致各地的疾苦，民间的利弊，没有办法让皇帝知晓。我朝太祖、太宗、世祖相传以来，上下一心，满汉文武官员都融为一体。情谊经常沟通，隐情小事也都没有阻隔，这样帝王游乐，体恤民情，祖先创业艰难，为后世确立不易之法。我虽德行微薄，仰慕前代帝王的盛事，谨遵太祖、太宗的家法，希望与天下的贤才共同谋划治理国家。经常能够以家人父子之情相待，大臣也都无不兢兢业业，以前代的美政作为明鉴。”

圣祖之治，一遵祖制，尝恭读世祖《资政要览》[①]而跋曰：“右《资政要览》三卷，皇考世祖章皇帝几政余暇，博考群籍，萃精猎微，御制成编。朕时勤披读，思仰先猷，洪唯皇考亶首出之资，开太平之业，所以承叙万年，裕我后嗣子孙之祚者。显谟骏烈，非寡人之所能窥。盖体具徇齐，德兼广运。因心以创，悉合于先程；率性而行，咸符乎天则。过化存神[②]之妙，夫岂有资于效法也者？而犹不废夫学古之勤，稽求之益，岂非圣不自圣，谦尊而光者乎？予小子钦承手泽，念绍庭闻，宝此遗文，常作兰台[③]之秘；陈兹大训，即为西序[④]之珍。恭缀片词，用贻来叶云尔。”（《御制文集》）

[注释]

①《资政要览》：即《御制资政要览》三卷三十章，顺治十二年（1655）内府刻本，顺治皇帝编撰。②过化存神：语出《孟子·尽心上》：“夫君子所过者化，所存者神，上下与天地同流。”意谓君子所到之处，人民无不感化。③兰台：汉时宫中藏书之处，“掌图书秘书”，班固曾为兰台令史，故后世亦称史官为兰台。④西序：东胶、西序为夏、周之小学、大学，后泛指兴教化、养耆老之所，亦作东序、西胶。

[译文]

圣祖皇帝治国，一律遵行祖制。他曾阅读世祖《资政要览》并作跋语说："《资政要览》三卷，是皇父世祖章皇帝在为政余暇，博考群书，萃选历代精华，汲取微言大义，亲自编撰成书。我时时勤勉攻读，思慕先皇的宏伟谋略，皇父以天纵之资，开创太平大业，使后世继承万代，传留子孙无穷无尽的福运。其宏图伟业，并非我孤陋寡闻之人所能窥知。这是因为先皇身体兼具聪敏，道德兼具广运。根据内心思维加以创造，完全合乎古圣先王的典范；率性而行，完全符合自然的法则。所到之处无不感化，精神之妙影响深远，难道是后辈能够效法得了的吗？即便如此，他还不废读书学古的勤勉，稽考往事的教益，难道不是圣人不自以为圣、谦者自尊而光荣吗？我作为后辈承奉先皇亲笔所撰之书，思念继承先皇的谆谆教诲，以此遗文作为至宝，作为宫中藏书的秘宝；陈列这些圣训，作为太学教化的珍本。恭敬地附上这片言只语，用来传留给后来的人们。"

圣祖《讲筵绪论》曰："尝阅历代史册，见开创之初，及守成之主，政简治约，上下臣民，有所遵守。末世君臣，变乱成法，朝夕纷更，终无补益。所谓天下本无事，庸人自扰之耳。"（《御制文集》）

[译文]

圣祖皇帝《讲筵绪论》说："我曾经阅览历代的史册，看到开国创业之初，以及守成的君主，政令简明，治理俭约，上下臣民，也都有所遵守。而到了末代的君臣，往往变乱成法，朝夕纷更不断，终究也无所裨益。这就是所谓的天下本无事，庸人自扰之。"

论优礼大臣第五

二十年，圣祖召大学士以下各部员外郎以上，赐宴于瀛台[①]。谕曰："内大臣侍卫在朕左右，时加赏赉。唯内阁及部院诸臣，比年以来，办事勤劳，未沾恩赐，故特召集尔等，以尽一日之欢，并非大宴。因朕方驻瀛台，即以太液池中鱼、藕等物，赐诸臣共食。又特赐表里为衣，亦非大赏赉可比。今日宴集诸臣，本当在朕前，但因人众，恐恩泽未能周遍，故不亲莅，诸臣可畅饮极欢，毋拘谈笑，以副朕意。"（《东华录》、《圣训》）

［注释］

①瀛台：明清皇家禁地，三面临水，上建翔鸾阁、涵元殿、丰泽园、怀仁堂等亭台楼阁，似海中仙岛，故名，是帝王后妃的避暑游览地。

［译文］

康熙二十年（1681），圣祖皇帝召见大学士以下各个部院员外郎以上官员，在瀛台赐宴。吩咐说："内大臣侍卫在我的身边，不时加以赏赐。只有内阁以及各个部院的群臣，多年以来，勤勉办事，未曾沾溉恩赐，所以特地召集你们，以尽一日之欢，也并非什么大宴。因为我住在瀛台，就用太液池中的鱼、莲藕等物，赏赐诸位共同进餐。又特地赏赐表里衣服，也不能与大的赏赐相比。今天召集群臣宴会，本来应当在我跟前，但是因为人数过多，恐怕恩泽不能周遍，所以我就不亲临现场，群臣可以畅饮欢聚，不拘谈笑，以符合我的本意。"

康熙十九年，圣祖以御书大轴赐大学士索额图[①]、勒德洪[②]、明珠[③]、李霨[④]、杜立德[⑤]、冯溥[⑥]。谕曰："朕万机余暇，留心经史，时取古人墨迹临摹。虽好慕不衰，未窥其堂奥，岁月既深，偶成卷轴。卿等佐理勤劳，朝夕问对，因思古之君臣美恶，皆可相劝，故以平日所书赐卿等，方将勉所未逮，非谓书法已工也，卿等知其朕意。"又以御书卷轴赐学士库勒纳[⑦]、叶方蔼[⑧]，詹事格尔古德[⑨]、沈荃[⑩]，侍读学士牛钮[⑪]、常书[⑫]、崔蔚林[⑬]、蒋宏道[14]，侍讲学士张玉书[15]、严我斯[16]，侍讲董讷[17]、王鸿绪[18]各一。谕曰："尔等日侍讲筵，夙夜匪懈，启沃之暇，每以朕书为请。朕万几馀闲，研精典籍，闲取古人墨迹临摹。尔等既为文学侍从之臣，即有成就德业之责，故因所请，辄以颁赐，其悉朕意。"（《东华录》二十五）

［注释］

①索额图：满洲正黄旗人，官至太子太傅，后以居官贪黩，幽禁而死。②勒德洪：满洲正红旗人，官至武英殿大学士，康熙二十七年（1688）被革职。③明珠：满洲正黄旗人，官至武英殿大学士，后以结党营私、招权纳贿，被劾去职，后任内大臣。④李霨：高阳人，顺治进士，官至太子太师、户部尚书、保和殿大学士，谥文勤。著有《心远堂集》。⑤杜立德：字纯一，宝坻人，崇祯进士，入清官至太子太保、刑部尚书、保和殿大学士兼礼部尚书，卒谥文端。⑥冯溥：益都人，顺治进士，授编修，累官至文华殿大学士兼吏部尚书，谥文毅。著有《佳山堂集》。⑦库勒纳（？～1708）：瓜尔佳氏，由笔帖式历官吏部主事和员外郎、翰林院侍讲学士、掌院学士兼礼部侍郎、明史总裁官、户部尚书、吏部尚书等，奉敕编撰《日讲书经解义》、《日讲四书解义》、《乾坤二卦总论》等。⑧叶方霭：顺治进士，官至刑部右侍郎。⑨格尔古德：满洲镶蓝旗人，官至直隶总督，卒谥文清。⑩沈荃：字贞蕤，华亭人，顺治九年（1652）探花，授编修，官至侍读学士、礼部侍郎，谥文恪。著名书法家，有《充斋集》。⑪牛钮：满洲人，赫舍里氏，康熙进士，官至内阁学士兼礼部侍郎。⑫常书：生平不详。⑬崔蔚林：字夏峰，号定斋，顺治进士，官至詹事。⑭蒋宏道：临汾人，顺治进士，官至礼部右侍郎、左都御史。⑮张玉书：丹徒人，官至文华殿大学士，卒谥文贞。⑯严我斯：归安人，康熙进士，官至礼部侍郎。⑰董讷：字兹重，号默庵，官至漕运总督。⑱王鸿绪：字季友，号俨斋，华亭人，官至户部尚书、明史馆总裁。

［译文］

康熙十九年（1680），圣祖皇帝以亲笔御书大轴赏赐大学士索额图、勒德洪、明珠、李霨、杜立德、冯溥。吩咐说："我在日理万机的余暇，留心经史典籍，不时取古人的墨迹进行临摹。虽然一直热爱书法，但尚未窥见堂奥，年深日久，偶尔写成卷轴。你们佐理政务，勤勉辛劳，朝夕问对咨询，我于是想到古代的君臣之间，美丑善恶都可以相互激励，因而以平日所书写的卷轴赏赐给你们，希望能够勉励所未能达到的方面，并非以为我的书法已经很成熟了，你们应当知晓我的意思。”又以亲笔御书的卷轴赏赐学士库勒纳、叶方霭，詹事格尔古德、沈荃，侍读学士牛钮、常书、崔蔚林、蒋宏道，侍讲学士张玉书、严我斯，侍讲董讷、王鸿绪各一轴。吩咐说：“你们每日侍讲经筵，日夜不敢懈怠，开导辅佐的余暇，每每请求我的书法。我在日理万机之余，精心研究古代典籍，闲暇时取古人墨迹临摹。你们既然作为文学侍从之臣，就负有成就德业的责任，因而根据你们的请求，加以颁赐，希望你们知晓我的心意。”

康熙二十二年，圣祖召大学士、九卿、詹事、科道等，赐上元节宴于乾清宫。宴毕，谕曰：“从来君臣之分，虽甚尊严，上下之情，贵相浃洽。观古昔盛时，唯堂廉不隔，用成交泰之美。①今卿等朝夕勤劳，出入奏对，朕心时切嘉念。特将内厩马匹，择其驯良易于控御者，颁赐卿等，加以内纻，卿等其各承受，示朕优眷之怀。”（《圣训》）

［注释］

①堂廉：语出《仪礼·乡饮酒礼》：“设席于堂廉，东上。”堂廉，谓堂基之侧，廉陵之上。后泛指殿堂，引申为朝廷。交泰：语出《易经·泰卦》：“天地交，泰。”意谓天地之气通融，则万物各遂其性。

［译文］

康熙二十二年（1683），圣祖皇帝召见大学士、九卿、詹事、科道等官，上元节赐宴于乾清宫。宴请之后，吩咐说：“自古以来君臣之分，虽然很严格，但是上下之情，则以融洽为贵。考察古代盛世，朝廷与民间没有隔阂，因而成就天地通融，各遂其性的美谈。如今你们日夜勤勉辛劳，出入朝堂，奏请应对，我心中时时感念不已。特地将内廷饲养的马匹，选择其中驯服良好容易驾驭的，赏赐给你们；另外再加上内廷的纻丝，你们各自接受不要推辞，以表示我优渥眷念大臣的心怀。”

康熙三十二年，圣祖谕大学士等曰：“朕每日听政，必于辰刻中御门。闻部院奏事大臣，每日黎明，即齐集午门，久候方始入奏。迨奏毕，复各归署理事，无乃过劳。朕观大臣内有年及六旬者，亦有六旬以上者，此后于家中各进糜粥，按时来奏，亦不至迟误。大臣节劳养体，亦可多为朕效力数年。尔等可将朕旨传与部院大臣知之。”是年，贵州总督范承勋[1]陛见。圣祖谕曰：“尔系盛京旧人，尔父兄累朝效力，尔兄又为国尽节，朕因见思及尔兄，心为惨切。不见尔八九年矣，尔须发遂皓白如此！今因郊外寒冷，将朕貂帽、貂袜、白狐夜袍赐尔。此时更换，恐受风寒，可明日服之来谢恩。”（《圣训》、《东华录》五十二）

［注释］

①范承勋（1641～1714）：字苏公，号眉山，范文程第三子，康熙间官至云贵总督、两江总督、兵部尚书、太子太保。其兄范承谟官至福建总督，耿精忠反，迫令自尽。

［译文］

康熙三十二年（1693），圣祖皇帝吩咐大学士等说：“我每天听政，一定在辰时来到宫门。听说各个部院奏事的大臣，每天黎明就齐集午门，等候很久才入宫奏事。奏事完毕，再各回官署处理政事，恐怕过于辛劳。我观察大臣中有年过六旬的，也有六旬以上的，今后请在家中各自进食肉粥，然后按时来奏事，也不至于迟误。大臣调节劳逸，颐养身体，也可以为我多效力数年。你们可以将我的旨意传达给部院大臣知道。”这一年，云贵总督范承勋来京觐见。圣祖皇帝吩咐说：“你是盛京的旧臣，你父亲、兄长历朝效力，兄长又为国尽忠死节，我见到你就想到你的父亲、兄长，心中十分悲切。我已经八九年未见到你，想不到你的须发已经这样皓白！如今因郊外寒冷，将我的貂皮帽子、貂皮袜子、白狐夜袍赏赐给你。现在更换，恐怕会受风寒，可以明天穿着来谢恩。”

康熙五十年，圣祖谕大学士等曰：“朕自幼读书，见大臣多不能保其初终，故立志待大臣如手足。不论满汉蒙古，非大奸大恶、法不可容者，皆务保全之。五十年来，如大学士蒋赫德[①]、卫周祚[②]、李霨、杜立德、冯溥、黄机[③]、吴正治[④]、王熙[⑤]、李之芳[⑥]、宋德宜[⑦]、梁清标[⑧]、李天馥[⑨]、张英[⑩]、熊赐履、吴琠、陈廷敬，皆以年老告辞，林下怡养，保全名节。朕亦未尝少忘，常使人存问，始终如此。凡在朝诸大臣，朕待之甚优厚，伊等亦矢忠尽力，历数十年之久，与朕同须发皤然矣。朕念宿学老臣，辞世者辞世，告退者告退，每每伤心痛哭。近又有大学士张玉书之事，朕悲悼不已，故援笔作挽诗一首，令尔等知之。”又谕吏部曰：“原任大学士熊赐履，宿学老臣，历任多年，朕初立讲官，熊赐履早夜唯谨，未尝不以内圣外王之道，正心修身之本，直言讲论，务得至理而后已。况品行清正，学问优长，身殁以后，朕屡加赐恤，至今犹轸于怀。原任大学士张英、张玉书，朕因眷念旧劳，伊等之子，俱已擢用优升。熊赐履之子，虽未中式，但伊止有一子，长成应照张英、张玉书之子，一例推恩，著调取来京，酌量录用，以示朕不忘耆旧至意。”（《圣训》、《东华

录》)

［注释］

①蒋赫德：遵化人，隶汉军镶白旗，清初任国史院大学士、文华殿大学士兼礼部尚书，康熙初任弘文院大学士、国史院大学士，卒谥文端。②卫周祚：曲沃人，官至保和殿大学士。③黄机：字次辰，钱塘人，官至文华殿大学士，卒谥文僖。④吴正治：汉阳人，官至武英殿大学士。⑤王熙：字子雍，宛平人。顺治进士，授检讨，官至保和殿大学士，谥文靖。有《宝翰堂集》。⑥李之芳：山东武定人，康熙间以吏部尚书入为文华殿大学士，卒谥文襄。⑦宋德宜：长洲人，官至吏部尚书、文华殿大学士，卒谥文恪。⑧梁清标：官至保和殿大学士。⑨李天馥：合肥人，官至吏部尚书、武英殿大学士，卒谥文定。⑩张英：康熙进士，官至文华殿大学士兼礼部尚书，卒谥文端。

［译文］

康熙五十年（1711），圣祖皇帝吩咐大学士等说："我自幼读书，看到大臣多不能保其善始善终，所以立志对待大臣亲如手足。不论满汉蒙古，只要不是大奸大恶、法律不可饶恕的，都务必保全他们。五十年来，如大学士蒋赫德、卫周祚、李霨、杜立德、冯溥、黄机、吴正治、王熙、李之芳、宋德宜、梁清标、李天馥、张英、熊赐履、吴琠、陈廷敬等，都以年老告辞，还乡颐养天年，保全名节。我也不曾稍微忘记他们，经常派人慰问，始终如此。凡是在朝的大臣，我对待他们非常优厚，他们也都效忠尽力，坚持不懈数十年，和我一样须发皆白了。我感念学识渊博、修养有素的老臣，去世的去世，告老的告老，常常伤心痛哭。如今又有大学士张玉书去世，我悲痛悼念无法自已，因此提笔作挽诗一首，让你们知道。"又吩咐吏部说："原任大学士熊赐履是一个博学的老臣，在朝任职多年，我初设讲官，他就日夜谨慎进讲，未尝不以内圣外王之道，正心修身之本，直言讲解讨论，一定求得真理而后已。况且他品行清正，学问优长，去世之后，我多次加以赏赐抚恤，至今依然心怀轸念。原任大学士张英、张玉书，我因为眷念他们旧日的勤勉辛劳，他们的儿子也都予以擢用提升。熊赐履的儿子虽然没有科举中式，但他只有一个儿子，成年后也应按照张英、张玉书儿子的先例推恩任用，调取来京，酌量录用，以表示我不忘耆旧大臣的至意。”

圣祖尝作《八议解》曰：“尝读《周礼·小司寇》，以八辟丽邦法[①]，曰议亲、议故、议贤、议能、议功、议贵、议勤、议宾，窃叹古圣人之统御臣下，何仁至而义尽也。无论堂陛相得之时，歌蓼萧、赋湛露[②]，蔼然其有礼意焉。即为之臣者，职业或有所忝，以罪戾贻羞，势不得不绳之以法，而犹必多为之解，以君子长者之道待之。夫岂圣人之有所私于其间，而故以屈天下之法哉？特以亲故贤能功勤贵宾八者，皆素所倚重而礼貌之者也。若一旦有罪，竟与疏贱之俦、舆隶之辈，同罚而并辱，非所以厉廉耻而彰仁恩也。故严其防于五刑，而通其权于八议。语曰：‘礼义廉耻，以治君子。’又曰：‘履虽鲜，不加于枕；冠虽敝，不以苴履。’[③]言乎贵贱之有体也。秦用商申之术，行督责之令，专尚峻法，治以大坏。汉初犹有余风，至文帝用贾谊之言，而大臣遂有廉耻自重者。朕礼遇臣下，唯期其砥砺于无过，即间有微眚，亦不忍斥言之也。庶几百尔卿士，其自争勉于道义之途，而渐有礼让之风焉。由是而往，将八议亦可存而弗论也夫。”（《御制文集》）

［注释］

①八辟丽邦法：典出《周礼·秋官·小司寇》，意谓以八种条件减免罪行。②歌蓼萧、赋湛露：指《诗经·小雅》的《蓼萧》、《湛露》两篇，意谓君臣一起宴乐。③履虽鲜，不加于枕；冠虽敝，不以苴履：语出《汉书·贾谊传》。

［译文］

圣祖皇帝曾御撰《八议解》，其中写道：“我曾读《周礼·小司寇》，以八种条件减免罪行，即议亲、议故、议贤、议能、议功、议贵、议勤、议宾，内心感叹古代圣王统御臣下，是何等的仁至义尽！且不说君臣相得的时候，如《诗经》的《蓼萧》、《湛露》所歌咏的一起宴乐，其礼节意蕴温暖和善，即使是作为臣下，其职责有时会有失误，甚至以罪责蒙羞，情势不得不绳之以法，也还要用多种条件为他们解脱，以君子长者之道对待他们。这难道是圣人这其中要图什么私利，因而故意徇天下之法吗？只是因为亲属、故旧、贤明、才能、功业、显贵、勤劳、宾客这八种条件，都是平素所倚重并以礼优待的人。如果一旦犯罪，竟然与疏远微贱之类、力役皂隶之辈同罪并罚，一样受辱，不是激励廉耻之心、彰显仁政德治的做法。因此，以五刑来严格法制，以八议来通权达变。俗语说：‘礼义廉耻，用来约束君子。’又说：‘鞋子虽新不能置于枕上，冠冕虽破不能垫于脚下。’说的都是贵贱之间有其分别。自秦朝采用商鞅、申不害的法家之术，推行督责之令，崇尚严刑峻法，政治因此而大坏。汉朝初年还有余风，到汉文帝刘恒采用贾谊的建言，于是大臣才有了礼义廉耻自重的。我礼遇臣下，只希望相互砥砺以避免过错，即使偶尔出现小的过失，也不忍心斥责他们。这样，希望百官群臣在道义的途程中争相勉励，从而逐渐形成礼让的风气。从此以后，教化大行，就是八议也可以存而不论了。”

圣祖阅史，至李晟[①]表请为僧不许，肯辞方镇亦不许。曰：“李晟虽遭谗间，不能坦然资信，则亦未尝学问之故也。凡人臣善处功名者，不多概见，唯在帝皇加意保全之，斯可得善始善终耳。”（《御制文集》）

［注释］

①李晟：字良器，唐代临潭人，德宗时平定朱泚叛乱，收复京师，以功累官至司徒，封平西王，卒谥忠武。德宗尝曰：“天生李晟，以为社稷，非为朕也。”

［译文］

圣祖皇帝读史，读到唐朝大将李晟上表请求出家为僧不允准，恳切辞去节度使之职也不许。说道：“李晟虽然遭到诬陷离间，不能坦然信任，但这也是皇帝不曾钻研学问的缘故。大凡人臣善处功名的，历史上并不多见，关键只在皇帝如何加意保全他们，这样才可以善始善终。”

圣祖《讲筵绪论》曰：“汉高帝之待韩信，不能如汉光武、宋太祖之待功臣者，亦时势不同也。光武、宋祖之时，功臣归于京师，无握兵之权，无震主之势，故保全之甚易。韩信居楚，兵柄在握，天下初平，人心未定，高帝收之，亦非得已。总由所遇之时不同，故所行亦各异耳。”（《御制文二集》）

［译文］

圣祖皇帝《讲筵绪论》说：“汉高祖刘邦对待韩信，不能像汉光武帝刘秀、宋太祖赵匡胤那样优待功臣的原因，也是由于时势的不同。光武帝、宋太祖的时候，功臣都回到京城，没有掌握兵权，也没有功高震主的趋势，因而保全他们很容易。韩信被封为楚王，手握兵权，而天下初定，人心不稳，汉高祖收其权而诛杀之，也是出于不得已。总之是因为所处的环境不同，所以所采取的行动也各不相同。”

康熙政要卷六

论求谏第六

康熙六年，圣祖谕吏部、都察院曰："设立言官，原为国家大事。兵民疾苦、内外官员贪酷等项，应许陈奏。理宜简约，真切直陈，以备采择。近见言官条奏，于事理之外，牵引比拟，多用浮饰之言。或有将已结之事，剿袭充数者，或有挟私纷更国家已定良法者。且本章原令不得逾三百字，今逾额浮词甚多。以后陈奏，此等无益之处，俱著更改。如仍前不改，严加治罪。至言官如有所见，既许不时陈奏，其拾遗永行停止。尔部院即传谕严饬遵行。"（《圣训》、《东华录》）

［译文］

康熙六年（1667），圣祖皇帝吩咐吏部、都察院说："设立言官，本来就是国家的大事。军中、民间的疾苦，内外文武官员的贪贿残暴等项不法行为，应当允许言官陈奏。言官奏事理当简明扼要，真实直白地加以陈述，以备朝廷斟酌选择。近来看到言官的奏疏，于事理之外，牵引比附，有很多虚浮修饰的言论。有的将已经结案的事情，抄袭编排，滥竽充数；有的假公济私，变乱国家已经确定的良法。况且奏章原来命令不能超过三百字，现在远超定额，浮词很多。以后言官陈奏，这样的无益之处，都要更改过来。如果仍然不改，严加治罪。至于言官如果有所见所闻，既然允许不时陈奏，那么拾遗之职就永行停止。你们吏部、都察院即刻传达谕旨，严饬遵行。”

康熙十八年，圣祖召满汉九卿、詹事、科道等官集中左门，先召吏部侍郎哲尔肯屯泰[①]至内殿。谕曰：“朕亲决机务，十年馀矣。科道为朝廷耳目之官，每览奏疏，实能为国有裨政事者甚少，草率塞责者甚多。尔可传谕九卿各官，并将朕谕旨宣示。少顷进见，朕将面询得失，各抒所怀，直陈勿隐。”哲尔肯屯泰出至中左门，向各官先宣口谕讫。随读上谕曰：“今将科道两衙门本章情弊，无益国计民生之处，一一讲究。卿等必有至公之众论，以佐朕意。卿等但有所见，即直言不可隐讳。即如科道条陈一事，部议准行，又有科道官言其不可者。今日之所谓是，明日又转而为非。朝更夕改，茫无成宪，难取信于天下，岂治道至理哉？……”

圣祖顾科道诸臣问曰：“风闻言事，尔等以为可行否？如有欲言，可悉陈奏。”吏科掌印给事中李宗孔[②]、礼科掌印给事中余国柱[③]等奏：“言官风闻言事，皇上原未禁止，但经开风闻之例，恐有未便。”圣祖曰：“此系明末陋习。若此例一开，恐有不肖言官，借端挟制，罔上行私，颠倒是非，诬害良善等弊。”圣祖问姚缔虞[④]曰：“尔云言官风闻言事，尔意如何？”姚缔虞奏：“皇上从不曾处分言官，但有处分条例，在言官皆生畏惧。”

圣祖曰："人臣为国，不择利害。有志之士，虽死不畏，况降级乎？尔等皆以风闻为言，朕亦何曾无风闻，姑举一二端言之。君臣分谊，休戚相关，当吴逆初叛时，诸臣中有一闻变乱，即遣妻子回原籍者，此属何心？视国如家之谊，当如是耶？又有占人田土，受人贿赂，徇情行私，大为不法者，尔言官何曾一言参奏？言官奏事，宜将国家重大事务，确加敷陈。今尔等所言，多举细事，无关治要。嗣后慎勿草率塞责。如有大奸大贪，参劾得实。朕法在必行，决不姑贷。"（《东华录》二十四）

［注释］

①哲尔肯屯泰：满洲人，生平不详。②李宗孔：江都人，顺治四年（1647）进士，康熙间任吏科给事中。③余国柱：大冶人，顺治九年（1652）进士，历任户部主事、给事中、副都御史、江宁巡抚、左都御史、户部尚书等，康熙二十六年（1687）升任武英殿大学士。后随明珠罢相而解职。④姚缔虞：黄陂人，顺治进士，康熙间官至四川巡抚。

［译文］

康熙十八年（1679），圣祖皇帝在中左门召集满汉九卿、詹事、科道等官，召见前先在内殿召见吏部侍郎哲尔肯屯泰，吩咐说："我亲自处理政务，已经十多年了。科道官员是朝廷的耳目，我每每阅览他们的奏疏，感到其中切实为国家大局着想、有益于政事的非常少，而草率搪塞应付的非常多。你可以传达我的口谕给九卿等官员，并宣示我的亲笔谕旨。一会儿群臣进见，我将当面咨询其得失，希望大家各抒己见，直言陈奏，不要隐瞒。"哲尔肯屯泰出内殿来到中左门，向各位官员传达皇帝的口谕完毕，随即宣读上谕道："今天将六科给事中、都察院十三道监察御史两衙门奏章的弊病，无益于国计民生的地方，一一讲明白。你们一定有至为公正的议论，以辅佐朕躬。你们只要有所建白，就直言陈奏，不可隐讳。譬如科道官条陈一事，六部会议准行，又有科道官上言其不可。今天所谓的是，明天就又转为非，朝令夕改，使人茫然无成例可循，难以取信于天下，这难道是治国之道的至理吗？……”

圣祖皇帝面向科道诸臣问道：“风闻传言就上疏言事，你们认为可行吗？如果有话要说，可以一一陈奏。”吏科掌印给事中李宗孔、礼科掌印给事中余国柱等奏道：“言官根据风闻传言而上疏言事，皇上原本没有禁止，但一旦开此先例，恐怕有不便之处。”圣祖皇帝说：“这是明末的陋习。如果此例一开，恐怕有些言官中的不肖之徒，借端挟制，罔上行私，颠倒是非，诬害良善，造成弊端。”圣祖皇帝问姚缔虞道：“你说言官根据风闻传言上疏言事，你认为怎么样？”姚缔虞回奏道：“皇上从来不曾处分过言官，只要有处分条例在，对于言官来说都会心生畏惧。”圣祖皇帝说：“作为人臣，为国尽忠，不择利害。有志之士，就是死也不畏惧，何况是降级处分呢？你们都根据风闻传言上疏言事，我也何尝不曾有过风闻，姑且举其一二事例说明。君臣之间的职分情谊，休戚相关，当吴三桂刚刚叛乱之时，大臣中有人一听说叛乱，就把妻子儿女遣返原籍，这是何等居心？把国家视为家庭的情谊，应当这样吗？又如有人强占他人田地，受人贿赂，徇情枉法，大行私利，大为不法，你们言官何曾一言参奏？言官奏事，应当将国家重大事务，确切加以条陈。如今你们所说，大多是列举小事，无关乎治国之要。今后千万不要再草率搪塞。如果有大奸大贪，经参奏弹劾属实，我一定有法必依，决不宽贷！”

是年，圣祖又谕九卿、詹事、科道等曰：“自古设立台省[①]，原系朝廷耳目之官。上之则匡过陈善，下之则激浊扬清，务求知无不言，言无不尽，乃称厥职。近见言官徇私好名者，不可胜数。朕自临御以来，每期言路诸臣，化其偏私，实陈得失，辅登上理。顷有以风闻言事者，试约略论之。如今之章奏已见施行者，虽不明言为风闻，何尝不是风闻？今若开风闻之条，使言事者果能奉公无私，知之既确，言之当理，即当敷陈，何必名为风闻方入告也？倘生事之小人，恃为可以风闻入告，但徇己之好恶，必致擅作威福，以行其私。彼言之者既无确见，听之者安能问其是非？故曰：‘无稽之言勿听，弗询之谋勿庸。’②正所以诫言之无据，谋之自专也。况天下之大，臣民之众，道之以礼，晓之以法，待臣下须宽仁有容，不因细事而即黜之，所以体群工也。用人则随才器使，无求全责备之心，盖以人才有不齐也。若关天下之重，朋党徇私之情，皆国家可参可言之大事，不但科道而已。有志之臣民，概可以言之，何在区区风闻之言，能敛戢奸贪之志气哉？治国家者在有治人，不患无治法耳。”（《圣训》）

［注释］

①台省：汉代尚书属少府，在宫禁台阁之中，故称尚书台为台省。唐代称尚书省为中台、门下省为东台、中书省为西台，总称台省。亦有以三省及御史台合称台省的。②无稽之言勿听，弗询之谋勿庸：语出《尚书·大禹谟》。

［译文］

这一年（1679），圣祖皇帝又吩咐九卿、詹事、科道等官说：“自古以来，国家设立台省之官，原本就是作为朝廷的耳目。对上主要是匡正错误、陈奏善言，对下则主要是激浊扬清，端正风气，因而务求知无不言，言无不尽，才能够称职。近来，看到言官徇私舞弊、沽名钓誉之辈，不可胜数。我自从即位以来，每每期望言路的各位大臣，改变其偏私的弊病，实事求是地陈奏政治得失，辅佐朝廷达到最好的治理。前不久有根据风闻传言上疏言事的，现今就简略地讨论一下这件事。如今的奏章已经批准实施的，虽然没有明言是根据风闻传言上疏言事，但何尝不是根据风闻传言上疏言事？现在如果开此先例，让上疏言事的人真正能够奉公守法，无偏无私，知道得已经很确切，陈述得也符合情理，就应当上疏陈奏，为什么一定要称为风闻才入奏呢？倘若遇到造谣生事的小人，依凭这可以根据风闻传言上疏言事的先例，只求根据个人的好恶，一定会导致擅作威福，以行其私欲。那些根据风闻传言上疏言事的人既然没有确切见解，那么听者如何能够问清其是非？所以《尚书》上说：‘没有考据的言论不要听信，没有详细询察的谋略不可运用。’正是为了力戒言论没有根据，谋略独自专断。况且以天下之大，臣民之众，用礼仪加以引导，以法令加以晓谕，对待臣下必须宽厚仁慈，有包容之量，不要因为小事就动辄加以黜陟，这是为了体察广大臣民的心意。至于用人，就要根据其才能加以任使，不要存求全责备之心，这是因为人才并非各个方面等量齐观，均其所长。如果关系到天下国家的重务，大臣朋党徇私的情弊，这些都是可以参劾、可以陈奏的大事，不仅仅是科道官的职责罢了。有志于此的臣民都可以上疏言事，何必专注于区区的风闻传言，根据风闻传言上疏言事难道能够让奸臣、贪官收敛乃至停止其行为吗？治理国家关键在于治理的人，不用担心没有治理之法。”

康熙二十四年，圣祖谕大学士等曰：“九卿咸有条奏之责，科道亦为耳目之官，凡有见闻及应行事宜，当不时入告，以明尽忠补过之义。今天下虽以升平，而兵刑礼乐之大，国计民生之繁，岂皆事事允厘，无一可言者耶？尔等其以此旨遍谕廷臣焉。”（《圣训》）

［译文］

康熙二十四年（1685），圣祖皇帝吩咐大学士等说：“九卿都有条奏的责任，科道官员也是耳目之官，凡有所见所闻以及应当推行的事宜，就应当不时入奏，以昭明尽忠皇上、补救朝廷过失的大义。如今天下虽然已经升平无事，但是军事、刑律、礼乐教化的大事，国计民生的浩繁，难道能够做到事事处理妥当，没有一点值得探讨的吗？你们把我这道谕旨全部传达到朝廷群臣知晓。”

康熙二十八年，先是，圣祖以雨泽愆期，问九卿等政事得失，令详议陈明。至是九卿等奏：“皇上仁恩浩荡，蠲免钱粮，慎重刑狱，诸事尽善，臣等实无可言。”圣祖谕曰：“自去秋以来，雨雪不能沾足，直隶、山西、山东以至江南、浙江皆旱，心甚忧之。屡谕九卿，或有未当及应行之事，令其陈奏，曾不得一。朕思政事失于下，则灾患应于上，如影响然。《尚书·洪范》曰：‘僭恒旸若，蒙恒风若。’[①]去岁将旧任诸臣，罢斥甚多，择其有品有守者用之。至于在外督抚司道等官，近亦颇有令闻，似应风雨以时。以此观之，所关必在于上，非由他故，诸臣肯直言乎？至祈雨一事，朕非不留意，前此屡率诸臣祷于天坛，幸皆遇雨，此天爱苍生，于朕毫无与焉。目今诸臣诚心祈祷，与朕无异，若能切直言事，是即所以召甘霖也。朕一身之识见精力，不敢自恃，唯尔诸臣之勤慎是赖。明示朕怀，与诸臣共悉之。”（《圣训》）

[注释]

①僭恒旸若，蒙恒风若：语出《尚书·洪范》，意谓视察不聪，蒙蔽不通，意象不昭，有失君德。

[译文]

康熙二十八年（1689），起初圣祖皇帝因为雨泽过期不下，询问九卿等政事的得失，指示他们详细讨论，陈奏明白。到这时九卿等奏道：“皇上仁恩浩荡，蠲免各地的钱粮赋税，慎重处理刑狱之事，各种事务尽善尽美，臣等实在无可奏言。”圣祖皇帝吩咐说：“自从去年秋天以来，雨雪不足沾溉万物，直隶、山西、山东以及江南、浙江等地皆出现旱情，我内心十分忧虑。多次谕令九卿，如有朝野未当之事以及应当举行之事，让他们一一陈奏，却不曾得到一件回应。我考虑政事失策于下，那么灾祸就反应于上，就好像物体与影子、声响与回音一样。《尚书·洪范》上说：‘视察不聪，蒙蔽不通，意象不昭，有失君德。’去年将朝中原任的诸位大臣，罢免斥退的很多，可以选择其中有品行有操守的加以任用。至于在外的总督、巡抚、司道等官，近来也颇有好的名声，似乎应当风调雨顺。以此观察，其关键还在于上面，不是其他的缘故，诸位大臣能够直言不讳吗？至于说到祈雨一事，我也并非不予留意，此前曾多次率群臣到天坛去祈祷，所幸都遇到甘雨降临，这都是上天爱护苍生，与我本人毫不相干。如今群臣诚心祈祷，与我的作为没有不同，如果能够切实地直言奏事，这就是所以招来甘霖的方法。我一人的识见和精力，不敢自恃，只有依赖诸位大臣的勤勉谨慎。这里我明确昭示我的心怀，希望诸位大臣共同知悉。”

康熙三十六年，圣祖谕吏部、都察院曰：“国家设立都御史及科道官员，以建白为专责，可以达下情而祛壅蔽，职任至重。使言官果能奉法秉公，实心尽职，则闾阎疾苦，咸得上闻；官吏贪邪，皆可厘剔。故广开言路，为图治第一要务。近时言官条奏参劾章疏寥寥，虽间有入告，而深切时政，从实直陈者甚少。此岂委任言路之初旨乎？自今以后，凡事关国计民生，及吏治臧否，但有确见，即应指陈。其所言可行与否，裁酌自在朝廷。虽言有不当，言官亦不坐罪。自皇子诸王及内外大臣官员，有所为贪虐不法，并交相比附，倾轧党援，理应纠举之事，务必大破情面，据实指参。勿得畏惧贵要，瞻徇容隐。即朕躬有失，亦宜进言，朕决不加责。其有怀挟偏私，借端倾陷者，朕因言察情，隐微自能洞悉。凡属言官，尚各精白乃心，力矢忠谠，以无负朕殷切责望至意。尔部院传谕行。”（《圣训》）

[译文]

康熙三十六年（1697），圣祖皇帝吩咐吏部、都察院说："国家设立都御史及科道官员，就是以建言陈奏为专门职责，可以此晓达下情，祛除壅蔽，职责至为重要。假如言官都能够遵奉法律，秉公行事，实心尽职，那么民间的疾苦，都可以让朝廷知道；官吏的贪残奸邪，都可以整治革除。因此，广开言路，是励精图治的第一要务。近来言官的条奏、参劾奏章寥寥无几，即使偶有入奏，而能够深切时政，从实直言陈奏的非常少。这难道是我们委任言官的初衷吗？从今以后，凡是事关国计民生，以及吏治的好坏，只要有确切见解，就应当直言陈奏。至于其所言可行与否，自有朝廷斟酌裁定。即使言论有所不当，言官也不会因此获罪。从皇子、诸王以及内外大臣官员，如果有所为贪虐不法，以及交相比附，结为朋党，相互倾轧，理应纠察检举之事，务必打破情面，根据实际情况指陈参劾。不得畏惧权贵势要，徇顾私情，亲亲容隐。即便是我有过失，也应当直言进谏，我决不加以责备。至于那种怀挟偏私，借端倾轧陷害无辜的人，我根据上言访察事实，其间隐微细节自能洞悉无遗。凡属言官，希望各自内心精忠清白，矢志忠心报效朝廷，不要辜负我殷切期望之意。你们吏部、都察院把我的谕旨传达下去，切实奉行。"

康熙三十九年，圣祖谕大学士等曰："臣下之贤否，朕处深宫，何由得知？缘朕不时巡行，凡经历之地，必咨询百姓，以是知之。朕欲开风闻言事之例，科道官以风闻题参，即行察该督抚，贤者留之，不贤者去之。如此，则贪暴敛迹，循良竞劝，于民生大有裨益。嗣后各省督抚、将军、提镇以下，教官、典史、千把总以上官员贤否，若有关系民生者，许科道官以风闻入奏。倘怀私怨，互相朋比受属托者，国法自在。著谕满汉掌印与不掌印科道官知之。”又谕大学士等曰：“九卿诸臣，但以朕可者可之，否者否之，无一人有直言者。伊等皆系读书之人，岂不知忠为事君之大义？顷者，以九卿不足信，将行取知县及科场事宜，遣问张鹏翮、郭琇、李光地、彭鹏，九卿独不抱愧乎？四人居官之善，朕何以知之？盖以彭鹏任三河知县，朕谒灵往返，稔闻其贤。张鹏翮曾任兖州知府，居官深善。郭琇曾任吴江知县，朕南巡时，百姓俱称其贤。李光地为学院时，官声最优。凡居官贤否，唯舆论不爽。果其贤也，问之于民，民必极口颂之。如其不贤，问之于民，民必含糊应之。官之贤否，于此立辨矣。若张鹏翮等偶有他过，朕尚可曲宥。如九卿不肯直言，朕必重惩一二人，彼时勿谓朕不宽也。朝廷设九卿，所司何事？其以朕旨晓谕之。”

［译文］

康熙三十九年（1700），圣祖皇帝吩咐大学士等说：“臣下的贤能与否，我处在深宫，如何能够知道？这就是因为我不时巡行各地，凡是经历的地方，必定访察咨询百姓，因此知道官吏的贤能与否。我想开根据风闻传言上奏之例，科道官员根据风闻传言题本参奏，当即察访该总督、巡抚，贤能者留任，不贤者去职。这样就能够使得贪残暴虐之徒敛迹，循吏良臣奋进，对于民生大有裨益。今后各省总督、巡抚、将军、提督、总兵以下，教官、典史、千总、把总以上官员的贤能与否，如果有关国计民生的，允许科道官员根据风闻传言上疏言事。倘若怀有私怨，受人请托，相互朋比为奸，自有国法惩治。谕令满汉掌印与不掌印科道官员知晓。”又吩咐大学士等说：“九卿诸臣，只是以我认可的就可以，我否定的就不可以，没有一个人敢于直言进谏的。你们都是读书人，难道不知道忠诚侍奉君主的大义所在？不久前，我认为九卿不足信任，就将有关行取知县以及科举考试事宜，派人咨询张鹏翮、郭琇、李光地、彭鹏，九卿就不觉得惭愧吗？这四个人居官之善，我是如何得知的呢？因为彭鹏任三河知县时，我拜谒祖陵往返经过其地，颇闻其贤能。张鹏翮曾任兖州知府，居官甚善。郭琇曾任吴江知县，我南巡时，百姓都称赞其贤能。李光地为官翰林院时，官声最好。大凡居官贤能与否，只要舆论证明，不会有错。果真为官贤明，询问百姓，百姓一定极口称颂；如果不贤，询问百姓，百姓一定含糊应付。那么，官员的贤能与否，在此就可以立即辨别了。像张鹏翮等人，偶然有一些其他的过失，我还可以曲为原谅。如果九卿不肯直言进谏，我一定要重重地惩治一二人，那时不要说我不够宽大。朝廷设立九卿，所掌管何事？把我的谕旨晓谕他们知悉。”

是年，颁御制《台省箴》，以儆言事诸臣。箴曰：“台省之设，言责斯专。寄以耳目，宁取具员。通明无滞，公正无偏。党援宜化，轸宇宜捐。洞达政体，斯曰能贤。古昔争臣，风规凛然。讦谟谠论，垂光简编。朕每览绎，如鉴在悬。居是官者，表里方直。精白乃心，克广其识。国计民生，臧否黜陟。凡所敷陈，敬将悃愊。风霜之任，以惩奸慝。搏击之威，以儆贪墨。毋摭细务，苛塞言职。毋纷我宪，妄逞胸臆。书思入告，当宁对扬。沽名匪正，营私孔伤。或藏嫌怨，谬为雌黄。受人指属，尤为不臧。形诸奏牍，有玷皂囊。职司献替，亟宜审详。敬尔在公，风纪岩廊。词箴用勖，诞告朕常。”

又《给事中箴》曰：“咨尔给事，实专言职。厥地唯亲，禁闼之侧。入纳奏扎，出奉纶章。清勤斯称，敬慎斯臧。六曹有失，汝其正之。百僚有邪，汝其诤之。予怀邦直，謇谔足多。庶兹有位，胥周濯磨。罔逞己私，小心乃集。罔见近利，不阿乃立。勿流于党，而苟为同。勿慑于威，而戾夫公。道贵毋欺，论尚执要。弃佞励忠，令闻始劭。尔之无忝，宠锡是承。尔之弗率，谴罪是膺。宪典丕昭，视尔贤否。靖献克诚，国恩孔厚。毋曰秩卑，补阙拾遗。夙夜匪懈，勖哉攸司。”

又《御史箴》曰：“柱下一星，列曜太紫。其象维何，今也御史。淬厉风裁，检齐霜纪。下饬官方，上参国是。肃肃柏府，峨峨豸冠。其职清要，簪笔朝端。百司有阙，是绳是弹。民泽或壅，是宣是殚。汝不自克，何以惩墨？汝不自正，何以纠嫚？毋畏强御，毋纵残贼。庶几夙夜，邦之司直。昔之法吏，正色台中。为我耳目，效彼股肱。驰声简册，流美无穷。敬之敬之，罔不克恭。”（《御制文三集》、《圣训》、《东华录》六十六）

［译文］（略）

康熙五十一年，圣祖谕领侍卫内大臣、大学士、都统、尚书、副都统、侍郎、学士、副都御史等曰：“自古帝王统驭天下，君臣一心，无有异意，故凡事无不就理。倘上下睽隔，各怀一心，则凡事无不滋弊，此理所必然也。朕今春秋已高，听政年久，众以为朕事事经历，无不周知。但不闻不见之事甚多，虽有言官，若以不可发抄之事入告，必关身命，不惧者有几？是以托合齐[1]等辈小人，常昂然张胆，构集羽党，今已显露。若渐使滋蔓，其弊不可胜言矣。朕为国为民，宵旰勤劳，亦分内常事，此外所不得闻者。令各该将军、总督、巡抚、提督、总兵官，因请安折内，附陈密奏，故各省之事，不能欺隐。此于国计民生，大有裨益之效也。尔等皆朕所信任，位至大臣，当与诸省大臣，一体于请安折内，将应奏之事，各罄所见，开列陈奏。所言是，朕则择而用之；非，则朕心既明，亦可手书训谕，而尔等之善恶真伪，亦昭然可见。朕于诸事谨慎，举朝无不知之。凡有密奏，无或漏泄。但不肖大胆憋不畏死之徒，从中拆视，或原奏之人，朋友众多，口不密而泄漏者有之。况一概奏折，不迟时刻，皆不留稿，朕亲自手批发还。凡奏事者，皆有朕手书证据，在彼处不在朕所。如是，则大贪大奸，自知畏惧，或有宵小诳主，窃卖恩威者，亦自此顾忌收敛矣。为此特谕。”（《圣训》）

［注释］

①托合齐：满洲人，康熙四十一年（1702）任步军统领，恃宠不法。四十八年多罗安郡王去世，托合齐在丧事期间纠集刑部尚书、兵部尚书等官员多次聚集在都统鄂善家宴饮，被人告发，后以朋党治罪下狱，康熙五十二年病死狱中。

［译文］

康熙五十一年（1712），圣祖皇帝吩咐领侍卫内大臣、大学士、都统、尚书、副都统、侍郎、学士、副都御史等说：“自古以来，帝王统治天下，君臣一心，没有任何异意，所以凡事无不治理得井井有条。倘若上下悬隔，各怀一心，那么凡事就没有不滋生弊端的，这是理所必然的。我如今年事已高，听政也已经很久了。大家都以为我什么事都经历过，没有不知道的。但是其实我没有见闻的事情还很多。虽然有言官，但如果以不可抄送、传播的机密事情入告，一定关乎身家性命，内心不害怕的有几个人？因此，托合齐等奸邪小人，经常明目张胆，勾结党羽，如今已经败露。如果逐渐使其滋生蔓延，其弊端就不可胜言了。我为国为民，日夜勤劳，也是分内常事，除此之外就是我所听不到的。诏令各直隶省的将军、总督、巡抚、提督、总兵官，借这请安奏折之内，附上密折陈奏，所以各省的事情，不能对我欺瞒。这一点，对于国计民生，都是大有裨益的。你们都是我所信任的，居于大臣高位，应当与各直隶省的大臣一样，在请安奏折内将应当奏明的事情，罄尽所见所闻，开列陈奏明白。所言正确，我就择其善者而采纳；所言不对，我内心明白，也可以手书训谕，而你们的善恶真伪，也都昭然可见。我对于各种事务唯求谨慎，朝廷之中无不知道。凡有密折奏事，从无泄漏的。但不肖之徒不怕死刑大胆妄为，从中间拆开观看，有的是原奏之人朋友众多，口风不密不慎泄漏，也是有的。况且所有的奏折，我从来不耽搁一时一刻，都不留中奏稿，而亲手批示发还。凡是上疏奏事的，都有我手书批示为证，在他处而不在我处。这样，大贪大奸之臣，自知畏惧，即使偶尔有些奸佞小人欺瞒罔上，窃卖恩威，也会从此有所顾忌，为之敛迹。为此特下谕旨，使朝臣周知。”

圣祖《讲筵绪论》曰：“人臣进言，固当直切无隐。人君纳谏，尤当虚怀悦从。若勉听其言，后复厌弃其人，则人怀顾忌，不敢尽言矣。每阅唐太宗、魏征之事，叹君臣遇合之际，千古为难。魏征对太宗之言：‘臣愿为良臣，毋为忠臣。’尝思忠良原无二理，唯在人君善处之，以成其始终耳。”（《御制文二集》）

［译文］

圣祖皇帝《讲筵绪论》写道：“作为大臣，进言讽谏，固然应当直言切谏，没有隐瞒；作为君主，采纳谏言，尤其应当虚怀若谷，心悦诚服。如果勉强听进谏言，随后又厌弃其人，那么臣下就会心怀顾忌，不敢尽进忠言了。每当读到唐太宗、魏征君臣之事，感叹君臣知遇之际，千古以来难以再现。魏征对唐太宗说：‘我愿意作为良臣，不要作为忠臣。’我曾经思考忠臣、良臣本来没有两种道理分别，关键在于君主善于处理，以成就其始终罢了。”

论纳谏第七

圣祖登极时，因旱求直言。新例流罪，皆徒乌喇[①]，诏九卿会议。御史沈荃[②]谓乌喇距蒙古三四千里，地不毛极寒，人兽冻辄毙。徒流不当死，不应驱之死地，乃独为疏上之。有旨令画一。荃持前议益坚，且曰："臣此议行，三日不雨者，愿伏欺罔之罪。"圣祖方冲龄，改容纳之。越二日，大雨盈尺，新例竟罢。(《郎潜纪闻》[③]卷二)

［注释］

①乌喇：即吉林乌喇，满语意谓沿江的城池，今吉林省吉林市，康熙二十四年（1685）改称吉林。②沈荃（1624～1683）：字贞蕤，号绎堂，别号允斋，华亭人，顺治九年（1652）探花，累官翰林院侍读学士、礼部侍郎，卒谥文恪。工书法，宗法米芾、董其昌。③《郎潜纪闻》：清陈康祺［1840～1890，鄞县人，同治十年（1871）进士，官刑部员外郎］撰，分初笔、二笔、三笔、四笔，共十一卷，是一部有价值的史料笔记。

［译文］

圣祖皇帝登极之时，因为天气大旱诏求直言。而根据朝廷的新例，流放罪都要流放到吉林乌喇地方，下诏请九卿会议讨论。御史沈荃认为：吉林乌喇距离蒙古三四千里，不毛之地，又极其寒冷，人口、牲畜遇到冰冻往往死去。流放罪按律不当死，不应该驱使他们到这等必死之地，于是单独上疏陈奏。朝廷传达旨意，刑法律例统一执行，而沈荃坚持前面奏疏提出的建议，更为坚定。而且还公开说："我的这个建议如果实施，三天之内不下雨，甘愿领受欺君罔上的罪名。"当时圣祖皇帝年龄尚幼，为之动容，接受了他的建议。过了两天，大雨降临，积水超过一尺深，朝廷所定的新例竟然因此撤销了。

康熙十八年，滇闽方用兵，征调四出。又广开捐纳事例。御史蒋伊[①]绘十二图以进。其疏曰："臣唯圣王之治天下也，虽当已安已治之时，必存犹溺犹饥之念，诚欲周知万方之疾苦，而轸其艰难也。臣三年于外，凡有见闻，登之图绘，计十二帧。第一为《难民妻女图》，第二为《刑狱图》，第三为《寒窗读书图》，图中情事，各为一本。第四为《春耕夏耘图》，第五为《催耕图》，第六为《鬻儿图》，见在催征不得钱粮，已蒙皇上浩荡皇恩，仰见圣天子恫瘝至意，固已洞悉民瘼矣。第七为《水灾图》，第八为《旱灾图》，备荒积谷，业经诸臣会议，虽有刍荛末议，臣亦不敢复赘。第九为《观榜图》，第十为《废书图》，第十一为《暴关图》，第十二为《疲驿图》。学校则以取数太隘，而贫士有改业之嗟；关课则以蠹弊丛兴，而商人有裹足之叹。以致冲邑之转输，疲邑之烦苦，此皆久在皇上离照中。方今军需正殷，臣一时未敢连章累牍，冒渎宸衷也。伏念皇上爱民如子，求贤若渴，鉴民迂疏，俯赐观览，则四方颠连琐尾[②]之状，累累乎如在目也。呻吟忾叹之声，殷殷乎如在耳也。我皇上一举念间，而斯民日被尧舜之泽矣。”疏入，圣祖动容嗟叹，置诸左右。蒋伊又尝为五疏，论救荒之策，严切而哀。逾年驾东巡，道多饥民，圣祖顾近臣曰：“此蒋伊所绘难民图也。”（《经世文编》[③]卷十、《燕下乡脞录》[④]卷二）

［注释］

①蒋伊（1631～1687）：字渭公，号莘田，常熟人，康熙十二年（1673）进士，官至陕西道监察御史、河南提学副使、广东参议。善绘事，通诗文。著有《万世玉衡》等。②颠连琐尾：一作流离琐尾、琐尾流离，语出《诗经·邶风·旄丘》：“琐兮尾兮，流离之子。”朱熹集传：“琐，细；尾，末也。流离，漂散也……言黎之君臣，流离琐尾，若此其可怜也。”③《经世文编》：全称《皇朝经世文编》，一百二十卷，清贺长龄辑，实为魏源代编，成于道光六年（1826），为清代官方文献的权威选本。其后陆续有续编、三编、新编、统编等。《燕下乡脞录》：十六卷，清陈康祺撰。

［译文］

康熙十八年（1679），云南、福建正在用兵之际，四方粮饷征调频繁。又广开捐纳事例。御史蒋伊绘成十二幅图进呈御览。其奏疏中写道：“我考虑古圣先王治理天下，即使生当天下平安、政治清明的时候，也一定心存危机、饥馑之念，实在是要想周知四方百姓的疾苦，而深深思念创业的艰难。我在外任职三年，凡是有所见闻，就绘成图案，共计十二幅。第一幅叫做《难民妻女图》，第二幅叫做《刑狱图》，第三幅叫做《寒窗读书图》，图中的事情，各自绘成一本。第四幅叫做《春耕夏耘图》，第五幅叫做《催耕图》，第六幅叫做《鬻儿图》，现在催征不到的钱粮，已经蒙皇上洪恩浩荡，予以减免，可见圣明天子关心民间疾苦犹如病痛在身的至意，皇上可以说已经洞悉民间的疾苦了。第七幅叫做《水灾图》，第八幅叫做《旱灾图》，积贮米谷，预备饥荒救助，业已经过大臣会议讨论，我即使有草野之人的鄙陋建议，也不敢再附赘其后。第九幅叫做《观榜图》，第十幅叫做《废书图》，第十一幅叫做《暴关图》，第十二幅叫做《疲驿图》。学校教育因为录取率太低，贫穷士人多有改业转行的感慨；关税征收因为弊端丛生，经商之人多有裹足不前的叹息。以至于城乡为粮饷征调转输所累，为赋役繁重所苦，这些都早已在皇上的明察之中。当今军备粮饷的需求正紧，我一时也不敢连篇累牍，冒犯亵渎皇上的思虑。但是考虑到皇上爱民如子，求贤若渴，一定能明鉴臣民的愚阔疏漏，加以观览，那么天下四方颠沛流离、处境艰难的状况，接连不断，如在目前；呻吟哀叹的声音，殷殷之意，言犹在耳。皇上一念之间，天下百姓就可以每日沾溉尧舜之德泽了。”奏疏呈上之后，圣祖皇帝观之动容，嗟叹不已，将图画放置左右，不时观摩。蒋伊又曾经上疏五次，讨论救荒的对策，言语深切，悲戚动人。一年后皇上圣驾东巡，道路上多见饥民，圣祖皇帝对随行的近臣说：“这些就是蒋伊所画的难民图啊！”

康熙四十年，广东巡抚彭鹏因云南道御史王度昭[①]疏参，遵旨明白回奏。圣祖谕大学士等曰：“朕于科道官许其风闻入告者，专为广开言路，使自督抚以下各官，有任意妄为，及贪劣害民者，皆知所顾忌而警戒也。科道官员纠参不实，例有处分。又或言不合理及生事妄奏者，外转有之，罢职亦有之。至于被参之人，具疏回奏，止应辨晰是非，不应支离牵引。因彼一身被参，而举原参之父子兄弟亲戚，皆受指摘，以逞报复，则自此以后，孰敢更纠一人耶？彭鹏身为言官时，亦曾参人，兹为王度昭所劾，理应止以切己之事剖晰奏明。乃今讦奏王度昭，谓其曲庇亲戚，而其间所有夙怨，又未指出实据。彭鹏虽操守清廉，居官亦善，此回奏反复渎陈，辞气不胜忿激。凡在君上之前不应陈奏之言，辄形于章疏，粗戾已极，著严饬行。”（《圣训》）

［注释］

①王度昭（1649～1723）：诸城人，康熙二十一年（1682）进士，累官监察御史、光禄寺卿、顺天府丞、太常寺卿、浙江巡抚、江宁巡抚、工部侍郎、兵部左侍郎等。

［译文］

康熙四十年（1701），广东巡抚彭鹏因为云南道御史王度昭上疏参劾，遵照圣旨明白回奏。圣祖皇帝吩咐大学士等说：“我对于科道官员，允许他们根据风闻传言上疏言事，主要是为了广开言路，从而使自总督、巡抚以下各级官吏如果有任意妄为、贪污劣迹、祸害平民的，都知道有所顾忌，引为警戒。科道官员如果纠察参劾不实，照例要有所处分。有的言事不合情理，有的借端生事、诬陷参奏，这样的言官有的外转为地方官，也有的因此罢官。至于被参劾的人，具疏回奏，只应当辨明是非，不应当漫无边际，牵引株连，借其一人被参劾，而举报原来参劾他的人的父子兄弟亲戚，使他们都受到指摘攻击，以逞其报复之心，如果这样，那么从此以后，谁还敢再参奏一个人呢？彭鹏自己做言官时，也曾经参劾别人，这次被王度昭参劾，理应只以关乎其个人之事剖析明白。可是他却上疏攻击王度昭，说他包庇亲戚，而其中的所有夙怨，又没有指出其切实的证据。彭鹏虽然操守清廉，居官也名声不错，但这次的回奏却反复指陈，言辞不胜愤激。凡是在君王面前不应该陈奏的话，都形之于奏章之中，粗暴狂戾至极，要严厉地加以申饬。”

康熙四十四年，圣祖南巡回銮，召李光地侍御舟讲论，因间奏曰：“官俸累杀，百僚几无以自给。遭上宽仁，悯其禄薄，容隐其需求细故。然臣心窃有未允者。俸以养廉，防官邪也。今乃仰恃宽仁之恩，借口禄薄之故，竞为需求，以陷于邪。其不至卖法黩货者，即抗颜扬声，以廉自负。此于澄叙官方之道，似有未尽。臣愚以为兵费既省，则经费益充，因而量加百官之俸，使足自给。一绝其需求之门，以杜其乱法干犯之路，则庶绩咸熙[1]矣。”又奏曰：“礼乐不兴，千载梦梦。然今乐犹古乐也。臣少时见优剧有为贞臣、孝子、义夫、顺妇、信友、悌弟之行者，当其慷慨凄激，悍卒童孺，莫不沾襟焉。然则即今优剧文以贞、孝、义、顺、信、悌之迹，亦足以感风俗而成治道。独其鄙俚不经，于古无事实者，为当立以厉禁耳。方今承平日久，礼乐可兴，钟黍律吕[2]，难以遽议。若因民间之乐，顺而道之，此亦用力少而成功大者也。”圣祖皆然之。而重慎改作，未及施行。又奏曰：“上视民如伤[3]，屡赐蠲免。然蠲免之岁，旧逋未与停止，故官吏追呼不辍。不肖者或缘旧逋，以罔新额。若遇蠲免之岁，概停旧逋之征，则民终岁休息，实沾鸿恩矣。”圣祖立予施行。著为令。（《李光地年谱》[4]）

［注释］

①庶绩咸熙：语出《尚书·尧典》：“允釐百工，庶绩咸熙。”孔传：

"绩，功也；言众功皆广。"②钟黍律吕：钟黍即乐器，律吕即正乐律之器，也称音律。③视民如伤：语出《左传·哀公元年》："臣闻国之兴也，视民如伤，是其福也。"形容统治者极其顾恤民众疾苦。④《李光地年谱》：一作《李文贞公年谱》，二卷，李清植编撰，有道光五年（1825）安溪李氏刻本。

［译文］

康熙四十四年（1705），圣祖皇帝南巡回銮途中，召见大学士李光地到乘坐的御舟中进讲经义。李光地借着这个机会上奏说："官员俸禄经多次降低，百官几乎无法自给。遇到皇上宽厚仁慈，可怜他们俸禄微薄，容忍他们需索苛求的种种细故。但是我内心感到这种办法未必允当。俸禄的本意就在于养廉，防止官员奸邪贪黩。如今乃依赖皇上的宽厚仁慈，借口俸禄微薄的缘故，竞相需索苛求，从而陷于奸邪的境地。那些不至于贪赃枉法、营私舞弊的官员，就可以抗颜扬声，以清廉自负。这对于澄清、叙明为官之道，似乎还很不够。我认为如今天下统一，军费节省之后，那么国家财政经费更加充裕，因而应该适当增加百官的俸禄，使他们足以自给。这样一来可以杜绝需索苛求的门路，进而杜绝违法乱纪的门路，从而达到政治清明，成就千秋功业。"又上奏说："礼乐教化不兴盛，千年之下依然昏沉黑暗。然而，今天的礼乐犹如古之礼乐。我少年时代看到演员饰演忠臣、孝子、义夫、顺妇、信友、悌弟之行为的，每当他们慷慨激昂、凄惨悲切的时候，即使是强悍的士兵、年幼的儒生，没有不泪沾衣襟的。既然这样，那么就以今天的演员来演绎忠、孝、义、顺、信、悌的事迹，也足以感化风俗，成就治国之道。只有其中粗浅鄙陋，荒诞不经的，在古代没有事实依据的，应当严厉加以禁止罢了。如今天下承平日久，礼乐教化可以兴盛，而乐器音律，难以在仓促之间创造发明。如果能够根据民间音律，因势利导，这样不仅用力较省，而且成就也会较为明显。"圣祖皇帝深以为然。但对于改弦更张极为慎重，还未来得及施行。

李光地又上奏说："皇上顾恤民间疾苦，屡次下诏蠲免钱粮。然而在蠲免的年岁，旧日所欠赋役没有停止，因而官吏依然追讨不止。其中不肖之徒有的甚至以旧日所欠赋役，来抵补新近蠲免的数额。如果遇到蠲免的年岁，一概停止旧日所欠赋役的征收，那么民众就可以终岁休养生息，实实在在地沾溉朝廷的洪恩浩荡了。"圣祖皇帝立即予以施行，并作为政令颁布天下。

圣祖《庭训》曰："舜好问而好察迩言。[①]不自用而好问，固美矣。然不可不察其是否也，故又继之以好察。孟子论用人[②]、用刑，则曰：'询之左右及诸大夫及国人。可谓不自用、不偏听，而谋之广矣。'然终必继之以察，而实见其可否，然后信之。至若舜，又曰：'官占唯先蔽志，昆命于元龟。朕志先定，询谋佥同。鬼神其依，龟筮协从。'[③]箕子亦曰：'汝则有大疑，谋及乃心，谋及卿士，谋及庶人，谋及卜筮。'[④]此则又先断之以己意，然后参之于人与鬼神。可见古之圣人，或先参众论，而后审之以独断。或先定己见，而后稽之于人神。其慎重不苟如此。盖众谋独断，不容偏废，但先后异用，而随事因时可耳。"（《庭训格言》）

［注释］

①舜好问而好察迩言：语出《中庸》。②孟子论用人：事见《孟子·梁惠王下》。③官占唯先蔽志……龟筮协从：语出《尚书·大禹谟》。④汝则有大疑……谋及卜筮：语出《尚书·洪范》。

［译文］

圣祖皇帝《庭训格言》写道："虞舜喜欢询问别人和访察身边的人说的话。不自以为是而喜欢询问别人，是很美好的事。然而对别人的话不可不分辨是否正确，所以又继之以考察辨别。孟子在谈到用人、用刑时则说：'向身边的人以及诸位大夫及京城里的人询问。这可以说是不自以为是、不偏听偏信，谋划已经很广了。’然而最后必定继之以考察，从实际上看是否正确，然后才能相信。至于虞舜，又说：‘官卜的方法是先断定志向，然后用大龟占卜。我的意志已先决定了，征询大家的意见也都相同。鬼神依顺，占卜的结果也协同一致。’箕子也说：‘你若有大的疑难，先要自己考虑，再与卿士商量，与庶民商量，最后问卜占卦。’这又是先自己考虑作决断，然后再参考他人和鬼神的意见。可见古代的圣人或者是先参考众人的意见，然后加以审察作出自己的决定；或者是先审定自己的主见，然后再考核他人和鬼神。其态度慎重一丝不苟如此。这是因为征询众人的意见和自己作决断，不允许有所偏废，只不过是谁先谁后的不同，要根据事情因时而运用就可以了。”

圣祖《讲筵绪论》曰：“论才则必以德为本。故德胜才谓之君子，才胜德谓之小人。司马光之言，洵为笃论。宽宏容纳，正所以开敢言之路，而使人得尽其言。舜之大智，全在于此。”（《御制文集》）

［译文］

圣祖皇帝《讲筵绪论》中写道：“讨论才能，就一定要以德行为根本。所以德行胜过才能，叫做君子；才能胜过德行，叫做小人。司马光的话，可以称为笃实之论。宽宏大量，海纳百川，正是为了大开敢言之路，从而使人们都得以尽其言。虞舜的大智慧，全在于此。”

康熙政要卷七

论勤学第八

康熙十二年，圣祖谕学士傅达礼等曰："人主临驭天下，建极绥猷，未有不以讲学明理为先务。朕听政之暇，即于宫中披阅典籍，殊觉义理无穷，乐此不疲。向来隔日进讲，朕心犹然未惬。嗣后尔等须日侍讲读，阐发书旨，为学之功，庶可无间。"尝制《讲官箴》曰："予企至道，覃思简编，朝夕讨习，礼茂讲筵。诗人有云：显示德行。启沃唯贤，庶几金镜。尔列词苑，峨峨在廷。细旃广厦，论史谈经。体之行之，朕躬是力。载献载替，尔职宜饬。毋务剿说，毋苟雷同。毋缪于正，毋悖厥中。在昔大儒，称先则古。皋夔[①]是师，言规行矩。谊贵翼励，先正其心。尔苟无欺，吐辞足钦。讵曰名义，可以涂饰。讵曰圣贤，可以蠡测。关闽濂洛[②]，炳以心传。撰述大旨，庠序宗焉。用昭儒修，用宏教泽。尔其勉兹，尚无攸斁。"（《圣训》、《御制文集》卷二十五）

［注释］

①皋夔：皋即皋陶，传说中东夷族首领，唐尧任为大理，虞舜任为士师，是我国历史上第一位大法官。夔，传说中虞舜时期的乐官，精通音律。②关闽濂洛：宋代理学的四大流派，即张载为代表的关学、朱熹为代表的闽学、周敦颐为代表的濂溪之学、二程为代表的洛学，这里指正统的理学。

［译文］

康熙十二年（1673），圣祖皇帝吩咐学士傅达礼等说："天子君临天下，治国立法安宁之道，没有不以讲学明理作为首要任务的。我在听政治国的余暇，就在宫中阅读经典文献，的确感到义理无穷，读书学习乐此不疲。以前都是隔一天一次进讲，我心中仍然感到不满足。今后你们必须每天随侍在侧，讲学侍读，阐发书中的微言大义，这样勤奋治学之功，差不多才能没有疏漏。"圣祖皇帝还曾经亲笔写下《讲官箴》："予企至道，覃思简编，朝夕讨习，礼茂讲筵。诗人有云：显示德行。启沃唯贤，庶几金镜。尔列词苑，峨峨在廷。细旃广厦，论史谈经。体之行之，朕躬是力。载献载替，尔职宜饬。毋务剿说，毋苟雷同。毋缪于正，毋悖厥中。在昔大儒，称先则古。皋夔是师，言规行矩。谊贵翼励，先正其心。尔苟无欺，吐辞足钦。讵曰名义，可以涂饰。讵曰圣贤，可以蠡测。关闽濂洛，炳以心传。撰述大旨，庠序宗焉。用昭儒修，用宏教泽。尔其勉兹，尚无攸斁。"

是年，圣祖又谕学士傅达礼曰："朕以修葺宫殿，明日移驻瀛台，暂留数日。夫进讲所以致知，蓄德期于日新，未容少闲。讲官其日至瀛台，如常进讲。"又谕曰："学问之道，在于实心研索。使视为故事，讲毕即置之度外，是徒务虚名，于身心何益？朕于诸臣进讲后，每再三细绎，即心有所得。尤必考证于人，务求道理明彻乃止。至德政之暇，无间寒暑，唯有读书作字而已。”因御书一行，赐观曰：“人君之学不在此，朕非专攻书法，但暇时游情翰墨耳。”又谕讲官熊赐履曰：“朕观尔等所撰讲章，较张居正《直解》[①]更为切要。”熊赐履奏曰：“臣等章句小儒，不过敷陈文义。至于明理会心，见诸日用，则在皇上自得之也。”圣祖曰：“讲明道理，乃为学切要功夫。修己治人，方有主宰。若未明理，一切事务，于何取则?”又谕曰：“学问之道，毕竟以正心为本。”熊赐履奏曰：“圣谕及此，得千古圣学心传矣。”又谕讲官等曰：“人心至灵，出入无乡，一刻不亲书册，此心未免旁骛。朕在宫中手不释卷，正为此也。”因撰《读书贵有恒论》曰：“为学之道，朕既要其本于毋自欺矣。虽然，尤患于始勤而终惰也。盖圣贤入道，非学之难，而有恒之为难。《书》曰：‘为学逊志，务时敏，厥修乃来。’[②]夫虚己受人，勤以励己，则其所修，常若源泉始达，汩汩不已。而必曰时者，则恒之说也。《诗》曰：‘日就日将，学有缉熙于光明。’[③]年夫君子博闻强识，敦行不怠，以故知日广而能日崇。若朝勤而夕懈，进锐而退速，则学弥晦矣，何光明之有？是诗人之言，要亦恒之说也。人之为学，非好之笃、嗜之深，其势必不能以持久。何则?诗书之气，未克浸淫于性情之内，则离而去之矣，求其学之有成，讵可得哉？朕自八龄，雅好典籍，无论细旃广厦[④]，讽咏古训，日与讲臣共之，即至銮车帐殿之间，罔废图史，寻味讨论，弗敢畏其艰深而阻焉，弗敢骛于外物而迁焉。盖初终如一日也。然圣贤理道，至为精妙，朕孜孜矻矻，愧仅得其糟粕耳。苟能由是而益加勉焉，庶于学问之途，或尚有所获，但恐志气怠弛，乘于不觉。《书》曰：‘为山九仞，功亏一篑。’[⑤]此言克终之不易也。朕用是兢兢焉，以有恒为警云。”(《圣训》、《御制文集》)

[注释]

①张居正《直解》：明朝隆庆、万历间大学士张居正所撰《书经直解》，亦为辅导皇帝而编撰的读本。②为学逊志，务时敏，厥修乃来：语出《尚书·说命》。③日就日将，学有缉熙于光明：语出《诗经·周颂》。④细旃广厦：亦作广厦细旃，语出《汉书·王吉传》："广厦之下，细旃之上，明师在前，劝诵在后。"颜注："广厦，大屋也。旃，与毡同。"⑤为山九仞，功亏一篑：语出《尚书·旅獒》。

[译文]

这一年（康熙十二年，1673），圣祖皇帝又吩咐学士傅达礼说："我因为修葺宫殿，明天将移居瀛台，暂时留居数日。每日进讲经义是获取知识的重要途径，修养德行也期望日日进步，不容许稍有停顿。因此请各位讲官每天到瀛台来，照常进讲。"又吩咐说："学问之道，在于实心实意研究探索。假使视为虚应故事，进讲完毕就置之度外，这是徒务虚名，对于身心有何裨益？我在各位大臣进讲以后，每每再三仔细寻绎，从而有所心得。尤其必须针对具体人与事加以考究，务求道理明确透彻，方才罢休。至于政务余暇，无论寒暑，唯有读书练字罢了。"于是御笔亲书一行，赐给他观看，并说："帝王之学不在此，我并非专攻书法，只是闲暇时节游情翰墨罢了。"又吩咐讲官熊赐履说："我考察你们所撰写的讲章，比张居正的《书经直解》更为切要。"熊赐履上奏说："臣等只是寻章摘句的小儒，不过是敷陈文义罢了。至于明达道理，有会于心，并在日用实践中加以运用，就在皇上自己所得了。"圣祖皇帝说："讲明道理，乃是做学问最为切要的功夫。这样，自我修身，治理他人，内心才有所主宰。如果未能讲明道理，那么一切事务，从何处取则呢？"又吩咐说："做学问的方法，毕竟以端正心意为根本。"熊赐履上奏说："皇上的谕旨洞见及此，可谓得到了千古圣学的心脉相传了。”又吩咐讲官等说：“人心至为灵通，出入没有羁绊，一刻不亲近图书册籍，其心灵就未免会有所旁骛。我在宫中手不释卷，正是由于这个缘故。”于是撰写了《读书贵有恒论》，说：“做学问的方法，我既要以不自欺作为根本，又要以开始勤奋而最终怠惰为大患。这是因为圣贤入道，并非以学为最难，而是以持之以恒为最难。《尚书》上说：‘学习只有谦虚而专心致志，则无时不敏，那么所修之学就会源源不断而来。’谦虚以接受别人，勤奋以激励自己，那么所修之学就会经常像源泉一样畅达，汩汩长流不断。而一定要说无时不敏，就是持之以恒的说法。《诗经》上说：‘学习当以积渐，日积月累，精进不止，就能达到无比光明的境界。’君子博闻强记，勉力实践，因此知识日益广博，才能日益提高。如果是早晨勤奋而晚上就懈怠，锐意精进却加速退步，那么学习就会更加晦涩，哪里谈得上无比光明的境界？这是诗人的说法，但关键也是持之以恒的说法。人们做学问，如果不是非常喜欢甚至深为嗜好，势必不能坚持长久而不懈怠。为什么呢？诗书之气，如果没有浸淫于个人的性情之中，就会离他而去，这样要求其学业有成，怎么可以做到呢？我从八岁登基以来，就雅好典籍，不要说在广厦细旃（传道授业的场所）之上，讽诵古训，每天与讲官共同探讨，就是到銮舆之中、帷帐殿阁之间，也不荒废研图读史，寻味讨论，不敢因为其内容艰深而心存畏惧有所退缩，不敢因为追求外物而有所变化，从而自始至终犹如一日。然而圣贤道理，至为精妙，我勤奋不懈，自愧只能得其糟粕罢了。如果能够因此而更加勤勉，差不多在学问的道路上，或许还会有所收获，唯恐志气懈怠废弛，于不知不觉间为其所乘。《尚书》上说：‘为山九仞，功亏一篑。’这句话就是说的善始善终多么不容易。我因此谨慎戒惧，以持之以恒作为警策。”

康熙十三年，圣祖谕学士傅达礼曰：“日讲关系重大，日月易迈，恐致荒疏。虽当此多事之时，不妨乘间进讲，于军事无误，工夫不间，则裨益身心，良非浅鲜。尔衙门议奏。”寻翰林院奏曰：“机务繁重，请间一日进讲。”圣祖曰：“军机事情，有间数日一至者，亦有数日连至者，非可限以日期，其仍每日进讲，以慰朕惓惓向学之意。”（《圣训》）

［译文］

康熙十三年（1674），圣祖皇帝吩咐学士傅达礼说：“日讲关系重大，时光容易虚度，恐怕影响日讲，有所荒废。因此即使在当前这样的多事之秋，也不妨见缝插针进行进讲，于军事斗争也不会耽误，时间也不荒废。这样对身心有所裨益，其实不小。你们相关的衙门议论后奏来。”不久，翰林院上奏说：“国家机密事务异常繁重，请求允许隔一天进讲一次。”圣祖皇帝说：“军机大事，有间隔数天一来的，也有数天接连而至的，不能按限定日期进行安排，所以日讲仍然按照旧例每天进讲，以慰我一心向学之意。”

康熙十四年，圣祖谕曰：“日讲原期有益身心，增长学问。今止讲官进讲，朕不复讲，但循旧例，日久将成故事。不唯于学问之道无益，亦非所以为法于后世也。嗣后进讲时，讲官讲毕，朕仍复讲。如此互相讨论，庶几有裨实学。”讲官喇沙里、孙在丰、张英进讲《孟子》道性善节，圣祖曰：“人性之善，无分贤愚，止有强勉行道。董仲舒[1]有言：‘事在强勉而已矣。强勉学问，则闻见博而知益明；强勉行道，则德日起而大有功。’此诚为学之要也。”（《东华录》十五）

［注释］

①董仲舒（前179～前104）：广川（今河北景县）人，汉代思想家，汉景帝时为博士，武帝时为江都王相、胶西王相，后居家讲学著书，著有《春秋繁露》等。前134年在《举贤良对策》中提出“天人感应”、“大一统”、

“罢黜百家独尊儒术”的主张，影响后世甚巨。

[译文]

康熙十四年（1675），圣祖皇帝吩咐说：“日讲原本期望有益身心，增长学问。如今只是讲官进讲，我不再复述、讲评，只是遵循旧例，这样时间长了就会成为虚应故事。不仅对于学问之道没有益处，也不足以为后世所效法。从今以后，凡遇日讲，讲官进讲完毕之后，我仍然要复述、讲评。这样相互讨论，差不多才能对于倡导实学有所裨益。”讲官喇沙里、孙在丰、张英进讲《孟子》中讨论性善的一节，圣祖听讲后说道：“人性的善良，不分贤愚，只有勉力而为，遵行大道。董仲舒说过：‘凡事关键就在勉力而为罢了。勉力于学问，就会闻见广博，智慧明达；勉力于行道，就会德行日益精进，功业大成。’这的确是为学的要旨。”

是年，圣祖南巡，泊舟燕子矶[①]，读书至三鼓。侍讲学士高士奇[②]奏请宜少节养。圣祖谕曰：“朕自五龄，即知读书，八龄践祚，辄以学庸训诂，询之左右，求得大意而后愉快。日所读书，必使字字成诵，从来不肯自欺。及四子之书[③]，既已通贯，乃读《尚书》，于典、谟、训、诰之中，体会古帝王孜孜求治之意，期见之施行。及读《大易》，观象玩占，于数圣人扶阳抑阴，防微杜渐，垂世立教之精心，朕皆反复探索，必心与理会，不使纤毫扞格，实觉义理悦心，故乐此不疲耳。”（《圣训》）

[注释]

①燕子矶：位于南京北郊观音门外，长江重要渡口，山石直立江上，三面临空，形似燕子展翅欲飞，故名。康熙、乾隆南巡，均曾驻跸于此。②高士奇：字澹人，号江村，钱塘人，康熙中入值南书房，官至礼部尚书，卒谥文恪。能诗文、擅书画、精赏鉴，著有《清吟堂集》、《左传纪事本末》等。③四子之书：孔子、曾子、子思、孟子的著作，也就是后世所谓四书。

[译文]

这一年（康熙二十三年，1684），圣祖皇帝南巡，泊舟于南京燕子矶，夜里读书到三更。侍讲学士高士奇奏请皇上应当稍微注意保养龙体。圣祖皇帝吩咐说："我从五岁时起，就知道读书学习，八岁即位，就以《大学》、《中庸》的训诂问题请教左右大臣，得知大意而后感到身心愉悦。每天所读的书，一定要做到每字每句都能成诵，从来不肯怠惰自欺。等到四子之书已经贯通之后，于是读《尚书》，从其中典、谟、训、诰各种文体之中，体会上古帝王孜孜求治的深意，以期见之于实践应用。等到读《周易》，观察天象，占卜吉凶，对几位圣人扶阳抑阴、防微杜渐、垂世立教的良苦用心，我都反复探索，一定要做到心与理融会贯通，不使其相互抵触，这样，的确觉得义理使人心情愉悦，因而也就乐此不疲了。"

康熙四十三年，圣祖谕大学士等曰："朕览过之书，虽日月间隔，不甚遗忘。今虽年岁稍增，而记性更进。即目前陈列诸书内，欲稽考某卷某字，但令近侍取之，亦可即得，不至错误。大约存心清虚，不但事不遗忘，于养生亦为有益。"（《圣训》）

[译文]

康熙四十三年（1704），圣祖皇帝吩咐大学士等说："我阅读过的书籍，即使间隔数日乃至数月，也不怎么遗忘。如今虽然年事增高，但记忆力却更加精进。就目前陈列于架上的各种书籍文献而言，要想考证、查找某一卷某个字，只要让近侍按照我的吩咐拿来，也可以当即查到，不会出现差错。这大概是因为我存心清虚，不仅仅事情不致遗忘，就是对于养生保健也大有益处啊！"

康熙五十年，圣祖御经筵[①]，谕大学士等曰："从来经筵之设，皆帝王留心学问，勤求治理之意。但当期有实益，不可止饰虚文。朕观前代讲筵，人主唯端拱而听，默无一言。如此则虽人主不谙文义，臣下亦无由而知之。若明万历、天启之时，何尝不举行经筵，特存其名耳，何裨实用？朕御极五十年，听政之暇，勤览书籍，凡四书、五经、通鉴、性理等书，俱曾研究。每儒臣逐日进讲，朕辄先为讲解一过，偶有一句可疑、一字未协之处，亦即与诸臣反复讨论，期于义理贯通而后已。盖经筵本系大典，举行之时，不可以具文视也。"（《圣训》）

［注释］

①经筵：汉唐以来帝王为讲论经史而特设的御前讲席，宋代始称经筵，清代以大学士知经筵事，以尚书、左都御史、通政使、翰林等侍讲，皇帝在文华殿行经筵仪，讲官讲四书五经，然后皇帝宣示御论，各官听讲，事毕，于文渊阁赐茶。

［译文］

康熙五十年（1711），圣祖皇帝驾临经筵，吩咐大学士等说："历来设立经筵，都是帝王留心学问，勤于探求治国理政之道。但经筵应当具有实际效益，而不可只是粉饰虚文。我考察前代的经筵，君主只是垂首听讲，默默地不发一言。这样即使君主不晓得经文的微言大义，臣下也无从得知。就像明朝万历、天启年间，何曾不举行经筵，只是保存其名义罢了，有何实际作用？我即位五十年来，处理政事的余暇，勤奋阅览各种书籍，大凡四书、五经、《资治通鉴》、《性理大全》等书，都曾经反复研讨。每当儒臣逐日进讲之时，我就预先讲解一遍，偶尔有一句可疑、一字不顺的地方，也要与各位大臣反复讨论，以期义理贯通而后才结束。正因为经筵原本是一项重大的礼仪，每当举行之时，切不可视为徒具形式而不起实际作用的典章。"

康熙五十四年，圣祖谕侍卫内大臣等曰："朕常讲论天文地理，及算法声律之学。尔等闻之，辄奏曰：‘皇上由天授，非人力可及。’如此称誉朕躬，转掩却朕之虚心勤学处矣。尔等试思，虽古圣人，岂有生来即无所不能者。凡事俱由学习而成。务学必以敬慎为本。朕之学业，皆从敬慎中得来，何得谓天授非人力也？”（《圣训》）

［译文］

康熙五十四年（1715），圣祖皇帝吩咐侍卫内大臣等说：“我经常谈论天文地理，以及算法、声律之学，你们听了之后，就上奏说：‘皇上的天才是上天所授，不是人力所可企及的。’这样来称赞我，反而掩盖了我虚心勤学的真相了。你们试想，即使是古代的圣人先贤，难道有生来就无所不能的吗？大凡事情都是通过学习而得到的。而学习务必以敬慎为本。我的学业，都是从敬慎之中得来的，为什么要说是上天所授而不是个人努力的结果呢？”

《训》曰：“为学之功，不在日用之外。检身则谨言慎行，居家则事亲敬长，穷理则读书讲义。至近至易，即今便可用力；至急至切，即今便当用力。用一日之功，便有一日之效。至有所疑，寻人问难，则长进通达，自不可量。若即今全不用力，磋过少壮时光，即使他日得圣贤而师之，未必能有益也。”

［译文］

圣祖皇帝《庭训格言》写道：“做学问的功夫，不在日常事用之外。约束自身就要言谈和行为谨慎，在家里要侍奉亲人、尊敬长辈，穷究道理就要读书讲论道义。最接近最容易的事，现在便可用力实行；最紧急最重要的事，现在便当用力实行。用一天的力量，便有一天的效果。遇到有疑问的地方，便找人请教解释，那么学业的长进通达，就不可限量了。如果现在全不用功努力，浪费掉青春壮年的时光，即使以后再拜圣贤为师，也未必能有益处。”

《训》曰："凡人进德修业，事事从读书起。多读书，则嗜欲澹；嗜欲澹，则费用省；费用省，则营求少；营求少，则立品高。读书之法，以经为主。苟经术深邃，然后观史。观史则能知人之贤愚，遇事得失，亦易明了。故凡事可论贵贱老少，唯读书不论贵贱老少。读书一卷，则有一卷之益；读书一日，则有一日之益。此夫子所以发愤忘食，学如不及也。"

[译文]

圣祖皇帝《庭训格言》写道："大凡人要提高德行、修习学业，事事都要从读书开始。多读书，各种嗜好和欲望就淡薄了；嗜欲淡薄，生活费用就节省了；费用节省，谋求就少了；谋求少，树立的人品就高。读书方法，应以读经书为主。如果经书已经理解透彻，然后再看史书。观看史书能够知道人的贤愚，遇到事情，得失也就容易明白了。所以凡事可以分别贵贱老少，只有读书不问贵贱老少。读书一卷，就有一卷的好处；读书一天，就有一天的好处。这就是孔夫子为什么发愤忘食，努力学习还恐怕赶不上的原因。"

康熙政要卷八

论君臣鉴戒第九

康熙七年，圣祖将巡幸边外，内秘书院侍读学士熊赐履奏曰："皇上一身，宗庙社稷所倚赖，中外臣民所瞻仰。近闻车驾将幸边外，伏乞俯采刍言，收回成命。如以农隙讲武，则请遴选儒臣，簪笔左右，一言一动，书之简册，以垂永久。"圣祖曰："是。朕允所奏，停止边外之行。所称应设起居注官，亦如之。"给事中赵之符[①]亦请暂停远幸，得旨是。因谕吏部、兵部曰："朕以秋冬农隙讲武之时，欲一往边外阅视，不久即还。今览诸臣前后各奏，称今岁灾变甚多，不宜出边，以致兵民困苦。朕思诸臣抒陈忠悃，直言进谏，深为可嘉，已允所请，停止边外之行。以后国家重大紧要事情，如有未当，务将所见直陈，朕不惮更改。尔二部即传谕遵行。"（《东华录》八）

［注释］

①赵之符：武清人，顺治十六年（1659）进士，历官户、兵、吏科给事

中，迁鸿胪寺卿、左佥都御史，直声著天下。

［译文］

康熙七年（1668），圣祖皇帝将要巡幸边外之地，内秘书院侍读学士熊赐履上奏说：“皇上一身，为宗庙社稷所倚赖，中外臣民所瞻仰。最近听说御驾将要巡幸边外之地，请求能够采纳我的草野之言，收回成命。如果说农事闲暇应当讲求武备，那么就请遴选儒臣，侍从左右，一言一行，记录于简册之上，以垂永久。”圣祖皇帝说：“说得对。我准你所奏，停止边外之行。至于所奏设立起居注官，也如你所请。”给事中赵之符也请求暂停到远方巡幸，谕旨准奏。于是吩咐吏部、兵部说：“我认为秋冬农事闲暇是讲求武备之时，想往边外之地巡阅视察，不久就回。现在看到各位大臣前后所上奏折，称今年灾荒天变很多，不宜出行边外之地，以致军民困苦。我想各位大臣抒发忠心、直言进谏，深可嘉勉，已经准许所请，停止边外之行。以后国家有重大紧要事情，如果有不当之处，务必将所见所闻直言陈奏，我将不惮改过。你们二部即行传达谕旨，遵照执行。”

康熙九年，圣祖谕吏部曰：“朕唯致治雍熙，在于大小臣工，悉尚廉洁，使民生得遂。内外满汉文武官员，各有职守，必律己洁清，屏绝馈遗，乃能恪共职业，副朕任使。近闻在外文武官员，尚有因循陋习，借名令节生辰，剥削兵民，馈送督抚、提镇、司道等官。督抚、提镇、司道等官复苛索属员，馈送在京部院大臣、科道等官。在京官员，亦交馈遗。前累经严禁，未见悛改，殊违洁己奉公之义。兵民日渐困乏，职此之由。以后著痛加省改，断绝馈遗，以尽厥职。如仍蹈前辙，事发之日，授受之人，一并从重治罪。”（《圣训》）

［译文］

康熙九年（1670），圣祖皇帝吩咐吏部说："我认为政治达到和乐升平，关键在于大小臣工，都崇尚廉洁，从而使人民生活得遂所愿。内外满汉文武官员，各有自己的职守，必须廉洁自律，清正为民，摒弃一切馈赠礼物，才能够恪守典章，勉力从业，不辜负我的任使。最近听说在外的文武官员，还有人因循陋习，借着节令生辰之名，剥削军民，然后馈送给总督、巡抚、提督、总兵、司道等官员。这样总督、巡抚、提督、总兵、司道等官员再苛索其属官，馈送礼物给在京的部院大臣、科道等官员。在京的官员，也相互馈赠礼物。此前经过多次严禁，还没有加以改正，严重违背了洁己奉公的大义。军民日渐困乏，都是因为这个缘故。以后要痛加反省悔改，断绝馈赠礼物的陋习，从而勉力尽到各自的职守。如果仍然重蹈前辙，事发之时，无论是授受之人，一并从重加以治罪。"

康熙十二年，圣祖谕讲官等曰："从来君臣一心图治，天下不患不治。朕与诸臣，何可不交勉之？"又谕吏部、兵部曰："国家用人，宜先沉静之才，人臣服官，首重廉耻之节。迩来文武官员，或因不得升迁，或因不得差遣，辄称冤抑，纷纷控告，不过图便己私，原非从公起见。纵属应升差遣，而自为辨白，希求荣利，廉耻之道已亏，岂能修举职业，克副任使？理宜严禁，以肃官常。"（《东华录》十四）

［译文］

康熙十二年（1673），圣祖皇帝吩咐讲官等说："自古以来君臣一心，励精图治，天下就不患得不到治理。我与各位大臣怎么可以不相互勉励呢？"又吩咐吏部、兵部说："国家用人，应当以沉静之才为先；大臣做官，则要以廉耻之节为重。近来文武官员，有的因为不能升迁，有的因为不得差遣，就声称被冤枉、压制，纷纷控诉入告，其实只不过是图谋一己私利，本非从公事起见。纵然属于应当升迁、差遣的，如果是自己进行辩白，追求荣利，于廉耻之道已有所亏欠，难道能够勤于职守，圆满地完成任务吗？按理应当加以严禁，以期肃清官场的风气。”

康熙十六年，圣祖谕大学士等曰：“人臣服官，唯当靖共匪懈，一意奉公。如或分立门户，私植党与，始而蠹国害政，终必祸及身家。历观前代，莫不皆然。在结纳植党者，行迹诡秘，人亦难于指摘。然背公营私，人必知之。凡论人议事，间必以异同为是非，爱憎为毁誉。公论难容，国法莫逭。百尔臣工，理宜痛戒。若夫汲引善类，不矜已长，同寅协恭[①]，共襄国事，是又不可以朋党论也。”（《圣训》）

［注释］

①同寅协恭：语出《尚书·皋陶谟》：“百僚师师，百工唯时……同寅协恭，和衷哉！”孔传：“使同敬合恭而和善。”后用为同僚恭谨事君，共襄政事之典。

［译文］

康熙十六年（1677），圣祖皇帝吩咐大学士等说：“大臣做官，唯有恭谨职守不敢懈怠，一心奉公。如果有人分立门户，结党营私，开始就会危害国家的政治，最终则会祸乱自己的身家。考察历朝历代，没有不是这样的。对于结党营私者而言，似乎行迹诡秘，人们难以指摘其罪行。然而背弃公义，谋取私利，人们必定会知道其阴谋。大凡议论人或事，其间必定会以是否同党作为是非的标准，以私人的爱憎作为毁誉的尺度。这样一定会为公论所难以容忍，为国法所难以宽恕。你们广大臣工理当痛加戒除。至于引荐良善之才，而不夸耀自己所长，同僚恭谨事君，共襄国政，这又是不可以作为朋党来说的。”

是年，集廷臣于左翼门[①]，遣侍卫费耀色[②]赍谕旨，仍口传上谕曰：“顷者，地震示警，实因一切政事，不协天心，故召此灾变。在朕固宜受谴，尔诸臣亦无所辞责。然朕不敢诿过臣下，唯有力图修省，以冀消弭。兹朕于宫中勤思召灾之由，力求弭灾之道，约举大端，凡有六事，尔等其详议举行，勿仍以空文塞责。”传谕毕，宣读上谕曰：“朕德薄寡识，愆尤实多。遘此地震大变，中夜抚膺自思，如临深渊，兢惕悚惶，益加修省。朕意中素有数事，使尔诸大臣、总督、巡抚、司道、有司各官，咸共闻知。务期洗心涤虑，实意为国为民。斯于国家有所裨益，即尔等亦并受其福，庶几天和可致。若乃虚文掩饰，致负朕意，询访得实，决不为尔等姑容也。一、生民困苦已极，大臣长吏之家，日益富饶。民间情形虽未昭著，近因家无衣食，将子女入京贱鬻者，不可胜数，非其明验乎？此皆地方官吏，谄媚上官，苛派百姓。总督、巡抚、司道，又转而馈送在京大臣。以天生有限之物力，民间易尽之脂膏，尽归贪吏私橐。小民愁怨之气，上干天和，以致召水旱、日食、星变、地震、泉涸之异。一、大臣朋比徇私者甚多。每遇会推选用时，皆举其平素往来交好之人。但云办事有能，并不问其操守清正，如此而谓不上干天和者，未之有也！一、用兵地方诸王、将军、大臣，于攻城克敌之时，不帝安民定难，以立功名，但志在肥己，多掠占小民子女，或借名通贼，将良民庐舍焚毁，子女俘获，财物攘取。名虽救民于水火，实则陷民于水火之中也。如此有不上干天和者乎？一、外官于民生疾苦，不使上闻。朝廷一切为民诏旨，亦不使下达。虽遇水旱灾荒，奏闻部覆，或则蠲免钱粮分数，或则给发银米赈济，皆地方官吏苟且侵渔，捏报虚数，以致百姓不沾实惠，是使穷民而益穷也。如此有不上干天和者乎？一、大小问刑官员，将刑狱供招，不行速结，使良民久羁囹圄。改造口供，草率定案，证据无凭，枉作人罪。其间又有衙门蠹役，恐吓索诈，致一事而破数家之产。如此有不上干天和者乎？一、包衣[③]下人，及诸王、贝勒、大臣家人，侵占小民生理。所在指称名色，以罔市利，干预词讼，肆行非法，有司不敢犯其锋，反行财贿。甚且身为奴隶，而鲜衣良马，远胜仕宦之人。如此则贵贱倒置，所关匪细。以上数条，事虽异而原则同。总之，大臣廉则督抚有所畏惮，不敢枉法以行私；督抚清正，则属下官吏操守自洁，虽有一二不肖有司，亦必改心易虑，不致大为民害。此事朕非不素知，但以正在用兵之际，每示宽容。今上天屡垂警戒，敢不昭布朕心，严行戒饬，以勉思共回天意。作何立法严禁，务期尽除积弊。著九卿、詹事、科道会同详议以闻。"又谕吏部等衙门曰："凡为臣子者，同寅协恭，自古皆然。今各部院办理事务，大小汉官，凡事推诿满官。事之得当，则归功于己；如事失宜，则卸过于人。至于入署，不待事毕，诿于满官，止图早归宴会游嬉，不为国家尽力担当，料理公务。自此以后，各宜协力同心，务尽厥职，不可仍前推诿。至科道各官平日章奏内，将一二可行之事，隐附私情，希图作弊。凡有条议，鲜非无因。阅览奏疏，多以己为至公至廉，其属托公事，肆行妄为。外播威势，挟制多端，地方督抚等官，莫不畏惧。小民困苦，未必不由于此。作何惩戒，著九卿、詹事、科道详议具奏。"又谕大学士等曰："满汉论事，往往不能和衷。汉官每谓满官偏执，若汉官肯实心为公，据理辩论，满官岂有不从之理？若满官坚意偏执，汉官即当奏闻。从来有治人无治法，为政全在得人。人臣事君，全在辨心术之公私。今尔诸臣之才，皆能料理政务，但徇私利己者多，公忠为国者少。若诸臣肯洗心涤虑，公尔忘私，国尔忘家，和衷协恭，实尽职业，庶务何患不就理？国家何患不治平哉？尔诸臣其勉之。”（《东华录》二十四、《圣训》）

［注释］

①左翼门：故宫太和殿广场上，西侧弘义阁北边为右翼门，东侧体仁阁北边为左翼门。②费耀色：清廷一等侍卫，康熙亲随侍卫首领。③包衣：满语包衣阿哈的简称，意为家奴、奴隶、奴仆。

［译文］

这一年（康熙十八年，1679），圣祖皇帝召集大臣到左翼门，派遣侍卫费耀色带着谕旨，仍口传上谕说：“前不久，发生地震以为警示，实在是因为一切政事，不协和上天的意志，所以招致这次灾变。对于我固然应当接受谴责，你们各位大臣也难辞其咎。然而我不敢诿过于臣下，唯有力图修身反省，希望加以消弭。现在我在宫中勤力思索招致灾变的缘由，努力寻找消弭灾变的办法，约略举其大端，共有六个方面，你们详细讨论并加以实行，千万不要以空头文章聊且塞责。”口传上谕之后，宣读皇上的谕旨：“我德行浅薄，见识短浅，而过错却很多。遭遇这次地震大灾，深夜扪心自问，沉痛反思，如临深渊，如履薄冰，更加恭谨地修习反省。我考虑素来有此数事，让你们各位大臣、总督、巡抚、司道以及其他有关官员通同知晓，希望务必洗心涤虑，真心实意为国为民，这样不仅对国家有所裨益，就是对于你们也一并受其福祉，差不多可以达到天地和气。如果虚文掩饰，以致辜负我的旨意，一旦查访得知，决不宽容。第一，人民艰难困苦已达极点，而大臣长吏之家却日益富饶。民间的具体情形虽然还没有明显表现，但近来家中没有衣食，将子女带到北京贱价出卖的，不可胜数，难道不是有力的证明吗？这种情况都是因为地方官吏献媚上司，严重征派百姓。总督、巡抚以及司道官员，又转而馈赠礼物给在京的大臣。因为天生万物毕竟有限，民脂民膏也容易罄尽，最终都归于贪官污吏的私囊。小民的愁怨之气上升，必然扰乱天地和气，从而招致水旱、日食、星变、地震、泉涸等灾异的发生。第二，大臣朋比为奸、徇私舞弊者很多。每遇会推选用官员之时，都是推举平素往来交情很好的人。只说其办事有能力，却不问其操守是否清正廉洁，这样还说不会扰乱天地和气，从来没有这样的事情。第三，用兵地方的诸王、将军、大臣在攻城破敌之时，不考虑安定民生，平定灾难，名义上是为了建立功勋，但真实意图却是中饱私囊，大多掠夺霸占小民子女，有的借交通贼寇之名，将良民的家宅焚毁，子女俘获，财物掠夺。名义上是救民于水火，实际上则是陷民于水火之中。如此行径，有不扰乱天地和气的吗？第四，外地官员对于民生疾苦，不让朝廷知道；朝廷一切为民的诏令，也不让人民知道。即使遇到水旱灾害，上奏朝廷得到回复，有的蠲免钱粮，有的拨发银两米麦进行赈济，都被地方官吏侵占渔利，捏报虚数，以至于老百姓得不到实惠，这就使得穷苦人民更加贫穷。这样，有不扰乱天地和气的吗？第五，大小司法行政官员，将刑狱的招供，不迅速结案，而使得良民长期身陷囹圄。甚至改造口供，草率定案，无凭无据，冤枉定人之罪。其间又有衙门的贪黩吏役，恐吓索贿，欺上瞒下，以至于一件事情导致数家破产。这样，有不扰乱天地和气的吗？第六，八旗的奴仆下人，以及诸王、贝勒、大臣的家人，侵占小民的生业。各地假借各种名色，以垄断市利，干预词讼，肆行非法勾当，有关官吏也不敢犯其锋芒，反而要以钱财贿赂。甚至身为奴隶，却良马轻裘，远远胜过仕宦之人。这样贵贱颠倒，所关不小。以上数条，事情虽然各异，原则却相同。总之，朝廷大臣廉洁自律，总督、巡抚自然有所畏惮，不敢枉法而徇私。总督、巡抚操守清正，那么属下官吏操守自然廉洁，即使有那么几个不肖之徒，也必然洗心革虑，不至于对人民造成大的危害。这些事情我并非平素不知道，只是因为正处在用兵之际，每每加以宽容。如今上天屡次垂示警戒，怎么敢不昭示我的心意，严加整饬，以期回转天意。如何立法严禁，务必尽行革除这些积弊。令九卿、詹事、科道会同详加讨论，上报朝廷。”又吩咐吏部等衙门说：“大凡作为臣子，恭谨事君，共襄政事，自古以来就是这样。如今各个部院办理事务，大小汉族官员凡事都推诿给满洲官员。事情处理得当，就归功于自己；如有不当，就诿过于别人。至于入公署办事，不等完毕，就推诿于满洲官员，只图早些归去，宴会游戏，不为国家尽力担当责任，料理公务。从此以后，大小官员都应当同心协力，务必恪尽职守，切不可仍然像以前那样推诿。至于科道官员，各人平日奏章之内，往往将一二可行之事暗中隐藏私情，希望借此作弊。凡是条奏议论，很少不是没有原因的。阅览奏疏，多以自己至为公正，至为廉洁，而其嘱托公事，却肆意妄为。对外播散威势，多方挟制，地方总督、巡抚等官，没有不畏惧的。小民生计困苦，未必不是因为这些。如何进行惩戒，令九卿、詹事、科道官员详加议论，具疏奏闻。”又吩咐大学士等说：“满汉官员讨论公事，往往不能和衷共济。汉族官员往往认为满洲官员偏执，如果汉族官员能够实心为公，据理力争，满洲官员岂有不听从的道理？如果满洲官员坚持偏执之见，汉族官员就应当奏闻朝廷。从来就是有治人而无治法，为政完全在于得人。人臣侍奉君主，完全在于辨别心术是出于公或私。如今你们各位大臣的才具，都能够料理好政事，只是徇私利己的人过多，而公忠为国的人太少。如果各位大臣能够洗心涤虑，公而忘私，国而忘家，和衷共济，恪尽职守，那么各种事务何愁不能治理？国家又何愁不能治平呢？希望你们各位大臣共勉！”

康熙二十二年，圣祖谕大学士等曰：“一切政事，皆国计民生所关，最为重大。必处置极当，乃获实效。朕每详览奏章，内有所疑。或择五六本、七八本咨询尔等者，务欲得至当耳。今尔等不各以所见直陈，一切附会迎合朕意，则于事何益？朕从来不惮改过，唯善是从。即如乾清门听政时，虽朕意已定，但视何人之言为是，朕即择而行之。此尔等所共知也。坚执已见，独持议论之人，朕素所不悦。观今之大臣，甚不如昔之大臣；今之政事，亦不如昔日。部院无事无弊，大臣无人无私。外间之弊，较内更多。朕知之久矣。欲严治之，则其人甚多，难于尽处。所以朕数年来，屡下严旨，加意剔厘。今虽较前差善，而弊尚未除。且部院堂官，止图己身安逸，办事不勤。堂官推诿司官，司官推诿笔帖式。早归私家，诡称终日在署，此何理也？”（《圣训》）

［译文］

康熙二十二年（1683），圣祖皇帝吩咐大学士等说：“一切政事，都是有关国计民生的，意义最为重大。一定要处置极其妥切，才能获得实际效果。我每次详细阅览奏章，内心有所疑虑。有时会选择其中五六本、七八本向你们进行咨询，就是务必要求得极其妥当罢了。如今你们不以各自所见所闻直言陈奏，一切都附会甚至迎合我的旨意，那么对于处理政事有什么裨益呢？我从来不怕改正过错，一切唯善是从。就像在乾清宫听政之时，即使我的主意已定，只要看何人的言论正确，我就择善而从，加以实行。这些都是你们所共知的。坚持自己意见，顽固进行议论的人，是我一向不喜欢的。考察当今的大臣，颇不如过去的大臣；当今的政事，也不如过去。各个部院没有哪一件事情没有弊端，大臣没有哪一个人没有私心。朝廷以外的弊端，比朝廷内部更多，这是我早就知道的。想要严加治理，那么其人太多，难以尽加处置。所以数年以来，我曾多次严厉颁布诏旨，用心加以剔除和清理。现在虽比以前略有改善，但弊端尚未完全祛除。况且部院的堂官，只图自身安逸，办事并不勤奋。堂官推诿给司官，司官推诿给笔帖式。只图早点回归自家，却诡称终日在公署办事，这是何等道理啊！”

康熙二十四年，圣祖谕大学士勒德洪等曰：“九卿、詹事、科道，令其会议会推，本期至公至正，务得真实。今闻九卿会议之事，间或不据实具议，草率苟且，因循而行。有此一次立议争胜，以冀下次不与相拂而从之者。或者此一次将彼意中之人荐出，冀下次将其亲朋荐出以相报者。或有荐其门生者，有荐其同年者，有荐其同乡亲友者。夫九卿会议会推，理宜虚公持论，岂可一二人擅专以行？且设立科道，本欲其凡从实建言，有执拗护庇者，即为指参也。其擅专执拗护庇之人，何未见纠劾耶？众议之时，亦有一同具议。后因其事不当，复云：彼时我原如此说者。如果原议时众论与伊不合，即宜将己见明白敷陈，另立一议。既不另立一议，同列职名，又称我曾如此说，是断断不可者。朕于康熙十八年，亦因此等事，曾经有旨申饬。可查前旨一并复行传谕。凡事会议，不必询问本省大臣官员。若每加询问，或致不肖之人益在地方生事横行，本省督抚地方官无不畏惧。且将凡属会议之事，无不嘱托本省大臣官员矣，政务何由得平？今会议山西巡抚穆尔赛[①]，因系满洲，恐致败露，意欲从平易归结耳。若是，何不于事前豫为劝戒，令其公廉？乃不为豫戒，徒于事发之后，欲如此结案，可乎？尔等齐集满汉大臣传谕申饬之。”（《御制文二集》）

［注释］

①穆尔赛：满洲正蓝旗人，官至山西巡抚，康熙二十四年（1685）被革职，被杀。

［译文］

康熙二十四年（1685），圣祖皇帝吩咐大学士勒德洪等说：“九卿、詹事、科道官员，让他们共同讨论推选官员，原本期望他们至为公正，务必得其真才实学。现在听说九卿共同讨论的事情，间或不根据实情详细讨论，草率苟且，因循行事。如果有这么一次立议争论胜利，就希望下次不与对方意见相左，因而顺从其意。有时这一次将他意中之人推举出来，希望下次将其亲朋好友推举出来作为报答。有的推举其门生，有的推举其科考同年，有的推举其同乡亲友。九卿共同讨论推选官员，理当以公正之心持论，怎么可以一两个人专擅行事呢？况且设立科道官员，原本想要让他们根据实情提出意见，如果有固执己见、妄加庇护的，当即提出参劾。可是那些专擅行事、固执己见、妄加庇护的人，为何不见受纠察参劾呢？众人讨论之时，也有一同具疏讨论的，后来因为其事议论不当，又说当时我原本就是这样说的。如果原来讨论时众人的议论与他不合，就应当将自己的意见明确表达出来，另立一说。既然没有另立一说，而且共同署名具奏，却又声称自己曾经这样说，这是断断不可的。我在康熙十八年也曾经因为这样的事情，下旨严厉申饬，可以查一查原来的圣旨一并再次传达下去。凡事共同讨论，不必询问本省的大臣和官员。如果每次都询问本省官员，有时会导致不肖之人，越发在地方上生事，横行无忌，本省的总督、巡抚等地方官员没有不畏惧的；况且将属于共同讨论的事情，无不嘱托给本省的大臣官员了，那么政事怎么能够做到公平？现在共同讨论山西巡抚穆尔赛的案子，因为他是满洲人，恐怕事情败露，就想简单结案罢了。像这样，为什么不在事前预先加以劝诫，让他公正廉明呢？事前不预先加以劝诫，只是在事发之后，想这样草草结案，可以吗？你们可以召集满汉大臣传达谕旨，加以申饬。”

康熙四十五年，圣祖谕大学士等曰：“朕观前史，汉因灾异而重处宰相，此大谬也。夫宰相者，佐君理事之人，倘有失误，君臣共之，竟诿之宰相，可乎？或有为君者，凡事俱付托宰相，

此乃其君之过，不得独咎宰相也。”（《圣训》）

［译文］

康熙四十五年（1706），圣祖皇帝吩咐大学士等说：“我考察前代的历史，汉朝曾经因为发生灾异而从重处置宰相，这是大谬不然的。宰相，是辅佐君主处理政事的人，倘若有所失误，那是君臣共同的责任，最后诿过于宰相，可以吗？有的君主，所有事情都托付给宰相处理，这就是君主的过错，不能单单归咎于宰相。”

是年，圣祖又谕大学士等曰：“往代之君，不接见诸臣，臣下之意，无由上达，政何以得理耶？”又《讲筵绪论》曰：“君臣之际，当使情谊浃洽，则下志得以上通。孔子所谓‘君使臣以礼’①，孟子所谓‘君之视臣如手足’②，皆此义也。”（《圣训》、《御制文集》）

［注释］

①君使臣以礼：语出《论语·八佾》：“君使臣以礼，臣事君以忠。”

②君之视臣如手足：语出《孟子·离娄下》：“君之视臣如手足，则臣视君如腹心；君之视臣如犬马，则臣视君如国人；君之视臣如土芥，则臣视君如寇仇。”

［译文］

这一年（康熙四十五年，1706），圣祖皇帝又吩咐大学士等说：“前代的君主，不经常接见各位大臣，这样臣下的意见，无从上达，政事怎么可以治理得好呢？”另外在《讲筵绪论》中也写道：“君臣之间，应当相处得情谊融洽，这样下面的意志才得以上达。孔子所说的君主对待大臣也要符合礼仪，孟子所说的君主要把大臣视为自己的手足，都是这个意思。”

圣祖阅史至吴臣赵咨①称其主之学不在寻章摘句，曰：“赵咨对魏主之言，可谓得体。盖人主万机待理，自当博览载籍，扩充闻见。然所贵者，在于上下古今，得其要领，辨别是非，归于至当。使天下之人情物理，靡不洞悉其隐微，熟识其常变，因以措诸施行，期为有益。岂如士庶之学，仅娴习词章而已哉?”(《御制文二集》)

[注释]

①赵咨：字得度，三国南阳人，仕吴为中大夫，博闻多识，应对辩捷，出使魏国，魏主嘉美之，归拜都骑尉。

[译文]

圣祖皇帝读史，读到三国吴臣赵咨称其君主的学问不在寻章摘句时，评论说：“赵咨应对魏主的话，可以说非常得体。因为君主每天都有各种要事等待处理，自然应当博览各种文献典籍，以开阔视野，增广见识。然而，君主之学最为可贵的，还在于纵观上下古今，得其要领，辨别是非，并力求至为妥当。这样，就可以使天下的人情物理，没有不洞悉隐含其中的微言大义，熟知其日常与变异，并据此制定对策加以施行，以期达到有益的功效。怎么能够像士人、庶民之学，仅仅熟悉词章罢了呢?”

圣祖深鉴明代上下壅阏，以至于亡之弊，特制《君臣一体论》曰：“泰交之治[①]，其唯唐虞之世乎？天尊地卑，自然之定位也。泰之象乾下坤上，天之气下降，地之气上升，阴阳交而成岁功也。君尊臣卑，百王之大经也。唐虞之时，君都而臣俞，君吁而臣咈，同其寅焉，协其恭焉，上下交而成治功也。昔人谓天下犹一身，君为元首，大臣为心腹，其次为股肱，又其次为耳目，又其次为爪牙。天下之疲癃残疾，则养疴疾痛，举切吾身者也，而况于君臣之际乎？三代以还，堂廉[②]疏远，志气日暌。上之情无以达于下，下之情亦往往至于壅阏而难以自通。政治之衰，率由于此。唐之太宗，受言纳谏。时时延访群臣，蔼然有家人之谊。故贞观之治，庶几近古。后之图治者，莫能及焉。有明之世，君臣阔绝，至有辅弼之臣经年不见颜色者。凡出纳之命，皆假欲宦竖之手，相沿不变，以至于亡。此上下不交之所致也。我列圣相承，上下一心，志气感孚，罔不周浃。朕嗣守丕基，临御以来，无一日不云群臣接见，恒恐席崇高之势，不克尽群下之情。尝读《易》至'泰之二'曰'包荒用冯河，不遐遗，朋亡，得尚于中行'。言保泰之臣，能以中道合乎君也。'泰之五'曰'帝乙归妹，以祉元吉'。言主泰之君，能柔中虚己，以应乎臣也。五之义，朕方自勉，以抑企乎唐虞之治。二之义，则尚赖百尔有位，一乃心德，以匡不逮，此又君臣一体之实也。"（《御制文集》）

［注释］

①泰交之治：《易经·泰卦》："天地交，泰。"谓天地之气相交，物得大通。引申为上下不隔，互通声气。②堂廉：《仪礼·乡饮酒礼》："设席于堂廉，东上。"郑玄注："侧边曰廉。"《礼记·丧大记》："卿大夫即位于堂廉楹西，北面东上。"孔颖达疏："堂廉，谓堂基南畔，廉陵之上。"后泛指殿堂，借指朝廷。

［译文］

圣祖皇帝痛感明代君臣上下阻塞以至于灭亡的弊端，引以为鉴，特地撰写了《君臣一体论》。其中写道："上下不隔、互通声气的政治，大概是说上古唐尧虞舜时代吧！天尊地卑，这是自然的定位。《易经·泰卦》的卦象是乾下坤上，处在上位的天之气下降，处在下位的地之气上升，阴阳相交，从而成就一年的时序。君尊臣卑，这是古往今来的大道理。唐尧虞舜的时代，讨论政事时君主赞美、臣下同意，君主不同意、臣下反对，气氛很融洽，恭谨敬畏，友善合作，上下交通从而成就政治功业。昔日有人说过天下就像是一个人的身体，君主是头脑，大臣是心腹，其次是股肱，再次是耳目，最后是爪牙。天下无论出现何种灾害疾病，都会感到痛苦需要疗养，一举一动就关乎我们自身，更何况君臣之间呢？夏、商、周三代以后，朝廷之上君臣愈加疏远，其志气也日益悬隔。君主的上情无法及时准确地传达于大臣，而臣民的下情也往往由于阻塞无法上达，君臣之间沟通不畅。政治的衰颓，都起因于此。唐朝的太宗李世民，虚心接受臣下的谏言，并不时延访群臣，从而使得君臣之间相处融洽，有如家人的氛围。所以贞观之治，差不多接近上古的传统。以后即使励精图治的君主，也没有能够比得上他的。有明一代，君臣之间的悬隔更甚，以至于朝中的辅弼大臣经年见不到皇上的面。所有发出的旨意，都是假借太监之手，这样相沿不变，以至于灭亡。这就是上下不相交通所导致的结果。我朝历代帝王相承，上下一心，君臣志气感动信服，无不周到融洽。我继承先辈基业，即位以来，没有一天不说群臣接见，经常担忧自己居于崇高地位，不能尽得群臣下情。我曾经读《易经》读到泰卦之二说：‘包荒用冯河，不遐遗，朋亡，得尚于中行。’意思是说度量宽大的保泰之臣，能以中庸之道合乎君主。泰卦之五说：‘帝乙归妹，以祉元吉。’意思是说能够得到帝位的君主，能够柔中虚己，接应臣下。泰卦之五的意思，我正当以此自勉，从而期望实现唐尧虞舜时代的理想政治。而泰卦之二的意思，就要依靠各位大臣同心同德，以匡正我思虑不周的地方，这就是君臣一体的实际意义。”

康熙政要卷九

论择官第十

康熙元年，圣祖谕曰："内外官员历俸三年考满，即可分别去留。此外又有京察大计[①]，实属繁文，仍停京察大计，专用考满，以五年[②]分别劝惩。一二等称职，加级记录，平常者留任，不及者降调，不称职革职。以后升转，一等者先用。"三年，御史张冲翼[③]请以部院员数之多寡，定一二等名数，以息奔竞。四年，御史季振宜[④]请停考满三疏，其一曰："自行考满以来，大臣上疏自陈，不过铺张功绩，博朝廷表里羊酒之赐。至堂官考核司属，朝夕同事，孰肯破情面秉至公？其中钻营奔竞，弊不胜言。况今自尚书以下，悉按品升补，与考满无涉。自正月至四月皆考满自陈之日，一人一疏，以数千计，诸务丛脞，弊从此生。请停考满之法，照序升转。"从之。六年，遂〔复〕行京察，次年甄别不及官三十七员。有旨不必调任，俱镌二级，满官随旗，汉官致仕。八年，甄别尚书布颜等七人。十九年，甄别部院司官十一员。二十二三年，甄别各二十三员。盖往往于京察之外，特令纠察，未尝以年为限。又以汉军皆用汉缺，重在文义。考试侍郎以下官于太和门，分别去留。三十四年，部院遵旨保举四十七员，甄别四十二员，复遵旨保举九十五员，以次内升。（《石渠馀记》）

［注释］

①京察大计：清代官吏考核制度，每三年一次，京官称京察，外官称大计，由吏部考功清吏司依例进行，分别奖惩升黜。②五年：依下文当为五等。③张冲翼：康熙初任御史，后官至长芦巡盐御史、大理寺少卿等。④季振宜：号沧苇，泰兴人，顺治进士，官至御史，著有《静思堂诗集》、《季沧苇书目》等。

［译文］

康熙元年（1662），圣祖皇帝吩咐说："内外官员历来三年一次任满考核，就可以分别情况予以奖惩升黜。此外又有京察和大计，实属繁文缛节，今后仍旧停止京察、大计，专门实行任满考核制度，以五个等级，分别情况予以奖惩。第一、二等为称职，加级记录在案，第三等政绩平常者留任原职，第四等政绩不及者降级调任，第五等不称职者革职。以后升职转任，一等者优先选用。"康熙三年，御史张冲翼奏请按照部院官员人数多少，确定第一、二等名额，以平息奔走竞争之风。康熙四年，御史季振宜上奏请停考满三疏，其一说："自从施行任满考核以来，大臣上疏自行陈奏，不过铺陈个人功绩，以博取朝廷的赏赐。至于由部院堂官考核属官，朝夕相处的同事，谁肯撕破情面秉公行事？其中投机钻营、奔走竞争，弊病不可胜言。况且如今自尚书以下，都是按照品级升迁补转，与任满考核没有关联。从正月到四月都是任满考核自行陈奏的时间，一人一本奏疏，数以千计，事务丛集，弊病也由此产生。请求停止任满考核的办法，按照次序升迁补转。"获得允准。康熙六年，又恢复京察。七年，甄别第四等政绩不及的官员三十七人。有谕旨这些人不必调任，一律记录二级，满洲官员回归旗籍，汉族官员退休。八年，甄别尚书布颜等七人。十九年，甄别部院司官十一人。二十二年、二十三年，分别甄别二十三人。另外，往往在京察之外，特令纠察官吏，并不以年为限。又因汉军八旗官员都是任用汉官职位，所以重在考察文义，于是在太和门考试侍郎以下官员，根据考试结果分别去留。三十四年，部院遵照圣旨保举四十七名官员，甄别四十二名官员，又遵照圣旨保举九十五名官员，按照程序加以擢升。

康熙元年，停藩臬入觐，以参政副使等官代（十二年，以御史马大成请复令入觐，二十五年又停）。于是罢大计，行考满，以五等分优劣。科臣俞之炎请并俸通考。御史张冲翼请申严卓荐定额，皆以详核事迹，使名实相副为言。旋以每人一本，题奏繁多，改为五等各一疏。四年，御史季振宜言："自改八法[①]为五等，其弊更大。即如州县由府厅至督抚，岂尽不受贿赂？层层剥核，必至侵帑殃民。请嗣后止责督抚不时举劾，其无参罚诖误者，照俸升转。"六年，复行大计。御史田六善[②]疏言："卓异之官，宜以清廉为本。凡司道等官，必开不派节礼、索馈送。州县等官，必开不派杂差、重火耗、亏损行户、强贷富民。即以清吏之有无，定督抚之贤否。"并从之。二十三年，停藩臬卓异，以督抚官资相近，易于结纳也。二十五年，圣祖谕："凡朝觐之期，每借端科派，私通交际，是察吏本以安民，而反以扰民。嗣后蹈常习故，决不尔贷。"会都御史佛伦[③]疏言："藩臬专理一省钱谷刑名，朝觐来京，委员代理，或至舛错稽迟。虽有条奏，不过细事塞责，况道途供应官员，或借端私派。请嗣后将藩臬及府佐官员入觐之例停止，照庆贺万寿表章例，每省委道一员，赍册入觐。至官员贤否，止以督抚文册为凭。藩臬造册，亦请停止。”从之。盖省一繁文，即省一繁费。免虚靡于官吏，即留气力于闾阎，故立法莫若简，又不独大计然也。二十八年，山西巡抚叶穆济[④]疏言：“不谨等官，必俟部文离任，恐此等自知被劾，官箴民瘼，益罔顾恤。请以后计参及不时题参官，拜疏之日，即遴员署理。”从之。四十三年，以教官多不谙文义，圣祖谕：“巡抚不时考试。”又谕：“荐举卓异，务期无加派、无盗案亏空，民生得所，日有起色，其他虚文，俱不必入。”（《石渠馀记》）

［注释］

①八法：清代官吏考核制度有所谓四格八法，四格为考核内容——守、才、年、政；八法为考核标准——贪、酷、不谨、浮躁、疲软、才力不及、年老、有疾。②田六善：字兼山，山西阳城人，顺治三年（1646）进士，历官户部主事、御史、给事中、右佥都御史、工部侍郎、户部侍郎等。③佛伦：舒穆禄氏，满洲正白旗人，自笔帖式累官至山东巡抚、川陕总督、礼部尚书、内阁大学士。④叶穆济：满洲镶白旗人，官至甘肃巡抚、山西巡抚。

［译文］

康熙元年（1662），停止藩司（布政使司）、臬司（按察使司）入朝觐见制度，由参政副使等官代替（十二年根据御史马大成的奏请恢复入朝觐见，二十五年又令停止）。于是废除大计之制，实行任满考核制度，按照五等分别优劣。科道官俞之炎奏请合并俸禄待遇统一考核。御史张冲翼奏请严厉申明推荐卓异的定额，这些都是以翔实考核事迹，务必使名实相副来立言的。不久，因为每位题奏一本，过于繁多，改为五等中每一等各为一疏。康熙四年，御史季振宜上奏说：“自从八法改为五等，其间弊端更大。从州县官到府厅再到总督、巡抚，怎么能够做到都清廉公正、不受贿赂？如果层层盘剥，必然导致侵吞帑金、祸害百姓。请求今后只要求总督、巡抚不时检举弹劾不法官员，而没有被参劾、处罚错误的官员，就可以提高职级待遇、升迁补转。”康熙六年，又恢复实行大计。御史田六善上疏说：“推荐卓异的官员，应当以清正廉洁为本。凡属司道等官员，一定不能分派节礼、索取馈赠；州县等官员，一定不能摊派杂差、加重火耗、亏损商人、强贷富民。也就是以有没有清廉官吏，来确定总督、巡抚的贤能与否。”得到允准。康熙二十三年，停止卓异布政使、按察使的推荐，因为他们与总督、巡抚官资相近，容易结纳。康熙二十五年，圣祖皇帝谕旨说：“凡遇入朝觐见之时，官员往往借端科派，私通交际，这样考核官吏本来是为了安民，却反而扰民。今后发现有重蹈故习的，决不宽贷。”正好遇上都御史佛伦上疏说：“布政使、按察使专门管理一省之钱粮刑名，来京朝觐，政务委托官员代理，有时会出现差错、迟延。即使有政务条奏，也不过是以小事聊且塞责。况且沿途负责供应的官员，往往借端私自加派。请求今后停止布政使、按察使以及知府、佐贰官员入朝觐见之例，按照庆贺皇上寿辰表章之例，每省委派一名道员，带着文书入朝觐见。至于官员的贤能与否，只以总督、巡抚的文书为凭。布政使、按察使造册述职，也请一并停止。”得到允准。这样节省一应繁文缛节，也就节省了一应繁重支出。免除了官员的虚靡钱财，也就是保留了老百姓的气力，所以说立法莫若简明，这又不仅仅大计之事如此啊！康熙二十八年，山西巡抚叶穆济上疏说：“在考核中被列为做事不合为官体统等的不称职官员，一定要等到吏部文书到来再离任，恐怕他们自知被参劾，对于为官之道（清、慎、勤）和民间疾苦，更不顾惜。请求今后大计时被参劾以及不时被题奏参劾的官员，从拜疏之日，就遴选官员署理。”得到允准。康熙四十三年，因为教官多不谙熟文义，圣祖皇帝谕旨说：“巡抚要不时进行考试。”又说：“推荐卓异的官员，务必要求没有加派、没有盗案亏空，这样使得民生各得其所，政务日见起色，其他虚文故事，一概不必条列其中。”

康熙三年，圣祖谕吏部曰：“都察院近日内外文武各官考满，一等二等甚多，岂无一才力不及不称职者？此后各部、直隶各省文武官员考满，将三年之内，某官所办某事，查明保奏。若考过一等二等官员，不能称职者，事发之日，将考核时具保之官一并治罪。”（《圣训》）

［译文］

康熙三年（1664），圣祖皇帝吩咐吏部说：“都察院近日对内外文武官员进行任满考核，考评为一等、二等的很多，难道就没有一个才力不及、不称职的官员吗？今后各部以及各个直隶省文武官员的任满考核，要将三年之内某官所办某事，一一查明保奏。如果经过考核的一等、二等官员，还存在不能称职的情况，事发之日，一定要将考核之时保奏的官员一并严厉治罪。”

康熙十二年，圣祖谕学士熊赐履等曰：“从来民生不遂，由于吏治不清。长吏贤则百姓自安矣。天下善事，俱是分所当为。近见寸长片善，便自矜夸，是好名也。”又谕曰：“有治人无治法，朕观人必先心术，次才学。心术不善，纵有才学何用？”（《圣训》）

［译文］

康熙十二年（1673），圣祖皇帝吩咐学士熊赐履等说：“自古以来，人民生活不顺遂，就是因为吏治不清。官吏贤能，老百姓自然就安生了。天下的善事，都是官吏分内所应当做的。近来官吏有一点点长处、一点点善政，便自吹自擂，这就是所谓的好名。”又说：“有治人无治法，我观察人才，一定以心术为先，其次是才学。如果心术不善，纵有才学，又有什么用呢？”

是年，御史宁尔讲①敬陈用人之道。疏曰：“窃谓治天下之道，莫大于用人。然知人则哲，古帝其难之。故虞廷命官，犹咨岳牧，岂聪明睿哲，尚有所不及哉？诚以我用人，不若以人用人之大也。我皇上身居九重，廉远堂高，官尚之贤否，吏治之清浊，岂必尽烦圣虑？阁部大臣为朝廷股肱心膂之托，倘不专其责成，勤于咨访，臣恐望治心切，而终未得其要也。臣唯宰相之职，首在荐贤。而职掌之重，莫过六卿。其分理庶务者，六曹之属也。表率外吏者，直省之督抚者，谁总其成，非部院乎？此部院者谁挈其领，非内阁乎？则六卿之贤否，当于内阁是问；司属之贤否，当于堂官是问；督抚之贤否，当于部院是问。敢请圣上于万机之暇，时御便殿，特召内阁、部院诸大臣，俯赐清问，某人才品优长，某人才具疏劣，某人存心正大，某人存心险邪。令其一一陈奏，给以笔札，书记姓名。更祈皇上略仿唐太宗故事，于召对咨访之时，令谏官随其后，脱有不公不法，毁誉失真者，许谏官立行纠驳，不得容隐。傥谏官通同蒙蔽，不尽职掌者，事发一体治罪。如是则天威咫尺之下，属托难行。大庭广众之中，亦且良心难昧。即有瞻顾，断不敢欺皇上之圣明。傥有偏徇，亦必畏群僚之指摘，谁敢置清议于不顾，而怀私罔上者乎？于是上下一体，君臣相接，而据外以察其内，因迹以求其心。或忠或伪，或正或邪，或抒诚体国，或固宠怀私，久之未有能逃睿鉴者。本之乾断，量为去留，则人人悚惕。而在外大臣，度无不公忠尽职，仰答皇上用人求治之盛心矣。臣昼夜思维，有治人无治法，故《书》曰：‘股肱良哉，庶事康哉！’②以见用得其人，而天下之事，自然就理。《皋陶谟》有曰：‘在知人，在安民。’又曰：‘知人则哲，更官人。’是知人君代天理物，其职专在于安民。然安民之要，又在于能知人，而使官称其才也。臣谨斟酌古今事宜，拟为知人善任之法。上圣览。傥蒙睿鉴采纳，天下幸甚，臣民幸甚。”（《皇清奏议》）

［注释］

①宁尔讲：清代诗人，顺治进士，入翰林院，康熙初任巡盐御史。②股肱良哉，庶事康哉：语出《尚书·皋陶谟》。

［译文］

这一年（康熙十二年，1673），御史宁尔讲敬陈用人之道。其奏疏中说：“窃以为治理天下的方法，没有比用人更为重要的。然而能够鉴察人的品行才华可谓明智，自古以来的帝王都认为很难。所以虞舜任命官员，还要咨询百揆四岳、十二州牧的意见。难道以虞舜的聪明睿智，还有所不及吗？的确是以个人的意见用人，不如以众人的意见用人更为重要。皇上深居九重宫阙，庙堂高远，官员的贤能与否，吏治的清廉污浊，岂能都烦劳圣上思虑？内阁部院大臣作为朝廷股肱重托，倘若不能专其责成，勤于咨询探访，我恐怕虽然期望治平之心甚切，却终究不能得其要领。我认为宰相的职责，首先在于举荐贤才。而职掌之重，没有比六部堂官更重要的。而分管具体事务的，则是六部的属官。作为外官表率的，是各个直隶省的总督、巡抚。这样，隶属总督、巡抚的官员，总其成者，难道不是各个部院吗？而隶属各个部院的官员，挈其领者，难道不是内阁吗？那么六部堂官的贤能与否，就应当以内阁是问；部院属官的贤能与否，就应当以六部堂官是问；总督、巡抚的贤能与否，则应当以部院堂官是问。请求皇上于日理万机之余暇，不时驾临便殿，特地召见内阁与部院大臣，咨询某人的才能品行优长，某人的才疏品劣，某人的心存光明正大，某人的心存险恶奸邪，让他们一一陈奏，并给他们纸笔，记录下姓名。另请皇上仿效唐太宗的故事，在召见对策、咨询探访之时，命谏官随其左右，一旦有不公正和不合法的言行，毁誉失真的情况，允许谏官当下纠察批驳，不得有所包庇隐瞒。倘若谏官通同作弊，不能尽职尽责的，事发之后一并治罪。这样，在皇上天威之下，近在咫尺，请托作弊难以施行。大庭广众之中，也难以昧其良心。即使有所瞻顾隐情，也断不敢欺瞒皇上的圣明。一旦有所偏袒徇私，也一定惧怕群臣的指摘，谁还敢于置朝野清议于不顾，而心怀私情欺骗君上呢？于是上下一体，君臣相接，根据其外表来考察其内心，根据其表现考察其心术。有的忠诚、有的虚伪，有的正直、有的奸邪，有的公忠体国、有的固宠怀私，久而久之，没有能够逃过皇上的睿智鉴察的。然后由皇上乾刚独断，酌情决定各人的去留，就会使人人敬畏。在外的大臣们，也都会无不公忠体国，尽职尽责，以报答皇上用人求治的良苦用心。我昼夜思索，有治人无治法，所以《尚书》上说：'大臣贤良，庶事皆有成效。'可见用得其人，那么天下之事自然就得到治理。《皋陶谟》有言：'君主的职责在于知人，在于安民。'又说：'能够鉴察人的才学品行就称得上睿智，因而就能选用称职之官。'由此可知君主代表上天治理万物，其职责专在安民。然而安民的关键，又在于能够知人，从而使官职与其才能品行相符合。我仔细斟酌古往今来的事例，拟定了知人善任的办法，奉请皇上圣览。如果蒙皇上睿智鉴察加以采纳，那么就是天下幸甚，臣民幸甚！"

康熙二十四年，左都御史陈廷敬《请严督抚之责成疏》曰："今天下之事，系于督抚。督抚之职，在察吏安民。若民犯法者多，刑辟不止，恶在其能安民也？察吏之意欲令安民，若民犯法者多，刑辟不止，恶在其能察吏也？臣见直省各督抚所上刑狱章奏繁多。夫督抚之职在安民者，非谓民既犯法，而明于击断之为能尽其职也。谓民未犯法，而严禁令，谨科条，使民迁善远罪，至于刑清政简之为能尽其职也。故督抚之能与不能，视其所治之民而已矣。民之安与不安，视其刑之清与不清，政之简与不简而已矣。直省之刑清，而朝廷之刑清矣。直省之政简，而朝廷之政简矣。政简刑清，王道之大端也。或曰民自犯法耳，于督抚何尤？孔子有言：'上教之不行，罪不在民也。'[①]故欲使民不犯法，而刑辟衰止，莫先于行上之教。欲行上之教，緊惟督抚是问。督抚曰是将在群吏。夫吏果廉能，毋敢有加派，毋敢有火耗，毋敢黩货于词讼，毋敢朘削夫富民，然后一意行上之教，而民不罹于刑。今吏或不能，诚有罪焉。然非尽吏之罪也。人苟稍稍知诗书识道理，一行作吏，谁忍自弃？而今或不能者，非尽吏之欲肥私其家，盖迫于上官耳。上官廉则吏自不敢为贪，上官不廉则吏虽欲为廉而不可得。吏既不得廉，则凡所为加派火耗、黩货朘削之事，日以曲事上官之不暇，而又何有于行上之教，使民不罹于刑？虽使吏勉强行之，而民习见吏之所为多不法也，曰：'是恶能教我，谁其从之？'是教之不行，刑之不止，吏为之也。吏之为之者，督抚使之然也。方今要务，在督抚得人。为督抚者，既不以利欲动其心，然后能正身以董吏。吏既不复以曲事上官为心，然后能加意于民。向之所为加派火耗、黩货朘削之事，举皆无之。夫然后民可徐得其养，养立而后教可行也。至于教民之法，三代盛矣。古今异宜，所贵得其意而神明之，而其大要莫重于读法之令。《周礼》：'乡大夫之职，各掌其乡之政教禁令。正月之吉，受教法于司徒，退而颁之于其乡吏，使各以教其所治。'[②]历代以来，有讲读律令之法，皆《周礼》之遗意，为教民之要务也。夫欲教民以道，必先信上之令，以实致乎民。《管子》曰：'国之重器，莫重乎令，令重则君尊，君尊则国安。'[③]贾山[④]曰：'臣闻山东吏布诏令，民虽老羸癃疾，扶杖而往听之。'思见德化之成，是以人臣敬君之命令，尊之如雷霆之不敢侮。盖以人君之所以为国，鼓舞群下者，恃其命令而已。臣伏读皇上《圣谕十六条》，颁行已久，彼时虽一经张挂晓谕，而乡村山谷之民，至今尚有未知者。臣近日唯见山东巡抚张鹏有《上谕十六则讲义》，及臣乡山西宁乡县知县龚应霖《讲约书》，其实心奉行与否，当俟之事久论定之时。至于一经晓谕，而旋视为具文者，比比皆然。臣所谓信上之令，以实致乎民者，责在有司，而督抚为要矣。臣欲祈皇上特降严纶，通饬督抚，使贤者知勉，而否者知惧。洗涤旧染，专以洁己教吏，吏得一心养民、教民为事。其督抚保荐府州县官也，须要第一条，实填一本官无加派、无火耗、无黩货词讼、无朘削富民十九字。第二条，实填一本官实心奉行上谕，每月吉，聚众讲解乡村、乡约讲解二十二字。如保荐不实者，请敕部将保荐之督抚，具揭之司道，并所保荐之官，严议处分。定例不得，仍用常例处分。馀条仍照旧例开具实迹。凡若此者，所贵督抚知功令之重在此。顾名思义，触目惊心，以导群吏也。而皇上之考察督抚，则以洁己教吏。吏得一心养民、教民为称职。否则罢黜治罪。圣主在上，坐照如神，自有洞鉴。臣之愚心，唯祈朝廷切责督抚，以几刑清政简之风，故敢献其鄙言，助成王道之治，统冀鉴宥施行。"（《陈廷敬文集》）

［注释］

①上教之不行，罪不在民也：语出《孔子家语·始诛第二》。②"乡大夫之职"六句：语出《周礼·天官·大宰》。③"国之重器"四句：语出《管子·重令》。④贾山：西汉颍川人。事文帝，言治乱之道，借秦为喻，名曰至言。《汉书》有传。

［译文］

康熙二十四年（1685），左都御史陈廷敬上奏《请严督抚之责成疏》说："当今天下之事，关键系于总督、巡抚。总督、巡抚的职责在于考察官吏、安定民生。如果人民犯法的多，刑事案件不断，如何能够安定民生？考察官吏的本意就是让他们安定民生，如果人民犯法的多，刑事案件不断，如何能够考察官吏？我看到各个直隶省总督、巡抚所上报的刑狱案件，奏章繁多。总督、巡抚的职责在于安定民生，这并不是说人民犯法之后，能够廉明断案就称得上尽职尽责了；而是说人民尚未犯法，就严明禁令，严谨科条，使人民一心向善，远离罪恶，以至于刑法清明，政事简要，才称得上尽职尽责。所以总督、巡抚的贤能与否，只要看其治下的人民就可以了。民生的安定与否，只要看其刑法是否清明、政事是否简要就可以了。各个直隶省的刑法清明了，那么朝廷的刑法也就清明了；各个直隶省的政事简要了，那么朝廷的政事也就简要了。政事简要、刑法清明，乃是治国之道的大端。有人说人民自己犯法，于总督、巡抚何罪？孔子曾经说过：'君上的教化未能推行，罪责不在人民。'所以要想使人民不犯法，刑事案件逐渐绝迹，首先在于推行君主的教化。要想推行君主的教化，就要唯总督、巡抚是问。总督、巡抚会说这是群吏的职责。群吏如果廉洁贤能，不敢有加派，不敢有火耗，不敢贪污受贿，不敢剥削富民，而后一心一意推行君上的教化，人民就不会触犯刑法。但如今的群吏中有人做不到，的确是有罪于此。然而，并非都是群吏的罪责。人们如果稍微通晓诗书，明白道理，一旦做了吏，谁肯自我放弃？如今有人做不到，并非群吏想要徇私自肥，大概是迫于上司的压力罢了。上司廉洁自律，群吏自然不敢贪婪；上司不能廉洁自律，那么群吏即使想要廉洁自律也不可能。群吏既然不能廉洁自律，就会做那些加派、火耗、贪贿、剥削之事，每日曲意逢迎上司尚不得暇，怎么能够推行君上的教化，使得人民不致触犯刑法呢？即使让群吏勉强推行，可是人民平常看到群吏所作所为多不合法，就会说：'这样怎么能够教化我等，谁肯听从他们呢？'这样，教化无法推行，刑罚不能绝迹，似乎是群吏所造成的。而群吏之所为，又是总督、巡抚使他们这样做的。当今的要务，就在于总督、巡抚用得其人。作为总督、巡抚，不以利欲熏心之后，才能端正自身从而作为群吏的表率。群吏不以曲意逢迎上司为心之后，才能够着意于民生，以前所为的加派、火耗、贪贿、剥削之事，也都不会有了。如此，人民慢慢得以休养生息，人民休养生息之后教化才可以推行下去。至于教化民众的方法，夏、商、周三代良法美意最盛。古今异同，贵在得其本意，加以申明，而其中的关键则在于让人民读懂法令。《周礼》上说：‘六乡大夫的职责，就是掌管所在地方的政教禁令。正月吉日，接受司徒的教诲，回来后颁示给其乡的吏员，让他们各自教化治下的人民。’以后历代，都有讲读律令的规定，这都是《周礼》的遗风，是教化人民的要务。要想教人民以道义，一定要首先信奉君上的政令，如实地传达给人民。《管子》上说：‘国家最重要的是法令，法令为重则君主为尊，君主为尊则国家安宁。’贾山说：‘我听说山东地方官吏发布诏令，民众中即使年老、羸弱乃至患病的人，都拄着拐杖去听讲。’可以想见其道德教化的成功。因此，大臣敬畏君主的命令，像对待雷霆一样尊重而不敢丝毫亵渎。这是因为君主用来治国、鼓舞臣民的，就是依赖这些命令罢了。我恭读皇上的《圣谕十六条》，颁行天下已经很久了，当时虽然也经过张挂晓谕，但是乡村山谷地方的民众，至今还有不知道的。我最近只见到山东巡抚张鹏的《上谕十六则讲义》和我故乡山西宁乡县知县龚应霖的《讲约书》，至于他们是否实心奉行，还要等待事后论定的时候。至于一经颁布晓谕，不久就视为空文的，却比比皆是。我所说的信奉君上的政令，如实传达给民众，其职责在于有关官吏，而总督、巡抚最为重要。我想请皇上颁布严旨，饬令总督、巡抚，使贤能者知道勉励，不贤者知道恐惧，从而涤荡旧有恶习，专门以廉洁自律教导吏员，吏员则一心一意休养生息、以教化民众为务。总督、巡抚保举推荐府州县官员，第一条，必须如实填写‘一本官无加派、无火耗、无黩货词讼、无朘削富民’十九字；第二条，必须如实填写‘一本官实心奉行上谕，每月吉，聚众讲解乡村、乡约讲解’二十二字。如果保举推荐不实，请敕令吏部将保举推荐的总督、巡抚，上奏的司道官员，与所保举推荐的官员，严加处分。如果定例不妥切，仍按照常例处分。其余各条仍然按照旧例开列实在政绩。这样，关键使得总督、巡抚知道功令之重在此。顾名思义，触目惊心，从而督导群吏。皇上考察总督、巡抚是否贤能，就以是否廉洁自律、教导群吏作为标准；考察吏员，就以是否一心一意休养生息、教化民众作为称职的标准。否则予以罢黜治罪。圣明的君主在上，观照正理犹如神明，自有洞彻鉴察。我的愚昧之心，只希望朝廷切实督责总督、巡抚，以期达到刑法清明、政事简要的风气，因而敢于献上自己的粗浅意见，希望助成王道之治，请皇上鉴察施行。”

康熙二十六年，圣祖谕吏部曰：“国家用人，凡才优者固足任事，然秉资诚厚者，亦于佐理有裨。比部院中亦有一二才优之人，所以未即升擢者，因其有才又能循分，故久任之。朕听政有年，见人或自恃有才，辄专恣行事者，思之可畏。朕意必才德兼优为佳。若止才优于德，终无补于治理耳。”又谕大学士等曰：“设官分职，原以为民，所在得一良吏，则民遂其生。今观各官虽有品行清洁者，但畏国法而然。如直隶巡抚于成龙之真实清廉者甚少。观其为人天性忠直，并无交游，唯知爱民。即伊本旗王等门上，亦不行走。直隶地方百姓旗人，无不感戴称颂。如此好官，若不从优褒奖，何以劝众？可令九卿集议。于成龙前因九卿推荐，朕始擢用，若再有如此好官，不拘大小，亦令九卿保举来奏。”（《圣训》、《东华录》三十九）

[译文]

康熙二十六年（1687），圣祖皇帝吩咐吏部说：“国家用人，大凡才能优异的人固然足以担当政事，然而天资诚实忠厚的人，也于佐理政事有所裨益。现在六部、都察院之中也有一两个才能优异的人，之所以没有立即升迁，就是因为他们有才能，又能够遵循职分，所以长期得到重用。我听政多年，看到有的人自恃有才能，就专权独断、恣意行事，想起来很可怕。我认为官员一定要德才兼备为佳。如果只是才能优异，德行其次，终究对于政事治理没有好处。”又吩咐大学士等说：“国家设官分职，原本是为了安定民生，一个地方得一好官，那么民生就得以顺遂。观察现任官员，虽然也有品行清廉、洁己奉公的人，只不过是畏惧国法，才如此表现的，像直隶巡抚于成龙那样真正清正廉洁的人非常少。观察于成龙的为人，天性忠诚率直，并无多少交游，只知道勤政爱民。就是他所在的本旗王公大臣门上，他也不走动。直隶地方的百姓和旗人，无不感恩戴德，称颂不已。像这样的好官，如果不从优褒奖，如何能够劝勉众人？可以让九卿集中讨论。于成龙从前也是因为九卿的保举推荐，我才加以提拔重用。如果再发现有这样的好官，不论官职高低，也让九卿保举上奏，予以重用。”

康熙四十年，圣祖谕大学士等曰：“自古帝王用人行政，皆赖大臣荐举贤良，尽事君之大义。虽或荐举偶有未当，若为所举者，因有贤吏为名，遂力改所为，不负所举，斯即良吏也。若始以贤而举之，乃改行而为不肖，既玷祖父之名，复绝功名之路，以致贻累于所举，斯则国家之大罪人也。天下至大，为人君者焉能人人面识别之？且官方贤否，或操守清正，或贪污不肖，必难逃于众论，其居官即此可知。傥所举之人，居官皆善，此乃实心为国无私之贤臣也。所举有善有不善，此其心虽为国，特识鉴未到之故耳。若所举皆贪污行私，此则大玷为臣之义，不可一日容于世者也。辨别臧否，以鼓励实行，权在人主。或居小吏时亦有善名，及得志之后，改行者甚多，此则焉能预料？自兹以后，朕唯视其居官操守清廉，以为实据，无庸预为疑度也。”又谕曰：“朕听政四十馀年，凡条奏之事，稍有私意，断不能欺朕。马士芳[①]特不喜汉军居督抚之任，故将王国昌[②]等俱行参奏。朕所知之汉人数员，已尽置外任。今郭琇病甚，欲选一人代之，尚患不得。果如张鹏翮、李光地、郭琇者，能有几人？若云汉人内人人皆优，此亦不可。原任福建巡抚宫梦仁[③]，居官无状。朕问李光地：‘邻省河南、山东巡抚居官如何？尔等有文移往来之事，必能知之。’李光地言：‘河南巡抚徐潮居官甚优，山东巡抚王国昌虽无过人之才，心性和平，地方尚受其益。果在地方安静，即百姓之福矣。’”又谕大学士曰：“近见督抚内张鹏翮、李光地、郭琇、彭鹏、华显[④]等居官最优。阿山[⑤]到任虽不久，居官亦甚善。徐潮自到河南，声名即尔茂著。顷彭鹏荐知县三人。彭鹏所举，定皆良吏。张鹏翮、李光地皆不轻于荐人，唯恐荐后或有不法，故甚郑重之。若于成龙则乐于荐人，故常失之。”（《东华录》六十八）

［注释］

①马士芳：康熙进士，书法家，历官吏科给事中、太常卿、大理寺卿。②王国昌：籍隶汉军八旗，官至山东巡抚。③宫梦仁：字究宗，号定山，泰州人，康熙十二年进士，历官监察御史、湖广按察使、大理寺少卿、都察院副都御史、通政使、福建巡抚。④华显：字觉罗，汉军正黄旗人，官至川陕总督，谥文襄。⑤阿山：伊拉哩氏，满洲镶蓝旗人，由笔帖式历官翰林侍讲、户部侍郎、礼部侍郎、翰林院掌院学士。康熙三十九年授江南江西总督。

［译文］

康熙四十年（1701），圣祖皇帝吩咐大学士等说：“自古以来帝王用人行政，都依赖大臣保举推荐贤良人才，以尽臣民事君治国的大义。即使有时保举推荐偶尔会有失当之处，如果被保举推荐的人才，为了贤良官吏的名声，就勉力改进所作所为，不辜负被保举推荐的本意，也就堪称良吏。如果起初以贤良人才保举出来，而后竟改其素行，行为不肖，不仅玷污了祖宗的名声，也断绝了功名的道路，以至于连累了保举推荐的大臣，这就是国家的大罪人。天下至为广大，作为君主怎么能够人人当面加以鉴察？况且一个人做官贤能与否，有人操守清正廉洁，有人贪黩受贿做不肖之徒，一定难逃众人的公论，其居官如何从公众舆论评价中就可以知道。如果所保举推荐的人才，居官都很好，那么举荐的大臣就是实心为国、大公无私的贤臣；如果所保举推荐的人才，有好有不好，那么举荐的大臣内心虽然为国选贤，只是其识别鉴察还有不到的缘故；如果所保举推荐的人才，都是贪污徇私的人，那么就会大大玷污举荐的大臣的大义，使之不可一日为世所容。辨别贤否，臧否人才，以鼓励士气，推行实政，其权衡取舍关键在君主。有人在做小吏的时候也有令名，等到得志之后，行为改变很多，这些怎么能够预料呢？从此以后，我只观察其居官操守清正廉明，作为实际依据，不必预先加以揣度。”又吩咐说：“我听政四十多年，大凡大臣条奏的事情，稍微含有私意，断然不能骗过我。马士芳只是不喜欢汉军八旗之人居总督、巡抚之位，所以将王国昌等都予以参奏弹劾。我所知道的汉族大臣数员，已经都放了外任。如今郭琇病得很重，想选调一人代替他，还担忧未得其人。真正像张鹏翮、李光地、郭琇这样的大臣，能有几个人？如果说汉族人人都很优异，也不可这样说。原任福建巡抚宫梦仁居官没有政绩。我问李光地：‘其他省份如河南、山东巡抚居官如何？你们都有文书往来之事，一定能够知道。’李光地回答说：‘河南巡抚徐潮居官甚好，山东巡抚王国昌虽然没有过人的才能，但心性和平，地方还能受其裨益。真正能使地方安静无事，就是百姓的福分。'”又吩咐大学士说：“近来看到总督、巡抚中张鹏翮、李光地、郭琇、彭鹏、华显等居官最为优异。阿山到任虽然不久，居官也很好。徐潮自从担任河南巡抚，声名就很好。前不久彭鹏推荐知县三人，所举都是贤良官吏。张鹏翮、李光地都不轻易保举推荐人才，唯恐荐举之后有时会发生不法之事，所以非常郑重其事。像于成龙则乐于保举推荐人才，所以也经常会有失。”

是年，御史靳让[①]奏凡为州县者，须令百姓家给人足，野无荒亩，方为良吏。圣祖谕大学士等曰：“朕御极四十年，唯冀天下黎庶尽获安全，边疆无事。果如靳让所言，必令海宇生民，家给人足，不致一人饥馁，此非朕所可必者。今李光地、张鹏翮、赵申乔等皆以居官优长见用之人，诚如所言，此辈皆不足为良吏矣！靳让亦不过徒为空言耳。曩者钱珏[②]、卫既齐[③]亦曾为此大言，及后用至大吏，皆不能自践其语，品亦不端，大言又何益哉？靳让曾为县令，其在任所行，能如是乎？通州驿马事繁，著调靳让为通州知州。彼果能如其所言，朕即超用之。其通州知州祖应世，著李光地调用别地。”又谕大学士等曰：“朕凡用人，皆咨询诸大臣而后用。于诸大臣不信，将谁信耶？朕听政四十馀年，观尔诸臣保奏，皆各为其党。尔等致位宰辅，皆有可否人才之责。朕凡咨访人才，当以实对。若唯恐结怨，不行陈奏，何以责人耶？”嗣大学士等以湖南按察使员缺，将九卿保举道员施世纶[④]等开列具奏。圣祖谕曰：“施世纶朕深知之。其操守果廉，但遇事偏执。百姓与生员讼，彼必庇护百姓；生员与缙绅讼，彼必庇护生员。夫处事唯求得中，岂可偏私？如施世纶者，委以钱谷之事，则相宜耳。”（《东华录》、《圣训》）

［注释］

①靳让：字益庵，河南尉氏人，康熙十八年（1679）进士，历官御史、

通州知州、广西及浙江佥事等。②钱珏：字霖玉，号朗亭，长兴人，历官监察御史、左佥都御史、顺天府尹、山东巡抚等。③卫既齐：字伯严，山西猗氏人，康熙三年（1664）进士，历任翰林检讨、山东布政使、顺天府尹、副都御史等。④施世纶：字文贤，施琅之子，官至漕运总督。

［译文］

这一年（康熙四十年，1701），御史靳让上奏说：凡是做州县官的，必须让老百姓家给人足，野外没有荒芜的土地，这样才称得上良吏。圣祖皇帝吩咐大学士等说："我即位四十年，只希望天下老百姓都获得安全生活，边疆国防平安无事。如果真像靳让所说的，一定能让四海之民家给人足，不至于有一个人遭受饥寒，这些不是我所能做到的。当今大臣像李光地、张鹏翮、赵申乔等做官优秀而受到重用的人，如果真的像靳让所说的那样，这些人都不足以称得上良吏了。靳让也不过是空说大话罢了。以前钱珏、卫既齐也曾经说过类似的大话，到了后来被任用为大吏，都不能践行自己的说法，品行也不端正，空说大话又有什么益处呢？靳让曾经做过县令，其在任上所行，能够如此吗？通州驿马枢纽，政事纷繁，就调靳让担任通州知州。他果真能够做得像所说的那样，我就越级提拔任用他。现任通州知州的祖应世，令李光地把他调到其他地方任职。"又吩咐大学士等说："我凡是用人，都要咨询各位大臣然后才任用。如果不信任各位大臣，我将信任谁呢？我听政四十多年了，观察各位大臣所保奏的人才，都是各自的党羽。你们位登宰辅，都有识别人才可否任用的职责。我凡是向你们咨询探访贤才，应当如实回答。如果唯恐结怨于人，不予陈奏，那么如何苛责别人呢？"后来大学士等因为湖南按察使职位缺员，将九卿所保举的道员施世纶等开列具奏。圣祖皇帝谕旨说："对于施世纶我非常了解，他操守清廉，但是遇事容易偏执。如果遇到百姓与生员诉讼，他一定庇护百姓；如果生员与缙绅诉讼，他一定庇护生员。处理政事唯求得其中庸之道，岂可偏执？像施世纶这样的人，如果以钱粮之事委托给他，就相适宜了。”

康熙五十三年，圣祖谕大学士等曰：“昔人有言，正朝廷以正百官，正百官以正万民。举贤退不肖，正百官也，二者不可偏废。如但举贤而不退不肖，则贤者知所勉，而不肖者不知所惩，终非劝众之道。唯黜退不肖之员，则众人方知所戒，俱勉为好官矣。”（《圣训》）

［译文］

康熙五十三年（1714），圣祖皇帝吩咐大学士等说：“古人有话说：端正朝廷风气以端正百官，端正百官以端正天下万民。举荐贤能人才，黜退不肖之徒，就是所谓的端正百官，这两个方面不可偏废。如果只是举荐贤能人才，而不能黜退不肖之徒，那么贤能人才知道勉励，可是不肖之徒却不知道惩戒，终究不是劝谕众人的方法。只有黜退官场中的不肖之徒，众人才知道惩戒，都相互勉励，努力做好官。”

康熙间，令月官[①]写履历以三百字为限。（初用八股，康熙五十七年停）又令会同九卿验看。有行止不端、出身不正者，据见闻直奏。是为验看月官之始。（康熙五十三年定）又令选人，将地方繁简难易，预为筹画。何以治民，何以厚俗，以及催科抚字之术，谳狱听讼之才，各出己见，详陈一二事于履历之后。其调补升任之官，将旧地方利弊明白敷陈。盖使之敷奏以试其言，验看行止以观其行，凡所以澄叙于入官之始也。（《石渠馀记》）

［注释］

①月官：清制，每月京外官有缺，由吏部递补，初授官于双月大选，改

授官于单月急选，谓之月选，所选之官称为月官。

［译文］

康熙年间，规定月官撰写履历以三百字为限。（起初采用八股文，康熙五十七年停止。）又规定吏部会同九卿察验。如果有行为不端、出身不正的人，可以根据所见所闻直接具奏。这就是所谓的验看月官的开端。（康熙五十三年规定。）另外，还要求被选拔的人，将各该地方政务的繁简难易，预先进行筹划。如何治理人民，如何醇厚风俗，以及如何催促赋役、安抚民众的方法，听讼断案的才能，各抒己见，详细陈奏一两件事，列于各人履历之后。其中调补升任的官员，要求将原任地方的利弊明白陈奏。这样做，就是通过让他们陈奏以考察其言论，考察其行为举动，以观其操行，这些都是为了在其进入官场的开始就加以清晰了解。

康熙政要卷十

论教戒诸皇子贝勒第十一

康熙二十七年，圣祖谕宗人府曰：“自古帝王展亲睦族，列爵锡封，原欲选贤建能，旌别淑慝[1]。俾咸知劝勉，庆流奕世，此国家之常经，奖励之至意也。朕笃念亲亲，恩礼罔替，年至十五，即行受封。但谊属本支，必皆饬躬砥行，端良醇谨，益自刻励，动不逾则，始无忝于宗潢。今亲王以下，奉恩将军以上，年至十五，不问贤否，概予封爵，以致视为故典，罔知激劝。嗣后亲王以下，奉恩将军以上子孙，应俟其年至何岁、作何，辨其贤否，定其品级等第，始应授封。著议政王、贝勒、大臣及亲王以下，奉恩将军以上，会同确议具奏。”（《圣训》）

［注释］

①旌别淑慝：语出《尚书·毕命》，意谓识别民众之善恶。

［译文］

康熙二十七年（1688），圣祖皇帝吩咐宗人府说：“自古以来，帝王敦睦亲族，列爵分封，原本希望选贤任能，识别其中的善恶优劣，从而使他们都知道劝勉奋进，世代流芳，这是国家的大政方略，也是奖励宗室的深切含义。我笃念亲亲之谊，加恩礼遇从不间断，宗室子弟长到十五周岁，就进行加封。只是本支的宗室亲属，一定都要加强修养，砥砺品行，做到品德端方，行事恭谨，更加刻意勉励，行为不能超越规矩，这样才能无愧于祖宗。现今亲王以下，奉恩将军以上，只要到十五周岁，不论贤能与否，一概予以封爵，以至于视为旧例法典，而却不知道激励劝勉。今后亲王以下，奉恩将军以上的宗室子孙，都应当等到其年龄到规定岁数，据其所行何事，分辨其贤能与否，确定品级等次，才应当授官封爵。请议政王、贝勒、大臣以及亲王以下，奉恩将军以上宗室，会同详加讨论具奏。”

康熙三十二年，圣祖谕大学士等曰：“宗族之始，皆一祖所生，当力敦亲睦，共相爱恤、扶持以为生也。今见诸王以下，略无亲睦之谊，或者同为宗室[①]，以他祖父之名，名其子若孙者有之。朕意此后入八分公[②]以上，诸吉凶事会集之礼，仍照旧行。其未入八分公以下，至于闲散宗室，吉凶之事，亦宜定会集仪式，止令本翼会集。若皆令八旗会集，则不胜其烦矣。如遇丧事，则一旗之中为之服，别旗唯去其缨。又闲散宗室中有极贫者，一有吉凶之事，诸王以下，闲散宗室以上，各以其意量为资助。在与者，既不以为难，而受者，亦良有所益。其会集时，视其身之品级以下者一体会集。闲散宗室无品级者，则视其父之品级会集。凡会集不至者，有司察参，如此则皆相识而相亲矣。又宗室中见在名字有相犯者，宗人府悉行察改。自兹以往，每岁所送宗室人名，亦即详察，其有犯者，驳之令改。尔等将朕此旨同满洲尚书、侍郎宣示诸王及闲散宗室，令其定议以闻。”（《圣

训》)

［注释］

①宗室：清制，太祖努尔哈赤之父显祖塔克世的直系子孙，始称为宗室，系金黄色丝带为标志，故称黄带子。②八分公：清入关前，八和硕贝勒共治国政，称为八分；后宗室十二等封爵中，亲王、君王、贝勒、贝子以上皆入八分，称为八分公。

［译文］

康熙三十二年（1693），圣祖皇帝吩咐大学士等说："宗族的原始，都是一个祖先所生，应当敦亲和睦，相互爱护、体恤、扶持，以便更好生存。如今看到诸王以下，一点也没有亲爱和睦的情感，有的同为宗室子弟，用别人祖父的名字，来命名自己儿子甚至孙子。我以为今后入八分公的宗室以上，凡遇吉凶大事会集的礼仪，仍然照常进行。那些没有入八分公以下的宗室子弟，一直到疏远的闲散宗室，凡遇吉凶大事，也应当会集起来举行仪式，只令本旗宗室会集。如果都让八旗子弟来会集行礼，就不胜其烦了。如果遇到丧事，就一旗之中为之服丧，其他旗的宗室只去掉顶戴上面的缨络。另外，闲散宗室之中如果有非常贫穷的子弟，一旦遇到吉凶大事，诸王以下，闲散宗室以上，各自根据自己的心意酌量加以资助。给予资助的人既不因此作难，而接受资助的人，也受到助益。至于会集行礼之时，根据其自身的品级以下的宗室子弟全体会集。闲散宗室没有品级的，就根据其父亲的品级来进行会集。凡是会集行礼不到的，有关官吏纠察参劾。这样，宗室之间就都得以相识而且相互亲近了。另外，宗室子弟现在名字有相互冒犯的，宗人府一一进行查证，予以改正。从此以后，每年所报来的宗室人名，也要当即进行详细查证，其中如有重复冒犯的，驳回令其改正。你们要将我的谕旨会同满洲尚书、侍郎等官一起向诸王及闲散宗室加以宣示，令其制定为条例报告批准。"

圣祖《庭训》曰："朕自幼龄学步能言时，即奉圣祖母慈训，凡饮食、动履、言语，皆有矩度。虽平居独处，亦教以罔敢越轶。少不然，即加督过，赖是以克有成。八龄缵承大统，圣祖母作书训诫冲子曰：'自古称为君难。苍生至众，天子以一身君临其上，生养抚育，无不引领而望。必深思得众则得国之道，使四海之内咸登康阜，绵历数于无疆，唯休！汝尚其宽裕慈仁，温良恭敬，慎乃威仪。谨尔出话，夙夜恪勤。以祗承乃祖考遗绪，俾予亦无咎于厥心。'朕仰戴斯言，大惧弗克遵兹丕训，唯曰庶其自强不息，以日新厥德。益思学问者，百事根本，不能学问，则渐即于非己。以故自少读书，深见夫为学之要，在乎穷理致知。天德王道，本末该贯。存心养性，非此无以立体。齐治均平，非此无以达用。于是孜孜焉日有程课，乐此忘疲。虽帝王之学，不专纂组章句，顾由博而约。往哲遗训，唯能网罗记载，搜讨艺文，斯足增长见闻，克益神智。朕机务之暇，讲诸经，参稽易学，于太极西铭之义[①]，河图洛书之旨，往往潜心玩味。以次历观史乘，考镜得失，旁及古文诗赋诸子百家。《说命》言：'念终始典于学。'[②]《周颂》言：'学有缉熙于光明。'[③]朕所以朝斯夕斯，至今弗辍者也。书亦六艺之一。朕每念心正笔正，作字自来未敢轻易。喜临摹古书法，考其源委。又《礼记·射义》称：'事之尽礼乐而可数为以德立行者，莫若射，故圣王务焉。'[④]《易·大传》言：'弧矢之利以威天下。'[⑤]朕自少习射，亦如读书作字之日有课程。久之心手相得，辄命中。用率虎贲羽林以时试肄。念祖宗以来，以武功定虓乱，文德致太平，岂宜一日不事讲习？朕凡此既以自勉，还用督率汝曹。《周书》曰：'不学墙面，莅事唯烦。'[⑥]孔子曰：'少年若天性，习惯如自然。'[⑦]盖蒙以养正，盛年力学，如朝日舒光。元良国之根本，支庶国之藩附。朕深唯列后付托之重，谕教宜早，弗敢辞劳。未明而兴，身亲督课。东宫及诸子，以此上殿，背诵经书，至于日昃。还令习字习射，复讲犹至宵分。自首春以及岁晚，无有旷日。每思进修之益，必提撕警诫，斯领受亲切。汝曹生长深宫，未离阿保，薰陶涵养，正在此时。尚其爱日惜阴，黾勉勿怠，故复谆谆，欲令汝曹皆知吾心也。木受绳则直，金就砺则利[8]。穷理格物，多识前言往行，是唯作圣之功。汝曹今日为子弟，他日为人父兄，取资匪远，当思吾言。”（《御制文二集》）

［注释］

①太极西铭之义：宋代理学以太极总天地万物之理，以此为中心建立其宇宙社会观。周敦颐著有《太极图说》，朱熹有《太极图解》，张载有《西铭》。②念终始典于学：语出《尚书·说命》。③学有缉熙于光明：语出《诗经·周颂》。④“事之尽礼乐”三句：语出《礼记·射义》。⑤弧矢之利以威天下：语出《易经·系辞下传》。⑥“不学墙面”二句：语出《尚书·周官》。⑦“少年若天性”二句：语出《汉书·贾谊传》。⑧木受绳则直，金就砺则利：语出《荀子·劝学》。

［译文］

圣祖皇帝《庭训格言·序》写道：“我自从幼年学步能够说话之时，就奉圣祖母的慈训，凡是饮食、行动、言语，都有规矩。即使平时单独居处，也教导我不敢越礼犯分。稍有不然，就加以督责，正因为这样才得以有所成就。我从八岁起继承皇位，圣祖母亲自撰文训诫幼孙说：‘自古以来，均称作为君主很难。天下苍生至为众多，君主以一人之身君临其上，人民的生养抚育，无不仰望君主的恩泽。君主必须深入思考得民心就能得天下的方法，使得四海之内，都能达到富足康乐，政权能够绵延不断，万寿无疆。你要崇尚宽厚仁慈，温良恭敬，谨慎自己的威仪，小心自己的话语，日夜敬畏勤勉，从而恭敬地继承祖父、父亲的遗志，也使我能够无愧于心！’我感戴祖母的这些话语，非常害怕不能遵照她的训诫，只有自强不息，从而每日增益自己的道德修养。同时思考勤学好问是万事的根本，不能勤学好问，就会逐渐脱离正道。因此，我从小读书学习，深刻认识到学习的关键，在于穷理尽性，格物致知。自然之理，治国之道，其本末始终都是贯穿一体的；而人的存心立意、修养心性，离开这个根本就无法立足；而齐家治国、均平水土，离开这个根本就无法成其功用。所以我能够孜孜不倦，每日研习功课，乐此不疲。虽然说帝王的学问，并不专在于寻章摘句，而贵在由博返约，经世致用，然而古圣先哲的遗训，只有能够网罗各种文献记载，搜集整理文学名篇，才足以增广见闻，裨益神智。我在日理万机之余暇，讲解群经，参考易学，对于太极西铭的含义，河图洛书的旨趣，常常潜心玩味。然后考究历代的历史文献，总结历朝的政治得失，旁及古文、诗词歌赋、诸子百家的著作。《尚书·说命》上说：‘意念始终在于学问。’《诗经·周颂》上说：‘勤奋学习就能渐积广大以至于光明。’这就是我之所以朝夕勤学，至今坚持不辍的原因。书法也是儒家传统的六艺之一。我常常思索心正则笔正，所以写字从来不敢轻易下笔。喜欢临摹古人书法，考察其源流。《礼记·射义》上说：‘诸事之中，能够穷尽礼乐而又可计数，以兴立人之德行者，没有能比得上射箭的，所以古圣先王很重视射箭。’《易·大传》上也说：‘弓矢之利可以威震天下。’我从小练习射箭，也像读书写字一样作为每日的功课，久而久之，逐步达到心手合一，就屡屡命中，因此经常率领宫廷侍卫部队定期比武。我想自太祖、太宗以来，我们国家以武功平定暴乱，以文德达到太平，岂能一日不讲习武功骑射？我说这些既是为了自勉，更是用来督促鞭策你们。《周书》上说：‘不学不知政事之理，犹如面对墙壁；一旦临事，唯有烦乱出错。’孔子说：‘少年时期养成的天性，习惯就会成为自然。’蒙童时代修养正气，壮年时代奋力勤学，就像早晨的太阳、舒适的阳光。太子是国家的根本，其余皇子宗室则是国家屏藩。我深深感到列祖列宗的托付至为重大，教导子孙应当趁早，不敢因为辛劳而有所推辞。天尚未明就起来，亲自督导他们学习。太子及诸位皇子按照次序上殿背诵经书，直到太阳偏西。还要让他们写字、练习骑射，然后再讲解到深夜。自从早春直到岁末，没有哪一天停止的。我常想进德修学的好处，一定要耳提面命，警策训诫，使之亲身体会、真心接受。你们生长在深宫之中，没有离开过左右的养育，熏陶道德，涵养精神，正当其时。还希望你们能够爱惜光阴，勤勉修习，不要懈怠，所以我谆谆教诲，想要让你们都深知我的用心。木材经过墨斗画线加工后就取直了，金属刀剑在磨刀石上磨过之后就锋利了。穷理尽性，格物致知，多了解古圣前贤的嘉言懿行，这些都是成就圣贤的基本功课。你们今日做人子弟，他日将要为人父兄，可以取资的东西就在身边，你们都要深刻思考我的话语。”

《训》曰：“孔子云：‘君子有三戒：少之时，血气未定，戒之在色；及其壮也，血气方刚，戒之在斗；及其老也，血气既衰，戒之在得。’[①]朕今年高，戒色戒斗之时已过，唯或贪得，是所当戒。朕为人君，何所用而不得，何所取而不能，尚有贪得之理乎？万一有此等处，亦当以圣人之言为戒。尔等有血气方刚者，亦有血气未定者，当以圣人所戒之语，各存诸心，而深以为戒也。”

［注释］

①君子有三戒……戒之在得：语出《论语·季氏》。

［译文］

圣祖皇帝《庭训格言》写道：“孔子说：‘君子有三种禁戒：少年时血气尚未稳定，应戒贪恋女色；到了壮年，血气方刚，应戒逞强好斗；到了老年，血气已经衰竭，应戒贪得无厌。’我现在年事已高，戒色、戒斗的时候已经过去，只有贪得无厌，是应当戒除的。作为君主，有什么想用而得不到的，有什么想取而不能取得的，还有贪得无厌的道理吗？万一有此等贪得之念，也应当以圣人的话作为禁戒。你们有的血气方刚，有的血气尚未稳定，应当把圣人告诫的话牢记在心，深深引以为戒。”

论尊敬师傅第十二

康熙二十四年，议准文华殿之东，建传心殿，奉皇师、帝师、王师、先圣、先师之位。皇太子出阁讲书，祭告行礼，春秋会讲亦如之。（《嘉庆事例》、《钦定会典·礼部》）

［译文］

康熙二十四年（1685），廷议批准在文华殿的东边，建造传心殿，供奉皇师、帝师、王师、先圣、先师的牌位。皇太子出阁读书，在这里举行祭告礼，春秋两季举行会讲，也如此行礼。

康熙二十五年，议准日讲官，以翰林院官充补。日以讲官满一人、汉二人轮直进讲。正本先期送进，副本由司经局正字[①]誊写，讲官恭奉进讲。每日早，讲官进至内左门外坐，赐茶。候内监出，引至毓庆宫惇本殿[②]，行一跪三叩礼，进至讲案前。皇太子先讲本日书毕。满汉讲官，以次进讲。先讲四子书，后讲五经，讲毕各退。日讲之期，新岁开印后，请旨开讲。遇躬祭坛庙与三大节庆日停讲、忌辰停讲外，虽寒暑斋戒日期，及封印后均不停讲。至岁暮祫祭[③]斋戒日始暂停。（《乾隆钦定会典》一百五

十三）

［注释］

①司经局正字：司经局掌管经籍、典制、图书公文的印制收藏，隶属詹事府，设满汉洗马各一人，另设汉正字二人，掌缮写讲章。②毓庆宫惇本殿：位于故宫东路奉先殿与斋宫之间，前后四进，正殿即惇本殿。这里是皇子居所，后作为皇帝读书处。③祫祭：即合祭群祖，也就是在太庙祭祀所有的祖先。

［译文］

康熙二十五年（1686），廷议批准日讲的讲官由翰林院官员担任。每日由满洲讲官一人、汉族讲官二人轮流入直进讲。讲义的正本要提前送入宫内，讲义副本则由司经局正字官誊写，讲官恭奉进讲。每日早晨，讲官进宫到内左门外落座，赐茶。等候太监出来，引导到毓庆宫惇本殿，行一跪三叩大礼，来到讲案前面。皇太子首先讲解当日的功课，完毕之后，满汉讲官再按照次序进讲。先讲四书，后讲五经，讲完各自退下。日讲的时间，每年岁首开印之后，请示皇上谕旨何时开讲。遇到皇上亲自祭祀坛庙与元旦、冬至、万寿（即皇帝生日）三大节庆日子停讲，忌辰停讲外，即使是寒冬、酷暑或斋戒之日，以及岁末封印之后，均不需停讲。直到岁末在太庙合祭群祖斋戒之日才停讲。

康熙二十五年，奏准会讲礼。每岁二月、八月，驾御经筵后，钦天监择吉具题，皇太子行会讲礼。是日，皇太子恭诣传心殿祗告礼成，升主敬殿座。各大臣官员，排班序立，行二跪六叩礼，退立原班。满汉讲官，诣讲案前，一跪三叩，以次进讲。先四子书，后五经。讲毕，同大臣官员等出殿外丹墀下序立，仍行二跪六叩。礼毕，各退。讲章由詹事府先期送进。讲官满汉各二人。（《乾隆钦定会典》一百五十三）

［译文］

康熙二十五年（1686），奏准会讲礼仪。每年二月、八月，皇上驾临经筵后，钦天监选择吉日具疏题奏，皇太子行会讲礼。这一天，皇太子恭敬地来到传心殿敬告典礼完成，升座主敬殿。各位大臣官员，按照次序排班站立，行二跪六叩大礼，退立原班。满汉讲官来到讲案前，行一跪三叩大礼，按照次序进讲。先讲四书，后讲五经。讲解完毕，同各位大臣官员等走出殿外丹墀下按照次序站立，仍旧行二跪六叩大礼。礼毕，各自退下。讲章由詹事府预先送进宫中。讲官满汉各二人。

论恤勋旧第十三

康熙八年，内秘书院学士禅布奏，伊祖达海巴克式①蒙赐谥文成，请立石碑，以光永久。圣祖曰："达海巴克式通满汉文字，于满书加添圈点，俾得分明。又照汉字增造字样，于今赖之。念其效力年久，著有劳绩，著追立石碑。"是年，又谕吏部、兵部曰："苏克萨哈②奉皇考遗诏辅政，虽系有罪，罪止本身，不至诛灭子孙后嗣。此皆鳌拜等与苏克萨哈不和，挟仇灭其子孙后嗣，深为可悯。其白尔黑图③等并无罪犯，因系族人连坐诛戮，殊属冤枉。其苏克萨哈原官及白尔黑图等官职，俱应给还。尔二部将此案所革官员，俱行查明议奏。"（《御制文集》）

［注释］

①达海巴克式：觉察氏，满洲正蓝旗人，通满、汉文义，太祖召直同文馆，与明、蒙古、朝鲜词命，皆出其手，创制满文，制订朝仪，授三等轻车都尉世职。巴克式，亦作巴克升，乃皇太极赐他的称号。②苏克萨哈：纳喇氏，满洲正黄旗人，顺治末受命为辅政大臣，后与鳌拜相忤，坐绞刑。康熙间追复

原官。③白尔黑图：纳喇氏，满洲正白旗人，以功封一等男，后受苏克萨哈株连而死。追谥忠勇。

［译文］

康熙八年（1669），内秘书院学士禅布陈奏：其祖父达海巴克式承蒙皇上赐谥号文成，请求立石碑记，以垂永久。圣祖皇帝说："达海巴克式精通满、汉文字，就老满文加添圈点，使得更加分明。又依照汉字增造字样，创制满文，至今依赖其惠泽。感念其效力国家时间很久，功绩卓著，令为他追立石碑。"这一年，又吩咐吏部、兵部说："苏克萨哈奉皇父世祖皇帝的遗诏辅政，即使有罪，也罪在其一身，不至于诛灭其子孙后代。这都是鳌拜等与苏克萨哈不和，挟私仇诛灭其子孙后代，深可怜悯。至于白尔黑图等人并无犯罪，因为是苏克萨哈的族人受株连被杀，殊属冤枉。苏克萨哈和白尔黑图等人原来的官职都应当恢复。你二部将这一案件所株连革职的官员，都一一查明，形成决议具奏。"

康熙二十七年，圣祖谕福建提督靖海将军侯施琅[①]曰："尔前为内大臣，朕特加擢用。尔果能竭心尽力，不负任使。举六十年难靖之寇，殄灭无余，诚尔之功也。迩来或有言尔恃功骄傲者，今尔来京，又有言当留尔勿遣者。朕思寇乱之际，尚用尔无疑。况天下已平，反疑尔勿遣耶？今命尔复任，自此益加敬慎，以保功名。从来功高者不克保全终始，皆由未能敬慎之故，尔其勉之。更须和辑兵民，使地方安静，以副朕爱民恤民并保全功臣至意。"（《圣训》）

［注释］

①施琅：字尊侯，号琢公，晋江人，初为郑芝龙、郑成功父子部将，后降清为福建水师提督，率军统一台湾。封靖海将军，同安侯，卒赠太子太傅，谥襄壮。

［译文］

康熙二十七年（1688），圣祖皇帝吩咐福建提督、靖海将军、同安侯施琅说："你以前作为内大臣，我特别加以提拔重用。你果真能够竭忠尽力，不辜负我的任使。六十年难以平定的海寇，一举荡平，的确是你的功劳。近来有人说你居功骄傲，如今你来京，又有人奏请应当留你在朝不要再派遣任使。我想在天下动乱之时，我还重用你没有疑心，现在天下平定，反而疑心你不加派遣任使吗？现在我命你复任原职，从此要更加恭敬谨慎，以保全你的功名。自古以来功劳大者多不得保全始终，都是因为没有能够恭敬谨慎的缘故，你要以此勉励自己。还要团结军民，保障地方安定，从而不辜负我爱护人民、体恤人民、保全功臣的一片心意。"

康熙三十七年，圣祖驻跸盛京，谕内大臣等曰："开国佐运勋臣扬古利[①]、费英东[②]、额亦都[③]三人，效力甚可嘉尚。此三人墓，朕祭昭陵之日，亲临奠酒。其余诸臣效力，亦属可嘉。康熙二十一年，曾经祭奠者，照前举行。颖亲王萨哈廉[④]、克勤郡王岳托[⑤]等墓，各遣大臣致祭。"寻扬古利、费英东、额亦都之子孙公福善等奏曰："皇上欲亲临臣等之祖墓奠酒，臣不胜惶惧，伏祈皇上停止。"圣祖谕之曰："太祖、太宗开国定鼎，尔祖辅佐勋劳，尔等未必详悉。朕比来年观阅实录，知尔等之祖于开创时功绩懋著，深属可嘉。朕既亲来谒陵，必当临尔祖墓奠酒，尔等毋庸再奏。"（《圣训》）

［注释］

①扬古利：舒穆禄氏，满洲正黄旗人，从清太祖攻克沈阳，直入长城，以功授一等总兵官，追封武勋王。②费英东：瓜尔佳氏，满洲镶黄旗人，从清太祖征讨三十余年，以功封一等总兵官世职，为清初五大臣之一。③额亦都：钮祜禄氏，满洲镶黄旗人，从清太祖征讨，身经百战，官至一等大臣，清初五

大臣之一，追封弘毅公。④萨哈廉：礼亲王代善第三子，通满、蒙、汉文义，追封颖亲王。⑤岳托：礼亲王代善长子，初封和硕成亲王，后以扬武大将军伐明，卒于军中，封克勤郡王。

［译文］

康熙三十七年（1698），圣祖皇帝御驾亲临盛京（今辽宁沈阳），吩咐内大臣等说："开国勋臣扬古利、费英东、额亦都三人，效力国家，非常值得褒奖崇敬。这三个人的墓地，我祭拜昭陵的时候，曾经亲临以酒祭奠。其余诸位大臣为国效力，也值得褒奖。康熙二十一年，曾经祭奠的勋臣，按照先例举行。颖亲王萨哈廉、克勤郡王岳托等人的墓地，分别派遣大臣前往祭奠。"不久，扬古利、费英东、额亦都的子孙公福善等人上奏说："皇上要亲临臣等的祖先墓地以酒祭奠，臣等不胜惶恐，祈求皇上停止这项礼仪活动。"圣祖皇帝吩咐他们说："太祖、太宗皇帝开国定鼎，你们的祖先辅佐他们，立下功勋，你们未必详细知悉。我近年来观看实录的记载，知道你们的祖先在国家开创时期功绩卓著，深为可嘉。我既然亲临拜谒皇陵，一定要亲临你们祖先墓地以酒祭奠。你们不必再有奏请。"

康熙四十六年，圣祖谕吏部曰："朕廑念河防，屡行亲阅。凡自昔河道之源流，及历来治河之得失，按图考迹，靡不周知。粤自明末寇氛，决黄灌汴，而洪流横溢，岁久不治。讫于本朝，在河诸臣，皆未能殚心修筑。以致康熙十四五年间，黄淮交敝，海口渐淤。朕乃特命靳辅[①]为河道总督。靳辅自受事以后，斟酌时宜，相度形势。兴建堤坝，广疏引河。排众议而不挠，竭精勤以自效。故是淮黄故道，次第修复，而漕运大通。其一切经理之法具在，虽嗣后河臣互有损益，而规模措置，不能易也。至于创开中河，以避黄河一百八十里波涛之险，因而漕挽安流，商民利济。其有功于运道民生，至远且大。朕每莅河干，遍加咨访，沿淮一路军民，感靳辅治绩者，众口如一，久而不衰。夫人臣有大建树于国家者，奖勋酬庸，宜从优渥。虽赐恤易名，已循彝典，尚应特予褒叙，贲以殊恩。靳辅著加太子太保，仍给世职，拜他喇布勒哈番。用彰朝廷追美劳臣之典，为矢忠宣力者劝。”（《圣训》）

［注释］

①靳辅（1633～1692）：字紫垣，辽阳人，隶汉军镶黄旗，历官安徽巡抚、河道总督，为古代治理黄河的代表性人物。著有《靳文襄公奏疏》、《治河方略》等。

［译文］

康熙四十六年（1707），圣祖皇帝吩咐吏部说：“我惦念这河防工程，多次亲临巡视。大凡昔日河道的源流变迁，以及历代治河的得失，检阅文献图籍，实地考察遗迹，没有不周知的。自从明末流寇叛乱，掘开黄河大堤倒灌开封城，洪水泛滥，很多年得不到治理。直到我朝，担任治河的诸位大臣，都未能竭尽心力去修筑堤坝，根治河患。以致康熙十四五年间，黄河、淮河交相泛滥，入海口逐渐淤积。我于是特任靳辅为河道总督。靳辅自从接受任务之后，斟酌时机，考察河患形势。兴建堤坝，疏通引河。力排众议，不屈不挠，竭尽忠勤，效力河道。因而使得淮河、黄河故道，依次得到修复，大运河的漕粮运输，畅通无阻。他的一切经理之法都在，即使以后诸位河臣互有损益，但其基本规模措置，却是不能改变的。至于其创意开掘中河，以避开黄河一百八十里波涛之险，从而使得漕船安全畅通，商人、民众都受其惠。他对于运道安全、民生安定的功劳；可谓至为深远而且伟大。我每次莅临河岸，就普遍进行咨询探访，沿淮河一带的军民都感戴靳辅治理河道的功绩，众口一词，经久不衰。作为人臣，对于国家有着伟大建树，那么朝廷褒奖功勋、酬谢重用，也应当特加优渥。虽然对于靳辅已经赏赐、抚恤、改名，都按照会典事例进行，还应当特别予以褒奖叙功，给予特殊的恩典。靳辅特加太子太保，仍旧给予世袭职位，加喇布勒哈番封号。以此来彰显朝廷表扬劳苦功臣的重典，从而对于矢志效力国家的大臣进行激励和劝勉。”

敬老附

康熙五十二年，圣祖谕大学士温达①等曰："今岁天下老人，为朕六旬大庆，皆从数千里而来，应赐伊等筵宴，然后遣回。著查八旗满洲、蒙古、汉军、汉人大学士以下，民以上，年逾六十五岁者奏闻。老人内有艰于动履，不能前来者听之。其能来者，俱令之来。即不能来者，朕亦另行颁赐。今天时渐热，赐宴后即令回籍耕种，其家奴勿入所查数内。又八旗满洲、蒙古、汉军以至包衣佐领下，不论官员闲散人等，年七十以上老妇，亦著查奏。俟老人赐宴后，再定一日送诣皇太后宫赐宴。有艰于动履，不能前来者听之。其能来者，俱令之来，若有贫乏不能来者，著各属协助车马，使之前来。俱开确实年岁，不可捏报。再传谕宗人府，诸王以下宗室子孙内二十岁以下、十岁以上，选择其聪明堪任使者六七十人，令于耆老前执爵。即朕子孙，亦令之出。宗室外不用他人也。"（《御制文四集》）

［注释］

①温达（？～1715）：费莫氏，满洲镶黄旗人，由笔帖式历官御史、内阁学士、户部侍郎、议政大臣、左都御史、工部尚书、文华殿大学士，卒谥文简。

［译文］

康熙五十二年（1713），圣祖皇帝吩咐大学士温达等说："今年天下的老人们，为我六十大寿庆贺，都从数千里外赶来，应当赏赐他们寿宴，然后遣送回去。命令满洲八旗、蒙古八旗、汉军八旗以及汉人大学士以下，平民以上，年龄超过六十五岁的一一奏请朝廷知道。这些老人中有的行动困难，不能前来的就算了。能够前来的，都让他们到京师来。即使不能前来的老人，我也要另行颁给赏赐。现在天气逐渐炎热起来，赐宴之后就让他们回家耕种农田，其家奴不要统计在内。另外，满洲八旗、蒙古八旗、汉军八旗以至于包衣佐领之下，无论官员还是闲散人等，年龄在七十岁以上的老妇，也令查明奏闻朝廷。等到老人赐宴之后，再选定一个日子，把这些老妇人送到皇太后宫中赐宴。其中有行动困难，不能前来的就算了。能够前来的，都让她们来。如果有因为贫穷而不能来的，令各地官府协助车马，以便他们前来。这些老人都要开列确实的年龄，不可谎报。还要传达谕旨给宗人府，诸王以下宗室子孙中二十岁以下、十岁以上的年轻人，选择其中聪明伶俐可以任使的六七十人，让他们在这些老人面前执爵敬酒。即使我的子孙，也让他们出来，宗室子孙以外不用其他的人。”

是年三月，宴直隶各省见任、致仕、给还原品文武汉大臣官员士庶等年九十以上者，三十三人；八十以上者，五百三十八人；七十以上者，一千八百二十三人；六十五以上者，一千八百四十六人，于畅春园正门前，传谕众老人曰：“今日之宴，朕遣子孙宗室执爵授饮，分颁食品。尔等与宴时，勿得起立，以示朕优待老人至意。”又谕各直省老人曰：“《书》称：‘文王善养老者。’[①]孟子云：‘五十非帛不煖，七十非肉不饱。’[②]帝王之治天下，发政施仁，未尝不以养老尊贤为首务。近来士大夫，只论做官之能否，而移风易俗之实政，入孝出弟之本心，未暇讲究。朕因今日之盛典，特宣此意。若孝弟之念稍轻，而求移风易俗，其所厚者薄，而其所薄者厚矣。尔等皆是老者，比回乡井之间，各晓谕邻里，须先孝弟。倘天下皆知孝弟为重，此诚移风易俗之本，礼乐道德之根，非浅鲜也。昨日甘霖大沛，四野沾足，朕心大悦。尔等毋误农时，速回本地。特谕。”(《圣谕》、《御制文四集》)

[注释]

①文王善养老者：语出《孟子·尽心上》，原文为“吾闻西伯善养老者”。②五十非帛不煖，七十非肉不饱：语出《孟子·尽心上》。

[译文]

这一年（康熙五十二年，1713）三月，宴请各个直隶省现任、退休、给还原来品级的汉族大臣官员、士人、庶民人等，其中年龄九十岁以上的，三十三人；八十岁以上的，五百三十八人；七十岁以上的，一千八百二十三人；六十五岁以上的，一千八百四十六人。都来到畅春园正门前。传达谕旨给众位老人说：“今日的赐宴，我派遣我的子孙、宗室子弟前来执爵敬酒，分别颁赐食品。你们参加宴会的时候，不必起立，以表示我优待老人的心意。”又吩咐各直隶省的老人说：“《尚书》上说：‘周文王善于奉养老人。’孟子也说：‘五十岁非帛制的衣服不保暖，七十岁非肉食品吃不饱。’帝王治理天下，发布政令，施行仁政，未尝不以奉养老人、尊敬贤才作为首务。近来的士大夫，只论做官的贤能与否，而移风易俗的实政，入孝出悌（在家孝顺父母，出门敬爱兄长）的本心，却无闲暇加以讲究。我借着今天这个奉养老人的盛典，特地宣示这一旨意。如果孝悌的观念稍微淡薄些，而想追求移风易俗，那么所以为厚重者就会浅薄，而以为浅薄者就会厚重了。你们都是老人，等到回到故乡之后，各自晓谕邻里同乡，必须首先孝悌。倘若天下人都知道孝悌为重，这的确是移风易俗的根本，礼乐道德的根基，其所关系并非浅鲜。昨天大雨充沛，四方田野雨水沾足，我的心情非常愉快。你们不要耽误农时，迅速回到本地。特地颁布这一谕旨。”

康熙政要卷十一

论宽仁第十四

康熙四年，圣祖谕礼部曰：“本朝定鼎以来，故明朱氏宗室归顺，有官品者，给与房地奴隶，俸禄恩养，无官品者，俱照民人归农，令其得所。其故明各帝陵墓，世祖章皇帝有旨设人看守，以时祭祀不绝，此皆昭示恩养宽仁之意。今有朱氏无知之徒，改易姓名，隐藏逃避，致生事端。被人讦告，既累本身，又负国家恩养。尔部行文直隶各省督抚，刊示晓谕，如朱氏宗族改易姓名，隐藏逃避者，俱令回籍，各安生理，勿仍前疑惧，有负朕浩荡之恩。尔部即通行传谕。”（《东华录》五）

［译文］

康熙四年（1665），圣祖皇帝吩咐礼部说：“我朝定鼎北京、统一南北以来，明朝皇帝朱氏宗室归顺我朝，其中有官职的，给予房屋土地和奴隶，颁发俸禄加以恩养；没有官职的，都按照平民回乡务农，让他们各得其所。明朝各位皇帝的陵墓，世祖皇帝有圣旨专门派人看守，按时祭祀不断，这些都昭示了恩养宽仁的心意。如今还有朱氏无知之徒，改名换姓，隐藏逃避，以致滋生事端。一旦被人告发，不仅贻累自身，而且辜负了朝廷恩养宽仁的厚意。你部可以行文给各个直隶省的总督、巡抚，张贴晓谕，如有朱氏宗室改名换姓、隐藏逃避者，都让他们回归原籍，各自安心生计，不要像先前那样猜疑惊惧，有负我浩荡皇恩。你部当立即统一行文各地传达谕旨。”

康熙八年，圣祖谕吏部、兵部曰：“鳌拜等以勋旧大臣，深受国恩，奉皇考遗诏，辅佐政务，理宜精白乃心，尽忠报国，不意鳌拜结党专权，紊乱国政，纷更成宪，罔上行私，恣意妄为。用伊之奸党班布尔善[①]、穆里玛[②]等，凡事先于私家商定乃行。与伊交好者，多方引用，不合者，即行排陷，种种奸恶，难以枚举。朕以罪状昭著，将其事款，命诸王大臣公同究审，俱已得实。以其情罪重大，即拟正法奏闻，朕复面加鞫问，情罪俱实，本当依议处分，但念鳌拜累朝效力年久，且皇考曾经倚任，朕不忍加诛，姑从宽免死，革职籍没，仍行拘禁。遏必隆无结党之事，免其重罪，削去太师及后加公爵。其原有一等公爵，仍准留于伊子。其班布尔善、穆里玛等，皆已正法，馀皆系末微之人，一时苟图侥幸，朕不忍尽加诛戮，宽宥免死，从轻治罪。至于内外文武官员，或有畏其权势而倚附者，或有身图幸进而倚附者，本当察处，姑从宽免。自后务须洗心涤虑，痛改前非，遵守法度，恪共职业，以副朕整饬纪纲、爱养百姓之意。尔二部即宣谕内外遵行。”（《圣训》）

［注释］

①班布尔善：努尔哈赤第六子塔拜的第四子，顺治八年（1651）晋辅国公，康熙六年（1667）以领侍卫内大臣拜秘书院大学士，党附鳌拜，康熙八

年被处死。②穆里玛：瓜尔佳氏，满洲镶黄旗人，鳌拜弟，以功拜工部尚书、靖西将军，后坐鳌拜案被处死。

［译文］

康熙八年（1669），圣祖皇帝吩咐吏部、兵部说："鳌拜等人以勋旧大臣的身份，深受国家恩典，又奉世祖皇帝的遗诏以辅政大臣身份佐理政务，理应满怀纯洁之心，尽忠报国，想不到鳌拜却结党营私，专权跋扈，变乱国家政事，改变既定政策，欺君行私，恣意妄为。重用他的奸党班布尔善、穆里玛等人，凡事预先在个人家中商定之后就施行。与他交好的人就多方重用，与他不合的人就排挤陷害，种种奸邪恶行，难以枚举。我认为他罪行昭著，就将其罪行事实开列条款，命诸王和大臣会同追究审问，都已经得以坐实。因为他罪行重大，就拟定将其正法，我又当面审问，其罪行都是事实，本来应当按照拟议处置，只是念其累朝效力国家已经很多年了，况且世祖皇帝曾经倚重信赖他，我就不忍心处死，姑且从宽处置，免其死罪，革去职务，籍没家产，仍旧拘禁。遏必隆并无结党营私之事，免其重罪，撤销太师以及后来所加公爵，他原有的一等公爵，仍然准许他传于儿子。至于班布尔善、穆里玛等人都已经正法，其他人都是卑微之人，一时图谋侥幸，我也不忍心全部诛杀，对他们予以宽恕，免除死刑，从轻治罪。至于内外文武官员，有的是畏惧其权势而依附于他的，有的是图谋晋升而依附于他的，原本应当查处，姑且从宽免罪。从今以后务必洗心涤虑，痛改前非，遵守国家法度，恪守职业操守，从而不辜负我整顿朝纲、爱养百姓的心意。你们二部当即宣示谕旨，令内外一体遵行。"

康熙二十年，以逆寇荡平，圣祖诏谕天下曰："朕缵承丕绪，统御寰区，仰维天地眷佑之庥，祖宗付托之重，圣祖母太皇太后慈训之殷，早夜孜孜，勤求化理，期于兵革寝息，海宇乂安。不意逆贼吴三桂负国深恩，倡为变乱，阴结奸党，同恶相援，抗违诏令，窃据疆土。滇、黔、闽、浙、楚、蜀、关陇、两粤、豫章之间，所在驿骚，肆骋痡毒。吴三桂僭称伪号，逆焰弥滋，负罪尤甚。朕躬行天讨，分命六师，剿抚并施，德威互济，或絷颈于阙下，或骈戮于师中，擒捕诛锄，以次收服。乃吴三桂既膺神殛，逆孙吴世璠[①]犹复鸱张，居六诏[②]之一隅，延残喘以拒命。朕维贼患一日不除，则民生一日不靖，策励将士，屡趣师期，于是虎旅协心，进逼城下。贼众技穷势蹙，通款军门，约日献城。凶渠授首，师克之日，市肆不扰，边境晏如，捷书既至，上慰郊庙社稷之灵，下抒中外臣民之愤。神人胥悦，遐迩腾欢。念自变乱以来，军民荼苦，如在水火，披坚执锐，卒岁靡宁，行赍居送，千里相望。被兵之地，既罹于锋刃；供亿之众，复困于征输。朕悯恤民艰，不忍辄加额赋，间施权宜之令，用济征缮之需，意在除残，事非获已。而身处宫寝之内，外廑闾阎之依，中夜屡兴，旰食不暇，惄焉思治，八载于兹。今群逆削平，疆圉底定，悉剪历年之蠹贼，永消异日之隐忧。用是荡涤烦苛，维新庶政，大沛宽和之泽，冀臻熙皞之风。体覆载好生之德，秋肃必继以春温；法帝王更化之模，义正尤期于仁育。诞告天下，咸使闻知。”（《圣训》）

［注释］

①吴世璠（？～1681）：吴三桂之孙，吴应熊之子，康熙十七年（1678）继位为周皇帝，年号洪化，二十年兵败被杀。②六诏：唐代云南地区的六个少数民族政权，后统一于南诏，这里以六诏指代云南地区。

［译文］

康熙二十年（1681），因为逆寇荡平、天下一统，圣祖皇帝诏谕天下说：“我继承国家大业，统御天下，仰仗天地的眷佑保护，太祖、太宗的重托，圣祖母太皇太后的殷切教训，日夜孜孜图治，勤勉寻求治国之道，以期战端平息，四海平安。想不到逆贼吴三桂辜负国家对他的深恩重用，发动叛乱，暗中勾结奸党，联合同类，违抗诏令，窃据国家疆土，以至于云南、贵州、福建、浙江、湖广、四川、甘陕、两广、江西等地，所在骚动，肆意逞其祸害。吴三桂伪称帝号，逆焰流毒，罪状更甚。我秉承天意亲行征讨，分派六师，剿抚并用，德威相济，叛乱者有的被擒献阙下，有的被斩于阵前，有的被俘虏，有的被逮捕，有的被诛杀，一一收服殆尽。吴三桂本人得上天惩罚病死之后，其孙吴世璠依然嚣张，盘踞云南一隅之地，苟延残喘，抗拒王师。我认为叛乱一日不除，民生就一日不安，于是激励将士，多次催促进兵，这样官军携手同心，进逼昆明城下。逆贼日暮途穷，与官军联络响应，约定日期献出城池。元凶授首就戮，克城之时，市肆不扰，边境平安，捷报传来之后，上慰郊庙社稷之神灵，下解中外臣民的共愤，神人欢悦，远近沸腾。我感念自从叛乱以来，各地军民遭受涂炭之苦，犹如处于水深火热之中，军士披坚执锐，征战在前，数年不宁，而人民供应粮饷，千里相望。遭受战事的地方，不仅饱受刀兵之苦，而广大民众又为征粮运输所困。我非常怜悯体恤民生的艰辛，不忍心加征赋役，间或运用权宜之计，以供应征战与修缮之需要，其意图自然是尽快消除叛乱，实为不得已之举。我深处宫廷之中，心念百姓之苦，深夜多次警醒，寝食都没有余暇，一心平乱求治，至今八年之久。如今各个逆贼一一平定，疆土安宁，彻底翦除历年以来的蟊贼，永远消除了他日的隐患。因此，亟须荡涤烦琐苛刻之政令，大力革新政治，对民众施以宽和的惠泽，以期形成兴盛广大的风气。体量天覆地载的好生之德，秋天肃杀之后必定继之以春天的温暖；效法古圣先王更化革新的规模，道义之正尤其需要以宽仁之政来培育。以此诏告天下，使臣民都知晓。”

康熙二十二年，圣祖谕刑部曰："人命关系重大，凡见审人犯，自宜早取口供，速行完结，庶不致无辜久禁，囹圄淹滞，毙命其中。有应行详审及等候质对者，或暂行监候，或羁禁各门，该管官员，亦当严加稽察，不时照管，毋令狱卒及守门人等借端索取，恣行凌辱。虽各犯有应得之罪，若未死于法，先死于狱，既非宪典，亦干天和，朕心尤为不忍。向来在外各衙门审理人犯，或系监毙，或在路物故，凡一起内至三人以上者，定有处分之例。今思内外刑狱，事属一体，嗣后在内各衙门，及各衙门监禁人犯，一起至毙几人以上者，作何处分，著九卿、詹事、科道，详议以闻。"（《圣训》）

［译文］

康熙二十二年（1683），圣祖皇帝吩咐刑部说："人的生命关系重大，凡是现在在审的人犯，自然应当及早取得口供，迅速结案，这样才不至于让无辜的人长期被拘禁，滞留囹圄，甚至毙命狱中。如果有应当详细审问以及等候对质的人犯，有的暂时监禁，有的羁押各个衙门，具体负责的官员也应当严加稽察，不时照看，加强管理，不要让那些狱卒以及守门人等借端索取钱财，恣意凌辱。虽然各个人犯都有其应得之罪，如果未死于刑法，却先死于狱中，既不符合国家典章，也会伤害大自然的和气，我内心尤其不忍。向来在外各个衙门审理人犯，或系死于监禁，或者死于路途，凡是一起案件中达到三人以上的，规定有处分的条例。现在我想内外的刑狱，事情原属一体，今后在朝的各个衙门，以及各个衙门监禁人犯，一起案件达到死亡几人以上的，规定如何处分，命九卿、詹事、科道官详加议论，奏闻朝廷。"

康熙三十五年，圣祖谕议政大臣等曰："天下当以仁感，不可徒以威服。今朕征噶尔丹①之意，皆噶尔丹所自取。且噶尔丹凶暴，朕唯待以宽仁，噶尔丹奸狡，朕唯待以诚信。尝览经史云：'唯仁者无敌。'今噶尔丹穷迫已极，遣格垒沽英前来乞怜，朕意仍抚之。"诸臣奏曰："此真天地好生之心，实从古所未有也。"圣祖曰："古之将帅，虽善用兵，多戮已降。或其身不得善终，或子孙不昌，此皆好杀之明戒也。又古之人主，或穷兵黩武，好大喜功，朕意不然。唯愿宇宙雍熙，四海升平，家给人足，各得其生而已。噶尔丹使人格垒沽英，可仍遣回。"（《圣训》）

［注释］

①噶尔丹：蒙古准噶尔部首领，巴图尔珲台吉第六子，康熙九年（1670）其兄被杀，次年继为台吉。后攻占厄鲁特各部，并出兵漠北喀尔喀蒙古，威逼北京。康熙三次亲征，二十九年乌兰布通之战，噶尔丹败退科布多；三十五年昭莫多之战，噶尔丹主力被击溃，次年死于科布多。

［译文］

康熙三十五年（1696），圣祖皇帝吩咐议政大臣等说："天下应当以仁德感化，而不可只以威势慑服。如今我亲征噶尔丹，都是噶尔丹咎由自取。况且噶尔丹凶恶残暴，我则以宽仁对他；噶尔丹奸诈狡猾，我则以诚信对他。我曾经看到经史文献上说：只有仁者无敌。现在噶尔丹已经穷途末路，派遣使者格垒沽英前来乞和，我的意思仍然是安抚。"诸位大臣上奏说："皇上真是天地好生之心，实在是从古以来所没有的。"圣祖皇帝说："古代的将帅，即使善于用兵，但多杀戮已经投降的敌人。有的其自身不得善终，有的子孙不昌盛，这都是好杀的明确警戒。古代的君主，有的穷兵黩武，好大喜功，我的意见则不以为然。我只希望天下和乐，四海升平，家给人足，人民各得其生罢了。噶尔丹的使者格垒沽英，可以仍旧遣返。"

康熙五十一年，圣祖谕大学士、九卿等曰："朕览各省督抚奏编审人丁数目，并未将增加之数，尽行开报。今海宇承平已久，户口日繁，若按见在人丁加征钱粮，实有不可。人丁虽增，地亩并未加广。朕凡巡幸地方，所至询问，一户或有五六丁，止一人交纳钱粮。或有九丁十丁，亦止二三人交纳钱粮，诘以馀丁何事，咸云：'蒙皇上洪恩，并无差徭，共享安乐，悠游闲居而已。'此朕之访闻甚晰者。前云南、贵州、广西、四川等省，遭叛逆之变，地方残坏，田亩抛荒。自平以来，人民日增，渐次开垦。或沙石堆积难于耕种者，亦间有之，而山谷崎岖之地，亦无弃土，尽皆耕矣。由此观之，民之生齿实繁，朕欲知人丁之实数，不在加征钱粮也。今国帑充裕，屡岁蠲免，辄至千万，而国用所需，并无遗误不足之虞，故将直隶各省见今征收钱粮册内有名人丁，永为定数。嗣后所生人丁，免其加增钱粮，但将实数另造清册具报，岂特有益于民，亦一盛事也。[①]直隶各省督抚及有司官编审人丁时，不将所生实数开报者，特恐加增钱粮，是以隐匿不据实奏闻。岂知朕并不为加赋，止欲知其实数耳。嗣后督抚等倘不奏明实数，朕于就近直隶地方遣人逐户挨查，即可得实，此时伊等亦复何词耶？"(《圣训》)

[注释]

①"嗣后所生人丁"五句：此即所谓滋生人丁，永不加赋的政策。此后实行摊丁入地改革，成为中国封建社会中徭役向赋税转化的重要标志。

[译文]

康熙五十一年（1712），圣祖皇帝吩咐大学士、九卿等说："我观察各个直隶省总督、巡抚所奏编审人丁数目，并未将新近增加的数字，全部开列申报。如今天下升平已久，人口日益增加，如果按照现在的人丁加征钱粮，实在有不妥之处。人丁虽有增加，但是土地数量并未增广。我凡巡幸所到地方，探访询问，有的一户有五六人丁，只有一人缴纳钱粮。有的达到九个、十个人丁，也只有二三人丁缴纳钱粮。询问他们其余人丁从事何业，都回答说：‘承蒙皇上洪恩浩荡，并无杂差徭役，人民共享安乐，悠游闲居罢了。’这些都是我访问中清楚听到的。以前云南、贵州、广西、四川等省，遭受逆贼的叛乱，地方凋残，土地抛荒。自从叛乱平定以来，人口日益增加，土地渐次开垦。有的地方沙石堆积难以耕种的，也间或有之，但即使山谷崎岖之地，也几乎没有抛荒的土地，都得到耕垦了。以此看来，人民生齿日益繁衍，我想要知道人丁的实际数量，其用意并不在加征钱粮。现在国库钱财充裕，多年以来蠲免的赋税，常达千万，而国计所需，并没有遗误或不足的担忧，所以将各个直隶省现在征收钱粮册内登记有名的人丁，永远作为定数。以后所生的人丁，一律免除增加钱粮，只是将实际人丁数目另外造成清册开列申报，这样做何止有益于民众，也是我朝一大盛事。各个直隶省的总督、巡抚以及有关官吏编审人丁时，没有将所生实际数目开列申报，只是恐怕增加钱粮，因此有所隐匿，没有据实奏闻朝廷。岂知我并不增加赋税，只是想知道其实际数目罢了。今后总督、巡抚等倘若再不奏明实际数目，我就在就近的北直隶地方派人逐户排查，就可以取得实际数目，到那时你们还有什么话说？”

圣祖《庭训》曰：“仁者，以万物为一体。恻隐之心，触处发现，故极其量，则民胞物与[1]，无所不周；而语其心，则慈祥恺悌，随感而应。凡有利于人者则为之，凡有不利于人者则去之。事无大小，心自无穷，尽我心力，随分各得也。”（《庭训格言》）

［注释］

①民胞物与：语出张载《西铭》：“民吾同胞，物吾与也。”意谓以民为同胞，以物为朋友，泛爱一切人与物。

［译文］

圣祖皇帝《庭训格言》写道：“仁者，认为万物都是一体。恻隐之心，随处都能够表现出来。所以仁爱之心达到极致，就是把黎民都视为同胞，把万物都视为朋友，爱心所施，无所不周。说到其心就慈祥和悦，随着感遇之物产生相应的反应。凡是有利于人的事就会做，凡是不利于人的事就消除它。事情无论大小，从内心来说没有穷尽，竭尽我的心志，使各人都能有所得。”

《训》曰：“仁者，无不爱。凡爱人爱物，皆爱也。故其所爱甚深，所及甚广。在上则人咸戴焉，在下则人咸亲焉。己逸而必念人之劳，己安而必思人之苦。万物一体，恫瘝切身，斯为德之盛，仁之至。”（《庭训格言》）

［译文］

圣祖皇帝《庭训格言》写道：“仁者，没有不爱的。凡是爱其人和爱其物，都是爱。所以其所爱就很深切，所涉及就很广。如果在上位的人们都感恩戴德，那么在下位的人们就会感到亲切。自己逸乐，就必然想到别人的辛劳；自己安泰，就必然想到他人的辛苦。万事万物均为一体，对他人的病痛感同身受，这就是为德之盛，为仁之至。”

论孝治第十五

康熙二十三年，侍臣请往观舍身崖①。圣祖曰：“愚民无知，惑于妄诞之说，以舍身为孝，不知身体发肤，受之父母，不敢毁伤，故曾子②有临深履薄之惧。且父母之爱子，唯疾之忧，子既

舍身，不能奉养父母，是不孝也。此等事处处有之，正宜晓谕严禁，使百姓不为习俗所误，观之何为?”（《东华录》三十四）

［注释］

①舍身崖：位于泰山日观峰南，又名爱身崖，古时常有人祈求神灵保佑祛除父母病灾，为显示诚心，在此跳崖献身。另峨眉山等处亦有舍身崖。②曾子：即曾参，孔门弟子，事亲至孝，后世尊为宗圣。

［译文］

康熙二十三年（1684），侍从大臣请皇上前去观看舍身崖。圣祖皇帝说：“愚昧的民众没有知识，被荒诞的传说所迷惑，以舍身跳崖作为孝行，殊不知身体发肤，受之父母，不敢有所毁坏损伤，所以曾子有如临深渊、如履薄冰一般的恐惧。况且父母爱护子女，只担忧他们患病，子女舍身之后，自然就不能奉养父母，这就是不孝。这样的事情各地都有，正应当颁布文告晓谕四方，加以严禁，使老百姓不为传统习俗所误，观看舍身崖又有什么用呢?”

康熙二十六年十二月，太皇太后不豫，圣祖率诸王、贝勒、贝子、公等，及文武官员，自乾清宫步诣天坛致祭。祝曰：“臣仰承天佑，奉侍祖母太皇太后，高年荷庇，藉得安康。今者疹患骤作，一旬之内，渐觉沉笃。臣夙夜靡宁，寝食损废。虔治药饵，遍闻方医，罔克奏效。五内焦灼，莫知所措。窃思天心仁爱，覆帱无方，矧臣藐躬，夙蒙慈养。忆自弱龄，早失怙恃，趋承祖母膝下三十馀年，鞠养教诲，以至有成。设无祖母太皇太后，断不能致有今日成立。罔极之恩，毕生难报，值兹危殆，方寸溃迷。用敢洁蠲择日，呼吁皇穹，伏恳悯念笃诚，立垂昭鉴，俾沉疴迅起，遐算长延。若大数或穷，愿减臣龄，冀增太皇太后之寿。”读祝版时，圣祖涕泪交颐。陪祀诸王、贝勒、贝子、公等，及文武官员，无不感泣。祭毕，圣祖即诣慈宁宫侍疾。嗣内阁及各部院衙门官员，具奏公请皇上少节忧劳。圣祖曰：“朕自太皇太后违豫以来，心怀忧虑，日侍左右。检方调药，亲视饮馔。太皇太后宁憩之时，朕隔帷静俟，席地危坐。一闻太皇太后声息，即趋至榻前，凡有所需，手奉以进，因此昼夜不能少离。太皇太后屡有慈旨，命朕回宫，少宜自爱。朕念太皇太后抚养教训，三十馀年，罔极深思，难以报答。今见病体依然，五内焦灼，莫知所措，朕躬寝处，何暇顾计？览奏，见大小臣工爱君诚悃，但当此时不竭尽心力，少抒仰极之忧，异日虽欲依恋慈闱，岂易得耶？所奏已知之。”诸王、贝勒等又诣慈宁宫门跪奏，请皇上间一日回宫，稍为休息。圣祖谕如初。是年十二月己巳，太皇太后崩于慈宁宫。圣祖擗踊哀号，呼天抢地，哭无停声，饮食不入口。王以下文武群臣公疏奏请节哀，圣祖不允。随谕曰：“朕览自汉以后帝王居丧治服，以二十七月易为二十七日，唯孝文帝欲行三年之丧[①]。朕平日读史至此，盛羡慕之。今非欲迈古贤君，只念朕甫八岁，世祖章皇帝即宾天。十一岁，慈和皇太后[②]又崩逝，藐兹冲龄，音容未尽记忆，未获至孝，至今抱憾。仰赖圣祖母太皇太后，鞠养教诲，以至成立。今遽遭大故，五内溃迷。回思早丧怙恃，益增痛伤，哀疚靡尽。今持服二十七月，少慰罔极之痛。朕独持服宫中，于政务毫无旷废。不令臣民持服，一切俱不禁止，如此可以遂朕本怀，朕哀恸即可少止。”诸王、大臣等奏曰：“皇上至德纯孝，亘古莫比，但古者以日易月，为不易之典，诚以帝王之孝，与臣民不同。愿皇上仰遵遗诏，博稽古制，上思天地祖宗付畀之重，下慰群臣百姓仰赖之忱，以礼节哀，易月之典，守而勿更。”圣祖谕曰：“朕事太皇太后三十馀年，竭尽忠诚，无稍违拂。近者圣体违豫，三十馀日，衣不解带。必诚必敬，朕之此志，期在必遂。否则贵为天子，富有四海，亦奚以为？尔等详议之。”诸王、大臣等闻谕，即感悚呜咽。又奏曰：“皇上一身为郊坛宗庙社稷所寄托，每当祭享，伏见銮舆亲莅临，竭诚尽敬。古者祭为吉礼，必于除服后举行。皇上以太皇太后之故，若使郊庙神灵，少有弗歆，即太皇太后在天之灵，亦必不安。且君臣兆姓，本属一体，若皇上持服宫中，臣民安然即吉，甚非一体之义。况皇上事奉太后三十馀年，晨昏孝养，即违豫以来，昼夜忧勤，罔非孝思，今于慈帏遗命，反不曲遵，恐有虚太皇太后惓惓之意。臣等不揣愚贱，敢以固请。”圣祖谕曰：“朕意已定，不必更奏。”是日，圣祖谕礼部曰：“朕孝服用布。旧制国有大丧，自宗室公以上，服素帛，今孝服俱改用布。宫内年幼皇子、公主，一体持服。”嗣王、大臣固请以日易月之制。得旨：“朕于宫中持服二十七月，王等其体朕意遵行。”圣祖居丧次，哀毁过甚，皇太后劝谕再三，仍复不已。圣祖至孝，哀毁尽礼，实为千古帝王所未有。至康熙五十六年，皇太后崩，圣祖寿已七旬，哀毁如前。此仁孝之治，所以开亿万年之郅隆欤！（《圣训》、《东华录》）

［注释］

①孝文帝欲行三年之丧：孝文帝即北魏孝文帝元宏，公元471～499年在位。他变革旧俗，大兴礼乐，恢复《礼记》三年之丧的旧制。②慈和皇太后：即世祖孝惠章皇后，佟佳氏，圣祖生母，追尊为慈和皇太后。

［译文］

康熙二十六年（1687）十二月，太皇太后身体不适，圣祖皇帝率诸王、贝勒、贝子、国公等，以及文武官员，从乾清宫步行来到天坛祭祀。祷告说：“我仰承上天的护佑，奉侍祖母太皇太后，祖母年事已高，得上天庇护身体安康。现在疹病突然发作，一旬之内，逐渐感到病情恶化。我日夜心绪不宁，寝食俱废，恭敬地煎制汤药，到处打听名医验方，始终不能奏效，以至于五内焦灼难安，不知所措。我私下思索上天之心仁爱，泽被四方，况且我身体孱弱，一向承蒙慈养。回忆自从幼年，早年失去父母，承欢祖母膝下三十余年，养育教诲，以至于长大成人。假如没有祖母太皇太后，断不能有我今日的成功。无极的恩惠，毕生难以报答，遇到祖母身体危殆，我内心迷乱。因此拨冗斋戒，选择吉日，祷告皇天，恳请怜悯顾念我的笃诚之心，垂示明鉴，以使祖母重病迅速恢复，寿命绵延。如果祖母命数将尽，我愿意减少自己的命数，希望增加太皇太后的寿命。"读祝文时，圣祖皇帝涕泪交流。陪同祭祀的诸王、贝勒、贝子、国公等人及文武官员，无不感动哭泣。祭祀礼毕，圣祖皇帝就到慈宁宫侍奉祖母病体。随后内阁及各个部院衙门的官员都奏请皇上稍微节制忧心劳神。圣祖皇帝说："自从太皇太后身体不适以来，我心怀忧虑，每日侍奉左右，检视医方，调理药饵，亲自侍奉饮食起居。太皇太后平静之时，我就隔着帷幔静静等候，席地端坐。一听到太皇太后声息，就立即趋奉床前，凡有所需求，亲手奉进，因而昼夜不敢稍微离开。太皇太后多次下达仁惠的诏旨，命我回宫，稍微珍爱自己身体。我感念太皇太后的抚养教诲三十余年，无极深爱，难以报答。如今见祖母病体依然，五内焦灼，不知所措。我自己的饮食起居，哪里有闲暇顾及？看到诸位大臣的奏折，完全可以看出大小臣工敬爱君上的诚意，但这个时候不竭尽心力，稍微表达自己的敬爱之忱，他日即使想要依恋祖母，难道能轻易得到吗？你们所奏我知道了。"诸王、贝勒等又到慈宁宫跪奏，请皇上隔一日回宫，稍为休息。皇上谕旨仍旧如前。这一年十二月己巳日，太皇太后病逝于慈宁宫。皇上捶胸顿足哀痛号哭，呼天抢地，哭不停声，饮食不进。诸王以下文武群臣上疏请求皇上节哀，圣祖皇帝也不答应。随即吩咐说："我观察自从汉代以后帝王居丧守孝，将二十七月改为二十七日，只有魏孝文帝想实行三年之丧的旧制。我平日读史看到这里，常常羡慕不已。如今并非想要超迈古代的贤君，只是感念我刚满八岁，世祖皇帝就去世了；十一岁，慈和皇太后又病逝，我正值年幼，父母音容还没有完全记忆，未能尽孝，至今抱憾不已。仰赖祖母太皇太后养育教诲，以至于长大成人。如今突然遭受变故，五内迷乱。回想早丧父母，更加悲伤，哀痛愧疚，无穷无尽。现在我想守孝二十七月，稍微安抚我无极的悲痛。我单独在宫中守孝，对于政务丝毫不耽误荒废。也不让臣民守孝，一切活动也不禁止，这样可以抒发我的心情，也使我的哀痛稍微消减。”诸王、大臣等奏请说：“皇上至德纯孝，自古及今无人能比，然而古代改二十七月为二十七日，已经成了无法改易的典制，的确是因为帝王的孝道，与臣民不同。希望皇上遵照遗诏，广泛参阅古代典制，对上思虑天地祖宗的重托，对下安慰群臣百姓仰赖的诚心，按照礼制节哀顺变，改月为日的典制，请遵守而不要改变。”圣祖皇帝吩咐说：“我侍奉太皇太后三十余年，竭尽忠诚，从不稍有违拗拂意。近来太皇太后圣体不适，三十余日，我衣不解带。一心诚敬，这是我的心志，必定要顺遂达成。否则贵为天子，富有四海，又有什么用处呢？请你们详加议论。”诸王、大臣等听到皇上谕旨，都感动呜咽。又奏请说：“皇上一身系天下宗庙社稷之重托，每当举行祭祀礼仪时，都御驾亲临，竭尽忠诚。古代祭祀作为吉礼，一定要到守孝期满后举行。皇上因为太皇太后病逝，如果使得郊庙神灵，稍有不得按时祭奠，即使太皇太后在天之灵，也一定感到不安。况且君臣万姓，原本属于一体，如果皇上在宫中守孝，臣民安然从事一切活动，很不符合一体的本义。而且皇上侍奉太皇太后三十余年，朝暮尽孝奉养，就是有病以来，昼夜忧虑，无不是尽孝，如今太皇太后的遗训，反而不加遵守，恐怕有违于太皇太后的心意。臣等不揣愚贱，敢以此固请。”圣祖皇帝吩咐说：“我意已定，不必再加奏请。”这一天，圣祖吩咐礼部说：“我的孝服要用布。旧制国家有大丧之礼，自宗室国公以上，穿白色的帛，如今孝服都改用布。宫中年幼的皇子、公主，一律穿孝服。”不久，诸王、大臣固请以日易月的礼制。谕旨批复说：“我在宫中守孝二十七月，诸王等体谅我的心意，遵照执行。”圣祖皇帝守孝期间，哀痛过分，皇太后再三劝解，仍然不停。圣祖皇帝事亲至孝，哀痛尽礼，实在是千古帝王所未有。到康熙五十六年，皇太后病逝，圣祖皇帝年已七十，依然像从前那样哀痛。这样以仁孝治天下，正是开创亿万年兴隆盛世的缘故啊！

康熙二十八年，礼部右侍郎张英等以编纂《孝经衍义》告成，进呈御览。圣祖曰：“《孝经》一书，皇考世祖章皇帝以孝为万事之纲，五常百行，皆本诸此，命儒臣博采群书，加以论断，名曰《孝经衍义》。朕继述先志，特命纂修。今书已告成，著刊刻颁发，以副皇考孝治天下至意。”御制《孝经衍义序》曰：“朕缅唯自昔圣王以孝治天下之义，而知其推之有本，操之有要也。夫孝者，百行之原，万善之极。《书》言：‘奉先思孝。’[①]《诗》言：‘孝思维则。’[②]明乎为天之经、地之义，人情所同然，振古而不易，故以之为己，则顺而详。以之教人，则乐而易从；以之化民成俗，则德施溥而不匮。帝王奉此以宰世御物，躬行为天下先。其事始于寝门视膳[③]之节，而推之于配帝飨亲，觐光扬烈[④]，诚万民而光四海，皆斯义也。孔子教孝之言，散见于册籍，而统会于《孝经》。曾子以纯孝亲承斯训，其辞约，其指远，条贯始终，综括群论，言孝之义，于斯为备。自颜芝[⑤]藏本于汉初，考注笺释，代有其人。如孔安国、郑康成、皇侃、邢昺辈[⑥]，无虑百馀家，大约皆训诂章句，辨论古今文同异。而求其推广义蕴，达之于万事万物，而皆莫出其范围者，则尚未之备也。世祖章皇帝宏敷孝治，懋昭人纪，特命纂修《孝经衍义》，未及成书。朕缵承先志，诏儒臣搜讨编辑，仿宋儒真德秀[⑦]《大学衍义》体例，征引经史诸书，以旁通其说。窃以仲尼称'至德要道以顺天下'，又曰'教之所由生'，而后详列天子、诸侯、卿大夫、士、庶人之五孝，此则一经之大旨，亦犹《大学》之言明德亲民、格物诚正、修齐治平也。是故衍至德之义，则仁义礼智信之说备矣。衍教所由生之义，则礼乐刑政之属备矣。衍五孝而皆以爱敬为本，明贵贱之所同也。由天子之敬亲推之，则郊邱、宗庙典礼之义备矣。由天子之爱亲推之，则仁民育物、抚绥爱养之义备矣。无非敬也，无非爱也，即无非孝也。递而至于诸侯之不骄不溢，卿大夫之法服、法言、法行，士庶人之忠顺事上，谨身节用，何一非敬爱之义？推而极之，通于神明，贯乎天地，夫宁有涯际乎哉？书成，凡一百卷，镂版颁行，并制序言，冠于简端，庶几嘉与海内，共遵斯路。家修子弟之职，人奉亲长之训，协气旁流，休风四达，以成一代敦厚鸿庞之治，斯则朕继述先业，尊经崇本之志也夫。"（《圣训》、《御制文二集》）

［注释］

①奉先思孝：语出《尚书·太甲》。②孝思维则：语出《诗经·大雅》。③寝门视膳：《养正图解》："文王之为世子，朝于王季日三。鸡初鸣而衣服，至于寝门外，问内竖之御者曰：'今日安否？何如？'内竖曰：'安！'文王乃喜。及日中，又至，亦如之；及暮，又至，亦如之。其有不安节，则内竖以告文王，文王色忧，行不能正履。王季复膳，然后亦复初。食上，必在视寒暖之节；食下，问所膳。命膳宰曰：'未有原？'立曰：'诺。'然后退。"④觐光扬烈：语出《尚书·立政》："以觐文王之耿光，以扬武王之大烈。"⑤颜芝：《隋书·经籍志》："遭秦焚火，为河间人颜芝所藏，汉初，芝之子贞出之，凡十八章。"颜芝本《孝经》以隶书写成，较之战国文字，称为"今本"。⑥孔安国：字子国，孔子十二世孙，官至谏大夫、临淮太守，有《古文尚书》、

《古文孝经传》、《论语训解》等。郑康成：即郑玄，字康成，东汉高密人，经学大师，曾遍注群经，今存《毛诗笺》、《三礼注》等。皇侃：南朝梁吴郡人，精通经学，尤明三礼和《孝经》，有《孝经义疏》、《礼记义疏》、《论语义疏》。邢昺：北宋曹州济阴人，官礼部尚书，有《孝经正义》、《尔雅义疏》等。⑦真德秀：字景元，改字希元，福建浦城人，南宋理学家，官至翰林学士、参知政事，卒谥文忠，世称西山先生。著有《西山文集》、《大学衍义》等。

[译文]

康熙二十八年（1689），礼部右侍郎张英等因为编纂《孝经衍义》完成，进呈御览。圣祖皇帝说："《孝经》这部书，皇父世祖章皇帝认为孝道为万事的纲领，仁义礼智信五常以及各种各样的行为，都以此为根本，因而命令儒臣广泛采集群书资料，加上论断，命名为《孝经衍义》。我继承先皇的遗志，特命纂修。如今书已经完成，令刊刻颁发天下，以不辜负先皇以孝治天下的心意。"御制《孝经衍义序》写道："我追溯自古圣王以孝治天下的本意，知道其推究有本源，推行有要领。孝为百行之本源，万善之极致。《尚书》上说：'祭祀祖先而想到孝敬。'《诗经》上说：'人当永以孝思作为天下的法则。'明白孝道作为天之大经、地之大义，人情所同，自古不变，因此以孝道要求自己，则顺而详悉。以孝道教育别人，则乐而易从；以孝道教化人民，形成风俗，则道德广博而不匮乏。帝王奉孝道以治理国家、统御万物，躬行孝道为天下典范。其事从探视饮食起居开始，推而广之，以至于配享太庙、祭奠亲人，发扬祖先的丰功伟绩，和协万民，光照四海，都是这个意思。孔子教诲孝道的言论，散见于各种文献，而汇总于《孝经》一书。曾子以纯孝天性亲承师训，其书言辞简约，旨趣宏远，主题贯穿始终，综括各种理论，谈论孝道的大义，以此书最为完备。自从西汉初年颜芝藏本出现后，校勘考释，历代都有其人，如汉朝的孔安国、郑康成，晋朝的皇侃，宋朝的邢昺等，不下百余家，大体都是训诂章句，辨析论说古文、今文之异同。而要求其推广义理蕴涵，适应于万事万物，都没有超越其范围，尚未有完备之作。世祖皇帝倡导以孝治天下，昭明立身处世的规范，特命纂修《孝经衍义》，没有来得及成书。我继承父皇遗志，诏令儒臣搜集编纂，仿照宋代儒臣真德秀《大学衍义》体例，征引经史文献，以旁通其学说。我认为孔子所说的至德要道以顺应天下，又说教化由此而生发，而后详细罗列天子、诸侯、卿大夫、士、庶人五个等级的人所行的孝道，这是《孝经》的大纲，也就像《大学》所说的明德、新民、格物致知、诚意正心、修身齐家、治国平天下。因此，推衍至德的含义，那么仁义礼智信之学说就完备了；推衍教化由此生发的含义，那么礼乐、刑政之类也就完备了。推衍五种孝道，都以爱敬为本，阐明无论身份贵贱孝道都是相同的。从天子崇敬宗祖推衍开来，那么郊邱、宗庙祭祀典礼的含义也就完备了。从天子爱护宗亲推衍开来，那么仁民、育物、抚绥、爱养的含义也就完备了。无不是尊敬，无不是爱护，也就无不是孝道了。以此类推，至于诸侯的不骄傲、不自满，卿大夫的规定的服饰、规定的言语、规定的行为，士和庶人的忠诚顺从侍奉君上，修身饬行，节省用度，哪一个不是敬爱的含义？推衍到极致，可谓通达神明，贯彻天地，难道有什么边际吗？《孝经衍义》编成一百卷，雕版印刷，颁行天下，我亲笔撰写序言，冠于书前，希望与海内民众共同遵守这一大道。家家修习子弟之职分，人人奉行亲长之教诲，协和之气氤氲宇内，美好之风飘荡四方，从而成就一代敦厚庞大的治世，这就是我继承父皇遗志，尊经崇本的志趣所在。”

康熙二十九年，湖广总督奏请偏沅巡抚于养志[①]在任守制。御史陆陇其[②]疏言孝道为万事之本，夺情[③]非治世所宜，仰祈圣断以维纲常事："臣办事署中，闻九卿、科道会议湖南巡抚于养志在任守制一事。臣以资浅，不在会议之列，不知所议云何。及询与议诸臣，谓会议之时，昌言其不可者，固有其人，而依违若是。夫治天下之不可不以孝，易明也。在任守制之非所以教孝，易明也。天下正当承平之时，湖南又非用兵之地，无藉于在任守制，易明也。皇上以孝治天下，在廷诸臣沐浴于皇上孝治之中久矣，何难一言直断其不可也？且臣不知议者，以于养志为何如人？如其非贤者耶，则固不当使之在任守制矣。如其诚贤者耶，则必不肯安心于在任守制矣。在督臣代为题请，或从爱惜人才起见，然臣以为使之解任全孝，正所以深爱惜之，况皇上一日所行，天下万世奉为法程者也。若使一抚臣，因督臣之题请而留，将来督抚之丁忧者，皆将援此以为例，其不思侥幸夺情者鲜矣！名教自此而弛，纲常自此而坏，此端一开，关系天下，实非浅鲜。至于湖南一省之人，是则是效，不复知有父母，又无足论矣。"疏入，诏饬于养志解任。（王士正《居易录》[④]十七）

[注释]

①于养志：字涵一，辽阳人，隶汉军镶蓝旗，历官江苏布政使、湖北布政使、偏沅巡抚、四川巡抚等。②陆陇其（1630～1692）：字稼书，浙江平湖人，康熙九年（1670）进士，官至监察御史。著有《三鱼堂文集》、《困勉录》等，为理学儒臣，卒谥清献。③夺情：古代礼俗，官员父母丧应弃官家居守制，称为丁忧，服满再行补职；朝廷于其丧制未终，召出任职，或命其不必弃官去职，素服治事，称为夺情，意谓夺其孝亲之情。④王士正《居易录》：王士正，原名王士禛，后避雍正讳，改名士正，乾隆赐名士祯，号渔阳山人，新城（今山东桓台）人，顺治十五年（1658）进士，官至刑部尚书，卒谥文简。清代杰出诗人，一生著述宏富，有《渔洋山人精华录》、《池北偶谈》、《香祖笔记》等。《居易录》三十四卷，为其笔记杂著，有较高的史料价值和文学价值。

［译文］

康熙二十九年（1690），湖广总督丁思孔奏请偏沅巡抚于养志在任上为其父丧守制。御史陆陇其为此上疏，认为孝道为万事的根本，夺情并非当今治世所应当存在的现象，恳请圣上乾刚独断，以维护伦理纲常，疏中写道："我在官署中办事，听说九卿、科道官会同讨论湖南巡抚于养志在任上为其父丧守制一事。我资历很浅，不在会同讨论之列，因而不知道讨论的结果如何。等到询问参与讨论的诸位大臣，说会同讨论的时候，主张他不可以在任守制的固然也有其人，但像这样依违不定，令人不解。治理天下不可不用孝道，这是简单易明的道理。在任守制并非用来教化孝道的，也是简单易明的道理。当今天下正是承平之时，湖南也并非用兵之地，没有特殊情况必须在任守制，也是简单易明的。皇上以孝道治理天下，朝廷诸位大臣沐浴在皇上的孝治之中也已经很久了，为什么一言直接断定其不可在任守制就这么困难？况且我不知道会同讨论的大臣，认为于养志是什么样的人。如果他并非贤能之臣，那么固然不应当让他在任守制了；如果他的确是贤能之臣，那么他一定不肯安心于在任守制了。对于湖广总督而言，替他奏请，或许是从爱惜人才起见，但是我认为让他解任回籍守制，以全孝道，正是所以深切爱惜他，何况皇上一日所行，天下万世将会奉为法定规范。如果让一个巡抚，借着总督的奏请而留在任上守制，那么将来总督、巡抚丁忧，都将援引作为先例，不想侥幸夺情的人就很少了！如此，名教从此被废弛，纲常从此被破坏，此端一旦开启，关系天下，实在不小。至于湖南的民众，以此为标准，转相效法，不再知道有父母，与天下国家相比又不足以讨论了。"奏疏呈上之后，皇上诏令于养志解任回籍守制。

康熙三十七年，圣祖谕大学士等曰："兴起教化，鼓舞品行，必以孝道为先。节妇应加旌表，孝子尤宜褒奖。八旗岂无孝子，其居官殷实者，行孝乃分内事耳。贫人克尽孝道，诚为非易。如有身处贫寒，能尽孝于父母者，查明奏闻。”（《圣训》）

［译文］

康熙三十七年（1698），圣祖皇帝吩咐大学士等说：“兴起道德教化，砥砺品德操行，一定要以弘扬孝道作为首务。守节的寡妇应当加以旌表，纯孝的子弟尤其应当加以褒奖。八旗子弟中难道就没有孝子吗？那些身居官位、家道殷实的人，行孝乃是他们分内之事。贫穷的人能够恪尽孝道，的确非常不容易。如果有身处贫寒，又能够尽孝于父母的人，要查明奏闻朝廷 。”

《训》曰：“凡人尽孝道，欲得父母之欢心者，不在衣食之奉养也。唯持善心，行合道理，以慰父母，而得其欢心，斯可谓真孝者矣。”（《庭训格言》）

［译文］

圣祖皇帝《庭训格言》写道：“凡人尽孝道，都想要得到父母的欢心，不只在衣食的奉养。只有秉持善心，所作所为合乎道理，以此来慰藉父母，从而得到他们的欢心，那才可谓是真孝了。”

《训》曰：“《孝经》一书，曲尽人子事亲之道，为万世人伦之极，诚所谓天之经、地之义、民之行也。推原孔子所以作经之意，盖深望夫后之儒者，身体力行，以助宣教化，而敦厚风俗。其旨甚远，其功甚宏，学者自当留心诵习，服膺弗失可也。”（《庭训格言》）

［译文］

圣祖皇帝《庭训格言》写道：“《孝经》这部书，详细深入阐明了为人之子侍奉父母的道理，作为万世人伦的准则，实在是天之大经、地之大义、民之行为规范啊！考究孔子所以作经的本意，实在是深切期望后代儒生亲身体验竭力奉行，用来协助宣扬教化，醇厚风俗。其旨趣深远，作用博大，学者自己应当用心诵读实行，由衷信服而不丧失就可以了。”

康熙政要卷十二

论忠义第十六

康熙十六年，圣祖谕福建水师提督海澄公黄芳世[①]曰："尔父子功烈素著，复全家殉难，每念及此，朕心深为伤悼。况尔由粤东进剿，忽遭广兵变，孤身涉险而出，可见忠贞不贰，颠沛不改其守。今仍袭海澄公，镇守福建水师提督总兵官。宜愈加训练，鼓舞将士，以靖海氛，使地方秋毫无犯，百姓安堵，方为不负封疆重寄。"(《圣训》)

［注释］

①黄芳世：海澄公黄梧之子，康熙间以一等侍卫为福建总兵官，袭封海澄公，开府漳州，卒谥忠襄。

［译文］

康熙十六年（1677），圣祖皇帝吩咐福建水师提督海澄公黄芳世说："你父子功劳昭著，又遭受全家殉难，我每每想到这些，内心深为悲伤悼念。况且你从粤东进剿叛军，忽然又遭到广东兵变，孤身涉险，突围出来，足见你忠贞不贰，颠沛流离，始终不改操守。现在令你袭封海澄公爵位，任镇守福建水师提督、总兵官。你应当加强训练，鼓舞将士，以平定海疆，使所在地方秋毫无犯，百姓安乐，才不辜负作为封疆大吏的重任。”

是年，又谕户部、兵部曰：“自逆贼吴三桂煽乱以来，各用兵地方文武官员，或矢志固守，势穷莫支，尽节封疆。或身陷贼中，坚贞不屈，横被惨害。或从容就义，全家殉难，视死如归。此皆为国捐躯，克全忠节，深为可悯。其有骸骨妻子，俱准动正项钱粮资送归里，以昭朕优恤忠节之意。”（《东华录》十九）

［译文］

这一年（康熙十六年，1677），圣祖皇帝又吩咐户部、兵部说：“自从逆贼吴三桂叛乱以来，各个用兵地方的文武官员，有的决心固守城池，势穷力竭，为国家尽节于封疆之地；有的身陷贼军，坚贞不屈，惨遭杀害；有的从容就义，全家殉难，视死如归。这些都是为国捐躯，保全了忠诚节义，深为可敬可悯。这些人如果保留有尸骨、妻子、儿女，都准许动用国库钱粮资助送归乡里，以昭明我优抚体恤忠节的心意。”

圣祖序福建总督范承谟《画壁集》[①]曰：“朕唯帝王教化，首重名节，所以维系人心，扶树纲纪也。古人臣以身事主，守土膺疆，或遇蟊贼潜生，豺狼勃起，则捐躯矢志，取义成仁，而其激烈慷慨之气，间发为文辞，虽质直无华，后世论录，终有不可泯灭者，以其出于忠义之诚，本乎性情之正也。福建总督范承谟，名臣之子，授节闽海，方值逆竖盗兵，偏隅煽焰。筹略未展，横罹幽縶，阅三寒暑，贞操弥坚。故其皭然不滓之志，萦纡郁屈，无所摅露。乃以墙壁为书笺，以桴薪为笔墨，题分甲乙，字辨衡从，日月既深，篇章渐积，名曰《画壁》，记实也。卒能始终不挠，归于正命。若承谟者，可谓冒白刃而不疑，守丹心而自信者矣。夫以茹荼含檗之余，每念不忘君父，故诗文不必尽合于古之作者，而浩然之气，流行充裕。当其胸填声咽，发植风生，土块灰丸，同于利剑；秃毫断梗，等于霜矛，写忠孝之性灵，夺奸凶之残魄，是又岂刻雕藻缋，涂饰虚浮者之所能及乎？自三逆殄灭，寰宇谧宁，恤典频加，恩纶屡降，固已延赏后昆，光贲泉壤矣。兹特允其子时崇所请，复为序其存稿。盖善善欲长，春秋之义②，开章特赐，数出非常，庶几追妥忠魂，亦以风厉臣节焉。”（《御制文四集》）

［注释］

①范承谟《画壁集》：范承谟，范文程次子，顺治九年（1652）进士，历官浙江巡抚、福建总督，三藩乱起，被耿精忠囚禁，后被杀。赠兵部尚书，谥忠贞。《画壁集》即其被囚禁于土室中所写，因无纸笔，写于墙壁之上，故名。②善善欲长，春秋之义：《春秋公羊传·昭公二十年》：“君子之善善也长，恶恶也短，恶恶止其身，善善及子孙。”

［译文］

圣祖皇帝为福建总督范承谟《画壁集》作序道：“我认为帝王教化，首先注重名节，因为这是维系人心、扶持纲纪的根本。自古以来，大臣侍奉君主，身负开疆守土的重任，有时会遇到蟊贼暗中滋生，豺狼突然而起，就会为国捐躯，取义成仁，而其激昂慷慨之气节，偶尔发为文辞，虽然质朴无华，后代的人评论著录，终究有其不可泯灭者，这是因为他们都是出于忠义之诚心，本于性情之正气。福建总督范承谟出身名门，为范文程之子，受命节制福建地方，正值逆贼耿精忠叛乱起兵，陷入战火之中。可惜其谋略尚未施展，却意外地遭受幽禁，被囚禁土室达三年之久，坚贞不屈的节操历久弥坚。所以他高洁不污的志气，萦绕于怀，无所发泄表露，于是就以墙壁作为纸笺，以柴薪作为笔墨，分门别类，排列篇章，纵横书写，分辨字迹，日积月累，逐渐形成一部书稿，命名为《画壁》，以记录其真情实感。最终不屈不挠，死得其所。像范承谟这样，可以说是甘冒白刃而从不怀疑，坚守丹心而坚定信心。在吃苦含恨之余，始终不忘君上父祖，所以他的诗文不一定完全合乎古代作家的规范，但是浩然正气，充溢其间。当他义愤填膺、悲声哽咽，毛发竖立、豪气生风之时，那些土块灰瓦，都可以像利剑一样；秃笔断梗，都可以像戈矛一样，抒写忠孝的性灵，力夺奸凶的魂魄，这又难道是那些刻意雕琢词藻、虚浮粉饰的作品所能达到的吗？自从三藩之乱平定，天下安宁，抚恤的典制不断颁布，恩赏的诏令多次下达，固然已经惠及后代，告慰死者了。现在特地允准范承谟之子时崇的请求，又为其存稿作序。褒扬美德，欲其源远流长，这是《春秋》的微言大义，特赐序言于开篇，也是非常之数，希望能够追念忠魂，也以此来砥砺大臣的名节。”

论公平第十七

康熙三十三年，圣祖谕大学士等曰：“初四日，召试翰林官于丰泽园，出《理学真伪论》，此亦书籍所有成语，熊赐瓒[①]见此，辄大拂其意，应抬文字，竟不抬写，不应用之语，辄行妄用。原任刑部尚书魏象枢[②]亦系讲道学之人，先年吴逆叛时，著议政王大臣议奏发兵。魏象枢云：‘此乌合之众，何须发兵？昔舜诞敷文德，舞干羽而有苗格，今不须发兵，抚之自定。’与索额图争论成隙。后十八年地震时，魏象枢密奏：‘速杀大学士索额图，则于皇上无干矣。’朕曰：‘凡事皆朕听理，与索额图何关轻重？’道学之人，果如是挟仇怀恨乎？又李光地、汤斌、熊赐履皆讲道学之人，然而各不相合。李光地曾授德格勒《易经》，李光地请假回籍时，朕召德格勒进内讲《易》，德格勒奏言李光地熟精兵务。其意欲为将军提督。皇上若将李光地授一武职，必能胜任。反复为李光地奏请，尔时朕即疑之。德格勒又奏熊赐瓒所学甚劣，非可用之人。朕欲辨其真伪，将德格勒、熊赐瓒等考试，汤斌见德格勒所作之文，不禁大笑，手持文章堕地，向朕奏云：'德格勒文甚不堪，臣一时不能忍笑，以致失仪。'既而汤斌出，又向众言：'我自有生以来，未曾见有似此一番造谎者，顷乃不得已而笑也。'使果系道学之人，唯当以忠诚为本，岂有在人主之前作一等语，退后又别作一等语者乎？今汤斌虽故，李光地、德格勒见在也。又熊赐履所著《道统》一书，王鸿绪[3]奏请刊刻，颁行学宫。高士奇亦为作序，乞将此书刊布。朕览此书内过当处甚多。凡书果好，虽不刻，自然流布，否则虽刻何益？道学之人，又如此务虚名而事干渎乎？今将此等处，不过谕尔等闻知，朕唯以治天下国家之道存之于心，此等人议论，又何足较也。"（《东华录》五十三）

［注释］

①熊赐瓒：字逊修，熊赐履弟，康熙十五年（1676）庶吉士，二十年任浙江乡试正考官。②魏象枢（1617～1687）：字环溪，号庸斋，蔚州人。顺治三年（1646）进士，历任庶吉士、给事中、顺天府尹、大理寺卿、户部侍郎、左都御史、刑部尚书等，著有《寒松堂集》。传见本书卷三。③王鸿绪（1645～1723）：字季友，号俨斋，别号横云山人，娄县人，康熙十二年（1673）进士，历任翰林侍读、《明史》总裁官、左都御史等，著有《横云山人集》等。

［译文］

康熙三十三年（1694），圣祖吩咐大学士等说："初四日，召集翰林官在丰泽园考试，出的题目是《理学真伪论》。这也是文献中曾经有过的现成说法。可是熊赐瓒见此题目，就大不高兴，应当抬写的敬语，竟然不抬写，不应该使用的语言，却乱加使用。原任刑部尚书魏象枢，也是讲求道学的儒臣，早年吴三桂叛乱时，令议政王大臣讨论奏请发兵。魏象枢说：‘这些乌合之众，何须发兵？昔日虞舜以文德治理天下，舞蹈于庙堂而四方民众归附。如今也不劳用兵，招抚他们，自可平息。’并与索额图争论，形成矛盾。后来康熙十八年地震时，魏象枢密折奏请：‘赶紧杀了大学士索额图，就与皇上不相干了。’我说：‘凡事都是我听政处置，与索额图有什么关系？’道学之人，难道应该这样挟私仇怀恨在心吗？另外，李光地、汤斌、熊赐履都是讲求道学之人，但是他们之间各不相合。李光地曾经教授德格勒《易经》，李光地请假回到原籍时，我就召德格勒进讲《易经》，德格勒就奏请说李光地精通军事。其意图是想推荐李光地担任将军或提督。甚至直接说皇上如果授予李光地武职，一定能够胜任，反复为李光地奏请，当时我就有所怀疑。德格勒又上奏说熊赐瓒学问很低劣，不是可用之人。我想辨别真伪，就将德格勒、熊赐瓒等一同考试，汤斌见到德格勒所写的文章，禁不住大笑，手持文章掉到地上，向我上奏说：‘德格勒之文非常不堪，我一时忍不住笑了出来，以致失仪。’汤斌出去以后，又对众人说：‘我自从有生以来，还没有见过像这样一番撒谎的，刚才是不得已才笑了。’假使他是真正的道学之人，就应当以忠诚为本，难道可以在君主面前说一番话，退下来后就说另一番话吗？如今汤斌虽已逝世，李光地、德格勒都还在世。另外，熊赐履所著的《道统》一书，王鸿绪为他奏请刊刻，颁行于学校，高士奇也为书作序，请将此书刊刻流传。我看过此书，感到其中过当之处很多。大凡图书真正有价值，即使不刊刻，自然也会流传，否则即使刊刻，又有什么益处呢？道学之人，又是这样地注重虚名，而自相矛盾！现在我说这些，不过让你们知道，我只知将天下国家之大道存于心中，这些人的议论，哪里值得计较呢？”

康熙四十八年，圣祖谕文武诸臣曰："朕向待大臣，不分满汉，一体包容。诸臣当人人感戴自效。乃九卿会议时，但一二人发言，众俱唯唯。其汉大臣则必有涉于彼之事，方有所言，若不与彼之事，即缄无一语，如此宁不有愧于举国之清议耶？此后尔等皆当省改。凡人既读书，知义理，即当以其所学，见之于事，非仅作文已矣。平时读书，至临大事，竟归无用，则所读何书，所学何事耶？"（《圣训》）

［译文］

康熙四十八年（1709），圣祖皇帝吩咐诸位文武大臣说："我一向对待大臣，不分满族、汉族，都一体包容。诸位大臣也应当人人感恩戴德，效力国家。可是九卿会同讨论的时候，只有一两人发言，大多数人都是唯唯诺诺。那些汉族大臣，一定要有与他们相关的事情，才有所发言；如果与自己无关，就沉默以对，不发一言。这样难道无愧于全国上下的清议吗？今后你们都应当反省改过。大凡一个人既然读过圣贤书，知晓义理，就应当以其所学知识，付诸实践，不仅仅写写文章就完了。平时读书，遇到大事，竟然没有用处，那么所读的为何书，所学的为何事呢？"

是年，九卿、詹事、科道面奏噶礼、张伯行互参一案[①]。圣祖曰："从古治天下者，莫要于至公。朕御极五十余年，凡内外大小之事，皆以公心处之。观近日外官，满洲所参，大抵皆汉人，汉人所参，大抵多汉军，皆非从公起见。朕悉据理处断，并无偏袒。张伯行居官清廉，人所共知，其家亦殷实。朕巡河工时，适彼为按察使，知之甚悉，但才具略短耳。噶礼办事历练，至其操守，朕不能信。若无张伯行，则江南地方必受其朘削一半矣。语云：‘文官不要钱，武官不惜命，然后天下久安。’又云：‘清官不累民。’朕为天下主，如此等清官，不为保全，则凡为清官者，亦何所倚恃以自安乎？”（《圣训》）

［注释］

①噶礼：栋鄂氏，满洲正红旗人，官至山西巡抚、户部侍郎、两江总督。张伯行：传见本书卷四。康熙五十年（1711），噶礼在两江总督任上与江苏巡抚张伯行互相参劾，朝廷多次派大臣往勘，最后以二人同任封疆，互劾失大臣礼，皆夺职，诏令伯行留任，噶礼夺职。

［译文］

这一年（康熙五十一年，1712），九卿、詹事、科道官当面陈奏两江总督噶礼与江苏巡抚张伯行相互参劾一案。圣祖皇帝说：“自古以来治理天下，没有比至为公平更重要的。我即位五十多年，凡是中外大小事情，都以公正之心对待。我看到近来外官，满洲官员所参劾的，大抵都是汉人，而汉族官员所参劾的，大抵多是汉军八旗人，这些都不是从公正起见。我都据理加以判断处置，并不偏袒任何一方。张伯行居官清廉，这是人所共知的，其家道也殷实。我巡视治河工程时，他正好是按察使，我对他很了解，他只是才具略显不足。噶礼办事历练，至于他的操守，我也不敢相信。如果没有张伯行，那么江南地方一定会遭受其剥削一半了。俗话说：文官不要钱，武官不惜命，然后天下才会长治久安。又说：清官不连累人民。我为天下之共主，像这样的清官，不加以保全，那么凡是作为清官的人，将有何依靠从而自我安宁呢？”

康熙五十四年，圣祖谕大学士等曰：“凡满汉大臣，遇事应同心办理。今每满洲大臣一议，汉大臣一议，此处大有关系。世祖章皇帝时，为此特下严旨，至今圣训昭然，可不恪遵耶？如果两议亦应满汉相间，岂可截然两议？从来未曾如此，自赵申乔来始然。凡事只有一理，不可执拗。今朕听政五十余年，何者不曾经历？即小事，必向大学士、学士、九卿问之。大臣执拗，犹之可也，若为君者，自行执拗，则如之何？著将满汉两议者，交吏部、都察院察出议罪。”（《圣训》）

［译文］

康熙五十四年（1715），圣祖皇帝吩咐大学士等说：“凡是满汉大臣，遇到事情应当同心同德，合作办理。如今常常是满洲大臣一种意见，汉族大臣一种意见，这中间大有关系。世祖皇帝在位时，为此曾经颁布严厉的诏旨，至今皇上的训诫昭然，难道可以不严加遵守吗？如果真是有两种意见，满汉大臣也应当相互沟通，岂可有截然不同两种意见呢？从来未曾这样过，自从赵申乔到任才形成这样的局面。凡事只有一理，不可执拗。如今我听政五十多年，什么事情不曾经历过？即使是小事，也一定向大学士、学士、九卿询问。大臣执拗，还说得过去，作为君主，自己执拗，会怎么样呢？令将满汉官员持两种意见的，交给吏部和都察院查明论罪。”

论诚信第十八

康熙十七年，圣祖谕兵部曰：“朕御极以来，孜孜图治，欲使天下治安，兵民富庶，共享雍熙。不意逆贼吴三桂背恩反叛，扰乱地方。数年以来，遣兵征伐，尚未授首，以致出征将士披坚执锐，盛暑初寒，备极劳苦。且兴师日久，满洲、蒙古、汉军或机械朽坏，马匹倒毙，借贷置办者；或年幼未经分给田亩，军资器用悉称贷置办者，种种疾苦，朕深为悯恻。但逆贼未灭，不得已而用兵。诸路官军，其奋勇剿除，底定疆土，凯旋之日，一切称贷，俱令该部代偿。诸处调集之兵，遣还汛地，咸令得所。朕诏谕昭如日月，将示大信于天下，断不失言。至于从征官兵，战阵被创，尤堪轸恤。勿俟大兵到齐，所有应得银两，速察给其家。尔部即传示内外，俾喻朕恤兵酬劳至意。”（《东华录》二十四）

［译文］

康熙十七年（1678），圣祖皇帝吩咐兵部说：“我即位以来，孜孜图治，希望使天下治理安定，军民富庶康乐，共享和平的生活。想不到逆贼吴三桂背叛皇恩，对抗朝廷，扰乱地方。数年以来，派兵征伐，还没有将其消灭，以至于出征将士披坚执锐，盛暑严寒，备极劳苦。况且用兵日久，满洲、蒙古和汉军八旗，有的枪械损坏，马匹倒死，不得不借贷进行置办；有的因为年幼没有分给土地，军资器用都需要借贷来置办，种种疾苦状况，我深为怜悯，感到痛心。然而，逆贼尚未消灭，不得已还要继续用兵。各路官军，希望奋勇前进，剿除叛军，平定疆土，到了凯旋的时候，以上所有借贷，都让兵部代为偿还。各处调集的军队，遣返各自的汛地，都让他们各得其所。我的诏令光昭日月，将以此宣示于天下，断然不会失言。至于从征的士兵，在战斗中受伤，尤其值得体恤优抚。不要等待大兵到齐，就要将所有应得的银两，迅速察列分明，交给他们家里。你们兵部当即传达内外，使天下人民都知道我体恤军士酬劳民众的至诚心意。”

康熙五十二年，圣祖谕大学士等曰：“总督额伦特、殷泰[①]，皆朕特用之人。初用时人不知其善，适后乃称皇上知人之明，咸以为异。殷泰居官虽甚优，然未免过于严厉，人有怨之者。巡抚张伯行家计饶足，居官甚清，日用之物，一切取给其家，但于所属官员辄心疑之。自古疑人勿用，用人勿疑，方且推心置腹以示人，阴刻何为？若于所爱者，故为怒容待之；于所恶者，故为喜色遇之，是欺人即自欺也。朕之喜怒，无不即令人知者，唯以诚实为尚耳。天下凡事难以豫防，唯历事多，见理明，乃随事之来，措之合理。朕于《朱子全书》序文内曾论及之。”（《东华录》九十一）

[注释]

①额伦特：科奇哩氏，满洲镶红旗人，历官湖广提督、湖广总督，康熙五十五年（1716）署西安将军，往青海、西藏平叛，后没于阵，追谥忠勇。殷泰：满洲镶红旗人，官至川陕总督，卒谥清端。二人均以廉洁著称，与张伯行并称为督抚中操守最优者。

[译文]

康熙五十二年（1713），圣祖皇帝吩咐大学士等说：“湖广总督额伦特、川陕总督殷泰，都是我特别从行伍中提拔的人才。起初任用时人们还不知道他们的长处，到了后来都称赞皇上知人之明，而且都认为是异数。殷泰居官虽然很好，但未免过于严厉，人们有怨恨他的。江苏巡抚张伯行家道富足，居官非常清廉，日常所用之物，一切都取给于家中，只是他对于所属官员总是疑心过重。自古疑人不用，用人不疑，正要推心置腹，明白示人，阴险苛刻究竟是为什么？如果对于所爱护的人，故意用愤怒的表情对待；而对于所厌恶的人，故意用喜欢的表情对待，这是欺骗别人，也是自我欺骗。我的喜怒，无不当即让人知道，只是以诚实为上罢了。天下事情难以预先防备，只有经历事情多了，见识道理明白，才会在遇到事情的时候，加以合理处置。我在《朱子全书》的序言中，曾经论述到这一点。”

圣祖《讲筵绪论》曰：“自幼读书，凡一字未明，必加寻绎，期无自欺。不特读书为然，治天下国家亦不外是也。尝撰

《读书贵毋自欺论》曰：‘古之圣人生而知之，犹必学而取诸人者，不敢自信也。不敢自信者，不敢自欺也。盖人之知也有涯，不能恁虚以悟，故必假于诗书六艺之文，诵读以举其词，思索以晰其义，综微研颐以穷其指归，而后可以多识前言往行以畜其德[①]。然诗书六艺之文，至奥博矣，有其所可知者，亦有其所不可知者。使不加以深造之功，而概以为有得，则其不可知者，吾心先受其蔽，而可知者，亦危殆而有所不安，是自欺也，岂所谓格物穷理之学乎？朕自冲年读书，于只字未明，必往复寻绎，积渐于讽诵之中，而未能实获于义蕴之内。窃以为古人毋自欺之学，即此可见，故不敢不致其力也。夫诚意之要，首严自欺，于以正心，于以修身，于以治国平天下，岂独读书一事为然哉？’”（《御制文集》）

［注释］

①多识前言往行以畜其德：语出《易经·大畜·象传》：“君子多识前言往行，以畜其德。”

［译文］

圣祖御撰《讲筵绪论》写道：“我自幼读书，凡是遇到有一字不明，一定详加推求，希望不要自欺欺人。不仅仅读书是这样，治理天下国家也不外乎如此。我曾经写过一篇《读书贵毋自欺论》说：‘自古以来圣人即使是生而知之，也要经过学习汲取别人之所长，不敢过分自信。不敢过分自信，就是不敢自欺欺人。因为人的知识是有止境的，不可能凭空领悟，所以一定要借助诗书六艺之文，通过诵读以认识其文词，通过思考以明晰其含义，通过分析综合以穷尽其意旨，然后才可以多领会前人的嘉言懿行，以培育和提高自己的修养。然而，诗书六艺之文，至为深奥广博，其中有可以知晓的，也有人们不可能知晓的。假如不通过艰苦努力进行深造，就笼统地认为有所收获，那么其中不可能知晓的东西，我的内心首先受到蒙蔽，而其中可以知晓的东西，也非常危险而使内心不安，这就是自欺欺人，难道是所谓的格物致知、穷理尽性的学问吗？我自从幼年开始读书，遇到一字不明，一定反复推求，在不断的诵读之中逐渐积累知识，依然没有就其义理蕴涵获得更多实在的收获。我认为古人所谓的不要自欺的学说，从这里就可以得到证明，所以不敢不致力于此。诚信意念的关键，首先在于严格要求不能自欺，以此才可能端正心性，才可能修养身心，才可能治理国家、平治天下，难道仅仅读书一事是这样的吗？'"

圣祖《庭训》曰："好疑惑人，非好事。我疑彼，彼之疑心日增。前者丹济拉[①]来降之时，众皆谏朕宜防备之。朕心以为丹济拉既然来降，即我之臣，何必疑焉？初至之日，即以朕之衣冠赐之，使进朕帷幄内，近坐赐食，旁无一人，与伊刀切肉食。彼时丹济拉因朕之诚心相待，感激涕零，终身奋勉尽力。又先时台湾贼叛，朕欲遣施琅，举朝大臣以为不可，遣去必叛。彼时朕召施琅至，面谕曰：'举国人俱云汝至台湾必叛，朕意汝若不去台湾，断不能定汝之不叛。'朕力保之。卒遣之，不日而台湾果定，此非不疑人之验乎？凡事开诚布公为善，防疑无用也。"（《庭训格言》）

［注释］

①丹济拉：厄鲁特蒙古人，康熙三十六年（1697）降清，授内大臣，后封扎萨克辅国公。

［译文］

圣祖皇帝《庭训格言》写道："喜欢怀疑他人，不是好事。我怀疑他，他的疑心就会愈益加重。从前丹济拉来投降时，大家都劝谏我要适当防备。我内心以为丹济拉既然已经前来投降，即为我的臣下，何必要怀疑呢？初到的一天，即把我的衣冠赐给他，让他进入我的帐篷之内，坐到我的近旁赐他饭食，旁无一人，和他用刀子切肉吃。那时丹济拉因为我的诚心相待，感激得流下泪来，终生勤勉奋进，尽心尽力。还有以前台湾郑氏集团割据叛乱，我想派遣施琅出兵，满朝大臣都认为不可以，如果派遣施琅前去他必然叛变。那时我召施琅前来，当面吩咐他说：‘全国人都说你到台湾必然叛变，我认为你如果不去台湾，决不能断定你不叛变。’我全力保举他，终于派遣施琅前往。不久，台湾果然平定。这难道不是不怀疑人的证明吗？凡事以开诚布公为善，防备猜疑是没有用的。”

康熙政要卷十三

论俭约第十九

《训》曰："尝闻明代宫闱之中，食御浩繁。掖庭宫人，几至数千。小有营建，动费巨万。今以我朝各宫计之，尚不及当日妃嫔一宫之数。我朝外廷军国之需，与明代略相仿佛。至于宫闱中服用，则一年之用尚不及当日一月之多。盖深念民力维艰，国储至重，祖宗相传家法，勤俭敦朴为风。古人有言：'以一人治天下，不以天下奉一人。'以此为训，不敢过也。"（《庭训格言》）

［译文］

圣祖皇帝《庭训格言》写道："曾经听说明朝宫廷之中，饮食费用非常浩繁。后宫宫女数量庞大，几乎达到几千人。稍有营建工程，就动用经费巨万。现在我们朝廷各宫的统计，还不及当时妃嫔一宫的人数。我们朝廷军政的需求，与明朝大概相仿。至于后宫中的服饰穿着，一年的费用还不到当时一月的消费。这都是顾念民力维艰，国家储备至关重要，太祖、太宗相传的家法，就是以勤俭质朴作为家风。古人曾经说过：以君主一个人治理天下，而不是以天下之物奉养君主一个人。以此作为训诫，不敢有所逾越。”

康熙二十四年，圣祖谕大学士等曰：“服色[1]久经定例禁止，近见习俗奢靡，服用僭滥。皆由所司各官视为具文，并未实心稽察，以致不遵定例。嗣后必切实奉行，时加申饬。务期返朴还淳，恪循法制，以副朕敦本务实、崇尚节俭之意。”（《圣训》）

［注释］

①服色：车马、銮舆、祭牲、服饰等的颜色。古代通行五德终始学说，每一王朝新立，皆改正朔、易服色，如夏尚黑、殷尚白、周尚赤、汉尚黄等。后泛指各级官吏的服饰。

［译文］

康熙二十四年（1685），圣祖皇帝吩咐大学士等说：“官员的服饰久经定例，禁止僭礼越制，近来我看到社会风俗奢侈无度，服饰器用僭越礼制，随意滥用。这些都是由于有关官吏将礼制视为空文，并没有实心核查，以致人们不遵守定例。今后一定要切实奉行，不时加以告诫约束，务必使社会风俗由奢靡回归淳朴，恭敬谨慎地遵循礼制，从而符合我注重根本、务求实效、崇尚节俭的心意。”

康熙四十二年，圣祖谕八旗都统、前锋统领、护军统领、副都统、参领、佐领[1]等曰：“朕为官民生计，不时廑念。前已屡施大泽，今年诏款内复特沛鸿恩，不惜数百万帑金，遍行赏赐。嗣后军卒人等，应人人务立生计，清偿逋欠，丰裕度日。倘有不肖之辈，不思撙节俭约，唯知纵酒酣饮，鲜衣肥马，过于费用，则不数日间，仍如未沛恩泽时。尔等俱有督率之责，不当徒以督率为名，亦当诱之向善。使人人以孝弟为本，各知自守，爱惜产业，则不特风俗可致淳朴，而朕惜兵之心，亦不致徒劳矣。可将此旨刊刻，遍示军卒人等。受朕重恩如此，仍行赌博，行止不端，朕断不轻贷，必将为首者立正典刑。朕念切兵民生计，是以亲书谕旨，钦哉!”（《东华录》七十一）

［注释］

①八旗都统、前锋统领、护军统领、副都统、参领、佐领：清代八旗，以三百人为一牛录，设牛录额真，即佐领；五牛录为一甲喇，设甲喇额真，即参领；五甲喇为一固山，设固山额真，即都统，副职称左右梅勒额真，即副都统。前锋统领、护军统领，分别为前锋营、护军营长官，每旗一人，正二品，副职称参领。

［译文］

康熙四十二年（1703），圣祖皇帝吩咐八旗都统、前锋统领、护军统领、副都统、参领、佐领等八旗各级军官说：“我对于八旗官民的生计，不时给予殷切关注。以前已经多次施与惠泽，今年在诏令中又特别赐予鸿恩，不惜用数百万的国库银两，普遍给予赏赐。以后八旗的军士人等，应当人人建立稳定的生业，清偿所欠的钱财，逐步过上充裕的生活。倘若有些不肖之徒，不考虑勤俭节约，只知道纵酒畅饮，肥马轻裘，生活过于奢靡浪费，那么用不了多少天，仍旧回到朝廷未施恩惠时的日子。你们各级军官都有督责的职分，不应当徒有其名，而应当真正循循善诱，导之向善。假如人人都以孝悌作为根本，各自知道勤俭守家，爱惜自己的产业，那么不仅可以使风俗回归淳朴，而我爱惜八旗兵丁的心意，也不至于成为徒劳。你们可以把我这道谕旨刊刻出来，向广大八旗军士人等广泛宣示。承蒙朝廷这样的重恩，仍然赌博，行为不端，我决不轻易饶恕，一定将其中的为首者明正典刑。我深切感念八旗军民的生计，因此亲手写下这道谕旨。”

康熙四十九年，九卿等议覆佥都御史屠沂[①]条陈节俭一疏。圣祖谕大学士等曰："禁止奢僭而崇尚节俭，极当于理。朕近查宫中人数，皇太后宫及朕所居正宫，不过数百人，较之明代宫人，则俭省多矣。先是，光禄寺供应宫中用度，每年用银七十万两有馀，朕渐次节省，不使滥溢，一年止需七万两矣。理藩院向来每年赏赐供应外藩宾客，用银八十万两。今裁减浮费，一年止需八万两矣。户、工两部，前此每年所用钱粮，其数过多。今十日一次奏闻用过数目，所需钱粮，已极少矣。朕用钱粮节省如是。因臣民僭用妄费，从前屡有禁约，今若又行禁约，徒有法令滋繁而已，究无补于事也。盖法令非不详尽，皆由臣下奉行不善而然。步军统领、顺天府府尹、地方该管官员果实心遵行，何至如此乎？"（《圣训》）

［注释］

①屠沂：字艾山，号酌沧、双峰，湖北孝感人。康熙三十三年（1694）进士，历官吏科给事中、左佥都御史、顺天府府尹、左副都御史、浙江巡抚等。

［译文］

康熙四十九年（1710），九卿等讨论回复佥都御史屠沂所上条陈节俭的奏疏。圣祖皇帝吩咐大学士等说："禁止奢靡僭越，崇尚节俭淳朴，极其合乎道理。我近来核查宫中人数，皇太后宫中和我所居住的正宫，不过数百人，和明代宫人数量相比，俭省多了。在此以前，光禄寺供应宫中的费用开支，每年用银七十万两有余，我逐渐加以减少节省，不让费用过滥，一年只需要七万两。理藩院向来每年赏赐和供应外国、藩属宾客来往的费用，用银八十万两。如今裁减不必要的开支，一年只需八万两。户部和工部以前每年所用的钱粮，数量非常巨大。现在规定十天一次奏闻其用过的数目，所需的钱粮数目，也已经很少了。我使用钱粮，尚且如此俭省。因为广大臣民越礼使用、肆意浪费，从前屡次颁布禁约，现在如果再次颁布禁约，只是增加了法令繁文罢了，对于事情没有实际裨益。法令不可谓不详尽，都是因为臣下奉行不好而导致的结果。步军统领、顺天府府尹以及各地有关官员真正能够实心遵行，何至于这样呢？”

圣祖崇尚勤俭，尝著《勤俭论》以自警。论曰：“尝观尧以执中之旨授舜，舜以执中之旨授禹。而孔子之称禹曰：‘无间然。’[①]舜亦羡其勤邦俭家[②]。盖以禹之奉己简薄，而于天地祖宗生民数大事，克备夫道以致其厚，有合于中之旨焉。夫崇宫室，丰饮食，美衣服，此人心也，其几易溺；敬天地，孝祖宗，拯民生，此道心也，其几易怠。溺则侈，侈则嗜欲日荒；怠则逸，逸则理道日远。发于一心，见于天下，而盛衰治乱之途判矣。传曰：‘私欲宏多，则德义鲜少。德义不行，则迩者骚离，远者距违。’甚言奢之不可不戒也。至《书》载文王卑服，即康功田功[③]。又言：‘自朝至于日中昃，不遑暇食，用诚和万民。’[④]伊尹之告太甲曰：‘慎乃俭德，唯怀永图。’[⑤]噫！俭与勤之道尽之矣。朕检身省心，常恐弗及，故万机日御，以自砥砺。而宫中、府中之用，刻意损抑，较之前代，每岁所需，十不及一。虽不敢比于大禹、文王之为君，而兢兢勿侈勿逸之念，恒欲化雕返朴，祛肆崇敬，以务几乎道。然人心危而道心微，苟侈泰之心，中于几微，势必形于国家，其弊有不可遏者，则慎修思永，尤执中之要道也欤！”（《御制文集》）

［注释］

①无间然：语出《论语·泰伯》：“禹，吾无间然矣。菲饮食而致孝乎鬼神，恶衣服而致美乎黻冕，卑宫室而尽力乎沟洫。禹，吾无间然矣。”②勤邦俭家：语出《尚书·大禹谟》：“帝曰：……克勤于邦，克俭于家，不自满假，

唯汝贤。”③文王卑服，即康功田功：语出《尚书·无逸》。④自朝至于日中昃，不遑暇食，用诚和万民：语出《尚书·无逸》。⑤慎乃俭德，唯怀永图：语出《尚书·太甲》。

［译文］

圣祖皇帝崇尚勤俭，曾经亲自撰写《勤俭论》以自我警戒。御制《勤俭论》写道：“我曾经考察唐尧以不偏不倚的中庸之旨传授给虞舜，虞舜以不偏不倚的中庸之旨传授给夏禹。孔子称赞夏禹也说无可挑剔。虞舜也称赞其勤于国事、俭以持家。这大概是因为夏禹自奉俭约，而对于天地祖宗民众的大事，则克尽人道，力致其厚，合乎中庸之道。建造高大的宫室，设置丰盛的饮食，穿着华美的衣服，这是凡人的私欲之心，却容易使人沉溺其中；崇敬天地，孝顺祖宗，拯救民生，这是天理的精微之心，却容易使人懈怠。沉溺于私欲之中，就容易奢侈，奢侈就会嗜好欲望膨胀，日益荒废政务；懈怠就容易安逸，安逸就会距离治道日益遥远。由此可见，执政者发乎一心，见之于天下，那么盛衰治乱之路就会判然有别。典籍上说：‘私欲过多，那么德义就会很少。不施行德义，就会使近处的人背离，远处的人背叛。’的确很严重啊，奢侈不可不戒除。至于《尚书》上说的：文王穿着粗劣的衣服，从事平整道路和农田之事。又说：从早上一直到太阳偏西，没有时间吃饭，以此和谐广大民众。伊尹忠告太甲说：谨慎地施行勤俭之德，是为了天下能永久得到巩固。噫！以上几位圣王先贤，其勤俭之道可以说达到了极致。我检验和反省自身，常常害怕达不到这种境界，所以日理万机，自相砥砺。宫中、朝中的用度，我都刻意减少，与明代相比，每年的用度，不及十分之一。虽然我不敢自比于夏禹、周文王这些明君，但谨慎戒惧、不敢奢侈、不敢放纵的心志，总希望祛除浮华返归淳朴，祛除放肆崇尚敬畏，以期差不多接近大道。然而人心险恶，道德浅薄，如果奢侈安逸之心，即使稍微放纵，势必影响到国家政务，其弊端可能就无法阻挡，因而就只有慎于修养、思虑长远，尤其要坚守中庸之道。”

《训》曰：“民生本务在勤，勤则不匮。一夫不耕，或受之饥；一妇不蚕，或受之寒。是勤可以免饥寒也。至于人生衣食财禄，皆有定数，若俭约不贪，则可以养福，亦可以致寿。若夫为官者俭，则可以养廉。居官居乡，只缘不俭，宅舍欲美，妻妾欲奉，仆隶欲多，交游欲广，不贪何从给之？与其寡廉，孰若寡欲？语云：‘俭以成廉，侈以成贪。’此乃理之必然者。”（《庭训格言》）

［译文］

圣祖皇帝《庭训格言》写道：“老百姓的本务要以勤为本，勤劳就不会贫乏。一个农夫不耕作，就有人要挨饿；一个农妇不养蚕，就会有人受冻。说明勤劳是可以使人免受饥寒。至于人生一世可得的衣食财富禄位，都是有定数的。如果能够节俭约束而不贪心，就可以颐养福气，也可以使自己延年益寿。如果是为官的节俭，就可以培养廉洁的操守。不论在朝为官，还是闲居在乡，只因不节俭，想要居室华美，妻妾侍奉，仆役众多，交游广泛，如果不贪求何从供给？与其不廉洁，还不如清心寡欲。古语说：俭约可使人养成廉洁作风，奢侈会使人贪婪成性。这是必然的道理。”

论谦让第二十

康熙十九年，九卿、詹事、科道等以滇南荡平，请加上尊号。圣祖谕曰：“尔等以大憝既除，寰宇底定，奏请上朕尊号。……今乱贼虽已削平，而疮痍尚未全复，君臣之间，宜益加修省，息兵养民，布宣德化。务以廉洁为本，用致太平。若遂侈然以为功德，崇上尊称，滥邀恩赏，实可耻也。”

“朕自幼读书，览古人君行事，始终一辙者甚少，尝以为戒。唯恐机务或旷，鲜克有终，以故宵衣旰食，祁寒盛暑，不敢少间。偶有违和，亦勉出听断，或中夜有机宜奏报，未尝不披衣而起。朕非不知燕息自怡，盖所爱不在一身，总为天下生灵之计。政事务求当理，官职务在得人，期于家给人足，百姓乐业而已。今吏鲜洁清之效，民无康阜之休，君臣之间全无功绩可记，倘复上朕尊号，加尔等官秩，则唯有负愧耳，何尊崇之有？至于太皇太后、皇太后加上徽号，诏赦天下，理所宜然。其上朕尊号之事，断不可行，乃朕实意，非粉饰之词也。自今以往，大小臣工，宜各洗心涤虑，砥节励行，休养苍黎，培复元气，尔等可向九卿各官悉谕朕意，不必再行陈请。”（《圣训》）

［译文］

康熙十九年（1680），九卿、詹事、科道官等因为云南吴三桂叛乱平定，请求加上尊号。圣祖皇帝吩咐说：“你们因为罪魁祸首已经消除，天下平定，奏请给我加上尊号。……如今乱贼虽然已经荡平，但天下疮痍还没有痊愈，君臣之间，应当更加修身自省，停止用兵，休养生息，宣布道德教化。一定要以廉洁为本，以期达到太平之治。如果这样就骄傲自满，以为成就了功德，加上尊称，过度邀恩请赏，实在是可耻啊！”

“我自幼读书，观览古代君主的行事，能够做到始终如一的很少，常常引以为戒。唯恐政事有时会有荒废，不能善始善终，因此宵衣旰食，勤于政务，即使严寒酷暑，也不敢稍微懈怠。偶有不适，也勉力听政决策。有时半夜有机务奏报，未尝不是披衣而起。我并非不知道休息安乐，只是因为爱惜不在一己之身，总要为天下生灵考虑。政事务求合乎道理，官职务求得其人才，以期家给人足、百姓安居乐业而已。如今吏治少有洁净清廉的效果，民众尚无安乐富足的幸福，君臣之间完全没有功绩可以记录，倘若给我加上尊号，给你们加官晋爵，就只有愧疚了，哪里有什么尊崇可言？至于太皇太后、皇太后加上徽号，诏令大赦天下，理所应当。给我加上尊号之事，断然不可行，这是我的真心实意，并非粉饰之词。从今以后，大小臣工应当各自洗心涤虑，砥砺节操，休养生息，培育和恢复元气，你们可以向九卿以及各个官员都传达我的旨意，不必再次陈请加上尊号之事。”

是年，诸王、贝勒、贝子、公、满汉文武官员及远近士民赴畅春园，恭请皇上允受“神圣文武大德广运”尊号。圣祖谕曰：“朕御极三十六年，自始至终，孜孜不倦，而吏治尚未澄清，民生尚未丰裕，士卒尚未休息，民俗尚未醇朴，且旱潦灾异，亦复相仍。方今外寇既靖，正宜休息生养，徒加尊号，何益于治？朕荡平噶尔丹，机宜未尝有失，苟天下共能知之，朕愿足矣。崇上尊号，不必行，毋复再奏。”（《东华录》四十八）

［译文］

这一年（康熙三十六年，1697，平定噶尔丹之叛），诸王、贝勒、贝子、国公、满汉文武官员以及远近的士人民众赶赴畅春园，恭请皇上允准接受“神圣文武大德广运”的尊号。圣祖皇帝吩咐说：“我即位三十六年，自始至终，孜孜不倦，可是吏治尚未澄清，民生尚未富足，士兵尚未得到休养生息，民俗尚未达到淳朴，况且水旱灾害，也不断发生。如今边外的贼寇平定之后，正应该休养生息，徒然加上尊号，对于治国有什么益处？我荡平噶尔丹，处置方略不曾有过失当，如果天下之人能够都知道，我的心愿也就满足了。加上尊号，不必实行，不要再行奏请。”

康熙五十一年，礼部题奏：康熙五十二年恭遇我皇上六旬大庆，中外臣民莫不欲竭尊亲之戴，上无疆之颂，其应行典礼。臣等谨会同大学士、九卿、詹事、科道详议具题。圣祖曰："朕御极以来，推欲万国乂安，上则敬天法祖，下则垂令名于后世，孜孜然以至须发尽白，心血耗散，历尽忧勤，荡平险阻。自古帝王在位不久，享年不遐者，论者往往归于别故，而未谅帝王实不胜其难，实不堪其劳，忧惧所迫，以致享年不永也。朕反复思维，昔帝尧固辞华封之祝[①]，必以朕临莅年久之君，方能知圣人言之有实也，馀则断不能知矣。朕本凉德，唯赖祖考得国之正，积福之深，在位五十余年，寿届六十。今忧劳倍增，血气渐惫，唯恐愈久而力不支，愿不遂，以致不全始终，一世勤瘁，俱属徒然。朕唯兢兢惕励，并未留心祈甲子之周也。览礼部所奏，悉属虚文，无有实际。朕唯愿臣清子孝，兄友弟爱，人人皆读正书，勉尽职业，国安民治，盗贼宁息，各以至诚实意为朕六秩庆祝，朕即嘉纳。此外仪文，朕无所嗜，亦无所好，这所奏不准行。"又群臣以万寿六旬请上尊号。圣祖曰："朕临莅日久，每于读书鉴古之馀，念君临天下之道，唯以实心为本，以实政为务。若侈陈功德，加上尊号，以取虚名，无益治道，朕所不喜。前诸王大臣等屡有奏请，朕曾手书批示，谕以断不允行，前旨甚明，所奏知道了。"（《东华录》九十）

[注释]

①华封之祝：语出《庄子·天地》："尧观乎华，华封人曰：'嘻！圣人，请祝圣人，使圣人寿。'尧曰：'辞。''使圣人富。'尧曰：'辞。''使圣人多男子。'尧曰：'辞。'封人曰：'寿、富、多男子，人之所欲也，汝独不欲，何邪？'尧曰：'多男子，则多惧；富，则多事；寿，则多辱，是三者，非所以养德也。故辞。'"

［译文］

康熙五十一年（1712），礼部题奏说：康熙五十二年正好恭逢皇上六十岁大庆，中外臣民无不想要竭尽尊敬亲爱拥戴之诚心，献上万寿无疆的颂词，应当举行盛大典礼。我们礼部会同大学士、九卿、詹事、科道官详加讨论题请皇上允准。圣祖皇帝说："我即位以来，期望万国安宁，天下太平，对上敬天法祖，对下垂名后世，孜孜不倦，以至于须发尽白，心血耗散，历尽忧虑勤劳，荡平各种艰难险阻。自古以来帝王在位不长久、享年不长寿的，议论的人往往归咎于别的缘故，而不能体谅帝王自身其实不胜其难、不堪其劳，为忧虑戒惧所迫，以致享年不久。我反复思忖，从前唐尧推辞华地官员的祝贺，一定要像我这样在位长久的君主，才能体会圣人言词的实际蕴涵，其余的人断不能体会。我本来德行浅薄，只是仰赖祖父、父亲得国的正统，积德的深厚，在位五十多年，享寿六十岁。如今因为忧虑勤劳倍增于前，血气逐渐疲惫，唯恐时间越久，体力越不支，心愿不遂，以致不能保全始终，一世的勤劳辛苦，均为徒然。所以我谨慎戒惧，朝惕夕励，并没有留心六十周岁的庆典。看到礼部的奏请，均属虚文，不切实际。我只希望臣民清廉，子女孝顺，兄长友爱，弟弟恭敬，人人都阅读正统之书，勉力恪尽职守，国家安定，民生大治，盗贼平息，各自以其至诚实意为我六十大寿庆祝，我就会高兴地接受。除此以外的仪式虚文，我都无所嗜好，这项奏请不予允准。"群臣又因为皇上六十万寿节奏请加上尊号，圣祖皇帝说："我即位很久，每每在读书明道、借鉴古史之余，思考君主统御天下之道，只以实心为本，以实政为务。如果侈谈功德，加上尊号，以博取虚名，无益于治国之道，也是我所不喜欢的。以前诸王大臣等多次奏请，我曾经亲手御批，谕以此事断不可行，旨意很明确，你们所奏我知道了。"

康熙六十一年，大学士、九卿、詹事、科道等以来年恭遇万寿七旬大庆，请行庆贺典礼。圣祖谕大学士等曰："览所奏皆过于实事，朕以冲龄即位，赖世祖章皇帝定鼎以来，深仁厚泽，建不拔之业，至今八十年，四海升平，有自来矣。朕自幼读书，每览前代帝王忿懥忧患累其内，几务纷纭劳其外，年岁不久，景祚不长者，未尝不拊髀长叹。朕凉德亦不过如此。幸得历逾花甲，年登古稀，须眉皓白，总理万机。当此之际，翼翼小心，唯恐善后之策不能预料。保泰图安，夙夜冰兢。况今西陲用兵，士卒暴露，转运罢敝，民生乏食，物价腾贵，正宜君臣同寅协恭，乂安万姓，永致太平。自古庆贺多者，后人不取，况亦何益乎？朕御极六十馀年，元旦之外，未尝受贺，唯六十寿时三月十八日进表行礼。今卿等所请，无庸多议。"（《东华录》一百一十）

［译文］

康熙六十一年（1722），大学士、九卿、詹事、科道官等因为第二年就恭逢皇上七十岁万寿节大庆，奏请举行庆贺典礼。圣祖皇帝吩咐大学士等说："我看到你们所奏都言过其实，我从幼年即位，仰赖世祖章皇帝定鼎以来，以其深仁厚泽，建立坚固不拔的功业，至今已经八十年了，四海升平的气象，自有其由来。我从小读书，每每看到前代帝王愤怒忧患贻累其内心，事务纷纭劳累其身体，年深日久，寿命不长，因而未尝不拍着腿叹息。我德行浅薄，不过如此，却有幸年过花甲，岁登古稀，须眉皆白，仍然总理万机。当此之时，我总是小心翼翼，唯恐善后之策不能有所预料。保持安宁，图谋大治，日夜恐惧，谨慎小心。况且如今西北用兵，士卒暴露于野外，粮饷转运疲于奔命，人民生活饮食不足，物价腾贵，正应该君臣同怀敬畏之心，勤谨合作，使得百姓安定，永享太平。自古以来庆贺过多，不足为后人效法，况且又有什么益处呢？我即位六十余年，除了每年元旦以外，不曾接受庆贺，只是六十大寿时在三月十八日由群臣上表行礼。现在你们的奏请，不必多议。”

论尚廉第二十一

康熙二十年，圣祖谕学士库勒纳[①]等曰：“直隶巡抚于成龙，自起家外吏，即以廉明著闻，历升巡抚，益励清操，自始至终，迄无改辙。凡在亲戚交游相请托者，概行峻拒。所属人员，并戚友间有馈遗，一介不取。朕甚嘉之，知其历官廉洁，家计凉薄，兹特赐内帑白金一千两、朕亲乘良马一匹。于成龙既膺宠赉，想当益加砥砺。朕又亲制诗一章，嘉其廉能，当更赐之。”（《东华录》二十七）

[注释]

①库勒纳：瓜尔佳氏，满洲人，由笔帖式历官翰林侍读学士、掌院学士兼礼部侍郎、日讲起居注官、经筵讲官、《明史》总裁官、户部尚书、礼部尚书等，奉敕撰《日讲书经解义》、《日讲四书解义》等。

[译文]

康熙二十年（1681），圣祖皇帝吩咐学士库勒纳等说：“直隶巡抚于成龙，自从担任地方官起家，就以廉洁公正著名，历次升迁到巡抚，更加砥砺清廉的节操，自始至终，从未改变自己的初衷。凡是有亲戚朋友相互请托的事情，一概予以严词拒绝。其所属人员，以及亲戚朋友之间间或有所馈赠，也一介不取。我非常欣赏他，知道他历官清正廉洁，家计凄凉微薄，现在特地赏赐给他国库白银一千两，另外加上我亲自乘坐的良马一匹。于成龙荣获宠信和赏赐之后，应当更加砥砺名节。我又亲自撰写诗歌一首，嘉奖他的廉洁和才能，另外赏赐给他。”

康熙二十三年，江宁巡抚汤斌陛辞。圣祖谕曰：“以尔久侍讲筵，老成端谨，江苏为东南重地，故特简用。居官以正风俗为先，江苏风俗，奢侈浮华，尔当加意化导。移风易俗，非旦夕之事，从容渐摩，使之改心易虑，当有成效。钱粮历年不清，亦须留意。尔在内阁曾阅章奏，在外督抚所奏，凡有钱谷刑名大事，多有乖错，致令驳察，尔到地方，尤当留意。近日江南吏治，稍稍就理，尔当洁己率属，自然改观。”汤斌出，复传谕曰：“汤斌在讲筵年久，今远行，其赐白金五百两，表里十端。临行之日，仍令入朝，更有谕旨。”（《东华录》三十四）

［译文］

康熙二十三年（1684），江宁巡抚汤斌赴任前向皇上辞行。圣祖皇帝吩咐说：“因为你长期侍从讲筵，老成持重，端正勤谨，江苏为东南重地，所以特地加以任用。做官应当以端正风俗为首务，江苏地区的风俗奢侈浮华，你应当着意加以教化训导。移风易俗，并非一朝一夕之事，应当从容教化，循序渐进，使人们改变心性，转换观念，应该会有效果。江苏的钱粮历年来编审不清，也应当加以留意。你在内阁曾经阅览奏章，各个直隶省总督、巡抚所奏，凡是有关钱谷刑名的大事，很多出现差错，以致诏令驳回，派人稽察，你到地方，尤其应当留意。近来江南的吏治，稍微得到治理，你应当自奉廉洁，做属下的表率，这样吏治自然会有所改观。”汤斌告辞出来，皇上又传达谕旨说：“汤斌侍从讲筵时间很久，如今远行，特赏赐白银五百两，表里细缎十端。到江南上任临行那一天，仍然让他入朝辞行，还有谕旨给他。”

是年，左都御史陈廷敬疏请劝廉祛弊，敕详议定制。略曰：“国家久安长治之基，关于风俗。风俗盛衰之故，系乎人心。正人心厚风俗之机，存乎教化。故品节度数，必有定制。所以辨上下，定民志，使天下移风易俗，回心向道，尤教化之急务也。洪唯皇上尧仁舜哲，禹俭汤勤，总揽天下之大权，先教化而后刑罚。谓礼义廉耻，国之四维，而宏奖官方，廉为尤重。臣愚谓：贪廉者，治理之大关；奢俭者，贪廉之根柢。欲教以廉，当先使俭，然而不能遽致者，则积习使之然也。伏见我皇上盛德渊纯，躬先节俭，御服无奇丽之观，尚膳鲜兼珍之味。早朝晏罢，谨小慎微，与中外臣民，共登淳古之风，一时公卿大夫，是则是效，宜蒸蒸有丕变之机矣。窃谓风俗未能尽俭者，盖古者衣冠、舆马、服饰、器用之具，婚丧之礼，贱不得逾贵，小不得加大，今或等威未别，因而奢僭之习未尽化也。百金，中人之产。一裘之费，奚啻百金？绮纨之服，机丝所织，花草虫鱼，时新日异，旧者犹新，新者已旧。贫者循旧而见嗤，富者即新而无厌，转相慕仿，积以成风，外官之任者，或拥仆从数十百人，衣轻策肥，车马阗咽，震惊道路。泥沙之用不惜，贪饕之行易成。由是则富者黩货无已，贫者耻其不如，冒利触禁，妄冀苟免。幸不罹于法，则以高赀夸耀闾里。愚民无知，见其如此，游末趋利，多离农亩，弃其本业。贾谊所谓‘一人耕之，十人聚而食之，欲天下无饥，不可得也。百人织之，不能衣一人，欲天下人无寒，不可得也’[①]。其始由于不俭，其继至于不廉，其卒至于天下饥寒。饥寒切于其身，奸宄因之而起，此所以刑罚未能衰止也。然则风俗何以厚之？亦曰‘正人心而已’。夫好尚嗜欲之中于人心，犹水之失堤防也，是教化之所宜先务矣。伏祈敕下廷臣博考旧章，详议定制。御赐之衣物，许其服用，及近御之人，照常不议外，官员士庶冠服、衣裘、饰用之制，婚丧之礼，有宜更定者，斟酌损益，务合于中，其浅近易行。如貂、猞猁、狲，昔有官品之分，今则庶人服之矣；如缎绸，昔有官民之别，今则杂然无辨矣，并宜厘正，使永远遵行。至若外任官，舆马仆从，不得过侈。制度既定，罔敢陵越，则节俭之风可以渐致。工者不必矜能于无用，商者不必通货于难得，奇技淫巧，弃本趋末之民，将转而缘南亩。田畴辟则民无饥寒，民无饥寒，然后可以兴于礼义廉耻。而国之四维以张，太平无疆之盛治，端在于此，又岂唯劝廉吏而已？”（陈廷敬《午亭文集》）

［注释］

①“一人耕之”八句：语出贾谊《治安策》，见《汉书》本传。

［译文］

这一年（康熙二十四年，1685），左都御史陈廷敬上疏请求劝勉廉洁、祛除弊端，皇上敕令详细讨论形成制度。大略是说：“国家长治久安的基础，关系到风俗；而风俗的盛衰变化的原因，则关系到人心。端正人心、醇厚风俗的关键，在于实施道德教化。因此，品行节操的评价，一定要有制度，从而辨别上下等第，稳定民众的志向，使得天下移风易俗，返璞归真，安然向道，这些尤其是道德教化的紧迫任务。皇上像唐尧一样仁厚，像虞舜一样贤明，像夏禹一样节俭，像商汤一样勤勉，总揽天下的大权，以道德教化为先，以刑律处罚为后。认为礼义廉耻，是治理国家的四个大纲，而对于官员而言，廉洁尤为重要。我粗浅认为，贪污与廉洁，是国家治理的大关；而奢侈与节俭，则是贪污与廉洁的根基。要想教导官员廉洁，应当首先使其节俭，这样还不能很快达到的原因，乃是因为积习使然。我看到皇上盛德，深邃纯粹，躬行节俭，服饰没有奇丽的外表，饮食很少珍味；早朝听政，很晚才罢朝，谨小慎微，与中外臣民共同追求淳厚古朴之风，一时公卿、士大夫都以此作为准则，加以效法，可望成为风俗纯美大变的一个标志。我认为风俗未能尽数节俭，是因为古代衣冠、舆马、服饰、器用的工具，婚姻丧葬的礼仪，卑贱阶层不能僭越尊贵阶层，晚辈不能超过长辈，如今有时社会等级未能完全分别，因而奢侈僭越的习气未能完全得到教化。一百两白银，这是一个中等人家一年的收入，可是一件皮裘的费用何止一百两银子？绫罗绢帛的服饰，都是机织的丝绸，上绣花草虫鱼，日新月异，旧的还很新，新的已经过时。贫穷的人遵循旧的服饰礼制却被嘲笑，富贵的人追求新奇而贪得无厌，相互模仿，形成风气。地方官到任，有的带着仆从数十甚至上百人，衣轻裘，策肥马，车马填塞街巷，震惊道路。财物像泥沙一样使用而不知爱惜，那么贪婪诛求的行为就容易养成。因此，富贵的人贪污纳贿没有底止，贫穷的人以自己不如人家为耻，甘为私利而触犯禁令，妄求苟且幸免。一旦侥幸没有受到法律制裁，就高调在乡邻之间夸耀。愚昧无知之人看到他们这样，游走末业，追求利润，离开农田，放弃本业。正像贾谊所说的：‘一人耕田所得，十人集中起来分而食之，那么要想使天下没有饥馑，是不可能的。一百人纺织所得，还不能供应一个人的穿着，那么要想使天下没有寒冷，是不可能的。’其开始是由于不节俭，接踵而至的就是不廉洁，最后导致天下饥寒交迫。饥寒切于其身，那么就会产生奸邪不法，这就是刑罚不能消亡的原因。既然这样，那么如何使得风俗淳厚呢？也只在于端正人心罢了。嗜好欲望之所以深入人心，就像是河水失去了堤防，这是道德教化所应当首先施行的。请求皇上诏令朝廷大臣广泛考察旧有典章制度，详细讨论，形成定例。除了皇上赏赐的衣物允许其服用，以及接近皇上的人照常不加讨论外，官员、士人、民众的冠服、衣裳、妆饰的制度，婚姻丧葬的礼仪，如果有应当重新修订的，斟酌损益，一定要合乎中庸之道，简便易行。例如貂、猞猁、狲图案，过去都有官品的分别，如今成了庶民的服饰；又如绸缎，过去也有官民的分别，如今也混淆无所分辨了，都应该规定清楚，让人们永远遵行。至于地方官，舆马、仆从不得过于奢侈。典章制度确定之后，无人敢于僭越，那么节俭的风气就可以逐渐形成。手工业者不一定逞能于无用之物上面，商人也不一定流通那些难得的奇货，就会使得喜欢奇技淫巧、弃农从商的人们，转而回归本业。这样，土地得到开垦，人民不受饥寒；人民不受饥寒，然后才可以推动礼义廉耻的教化，从而使得治理国家的四个大纲兴起，国家太平，盛世清明。关键就在这里，难道仅仅是劝勉廉吏罢了？”

康熙五十四年，圣祖谕大学士等曰：“朕昨召陈瑸[①]入见，细察其举动言语，实系清官。且陈瑸系海滨农务之人，非世家大族，又无门生故旧，而天下之人莫不知其情。非有实行，岂能如此？朕面谕陈瑸，尔为巡抚，与司道等官不同，若贪财好利，诚为非理，但应得之物，亦宜取为赏兵之需。身为封疆大吏，而室中萧然无一物可以与人，亦非大臣所宜。夫第谓‘一介不以与人，一介不以取诸人’[②]，岂真一无所取？不过不肯与人，到后日仍是自肥耳。陈瑸亦深心服。至陈瑸学问虽平常，而其才尚能办事。凡为地方官者，但能持己以正，不为非法之事，即称良吏。如陈瑸者岂可多得？国家得此等人，实为祥瑞，允宜从优表异，以鼓励清操。朕所以宽容张伯行者，正爱其清耳。”

五十七年，福建浙江总督觉罗满保[③]奏福建巡抚陈瑸病故。圣祖曰：“陈瑸居官甚优，操守清洁。清官朕亦见之，如伊者，朕实未见，恐古人中亦不多得也。前在台湾道任内，所应得银三万两，并未入己，俱于修理炮台等公事动用。署总督印务时，应得银两，亦未沾染。前来京陛见，曾奏称：‘贪官不在所取之多寡，取一钱，即与取千百万金等，必一钱不取，方可谓之清廉。人所以贪取钱财者，皆因艰于用度。臣曾任县令，便不至于穷苦，即不取一钱，衣食亦能充足’等语。今观其居官实践所奏之言，诚清廉中之卓绝者，似此不加表扬赐恤，何以示劝？著追授礼部尚书，凡祭葬立碑予谥之处，皆照尚书衔给予，并荫一子入监读书，以示朕优礼清廉大臣之意。”（《东华录》九十六、一百零二）

［注释］

①陈瑸（1656～1718）：字文焕，号眉川，广东海康人。康熙三十三年（1694）进士，累官至福建巡抚、闽浙总督。居官清廉，被圣祖称为“苦行老僧”、“清廉中之卓绝者”。②一介不以与人，一介不以取诸人：语出《孟子·万章上》。③觉罗满保（1673～1725）：字凫山，满洲正黄旗人，历官福建巡抚、闽浙总督，以平定朱一贵起义，加兵部尚书。

［译文］

康熙五十四年（1715），圣祖皇帝吩咐大学士等说：“我昨天召见陈瑸，仔细观察其举动和言语，感到他的确是清官。况且陈瑸本是海滨务农之人，并非世家大族，又没有门生故旧，而天下之人没有不知道其清廉的。如果没有实际行为，怎么能够做到这样？我当面吩咐陈瑸：你作为巡抚，与司道等官员不一样，如果贪财好利，实在没有道理，但是应得之物，也可以接受，作为赏赐军士的来源。身为封疆大吏，可是家中萧然没有一件东西可以给人，也不是作为大臣所合适的。所谓的‘一点东西也不给人，一点东西也不拿’，难道真的一点不取吗？只不过是不肯给别人，到后来仍然自肥罢了。陈瑸也深为心服。至于陈瑸的学问虽然很平常，但其才能还足以做官办事。凡是做地方官的，只要能够自身端正，不做非法之事，就可以称为良吏。像陈瑸这样的人岂可多得？国家得到这样的人，实为祥瑞，应当从优表彰，以鼓励其清廉的节操。我之所以宽容张伯行，正是喜欢他的清廉。”

康熙五十七年，福建、浙江总督觉罗满保上奏说福建巡抚陈瑸病逝。圣祖皇帝说：“陈瑸居官非常优异，操守清洁。清官我也见过很多，像他这样的，我实在没有见过，恐怕古代人中也是不多的。以前在台湾道台任内，所应当得到的三万两银子，并没有接受，都用于修理炮台等公事。署理总督印务时，应得的银两，也从未沾染。来京觐见，曾经上奏说‘贪官不在于所取的多少，收取一钱，就与收取千百万金钱一样，一定一钱不取，才可以称为清廉。人们之所以贪取钱财，都是因为用度艰难。我以前曾任县令，就不至于穷困不堪，即使一钱不取，衣食用度也能够充足’等诸如此类的话。如今观察其做官，正是实践了他所说的话，的确是清廉之中卓绝优异的，像这样的清官不加表扬抚恤，怎么能够宣示劝勉之意？诏令追授礼部尚书，凡是祭祀、丧葬、立碑、褒谥等处，都按照尚书官衔给予，并荫其一子入国子监读书，以宣示我优礼清廉大臣之意。”

圣祖《廉静论》曰：“尝读汉诏，有曰：‘吏不廉平，则治道衰。’[①]又曰：‘俗吏矫饰外貌，似是而非；安静之吏，悃愊无华，日计不足，岁计有馀。’[②]善哉！廉静之言。立身行己之大端，制事理物之要道。凡为学者，皆宜然也，况人臣之策名委质、任职临民者乎？盖礼义廉耻，管子所谓‘国之四维’。夫廉者，四维之一而已矣，然未有秉礼守义知耻而不廉者也。自为吏者有贪私之实，而后重廉洁之名，故尤以廉为贵。何则？廉则有所不取，有所不取，则有所不为。凡无理无义无耻者，皆所不为者也。吏苟廉矣，则奉法以利民，不枉法以侵民；守官以勤民，不败官以残民。民安而吏称其职也，吏称其职，而天下治矣，故吏尤以廉为贵也。夫有不取之为廉，有所不为之为静，唯廉故静，未有不廉而能静者也。既能廉而静矣，则有所不为也，而后可以有为。举凡利于民者，行之必力；病于民者，除之亦必力。事治而民安，无非静也，夫岂优游自私，保利禄而不恤民事之谓静乎？故凡博安静之名，不可谓之真能安静；犹之博廉平之名者，不能谓之真能廉平者也。昔人有言曰：‘古之清勤，为国修政；今之清勤，为身修名。’夫为国修政者，忠于君；为身修名者，私于己。臣之事君，与君之待臣，贵其忠于君乎？贵其私于己乎？故愿天下为真廉吏，斯能为真安静之吏。盖久已廑于怀也，因读汉诏，故遂论之如此。”（《御制文二集》）

［注释］

①吏不廉平，则治道衰：语出《汉书·宣帝纪》及《西汉诏令》。②“俗吏矫饰外貌”六句：语出《后汉书·章帝纪》及《东汉诏令》。

［译文］

圣祖皇帝御撰《廉静论》写道：“我曾经阅读汉代诏令，其中有这样的话：‘官吏不能做到廉洁公平，那么治国之道就会随之衰颓。’又说：‘世俗的官吏伪装外表，似是而非；安宁沉静的官吏，至诚无华，持之以恒，积少成多。’太好了，这种谦逊沉静的说法！堪称立身行事的大端，处事接物的要道。凡是作为学者，都应该这样。何况作为大臣书名于策、献身朝廷，担任官职、治理人民呢？礼义廉耻，管子称之为国家治理的四个大纲。廉洁，只是四个大纲之一罢了，然而从来没有能够秉持礼法、坚守道义、知道耻辱而不能廉洁的。自从做官的人有贪得私利的行为，而后才更加重视廉洁的名声，因此以廉洁最为可贵。为什么呢？廉洁就会有所不取，有所不取，就会有所不为。凡是不知礼法、不知道义、不知耻辱的，都是他们所不为的。官吏只要做到廉洁，就会奉守法律而有益于民，而不会贪赃枉法而侵害人民；坚守官箴以勤勉民事，而不会败坏官箴以残害人民。人民安宁，官吏才称职；官吏称职，天下就得到治理，因此官吏尤其应当以廉洁为贵。有所不取，称为廉洁；有所不为，称为沉静。只因廉洁所以能沉静，从来没有不能廉洁而能够沉静的。官吏能够做到廉洁而沉静，就会有所不为，而后可以有所为。大凡有益于民的人，人民实行其政一定尽力；而祸害人民的人，人民革除其政也一定尽力。政事得到治理而人民得以安宁，没有不是谦逊沉静的，难道有优游自私、保官干禄不体恤民事而可以称得上沉静的吗？因此，凡是博取安宁沉静之名的人，不能称之为真正的安宁沉静；就像博取廉洁公平之名的人，不能称之为真正的廉洁公平一样。古人有一个说法：古代的清廉勤政，是为国家管理政事；今天的清廉勤政，是为自身赢得名声。为国家管理政事，是忠于君主；为自身赢得名声，是私于自己。大臣侍奉君主，与君主对待大臣，是以忠于君主为贵呢，还是以私于自己为贵呢？因此希望天下官员做真正的廉吏，这样才能做真正的安宁沉静之吏。这一想法萦绕于心已经很久了，借着阅读汉代诏令，因而作出以上的论述。”

康熙政要卷十四

慎所好第二十二

康熙二十八年，圣祖南巡至江宁，府民王来熊献《炼丹养身秘书》一册。谕扈从诸臣曰："朕于经史之馀，所阅载籍多矣。凡炼丹修养长生及师巫自谓前知者，皆妄诞不足信，但可欺愚民而已，通经明理者，断不为其所惑也。宋司马光所论甚当，朕有取焉。此等事朕素不信，其掷还之。"（《圣训》）

［译文］

康熙二十八年（1689），圣祖皇帝南巡到达江宁（今南京），江宁府民人王来熊献上《炼丹养身秘书》一册。圣祖皇帝吩咐从驾诸臣说："我在学习经史之余，所阅览文献很多。凡是炼丹以求修养身体、长生不老，以及巫师自称先知先觉的，都是虚妄荒诞，不足凭信，只可以欺骗愚昧无知的民众罢了，博通经史、深明道理的人，断然不会为其所迷惑。宋代司马光所论非常恰切，我取信于他。这类事情我从来不信，所献之书掷还与他。"

圣祖巡幸蓟州盘山[1]，侍臣奏盘山佛寺有佛骨佛牙。因言佛牙阔二寸许，长过之。谕之曰："古所谓圣贤，皆与人无异，故学尧则可至于尧，学舜则可至于舜，能忠则为忠臣，能孝则为孝子，此圣贤所以可贵也。若尔所言佛牙之大如此，则佛本天地间奇异之人，生来便不可学，有何用遵奉为哉?"言者无以对。(《御制文集》)

［注释］

①盘山：古称盘龙山、四正山、无终山，位于今天津蓟县西北十二公里处，自然山水与名胜古迹并著，山上建有佛教寺院和皇家园林，盛于清代，康熙、乾隆皇帝多次巡幸。

［译文］

圣祖皇帝巡幸到蓟州盘山，侍从大臣上奏说盘山佛寺有佛骨佛牙，说佛牙宽二寸许，长过二寸。圣祖皇帝吩咐说："自古以来所谓圣贤，都与凡人没有不同，因此学习唐尧就可以达到唐尧的境界，学习虞舜就可以达到虞舜的境界，能够忠诚就可以成为忠臣，能够孝顺就可以成为孝子，这就是圣贤之所以可贵的地方。如果像你们所说的佛牙有这么大，那么佛原本就是天地之间奇异之人，生来就不可以学习，遵奉他又有什么用处呢?"建言的人无以应对。

圣祖《讲筵绪论》曰："咨询固宜广揽，而'众好之，必察焉；众恶之，必察焉'[1]。不可不详加审辨也。"(《御制文二集》)

［注释］

①众好之，必察焉；众恶之，必察焉：语出《论语·卫灵公》。

［译文］

圣祖皇帝《讲筵绪论》写道："咨询意见固然应当广纳众言，集思广益，而'众人都喜欢，一定要加以考察；众人都不喜欢，也一定要加以考察'。不可不详加审察辨析。"

圣祖《庭训》曰："人于好恶之心，难得其正。我所喜之人，唯见其善而不见其恶；若所恶之人，唯见其恶而不见其善。是故《大学》有言：'好而知其恶，恶而知其美者，天下鲜矣。'[①]诚至言也。"(《庭训格言》)

[译文]

圣祖皇帝《庭训格言》写道："人们对于好恶之心，往往难得其正。我所喜欢的人，只能看到其长处而看不到其短处；如果对于所厌恶的人，则只能看到其短处而看不到其长处。因此《大学》上说：'喜欢而能知道其短处，厌恶而能知道其长处，这样的人天下太少了。'的确是至理名言啊!"

《训》曰："原夫酒之为用，所以祀神也，所以养老也，所以献宾也，所以合欢也。其用固不可少，然而沉酣湎溺，不时不节，则不可。是故先王因为酒礼，宾主交错，揖让升降，温温其恭，威仪反反。立监佐史，常以三爵为限，况敢多饮乎？此先王之所以戒酒失也。奈何今之人无故而饮，饮必醉而后已？富家子弟，败家破产，身罹疾厄，皆由于此。而贫穷者，才得几文，便沽饮尽醉，行凶造祸，抑何比比？《周书》以酒为诰，而曰：'我民用大乱丧德，亦罔非酒惟行。'[①]"

[注释]

①我民用大乱丧德，亦罔非酒惟行：语出《尚书·周书·酒诰》。

[译文]

圣祖皇帝《庭训格言》写道："推原酒的用处，是用来祭神，用来养老，用来接待宾客，用来大家联欢的。其使用固然是不可缺少的，可是沉迷酒中而不分时间不加节制，就不可以了。所以先代君王制定酒礼，主客交错，相敬以礼，恭恭敬敬，和颜悦色。设置监督辅佐执行酒令的官员，通常以三杯为限，怎敢多喝？这是先王用以告诫后人怕因酒而引起过失的。无奈现在的人无缘无故就喝酒，每次喝酒必定沉醉才肯罢休。富家子弟败家破产，身遭疾病之灾，都由于此。而贫穷的人才得了几文钱，就买酒喝醉，行凶造祸，何以一个接一个？所以《尚书·周书》记载因酒祸而颁布大诰说：'我们众人犯上作乱，丧失应遵循的德行。究其原因无非是因酒而乱行。'"

慎言语第二十三

康熙十八年，圣祖谕大学士等曰："自古帝王治天下之道，因革损益，期于尽善，原无数百年不敝之法。果属不可行者，自宜参酌事宜，归于可久。至于制度既定，事可遵行，不宜议论纷纭，朝更夕改。近阅奏章，亦有不思事之可否，但欲徒为更张。或粗识数字，即为大言，准之事理，殊属茫昧。如逞空言，无补实用，其谁不能？且明末一切事例，游移不定，上无道揆，下无法守[①]，所致沦亡。此皆尔等所亲见，亦众所共知。今后凡条奏本章，尔大学士等，务加详酌。"（《东华录》二十四）

［注释］

①上无道揆，下无法守：语出《孟子·离娄上》。

［译文］

康熙十八年（1679），圣祖皇帝吩咐大学士等说："自古帝王治理天下之道，都是有所因革和损益，以期达到尽善尽美，原本没有延续数百年而不出现弊端的制度。果真属于不可行的，自然应当参酌事情加以变通，以期可以长久施行。至于制度确定之后，凡事都应当遵照执行，不应该议论纷纷，朝令夕改。近来阅览奏章，也有人不考虑事情是否可行，只是想要改弦更张。有的粗识数字，就喜欢说大话，依照事理推断，殊属茫然无知。如果只是好说空言，于实际毫无裨益，谁不能做到？况且明朝末年一切事例，都游移不定，对上不以义理度量事物，对下没有法令可以遵守，以致国家沦亡。这些都是你们亲眼所见，也是众所共知。今后凡是条奏本章，你们大学士等人一定要详加斟酌。”

圣祖《庭训》曰：“凡书生颂扬君上，或吟咏诗赋，欲称其善，必先举人之短，而后方颂言之，每以‘媲三皇，迈五帝，超越百王’为言。此岂非太过乎？诗中有云：‘欲笑周文歌宴镐，还轻汉武乐横汾。’[①]譬之欲言此人之善，必先指他人之恶。朕意不然，彼亦善而我亦善，岂不美哉？总之，欲言人之善，但言某人之善而已，何必及他人之恶？是皆由度量窄狭，而心不能平也，朕深不然之。”（《庭训格言》）

［注释］

①欲笑周文歌宴镐，还轻汉武乐横汾：宴镐，指周文王（实为武王）大宴群臣于镐京。横汾，指汉武帝巡行河东郡，在汾水楼饮宴群臣，自作《秋风辞》曰：“泛楼船兮济汾河，横中流兮扬素波。”

［译文］

圣祖皇帝《庭训格言》写道：“凡是书生称颂赞扬君主，有的吟诗作赋，想称颂君主的好，一定先要举出别人的缺点，然后才进行歌颂。每每以媲美三皇、远过五帝、超越百代帝王为言，这不是太过分了吗？诗中说：‘我想嘲笑周文王在镐京大宴群臣，还想轻视汉武帝在汾河游乐赋诗。’譬如想说这个人的好，一定先要指出别人的坏。我的想法不是这样。他也好而我也好，难道不是很好吗？总之，想说一个人的好，只是说他好就可以了，何必要涉及别人的坏呢？这都是由于度量狭窄，而胸怀不能平和的原因。我深深不以为然。”

《训》曰：“朕虽于谈笑小节，亦必循理。先者大阿哥[①]管养心殿营造事务时，一日同西洋人徐日升[②]进内，与朕闲谈。中间大阿哥与徐日升戏曰：‘薙汝之发可乎？’徐日升佯佯不采，云：‘欲薙则薙之。’彼时朕即留意大阿哥原是悖乱之人。设曰：‘我奏过皇父，薙徐日升发。’欲薙则竟薙矣。外国之人谓朕因戏而薙其发可乎？其时朕亦笑曰：‘阿哥若欲薙，亦必启奏而后可薙。’徐日升一闻朕言，凄然变色，双目含泪，一言不出。既逾数日后，徐日升独来见朕，涕泣而向朕曰：‘皇上何如斯之神也？为皇子者，即薙我外国人之发，有何关系？皇上尚虑及未然，降此谕旨，实令臣难禁受也。’厥后四十七年，朕不豫时，徐日升听信外边乱语，以为朕疾难愈，到养心殿大哭，自怨其无造化，随回至家，身故。夫一言可以得人心，而一言亦可以失人心也。”

［注释］

①大阿哥：即允禔，康熙长子，有文武才，封直郡王，后以陷害太子，被幽禁，雍正十二年（1734）卒。②徐日升：葡萄牙人，耶稣会传教士，康熙十一年（1672）来华，次年供职钦天监，后作为翻译曾参与中俄尼布楚谈判。

［译文］

圣祖皇帝《庭训格言》写道：“我即使对于谈笑小节，也一定遵循事理。以前大阿哥管理养心殿营造事务的时候，一天同西洋人徐日升来到宫中与我闲谈。中间大阿哥与徐日升开玩笑说：‘剃掉你的头发，可以吗？’徐日升怏怏不乐，说：‘要剃发就剃发吧！’那时我就留意大阿哥原本是个悖乱之人。假如他说：‘我奏请过皇父，要徐日升剃发。’要剃发也就剃发了。外国之人认为我因为开玩笑就让其剃发，这怎么可以呢？当时我也笑着说：‘大阿哥想要剃发，也一定要奏请然后才可以。’徐日升一听我的话，凄然变色，双眼含泪，一言不发。过了几天之后，徐日升单独来见我，痛哭着对我说：‘皇上怎么这样神明呢？作为皇子，就是让我们外国人剃发，有什么关系呢？皇上还考虑到不一定要这样，颁此谕旨，实在让我感动难受啊！’此后，到了康熙四十七年，我身体不适，徐日升听信外边的传言，以为我病重难以痊愈，到养心殿大哭，自己埋怨没有造化，随后回到家里，竟然身故。一句话可以得人心，一句话也可以失人心啊！”

杜奸邪第二十四

康熙八年，圣祖命议政王等拿问辅臣公鳌拜等，谕曰："前工部尚书员缺，鳌拜以朕素不知之济世[①]，妄称才能推补，通同结党，以欺朕躬。又奏称户部尚书缺，太宗文皇帝时设有二员，今亦应补授二员，将马尔赛[②]徇情补用。又鳌拜于朕前办事，不求当理，稍有拂意之处，即将部臣叱喝。又引见时，鳌拜在朕前理宜声气和平，乃施威震众，高声喝问。又科道官员条奏，鳌拜屡请禁止，恐身干物议，闭塞言路。又凡用人行政，鳌拜欺朕，专权恣意妄为。文武各官，尽出伊门下。内外用伊奸党，大失天下之望。穆里玛、塞本得、讷莫、佛伦、苏尔马、班布尔善、阿思哈、噶褚哈、济世、马尔赛、泰璧图、迈音达、吴格塞、布达礼等，结成同党，凡事在家定议，然后施行。且将部院衙门各官，于启奏后，常带往商议。众所共知，鳌拜等倚仗凶恶，弃毁国典，与伊等相好者荐拔之，不相好者陷害之。朕念鳌拜旧臣，遗诏有名，崇眷过深，望其改恶悔罪。今乃贪聚贿赂，奸党日甚，上违君父重托，下则残害生民，种种恶迹，难以枚举。遏必隆知而缄口，将伊等过恶，未尝露奏一言，是何意见？阿南达③负朕恩崇，每进奏时，称赞鳌拜为圣人，著一并严拿勘审。”（《东华录》九）

［注释］

①济世：满洲正黄旗人，官至工部尚书，与鳌拜结党，被杀。②马尔赛：满洲正白旗人，官至户部尚书，康熙八年（1669）死。③阿南达：一等侍卫，后从征噶尔丹，擢蒙古正黄旗副都统。

［译文］

康熙八年（1669），圣祖皇帝诏令议政王等将辅政大臣、一等公鳌拜等捉拿问罪。谕旨说：“以前工部尚书出缺，鳌拜因为我一向不了解济世，伪称其才能会推补缺，结为同党，以欺骗我。同时鳌拜上奏说户部尚书出缺，太宗文皇帝时户部设尚书二员，现在应当补授二员，就将马尔赛徇其私情予以补授。另外，鳌拜在我面前办事，不求符合情理，稍有拂意之处，就将部院大臣高声呵叱。引见之时，鳌拜在我面前理当声气平和，却施其威权、震慑众臣，高声喝问。科道官员条奏，鳌拜也多次加以禁止，恐怕已干犯了众人的议论，堵塞了言路。大凡用人行政，鳌拜都欺骗我，独断专权，恣意妄为。各个文武官员，都出自他的门下。内外官员都任用他的奸党，令天下人大失所望。穆里玛、塞本得、讷莫、佛伦、苏尔马、班布尔善、阿思哈、噶褚哈、济世、马尔赛、泰璧图、迈音达、吴格塞、布达礼等结成同党，大凡政事都在家里讨论确定，然后施行。而且将部院衙门的各个官员，在启奏之后，常常带到家中商议。天下众所共知，鳌拜等人倚仗着穷凶极恶，败坏国家的典制，与他们相好的人就推荐提拔，与他们不相好的人就加以陷害。

我念在鳌拜是我朝旧臣，世祖皇帝遗诏中位居辅政大臣之名，崇信眷顾很深，希望他能悔罪改过。可是他却贪污贿赂，奸党日益严重，对上违背了君父的重托，对下则残害人民，种种恶迹，难以枚举。遏必隆知道他的罪恶却缄口不言，将他们的罪过恶行，也不曾暴露和弹劾一句，这是什么意见？阿南达辜负我的恩宠，每次奏对之时，都称赞鳌拜是圣人，诏令一并严厉拿下，勘查罪行，审结定案。”

康熙二十九年，圣祖谕刑部曰：“朕早夜孜孜，勤思治理，日与在廷诸臣讲求，无非爱养民生，恐其颠连无告，以致失所。若绅衿土豪，倚势横行，凌虐小民，藐法纵恣，毫无顾忌，穷黎受害，何所底止？太常寺少卿胡简敬[①]等一门济恶，霸占民人妻女田产，诬告盗情，致毙人命。阖县之人，遭其毒害。种种恶迹，昭然有据，督抚不行举发，科道漫无纠参，无非畏其势力，瞻徇情面。今已告发审实，若不严加处分，立置重典，何以为直隶各省不法绅衿积恶豪强之戒？胡简敬等应于彼处正法治罪。江苏巡抚洪之杰[②]为地方大吏，平日既不能体察纠参，及经告发，又不速行审治，迁延徇庇，殊负委任，应革职。著九卿、詹事、科道会同议奏。”（《圣训》）

［注释］

①胡简敬（1631～1695）：沭阳人，顺治十二年（1655）进士，选庶吉士，历官国子监司业、礼部侍郎、翰林侍读学士、太常寺少卿等。②洪之杰：湖北人，顺治进士，历官鸿胪寺卿、江苏巡抚等。

［译文］

康熙二十九年（1690），圣祖皇帝吩咐刑部说：“我日夜孜孜不倦，勤勉思索治理国家的道理，每天与朝中大臣所讲求的，无非是爱护休养人民生活，唯恐他们颠连奔波无处申诉，以至于流离失所。至于缙绅土豪倚仗权势横行无忌，凌辱虐待广大民众，藐视法律，恣意放纵，毫不顾忌，这样穷苦百姓遭受祸害，何处是尽头呢？太常寺少卿胡简敬等一个家族勾结作恶，霸占民人的妻子儿女和土地，还诬告有人偷盗，以致草菅人命。全县的人民都遭到他们的毒害。种种恶迹，昭然有所根据，可是总督、巡抚却不加检举揭发，科道官员也不加以纠察参劾，无非是畏惧他们的势力，照顾他们的情面。如今已经告发，审理得其实情，如果不严加处分，立即处以重典，怎么能够成为各个直隶省的不法缙绅、恶迹斑斑的豪强大户的警戒？胡简敬等人应该在当地正法治罪。江苏巡抚洪之杰作为地方大吏，平日里既不能体察，并进一步纠正参劾，等到告发之后，又不迅速进行审理治罪，推延包庇，的确辜负了我的委任，应当革职查办。诏令九卿、詹事、科道官会同讨论题奏。”

康熙三十三年，刑部等衙门议奏太监钱文才打死民人徐二，应绞监候。圣祖谕曰：“凡太监杀人，断不可宥，尤宜加等治罪。朕观古来太监，良善者少。要在人主防微杜渐，慎之于始。苟其始纵容姑息，侵假事权，迨其势既张，虽欲制之，亦无如何。如汉之十常侍①、唐之北司②，窃弄威权，甚至人主起居服食，皆为所制。此非一朝一夕之故，由渐积使然也。太监原属阴类，其心性与常人不同。有年已衰老，而言动尚若婴儿。外似谨厚，中实叵测。必人主英明，此辈始无由弄权。朕闻明代诸君将本章批答，委之司礼监，司礼监委之名下内监。此辈素无学问，不知义礼，委之以事，其能免于舛谬耶？钱文才此案，尔等记之，至秋审时，勿令幸免。”（《圣训》）

［注释］

①汉之十常侍：东汉灵帝时，张让、赵忠、夏恽、郭胜、孙璋、毕岚、栗嵩、段珪、高望、张恭、韩悝、宋典十二人皆为中常侍，以整数称为十常

侍，负责传达诏令，贵宠至极，皆封侯。②唐之北司：唐代内侍省掌管宫内事务，因位于皇宫之北，故称北司。

[译文]

康熙三十三年（1694），刑部等衙门讨论奏请太监钱文才打死民人徐二，应判处绞刑，监候执行。圣祖皇帝吩咐说："凡是太监杀人，断断不可饶恕，尤其应该加等治罪。我观察自古以来的太监，良善的很少。关键在于君主防微杜渐，在一开始就谨慎小心加以预防。如果在开始时就纵容姑息他们，逐渐给予行事之权，那么到了其威势嚣张之后，即使想加以抑制，也没有办法了。就像东汉的十常侍、晚唐的北司一样，窃取并玩弄威权，甚而至于君主的饮食起居，都被他们所挟制。这并非一朝一夕的缘故，而是日积月累，才导致这样的结果。太监原本属于阴类，其心性与正常人是不同的。有的太监年龄已经衰老，可是言语行动还像婴儿一样。他们外表看似谨慎忠厚，其实内心叵测。一定要君主英明，这些太监才没有办法弄权。我听说明朝各位君主将奏章的批答权力，都委托给司礼监，司礼监又委托给名下的太监。这些人一向没有学问，不知道礼义廉耻，委托他们办事，怎么能够免于差错谬误呢？钱文才这个案子，你们记住，到秋审之时，不要让他幸免。"

康熙政要卷十五

论奢纵第二十五

康熙十一年，圣祖谕礼部曰："帝王致治，首在维持风化，辨别等威，崇尚节俭，禁止奢侈。故能使人心淳朴，治化休隆。近见内外官员军民人等，服用奢靡，僭越无度。富者趋尚华丽，贫者互相效尤，以致窘乏为非，盗窃诈伪，由此而起。人心嚣凌，风俗颓坏，其于治化，所关非细。今应作何分别，务行禁止，著九卿、科道会同，严加确议定例具奏。"(《圣训》)

［译文］

康熙十一年（1672），圣祖皇帝吩咐礼部说："帝王要达到天下大治，首先在于维持道德教化，辨别等级威权，崇尚节俭，禁止奢侈。所以能够使得人心淳朴，治理隆盛。近来看到内外官员军民人等，在服饰用度方面奢侈靡费，僭越无度。富贵的人追求新奇华丽，贫穷的人相互仿效，以致窘困贫乏，为非作歹，盗贼偷窃、欺诈作伪这些事情由此而兴起。人心不古，风俗败坏，这对于国家的政治教化，关系匪浅。现在应当如何加以分别，务必予以禁止，诏令九卿、科道官员会同商议，严加定例，具奏我知道。”

是年，圣祖又谕八旗都统、副都统、六部满尚书等曰：“满洲乃国家根本，宜加轸恤。近见满洲贫困，迫于逋负者甚多，赌博之风，禁之不止。皆由都统、副都统、佐领等不加怜悯而训导之，以至于此。且满洲风俗，好为嬉戏，凡嫁娶丧祭之仪，过于靡费，不可枚举。蒙古崇奉喇嘛，罄其家资，不知顾惜。此皆愚夫偏信祸福之说，而不知其终无益也。我太祖太宗之世，亦此满洲也。其时都统、副都统、佐领诸臣，以今较之，相去何如？彼时行兵出猎诸役，亦未尝少于今时，然而不为逋负所迫，食用饶裕者，人能节俭故也。尔等若能各修厥职，不负委任，禁嬉戏无益之事，劝善惩恶，则自感化矣。近见争夺佐领，纷纷控告。但知希图荣贵，而不知爱养所属之道。又或舍佐领下，另户家长，不令披甲①，而偏徇私情，令奴仆披甲者甚多，宜概行严禁。或二三佐领，或四五佐领，酌量归并。令闲散满洲披甲，则满洲壮丁，各得食粮，庶可稍资生理。尔等其详议以闻。”（《圣训》）

［注释］

①披甲：八旗兵的别称，清制，由各个佐领所属壮丁中选充甲兵，应选者要通过马、步、箭等考试，被选者称为披甲。

［译文］

这一年（康熙十二年，1673），圣祖皇帝又吩咐八旗都统、副都统、六部满洲尚书等说：“满洲是我们国家的根本之地，应当加以深切顾念和怜惜。近来，满洲贵族日益贫困，迫于逋负的人很多，赌博之风盛行，禁约而不止。这都是因为都统、副都统、佐领等不加怜悯而训诲教导，以至于达到这个地步。况且满洲风俗，人们都喜好嬉戏，大凡婚嫁丧葬的礼仪，过于靡费钱财，不可枚举。

蒙古族崇奉喇嘛教，罄尽各自的家资，也不知道顾惜。这些都是愚昧无知之人偏信祸福报应的说法，而不知道其终究没有益处。我朝太祖、太宗皇帝在位的时候，也是这个满洲。那时候的都统、副都统、佐领诸位臣子，和今天相比，相差多少呢？那时候行军打仗、出巡围猎等事情，也未尝比现在还少，然而却不为逋负所追迫，饮食器用丰足饶裕的人家，都是因为他们能够节俭的缘故。你们如果能够各自恪尽职守，不辜负朝廷的委任，禁止嬉戏之类没有益处的事情，劝勉向善，惩治恶行，那么就自然会感化民众。近来看到人们为了争夺佐领的职位，纷纷前来控告。只知道图谋荣华富贵，而不知道爱养所属官员的方法。又有的舍弃佐领的管理，另立门户作为家长，不让他们披甲，徇私舞弊，让奴仆披甲的很多，应该一概加以严禁。或者两三个佐领，或者四五个佐领，酌量可以进行归并，使得闲散的满洲人披甲当兵，那么满洲的壮丁就可以各自获得粮饷，差不多可以稍微资助其生理。你们要详加讨论具奏。”

圣祖《庭训》曰：“尝谓四肢之于安佚也，性也。天下宁有不好逸乐者？但逸乐过节，则不可。故君子者，勤修不敢惰、制欲不敢纵、节乐不敢极、惜福不敢侈、守分不敢僭，是以身安而泽长也。《书》曰：‘君子所，其无逸。’①《诗》曰：‘好乐无荒，良士瞿瞿。’②至哉，斯言乎！”（《庭训格言》）

［注释］

①君子所，其无逸：语出《尚书·周书·无逸》。②好乐无荒，良士瞿瞿：语出《诗经·唐风·蟋蟀》。

［译文］

圣祖皇帝《庭训格言》写道：“我曾经说过四肢耽于安逸，是人的天性。天下哪里有不喜欢安逸欢乐的人？但安逸欢乐过分就不可以了。所以君子勤于修身而不敢懈怠，遏制欲望而不敢放纵，节制欢娱而不敢恣意到极点，珍惜自己的福禄而不敢僭越本分，因此他才能一生平安，得以享久长的福泽。《尚书》上说：‘君子所处，没有安逸。’《诗经》上说：‘喜好欢乐而没有荒废正业，君子警惕而时时记在心中。’这都是至理名言啊！”

《训》曰：“兵丁不可令习安逸，唯当教之以劳。时常训练，使步伐严明，部伍习熟。《管子》所谓‘昼则目相视而相识，夜则声相闻而不乖[①]也’。如是则战胜攻取，有勇知方。故劳之适所以爱之。教之以劳，真乃爱兵之道也。不但将兵如是，教民亦然。故《国语》曰：‘夫民劳则思，思则善心生。逸则淫，淫则忘善，忘善则恶心生。沃土之民不材，淫也。瘠土之民，莫不向义，劳也。’[②]”

［注释］

①昼则目相视而相识，夜则声相闻而不乖：语出《管子·小匡》。②“夫民劳则思”十句：语出《国语·鲁语》。

［译文］

圣祖皇帝《庭训格言》写道：“八旗兵丁不能让他们习惯于安逸，只有教育他们辛劳，经常训练，让他们步伐严格整齐，同一部队的人相互熟悉。《管子》上说：‘白天作战目光彼此相见，足以互相辨认；夜间作战声音相闻，足以不发生混乱。’这样战斗则胜，进攻则取，兵丁有勇气，懂得军法。因此让他们辛劳正是为了爱护他们，教育他们以辛劳才是真正的爱兵之道。不但统率军队是这样，教育人民也是这样。所以《国语》上说：‘百姓劳苦就会想到节俭，想到节俭就会产生善心。安乐了就会放纵，放纵就会失掉善心，失掉善心就会产生恶心。居住在肥沃土地上的人民不会成才，这是因为安乐的缘故；居住在贫瘠土地上的人民没有不向往道义的，这是勤劳的缘故。’”

论贪鄙第二十六

康熙七年，圣祖谕户部曰："向因地方官员滥征私派，苦累小民，屡经严饬，而积习未改。每于正项钱粮外，加增火耗①。或将易知由单②不行晓示，设立名色，恣意科敛。或入私囊，或贿上官，致小民脂膏竭尽，困苦已极，朕甚悯之。督抚原为察吏安民而设，布政使职司钱粮，厘剔奸弊，乃其专责。道府各官，于州县尤为亲切。州县如有私派滥征，枉法婪赃情弊，督抚各官，断无不知之理。乃频年以来，纠疏甚少，此皆受贿徇情，故为荫庇。即间有纠参，非已经革职，即物故之员，其见任贪恶害民者，反不行纠参。甚至已经发觉之事，又为蒙混完结。此等情弊，深可痛恨。嗣后如有前弊，督抚司道等官，不行严察揭参，或经体访察出，或被科道纠参，或被百姓告发，将督抚一并严处不贷。至尔部收纳直隶各省解到钱粮，亦须随到随收，速给批回。勿得纵容司官、笔帖式、书办等，勒索作弊，苦累解役。倘有违法，即行参奏。如不行严禁，察出将堂司各官一并从严治罪。又言官于作弊害民者，理应察访，指名纠参。乃近日章奏，大率摭拾细故，苟且塞责。嗣后当据实陈奏，毋得挟私仇害。尔部即遵谕速行直隶各省大小官员，刊示晓谕百姓。"(《圣训》)

［注释］

①火耗：原指碎银熔化重铸为银锭时的折耗。从明代万历以后，加征火耗，但加征往往大于实际折耗。清代更重，甚至数倍于正赋，差额归于官员，雍正实行耗羡归公，改向官员发放养廉银。②易知由单：也称由帖、由单，是征收田赋的通知单，开列土地等级、人丁、应征款额及起交存留等项。

[译文]

康熙七年（1668），圣祖皇帝吩咐户部说："以前因为地方官员滥征钱粮、私派徭役，苦累小民，屡次严厉整顿，但积习未改。他们往往在国家正项钱粮外，增加火耗，有的将易知由单不公开晓示，另外设立名色，肆意科收征敛。或者中饱私囊，或者贿赂上司，以致小民竭尽脂膏，困苦至极，我非常怜悯。总督、巡抚原本为监察官吏、安定民生而设立，承宣布政使掌管钱粮，整顿剔除奸邪弊端，乃是其专门责任。道、府各官对于州县的监督管理尤其直接。州县如果有私派滥征、枉法贪赃的情况，总督、巡抚各官断无不知[illegible]道理。可是历年以来，纠察检举的奏疏很少，这都是受其贿赂[illegible]枉法徇私，故意为他们隐匿包庇。即使间或有所纠察参劾，不是已经革职的官员，就是已经去世的官员，现任官员中贪赃枉法、为害人民的，反而不行纠察参劾，甚而至于已经发觉的事情，又为之不明不白地完结。这样的弊端，深可痛恨。今后如果再出现这样的弊端，总督、巡抚和司道等官不进行严格查处、揭发参劾的，或者经过访察发现，或者被科道官员纠察参劾，或者被百姓告发，要将总督、巡抚一并严惩不贷。至于户部收纳各个直隶省解运来的钱粮，也必须随到随收，迅速给予批文发回，不得纵容有关官员、笔帖式、书吏等办事人员勒索作弊，苦累解运钱粮的吏役。倘若有人违法，就立即参劾治罪。如果不严格禁止，一旦查出就将堂官、司官一并从严治罪。另外，言官对于那些作弊害民的人，理应察访清楚，指名纠察参劾。近日的奏章，大都是汇集小事，聊且搪塞。今后应当根据实情陈奏，不得挟私仇报复迫害。你们户部当即遵照谕旨迅速传达到各个直隶省大小官员，刊刻宣示，晓谕百姓知道。"

康熙二十四年，圣祖谕九卿等曰："官以清廉为本，如原任侍郎温代、察库[①]，不可谓不才，但以贪污，故凡所行，皆不足取，此皆由不知廉耻耳。”

又谕曰：“部院堂官，唯勤慎者能循分，不致生事。其专擅好胜之徒，特欲假公事以遂其私意耳。虽有才能，于国家何裨？”是年，九卿会议广东、云南秋审人犯。圣祖曰：“凡别项人犯，尚可宽恕，贪官之罪，断不可宽。此等人藐视法纪贪污不悛者，只以缓决故耳。今若法不加严，不肖之徒何以知警？此内贪官耿文明等正法外，其余正犯，俱照尔等所议完结。”（《圣训》）

［注释］

①温代、察库：温代，满洲人，历任副都统、兵部侍郎，党附索额图；察库，历任内阁学士、户部右侍郎。

［译文］

康熙二十四年（1685），圣祖皇帝吩咐九卿等说：“做官以清正廉洁为本，例如原任兵部侍郎温代、户部侍郎察库，不能说没有才能，但是因为贪污，因此其所有行事，均不足取，这都是因为不知廉耻罢了。”

又吩咐说：“部院的堂官，只有勤勉谨慎的人能够遵循职分，不致滋生事端。那些专权行事、逞强好胜之徒，只想着假借公事以遂自己的私利罢了。即使有才能，对于国家有什么益处？”这一年，九卿会同商议广东、云南秋审犯人。圣祖皇帝说：“凡是其他的犯人，还都可以宽恕，贪官的罪行，断然不可宽恕。这类人犯藐视国家法纪、贪污而不知悔改，只因暂缓判决的缘故，才拖延至今。现在如果执法不加严厉，不肖之徒何以知道警戒？其中除贪官耿文明等依律正法外，其余正犯，都按照你们所议结案。”

康熙三十六年，圣祖谕议政大臣等曰：“温保[①]居官甚劣，苛虐百姓，至于已极。前乃自奏其居官甚善，万民颂美，欲为树碑。由今观之，沿途众庶，无不愿食其肉而齮怨之者。况温保不比他人，彼尝为学士，朕爱惜斯民之意，岂不知之？甘度[②]居官亦最庸劣，今蒲州民变，逃入山口。若辈如能素勤抚恤，百姓岂遂抗匿至此？巡抚倭伦[③]往彼招抚，尚不顺从。欲将温保、甘度拿赴彼处正法，然后用兵。今思其服官污浊，朘削小民，殊为可恨。此等贪官不加诛戮，众不知儆。著议政大臣、部院堂官会同议奏。"寻议覆温保、甘度革职，严拿赴京，交与刑部。从之。(《东华录》)

［注释］

①温保：历官内阁学士、山西巡抚，康熙三十六年（1697）革职。②甘度：山西布政使，康熙三十六年（1697）革职。③倭伦：以内阁学士代温保任山西巡抚，康熙三十八年（1699）降职。

［译文］

康熙三十六年（1697），圣祖皇帝吩咐议政大臣等说："山西巡抚温保居官很差，以苛政虐害百姓，达到极点。此前却自己上奏说居官甚好，万民称颂赞美，要为他树碑立传。从今天看来，沿途的百姓无不愿意食其肉，切齿怨恨。况且温保不比别人，他曾任内阁学士，我爱惜民力的心意，难道能不知道吗？甘度做官也最称平庸恶劣，现在蒲州民众变乱，逃入山中。他们如果能够一向勤政、抚恤百姓，老百姓难道会抗拒官府、逃匿入山吗？新任巡抚倭伦到那里去招抚，还不肯顺从。本来想把温保、甘度押解到那里去正法，然后用兵。现在考虑他们做官贪污，剥削民众，实在可恨。这样的贪官不加杀戮，众官不知道警戒。诏令议政大臣、部院堂官会同讨论题奏。"不久，讨论回复说：温保、甘度应革职，押解赴京，交与刑部处置。得到允准。

康熙政要卷十六

崇儒学第二十七

康熙四年，礼部右侍郎黄机[①]奏：“制科取士，稽诸往例，皆系三场[②]。先用经书，使士子阐发圣贤之微旨，以观其心术。次用策论，使士子通达古今之事变，以察其才猷。今甲辰科止用策论，减去一场，似太简易，恐将来士子，剿袭浮辞，反开捷径。且不用经书为文，则人将置圣贤之学于不讲，恐非朝廷设科取士之深意。臣请嗣后复行三场旧制，则士子知务实学，主考鉴别，亦得真儒，以应国家之选。”从之。(《东华录》)

[注释]

①黄机：字次辰，一字澄斋，号雪台，钱塘人。顺治四年（1647）进士，历任弘文院编修、国史院侍读学士、礼部侍郎、礼部尚书、吏部尚书、文华殿大学士。②三场：即三场试，科举考试的规定，第一场四书义三道，五经义四道；第二场论一道，判五道，诏、诰、表、内科一道；第三场经史时务策五道。

[译文]

康熙四年（1665），礼部右侍郎黄机上奏说："科举取士，按照以往的定例，都是三场考试。首先考试经书，让士子阐发圣贤的微言大义，以观察其心术。其次考试策论，让士子通达古往今来的历史变迁，以考察其才干谋略。现在甲辰科考试只考试时务策论，减去一场，似乎太过简易，恐怕将来的士子，抄袭华而不实之辞，反而为他们大开捷径。况且不考试以经书作文，就会使人们不再讲求圣贤之学，恐怕并非朝廷开科取士的深层意义。我请求今后恢复三场考试的旧制，使士子知道讲求实学，主考官鉴别优劣，也可以录取真正的儒士，以适应国家选拔人才的需要。"得到允准。

康熙八年，圣祖临雍释奠，敕谕国子监祭酒、司业等官曰："朕唯圣人之道，高明广大，昭垂万世，所以兴道致治，敦伦善俗，莫能外也。朕缵承丕业，文治诞敷，景仰先哲至德。今行辟雍释奠之典，将以鼓舞人才，宣布教化。尔等当严督诸生，潜心肄业。诸生亦宜身体力行，朝夕勤励。若学业成立，可裨任用，则教育有功。其或董率不严，荒乃职业，尔等系师生，难辞厥咎，尚其勉之毋忽。"（《圣训》）

[译文]

康熙八年（1669），圣祖皇帝率群臣驾临太学，举行辟雍释奠典礼，敕令国子监祭酒、司业等官说："我考虑圣人之道，高明广大，光昭日月，垂则万世，其宗旨就在于兴起教化，达到治平，敦睦人伦，淳厚风俗，没有能够例外的。我继承祖宗大业，大施文教德政，景仰先哲的盛德。今日举行辟雍释奠典礼，希望以此鼓舞人才，宣布教化。你们应当严格督责国子监生，潜心学习。诸位生徒也应当身体力行，朝夕勤勉砥砺。如果学业有成，可以任用做官行政，那么教育就有成就。如果督率不够严格，荒废了他们的学业，你们教师学生，都难辞其咎，希望你们相互勉励，不要懈怠。”

康熙十七年，圣祖谕吏部曰：“自古一代之兴，必有博学鸿儒[①]，振起文运，阐发经史，润色词章，以备顾问著作之选。朕万机馀暇，游心文翰，思得博学之士，用资典学。我朝定鼎以来，崇儒重道，培养人才。四海之广，岂无奇才硕彦、学问渊通、文藻瑰丽可以追踪前哲者？凡有学行兼优、文词卓越之人，不论已仕未仕，令在京三品以上及科道官员，在外督抚布按，各举所知，朕将亲试录用。其馀内外各官，果有真知灼见，在内开送吏部，在外开报督抚，代为题荐。务令虚公延访，期得真才，以副朕求贤右文之意。尔部即通行传谕。”于是大学士李霨等荐原任副史曹溶[②]等七十一人。圣祖命俟各员赴京齐集之日请旨，其在外见任者，不必开缺。

十八年，圣祖谕吏部曰：“朕以万机之暇，留心经史，思得博学鸿儒，备顾问著作之选。故特颁谕旨，令内外诸臣，各举所知。膺荐人员已经陆续到部，欲行考试。因天寒晷短，恐其难于属文，弗获展厥蕴抱。今天气已渐融和，应定期考试。所以应行事宜，尔部会同翰林院详议具奏。”寻奏准以三月朔，试荐举博学鸿儒一百四十三人，于体仁阁赐宴。取中一等彭孙遹[③]等二十名，二等李来泰[④]等三十名，赐出身有差。著纂修《明史》。（《圣训》、《东华录》）

［注释］

①博学鸿儒：原指学问渊博的学者；也是科举考试正科之外特设的名目，又称博学鸿词。康熙十八年（1679）、乾隆元年（1736）两度举行。②曹溶：字秋岳，秀水人，崇祯十年（1637）进士，入清历任御史、太仆寺少卿、副都御史、户部右侍郎，后左迁广东右布政使、山西按察副使。康熙十七年（1678）大学士李霨等荐为博学鸿儒，以疾辞。③彭孙遹：字骏孙，号羡门，

海盐人，顺治十六年（1659）进士，康熙十八年（1679）举博学鸿儒第一，授编修，历任吏部侍郎兼翰林院掌院学士，《明史》总裁官。④李来泰：字仲章，号石台，临川人，顺治九年（1652）进士，后革职回乡，康熙十八年（1679）举博学鸿儒科，授翰林院侍讲，参与修撰《明史》。

［译文］

康熙十七年（1678），圣祖皇帝吩咐吏部说："自古以来一代的兴盛，必定有博学鸿儒振兴文运，阐发经史，润色词章，以备朝廷顾问和著作之选。我在日理万机之余暇，潜心文化，希望选拔博学之才，以资致力学术事业。我朝定鼎以来，崇儒重道，培养人才。四海之广，难道没有才德杰出、学问精通、文辞瑰丽可以超越前代圣贤的吗？大凡学行兼优、文辞卓越的人才，无论已经出仕或没有出仕，诏令在京的三品以上官员以及科道官员，在外的总督、巡抚、布政使、按察使，各自荐举所了解的人才，我将亲自加以考试录用。其余内外各级官员，如果有真知灼见的人才，在京的开列报送到吏部，在外的开列报送到总督、巡抚，代为题奏荐举。一定要虚心延请探访，以期得到真正的人才，以符合我访求贤才、重视文教的心意。你们吏部当即通行传达谕旨。"于是大学士李霨等推荐原任副使曹溶等七十一人。圣祖皇帝诏令等到各人赴京到齐之日奏请谕旨，至于在地方现任官员，不必开缺。

康熙十八年，圣祖皇帝吩咐吏部说："我在日理万机之余暇，留心经史，希望选拔博学鸿儒，以备顾问和著作之选。因此特地颁布谕旨，令内外诸臣各自举荐所知道的人才。获得推荐的人员已经陆续到吏部报到，将要举行考试。因为天气寒冷，白昼短暂，恐怕难以作文，不能展露其潜藏的精奥才华。如今天气已经逐渐暖和，应当选定日期进行考试。所有应当进行的事宜，你们吏部会同翰林院详加讨论具奏。"不久，吏部奏准三月初一日，考试获得荐举的博学鸿儒一百四十三人，在体仁阁赐宴。最后录取一等彭孙遹等二十名，二等李来泰等三十名，分别赐以博学鸿儒出身。诏令他们纂修《明史》。

康熙二十三年，圣祖过曲阜，将诣阙里，先命国子监祭酒阿礼瑚[①]致祭于启圣公祠[②]。黎明，圣祖御辇，设卤簿，进曲阜南门，诣圣庙，至奎文阁前下辇。由甬道旁行至大成殿，行三跪九叩首礼。四配十哲两庑[③]，从官分献，乐舞间作。礼毕，圣祖幸诗礼堂，衍圣公孔毓圻等行礼毕。监生孔尚任[④]进讲《大学》圣经首节，举人孔尚鉝进讲《易经·系辞》首节。讲毕，圣祖命大学士王熙[⑤]宣谕衍圣公孔毓圻等曰："至圣之道，与日月并行，与天地同运。万世帝王，咸听师法，下逮公卿士庶，罔不率由。尔等远承圣泽，世守家传，务期型仁讲义，履中蹈和，存忠恕以立心，敦孝弟以修行，斯须弗去，以奉先训，以称朕怀，其祗遵弗替。"又谕大学士等曰："至圣之德，与天地日月同其高明广大，无可指称。朕向来研求经义，体思至道，欲加赞颂，莫能名言。特书'万世师表'四字，悬额殿中。非云阐扬圣教，亦以垂示将来。"（《圣训》、《御制文集·幸鲁盛典》）

［注释］

①阿礼瑚：满洲镶白旗人，官至国子监祭酒、盛京刑部侍郎。②启圣公祠：建于明嘉靖间，奉祀孔子之父叔梁纥，号启圣公，而以颜子、曾子、子思之父颜路、曾皙、孔鲤配享。③四配十哲两庑：四配指配祀孔子的颜渊、曾参、子思、孟子；十哲指闵子骞、冉伯牛、仲弓、宰我、子贡、冉有、季路、子游、子夏、子张。两庑指正堂两旁的廊房。④孔尚任：孔子后代，历任国子监博士、户部员外郎，有文名，通音律，著有《桃花扇》。⑤王熙：字子雍，顺天人，顺治四年（1647）进士，历任弘文院学士、国史院学士、礼部侍郎兼翰林院掌院学士、保和殿大学士兼礼部尚书。

［译文］

康熙二十三年（1684），圣祖皇帝出巡路过曲阜，将前往拜谒孔子故里，预先命国子监祭酒阿礼瑚到启圣公祠祭祀。黎明，圣祖皇帝乘御辇，设仪仗，进至曲阜南门，到达至圣先师庙，在奎文阁前下辇，通过甬道旁行到大成殿，行三跪九叩大礼。四配、十哲、两庑由随从官员分别献祭，乐舞不时响起。礼毕，圣祖皇帝来到诗礼堂，衍圣公孔毓圻等行礼完毕。监生孔尚任进讲《大学》圣经的第一节，举人孔尚鉝进讲《易经·系辞》的第一节。进讲完毕，圣祖皇帝命令大学士王熙对衍圣公孔毓圻等宣读谕旨道："至圣先师的大道，与日月并行，与天地同运。万世帝王都要师法于他，下至公卿士人庶民无不奉为表率。你们远承圣人的惠泽，世代坚守家传大道，希望务必遵循仁爱、讲求道义，履行中庸之道，行事以和为贵，以忠恕之道立心，以孝悌之道修身，一刻也不能舍弃，从而奉行先辈的训诲，符合我的心愿，请你们谨遵不要改变。"又吩咐大学士等说："至圣先师的盛德，与天地日月同样高明广大，无可比拟。我向来研究经义，体会思考圣人之道，想要加以赞颂，却没有语言可以形容。特地写下'万世师表'四个字，作为匾额悬挂在殿中。不说是阐扬神圣的儒道，也是为了垂示后世。"

是年，圣祖谕礼部、翰林院曰："自古帝王，致治崇文，典籍具备，犹必博采遗书，用充秘府，盖以广见闻而资掌故，甚盛事也。朕留心艺文，晨夕披览，虽内府书籍，篇目粗陈，而裒集未备。因思通都大邑，应有藏编；野乘名山，岂无善本？今宜广为访辑。凡经史子集，除寻常刻本外，其有藏书秘录，作何给值，采集抄写，尔部院会同详议。务令搜罗罔轶，以副朕稽古右文之至意。"

又谕礼部、翰林院曰："自古经史书籍，所重发明心性，裨益政治。必精览详求，始成内圣外王之学。朕披阅载籍，研究义理，凡厥指归，务期于正。诸子百家，泛滥诡奇，有乖经术。今搜访藏书善本，唯以经学史乘，实有关系修齐治平助成德化者，乃为有用。其他异端诐说，概不收录。”（《御制文二集》、《圣训》）

［译文］

这一年（康熙二十五年，1686），圣祖皇帝吩咐礼部、翰林院说：“自古以来的帝王，要使国家政治清明，崇尚文教，文献典籍具备，还要广泛采集遗书，充实宫中藏书之所，这是为了增广见闻，取资掌故，乃是一大盛事。我留心艺文，朝夕阅览，虽然内府的书籍篇目大体齐备，但搜集文献尚未完备。于是想到通都大邑，还应该有秘书收藏；野乘名山，难道没有善本？现在应该广为访察收集。大凡经史子集四部文献，除了平常的刻本以外，如有藏书秘本，如何付酬，如何采集抄写，你们礼部和翰林院会同详加讨论。务必搜罗无遗，以符合我考察古代事迹、大兴文德教化的心意。”

又吩咐礼部、翰林院说：“自古以来经史书籍，其重点在发明人的心性道理，有益于政治。一定要精心阅览、详加探求，才可以成就内圣外王之学。我阅览典籍，研究义理，其宗旨一定期望达到正道。诸子百家的学说，内容广泛，追求奇诡，与经术有所矛盾。现在搜访秘书善本，只以经学、史籍为主，的确关系到修身齐家治国平天下，有助于道德教化的，才是有用之书。其他异端邪说，一概不予收录。”

康熙二十六年，颁孟子庙碑，圣祖制文，御书勒石。文曰：“自王迹熄于春秋，圣人之道或几于泯灭，卒之晦而复明，历千百世而不敝者，恃有孔子也。孔子没百有馀年，浸假及于战国。杨墨[①]塞路，祸尤烈于曩时。子舆氏[②]起而辟之，于是天下之人，始知诵法孔子，率由仁义。斯道之有传，至于今赖之。是以后世学者，如韩愈、苏轼之徒，咸推其功以配大禹。而闽洛之儒，咸尊为正学之宗传。乌乎，盛已！夫洪水之祸，止于人身已尔，杨墨之祸，隐然直中于人心。不有孟子，使杨墨滥觞于前，释老推波于后，后之人虽欲从千载之下，探尼山之遗绪，其孰从而求之？因推述厥义，刻文于石，俾揭于邹之庙。其文曰：‘尼圣既往，敻矣音徽！后百余岁，圣绪浸微。尚异实繁，杨墨竞煽。陷溺之祸，苦于昏垫。唯子舆氏，距詖放淫。以承先圣，以正人心。述舜称尧，私淑孔子。正学修明，百世以俟。不有是者，斯道孰传？宇宙晦雾，万物狂颠。我读其书，曰仁曰义。遗泽未湮，闻风可企。岳岳亚圣，岩岩泰山。功迈禹稷，德参孔颜。刻石兹文，于祠之下。诵烈扬休，用告来者。’”（《御制文集》）

［注释］

①杨墨：杨朱、墨翟的并称，杨朱主张为我，墨翟主张兼爱，两个学派盛行一时，《孟子·滕文公下》：“杨墨之道不息，孔子之道不著。”②子舆氏：即孟轲，字子舆。

［译文］

康熙二十六年（1687），颁布孟子庙碑，圣祖皇帝御撰碑文，并亲自书写勒石。碑文写道：“自从帝王之圣迹在春秋时代几乎灭绝，圣人之道也几乎泯灭不传，最终使之晦而复明，历经千百代而不致败坏的，就仰赖有至圣先师孔子。孔子去世后百余年，逐渐过渡到战国。杨朱、墨翟学说盛行一时，其祸害比以前更为惨烈。孟子起而批评他们的学说，于是天下之人，才知道效法孔子，都回归仁义之道。圣人之道得以传承，至今还仰赖孟子的功劳。因此，后世的学者如韩愈、苏轼等人，都推崇孟子的功劳，认为可以媲美大禹。而闽学、洛学诸儒，都尊奉为正学之宗传。这个功德是多么盛大啊！洪水猛兽的祸害，只局限于人的身体而已，而杨墨学派的危害，却隐隐然直接危害到人的心灵。如果没有孟子，让杨墨学派滥觞于前，而佛教、道教推波助澜于后，那么后世的人们即使想在千年之下，探索孔子之道的遗绪，又能从何处访求呢？于是推衍叙述其大义，刻文于石碑，揭之于邹县孟子故里之庙。其文写道：‘尼圣既往，夐矣音徽！后百余岁，圣绪浸微。尚异实繁，杨墨竞煽。陷溺之祸，苦于昏垫。唯子舆氏，距跛放淫。以承先圣，以正人心。述舜称尧，私淑孔子。正学修明，百世以俟。不有是者，斯道孰传？宇宙晦雾，万物狂颠。我读其书，曰仁曰义。遗泽未湮，闻风可企。岳岳亚圣，岩岩泰山。功迈禹稷，德参孔颜。刻石兹文，于祠之下。诵烈扬休，用告来者。’”

康熙四十一年，礼部议覆五经博士程衍祀请给程子祭田。应不允。圣祖谕曰：“程子，宋之大儒，祀典不可有缺。但给与祭田，或为其子孙之不肖者变鬻，则祀典仍缺。其令该巡抚藩司善为酌处，务令程氏子孙世世奉祀，永远无缺。”（《圣训》）

［译文］

康熙四十一年（1702），礼部讨论回复五经博士程衍祀所请，拨给程颢、程颐祭田，应不允准。圣祖皇帝吩咐说：“程颢、程颐，是宋朝的大儒，其祭祀典制不可有缺。只是给予祭田，或许会被其子孙中的不肖之徒变卖，那么祭祀之典制仍然有缺。诏令河南巡抚、布政使妥切斟酌处理，务必让程氏子孙世世代代永远奉祀，典制无缺。”

先贤朱子，宋淳祐元年从祀，元至正二十二年，改封齐国公。明嘉靖九年，改称先儒朱子。崇祯十五年，改称先贤，位在七十子之下，汉唐诸儒之上，国初因之。康熙五十一年，圣祖谕大学士等曰：“朕自冲龄，笃好读书，诸书无不览诵。每见历代文士著述，即一字一句，于义理稍有未安者，辄为后人指摘。唯宋儒朱子注释群经，阐发道理。凡所著作及编纂之书，皆明白精确，归于大中至正。经今五百馀年，知学之人，无敢疵议。朕以为孔孟之后，有裨斯文者，朱子之功最为宏巨。应作何崇礼表彰，著内阁、九卿、詹事、科道会同详议具奏。”时大学士等遵旨会议，以朱子升配大成殿东序为十一哲。诏从之。（《国子监志》[1]）

［注释］

①《国子监志》：即《钦定国子监志》，六十二卷，乾隆四十三年（1778）奉敕撰，分《圣谕》、《御制诗文》、《诣学》、《庙制》、《祀位》、《礼》、《乐》、《监制》、《官师》、《生徒》、《经费》、《金石》、《经籍》、《艺文》、《识馀》等。

［译文］

先贤朱熹，南宋淳祐元年（1241）从祀孔庙，元代至正二十二年（1362）改封为齐国公。明朝嘉靖九年（1530），改称先儒朱子。崇祯十五年（1642），改称先贤，位列七十子之下，汉唐诸儒之上，我朝初期沿袭下来。康熙五十一年（1712），圣祖皇帝吩咐大学士等说：“我从幼年开始，就笃好读书，各种文献无不阅览背诵。往往看到历代文士的著述，即使是一字一句在义理上稍微有不合适的，就被后人指摘。只有宋儒朱子遍注群经，阐发道理。凡是他所著作以及编纂的书籍，都是明白精确，归结为大中至正。至今五百余年，治学之人没有敢于批评的。我认为在孟子之后，有益于斯文的，朱子的功劳最为宏大。对于朱子应当给予何等崇高的礼遇和表彰，诏令内阁、九卿、詹事、科道官会同详加讨论具奏。”当时大学士等遵照皇帝谕旨会同讨论，以朱子配祀大成殿东序作为十一哲。诏令允准。

圣祖命诸臣纂辑《朱子全书》[1]成。御制《序》曰：“唐虞夏商周，圣贤迭作，未尝不以文字为重。文字之重，莫过五经四书。每览古今凡传于世者，代不乏人。秦汉以下，文章议论，无非因时制宜，讽谏陈事，绳愆纠谬，补偏救弊之计耳。若夫文辞之雄，摛藻之丽，古人已有定论，予何敢言？但不偏于刑名，则偏于好尚；不偏于杨墨，则偏于释道；不偏于词章，则偏于怪诞，皆不近于王道之纯。予少时颇好读书，只以广博华赡为事，刚勇武备为用。自康熙三十五年，天山告警，朕亲擐甲胄，统数万子弟，深入不毛。沙碛乏水，瀚海指挥如意，破敌无存，未十旬而凯旋，可谓胜矣。后有所悟，而自问兵可穷乎？武可黩乎？秦皇汉武，英君也，因必欲胜而无令闻，或至不保者，岂非好大喜功，与乱同道之故耶？所以效旰孜孜，思远者何以柔，近者何以怀。非先王之法不可用，非先王之道不可为。反之身心，求之经史，手不释卷，数十年来，方得宋儒之实据。虽汉之董子、唐之韩子，亦得天人之理，未及孔孟之渊源。至邵子[②]而玩索河洛之理，性命之微，衍先天后天之数，定先甲后甲之考，虽书不尽传，理亦显然矣。周子阐无极而太极，复著《通书》，其所授受，有自来矣。如星辰系乎天，而各有其位，不能掩也。光风霁月之量[③]，又不知其何似。二程之充养有道，经天纬地之德，聚百顺以事君亲，前儒已诵之矣。至于朱夫子，集大成而继千百年绝传之学，开愚蒙而立亿万世一定之规。穷理以致其知，反躬以践其实。释《大学》则有次第，由致知而平天下，自明德而止于至善，无不开发后人而教来者也。五章补之于断简残篇之中，而一旦豁然贯通之为要，虽圣人复起，必不能逾此。问《中庸》名篇之义，则不偏不倚，无过不及之名，无发已发之中，本之于时中不中，皆先贤所不能及也。若《语》、《孟》则逐篇讨论，皆内圣外王之心传，于世道人心之所关匪细。如五经，则因经取义，理正言顺，和平宽宏，非后世浅见而轻义者同日而语也。至于忠君爱国之诚，动静语默之敬，文章言谈之中，全是天地之正气，宇宙之大道。朕读其书，察其理，非此不能知天人相与之奥，非此不能治万邦于衽席，非此不能仁心仁政施于天下，非此不能内外为一家。读书五十载，只认得朱子一生居心行事，故不揣粗鄙无文，而集各书中凡属朱子之一句一字，命大学士熊赐履、李光地素日留心于理学者，汇而成书，名之曰《朱子全书》，以备乙夜勤学。虽未能几于寡过，亦自勉君亲之责矣。朕又思朱子之道，五百年未有辩论是非，凡有血气，皆受其益。朕一生所学者为治天下，非书生坐视立论之易。朕集朱子之书，恐后世谓借朱子之书自为名者，所以朕敬述而不作，未敢自有议论。往往见元明至于我朝，著作讲解，万不及朱子。而各出己见，每有驳杂，反为有玷宋儒之本意。况天下至大，兆民至众，舆图甚远，开地太广，诸国外蕃，风俗不同，好尚各异，防此失彼之患，不可不思。若以智谋要结人心，如挟泰山而超北海也。以中正仁义，老成宽信，似乎近之。凡读是书者，谅吾志不在虚辞，而在至理；不在责人，而在责己。求之天道而尽人事，存，吾之顺；殁，吾之宁[④]。未知何如也。”（《御制文四集》）

［注释］

①《朱子全书》：即《御纂朱子全书》六十六卷，康熙皇帝御定，李光地等编纂。②邵子：即邵雍，字尧夫，其先范阳人，后迁共城、洛阳，宋代理学家，著有《皇极经世书》、《伊川击壤集》等。③光风霁月之量：语出黄庭坚《豫章集·濂溪诗序》。④存，吾之顺；殁，吾之宁：语出张载《西铭》。

［译文］

圣祖皇帝命诸臣纂辑《朱子全书》告成。御笔亲撰序言说：“唐尧、虞舜、夏禹、商汤、周文王和周武王，圣贤接连出现，未尝不以文字为重。文字的重要，没有比得过五经、四书的。每每观览古今凡传于后世的，每代都不乏人。秦汉以下，文章议论无不是因时制宜，讽谏陈奏，提出正误纠谬、补偏救弊的办法罢了。至于文辞的雄奇，词藻的华丽，古人都已经有了定论，我哪里敢多言？然而，这些文章不是偏于刑名，就是偏于好尚；不是偏于杨朱、墨子，就是偏于佛教、道教；不是偏于诗词章句，就是偏于怪异荒诞，都不能接近纯正的王道。我小时候很喜欢读书，只知道以广博丰赡为事，以刚勇武备为用。自从康熙三十五年（1696）西北地区告警，我御驾亲征，统率数万名八旗子弟，深入不毛之地。沙漠地区缺水，瀚海作战非常困难，然指挥如意，顺利破敌，不到百日就凯旋，可以说是大胜了。后来我有所领悟，自问军事可以穷尽吗？战争可以随意吗？秦始皇、汉武帝，都是雄才大略的英主，因为一定要全胜敌手，却没有留下好的名声，甚至江山尚且不保，难道不是好大喜功与动乱同道的缘故吗？所以我宵衣旰食，孜孜不倦，思考远方的人如何怀柔，近处的人如何安抚。不是古圣先王的方法不敢用，不合古圣先王的道理不可为。反省自己的身心，探求经史文献，手不释卷，数十年来，才探寻到宋代诸儒的实际根据。虽然汉代的董仲舒、唐代的韩愈，也得到天人合一的道理，却没有达到孔孟的渊源。到宋代邵雍，玩索河图洛书的易理，性命之学的微言大义，推衍先天后天的象数，考定先甲后甲的循环，虽然其书并未全部传承下来，但其理论已经成型了。周敦颐阐发由无极而太极的宇宙生成学说，又撰写了《通书》，其学说的传承授受，有其渊源。就好像日月星辰都系于天穹，而又各有其位置，不能相互遮掩其光芒。其光风霁月的胸怀，又不知道何人能比。程颢、程颐修养有道，以经天纬地之盛德，聚纳百顺以侍奉君主父母，先儒已经多加称颂过了。到了朱子，集理学之大成，继承千百年绝传的学统，开悟愚蒙，确立亿万年一定不变的规范。即物穷理以致其知，反躬自省以践其行。解释《大学》则为之确定次序，从致知到平天下，从明德到止于至善，无不给后人无穷的启迪，以教导后来的人。他认为《大学》有阙文，于是在四章之后补写《格物致知补传》，作为第五章，从而使其一旦豁然贯通，即使是圣人再世，也必定不能超越他。提问《中庸》篇名的含义，就是不偏不倚，没有过与不及，喜怒哀乐未发已发之际谓之中，就是本于立身行事合乎时宜的所谓'时中'的中。这些都是先贤所不能达到的。至于《论语》、《孟子》，则逐篇加以讨论，都是内圣外王之心传，对于世道人心关系匪浅。又如对五经的解释，则依据经文阐发含义，道理纯正，言语顺达，胸襟平和宽宏，不是后世那些见解粗浅、轻视义理的人所可同日而语的。至于忠君爱国的诚心，贯穿于动静语默之间的持敬，文章言谈之中，全是天地正气，宇宙大道。我阅读朱子的著作，考察他的义理，感到非此不足以知晓天人之间的奥秘，非此不足以在衽席之间学到统治万国的方法，非此不足以仁心仁政施惠于天下，非此不足以融合内外为一家。我读书五十年，只认得朱子一生的居心和行事，因此不揣浅陋，搜集各种文献中凡属于朱子一字一句的言论，命大学士熊赐履、李光地等平日留心理学的大臣，汇集成书，命名为《朱子全书》，以备我半夜勤学苦读。这样，即使不能达到少犯过错，也是面对君亲自勉的职责所在。我又想到朱子的道学，五百年来没有人辩论其是非，凡是有血气的人，都受其益。我一生所学是为了治理天下，并非书生坐而论道那么容易。我汇集朱子之书，恐怕后世之人认为我借朱子之书自己立名，所以我恭敬地述而不作，不敢有所议论。往往看到元朝、明朝以来以至于我朝，很多著作讲解，万万不及朱子。它们各抒己见，往往内容驳杂，反而玷污了宋儒的本意。何况天下至为广大，人民至为众多，幅员至为辽阔，以至于外国和藩属诸国，风俗不同，好尚也各异，顾此失彼的忧患，不可不考虑。如果用智谋来团结人心，就像是挟泰山而超北海，是不可能的事。只有以中正之心、仁义之政，老成持重，宽容诚信，差不多近于成功。凡是阅读此书的人，体谅我的志向不在于虚辞，而在于至理；不在于责人，而在于责己。求之天道，而竭尽人事，活着就要践行朱子之学；即使死了，也问心无愧。如此做，不知道怎么样。”

圣祖《庭训》曰：“子曰：‘吾十有五而志于学。’圣人一生只在志学一言，又实能学而不厌，此圣人之所以为圣也。千古圣贤，与我同类，人何为甘于自弃而不学？苟志于学，希圣希贤，孰能御之？是故志学乃作圣人之第一义也。”（《庭训格言》，下同）

［译文］

圣祖皇帝《庭训格言》写道：“孔子说：‘我十五岁就立志于学习。’圣人一生只要有立志学习这句话，又在实际上真能做到学而不厌，这是圣人之所以为圣人的原因。千古圣贤，与我们同是人类，人们为什么甘心于自己放弃而不坚持学习呢？倘若有志于学习，希望成贤成圣，谁能阻挡呢？所以立志于学习就是做圣人的关键所在。”

《训》曰：“朱子云：‘圣贤立言，本自平易。而平易之中，其旨无穷。今必推之使高，凿之使深，是未必真能高深而已。离其本指，丧其平易无穷之味矣。’此最要处也。自汉以来，儒者世出，将圣人经书多般讲解，愈解而愈难解矣。至宋时，朱子辈注四书、五经，发出一定不易之理，故便于后人。朱子辈有功于圣人经书者，可谓大矣。是以朕训尔等，但以经书为要者，亦此故也。”

［译文］

圣祖皇帝《庭训格言》写道：“朱子说：‘圣贤立言，本来是平常易懂的，而在平常易懂之中，意义却无穷。今日必定要把它推向很高，穿凿很深，这样未必能真正达到高深，反而脱离了本来的意义，丧失了平常易懂的意味了。’这是最重要的地方。从汉代以来，儒者相继出现，将圣人的经书多次解释，越解释却令人越难以理解了。到了宋代，朱熹那些学者注解四书五经，发出了一定不可变的道理，所以方便于后人学习。朱熹那些学者对于圣人经书的功绩可以说是很大的了。因此我教训你们要以研读经书为要，也就是这个原因。”

论理学第二十八

康熙二十二年，圣祖御乾清宫，讲官进讲毕，特问理学之名始于宋否？张玉书奏曰：“天下道理具在人心，无事不有。宋儒讲辩，更加详密耳。”圣祖曰：“日用常行，无非此理，自有理学名目，而彼此辩论。朕见言行不相符者甚多。终日讲理学，而所行之事，全与其言背谬，岂可谓之理学？若口虽不讲，而行事皆与道理吻合，此即真理学也。”（《东华录》三十三）

［译文］

康熙二十二年（1683），圣祖皇帝驾临乾清宫，讲官进讲完毕，特地询问理学的名称是否开始于宋代。张玉书上奏说：“天下道理都在人的心中，所有的事情都有其道理，只是宋儒的讲解辩论，更加详尽缜密罢了。”圣祖皇帝说：“日用所需，常行之事，没有不是这个道理的，自从有了理学的名目，彼此辩论不已。我看他们言行不相符合的很多。终日讲求理学，可是所行之事，完全与其言论相悖，怎么可以称为理学呢？即使口头不讲，但行事都与道理相吻合，这就是真理学。”

康熙二十三年，圣祖谕大学士等曰：“凡所贵道学者，必在身体力行，见诸实事，非徒托之空言。今汉官内有道学之名者甚多，考其究竟，言行皆背。如崔蔚林[①]之好事，居乡不善，此可云道学乎？精通道学，自古为难，朕闻学士汤斌曾与中州孙钟元[②]相与讲明道学，颇有实行。前典试浙江，操守甚善，可补授江宁巡抚。”（《东华录》三十三）

［注释］

①崔蔚林：字定斋，直隶新安人，顺治进士，历官弘文馆侍读、翰林院侍读学士等。著有《易经讲义》、《四书讲义》等。②孙钟元：即孙奇逢，字启泰，号钟元，容城人，世称夏峰先生，一生著述丰富，为明末清初三大儒之一。

［译文］

康熙二十三年（1684），圣祖皇帝吩咐大学士等说：“大凡以道学为贵的，一定在于身体力行，见之于实事，并非以空言相托。如今汉族官员中以精通道学著名的很多，但考察其实际情况，言行往往相悖。如崔蔚林，喜欢生事，居住乡间名声也不好，这样的人可以称为道学吗？精通道学，自古以来都是很难的，我听说内阁学士汤斌曾经追随中州大儒孙奇逢学习讲求道学，颇有实际效果。以前曾让他作为浙江乡试正考官，操守很好，可以授予江宁巡抚。”

康熙五十四年，圣祖谕曰：“今科道官员虽有条陈，多出私意。简任言职，不可任结纳声气之人。若使互相标榜，援引附和，其势渐成朋党矣。又如理学之书，为立身根本，不可不学，不可不行。朕尝潜心玩味，若以理学自任，必致执滞己见，所累者多。宋明季世人好讲理学，有流入于刑名者，有流入于佛老者。昔熊赐履自谓得道统之传，其殁未久，即有人从而议其后矣。今又有自谓得道统之传者，彼此纷争，与市井之人何异？凡人读书，宜身体力行，空言无益也。”（《东华录》九十六）

[译文]

康熙五十四年（1715），圣祖皇帝吩咐说："如今科道官员虽有奏疏条陈，多出于私情。选拔任用言官，不可任用那些结纳朋友、联络声气的人。如果让他们相互标榜，援引附和，其发展趋势就会逐渐形成朋党了。又如理学之书，是立身行事的根本，不可不学习，不可不践行。我曾经潜心玩味，如果是以理学家自命，必定导致固执己见，那么贻累也就会很多。宋代、明代末年，世人喜欢讲求理学，可是结果有流于刑名的，有流于佛教、道教的。从前熊赐履自己声称得到了道统的真传，但他去世后不久，就有人从后面议论他。如今又有人自己声称得到了道统的真传，彼此纷争，与市井之人有什么区别？大凡人们读书，应当身体力行，空言是没有益处的。"

圣祖《性理大全序》曰："朕唯古昔帝王，所以继天立极，而君师万民者，不徒在乎治法之明备，而在乎心法道法之精微也。执中之训，肇自唐虞，帝王之学，莫不由之。言心则曰：'人心唯危，道心唯微。'言性则曰：'若有恒性，克绥厥猷唯后。'[①]盖天性同然之理，人心固有之良，万善所从出焉。本之以建皇极，则为天德王道之纯，以牖下民，则为一道同风之治。欲修身而登上理，舍斯道何由哉？朕荷太祖、太宗积累之休，缵承世祖章皇帝鸿业，夙夜祇惧，嘉与海内，期登隆平。每思二帝三王之治本于道，二帝三王之道本于心。辨析心性之理，而羽翼六经，发挥圣道者，莫详于有宋诸儒。迨明永乐间命儒臣纂集《性理大全》[②]一书。朕尝加翻阅，见其穷天地阴阳之蕴，明性命仁义之旨，揭主敬存诚之要。微而律数之精意，显而道统之源流，以致君德圣学，政教纪纲，靡不大小兼核，而表里咸贯，洵道学之渊薮，致治之准绳也。岁月既久，版籍残缺，特命礼臣重加补订，以备观览，爰制序于卷端。朕方精思格言，探讨绪论，以遐稽乎古帝王心法道法之微，亦欲天下臣民究心兹编，思降衷之理，安物则之恒，庶几咸尽其性，以复臻乎唐虞三代熙皞之治云尔。”（《御制文集》）

［注释］

①若有恒性，克绥厥猷唯后：语出《尚书·汤诰》。②《性理大全》：七十卷，永乐年间大学士胡广等奉敕编纂，内府刻本，汇辑历代诸儒有关性理之论，为士子必读之书。

［译文］

圣祖皇帝御撰《性理大全序》写道：“上古时代的圣王，之所以能够继承天子之位，作为天下万民的君主和老师，不仅仅在于治国之法的严明完备，而在于心法、道法的精微。执中之道的训诲，开始于唐尧、虞舜，帝王之学，没有不是由此生发开来的。谈论人心，就说：‘人心自私危险，道心幽昧微明。’谈论人性，就说：‘顺从人的自然天性，找到安定他们的办法的就是君王。’按照天性相同的道理，人心中固有的良知，是各种善念的渊源所自。以此为本建立至高无上的统治原则，则成为纯正的天德王道；以此诱导教化民众，则成就治理的一道同风。想要修养身心，达到理想的治世，离开这个大道还有何路可走呢？我继承太祖、太宗积累的完美典制，继承世祖章皇帝的宏图大业，日夜恭敬戒惧，嘉惠海内，以期达到隆平之治。每每想到唐尧、虞舜与夏禹、商汤、周文王的政治以道义为本，而他们的道义则以心性为本。认真辨析心性之理，以辅助阐释六经、发挥圣王之道，没有比宋代各位大儒更加详尽的了。到明朝永乐年间（1403～1424）命儒臣纂集《性理大全》一书。我曾经翻阅，看到其穷尽天地阴阳变化的蕴涵，阐明性命仁义的要旨，揭示主敬存诚的关键。微观而言，可以见律历数理的精意，宏观而言，可以见儒家道统的源流，以至于为君之德、圣贤之学，政治教化的纲纪，无不大小兼顾，包揽无遗，而且表里贯通，堪称是道学的渊源，治国的准绳。但岁月已久，版刻残缺，特地命令礼部大臣重新加以补充修订，以备观览，我亲自作序，置于篇首。我正想精心思索其中的格言，探讨其中的绪论，以便追溯考察上古帝王心法、道法的微言大义，也想要天下的臣民都专心研究这本书，思考施善降福的道理，安守事物法则的恒常，这样差不多能够完全尽其心性，以期重新达到唐尧、虞舜时代和夏商周三代的兴盛和乐的治世。”

圣祖《理学论》曰：“夫理，语大乾坤莫能载，语小乾坤莫能破。散之万物，归于一中，无过不及。日用平常见于事物者，谓之理。天命而有性，率性而有道，此性命之自然也。圣人修之明之，推之教之，不齐者齐之，太过者抑之，皆循乎天道而尽己之性。非格物致知穷其理之至当者，即理在前而不识也。自宋儒起而有理学之名，至于朱子能扩而充之，方为理明道备。后人虽杂出议论，总不能破万古之正理。所以学者当于致知格物中循序渐进，不可躐等。有一事必有一事之理，有一物必有一物之理。从此推去，自有所得。求之而失于过，不得其理也；求之而失于不及，亦不得其理也。唯一中即是无私，无私而后得其理之正也乎。”（《御制文四集》）

［译文］

圣祖皇帝御撰《理学论》写道：“理，说它大，天地也不能覆载；说它小，天地也不能打破。分散开来可以为万物，集中起来则可以归于一心，没有过分也没有不及。日用平常之理体现到事物之上，就称为理。天理赋予人们仁义礼智信等的品德就有了人性，遵循人性原则行动就有了人道，这是人之性命的自然体现。圣人修养它、指明它，推行它、教化它，不能做到一致的就整齐它，做得太过分的就抑制它，从而使之遵循自然天道，并穷尽自己的天性。如果不是通过格物致知，穷尽其中的道理至为切当，即使是道理当前也不会知晓。自从宋代诸儒兴起，才有了理学之名，到了朱熹能够扩而充之，才算是道理明彻、道学大备。后人即使出现很多议论，总不能打破万古不变的正理。所以为学之人应当在格物致知之中循序渐进，不可以超越原有的等级次序。世界上有一事一定有一事之理，有一物一定有一物之理。以此推理开去，自然会有所收获。追求之却失于过分，是因为没有得其正理；追求之却失于不及，也是因为没有得其正理。只有一个‘中’是大公无私的，大公无私而后才能得其正理。”

《训》曰：“人心一念之微，不在天理，便在人欲。是故心存私，便是放，不必逐物驰骛，然后为放也。心一放，便是私，不待纵情肆欲，然后为私也。唯心不为耳目口鼻所役，始得泰然。故孟子曰：‘耳目之官不思，而弊于物。’物交物，则引之而已矣。心之官则思，思则得之，不思则不得也。此天之所以与我者。先立乎其大者，则其小者不能夺也。此为大人而已矣。”

［译文］

圣祖皇帝《庭训格言》写道：“人心一转念之间的微小之处，不是属于天理，就是属于人欲。所以心存私念，便是放纵，不一定追逐外物奔走，然后才称为放纵。人的心志一旦放纵，便是私欲，不待放纵感情、追逐私欲，然后才称为私欲。只有心不为耳目口鼻所役使，才得安泰。所以孟子说：‘耳目器官不会思考，常被外物所蒙蔽。’物与物交接，就被引诱迷惑了。心脏器官职在思考，思考就会有心得，不思考就没有心得。这是上天赋予我们的。首先树立这个大的，那么小的就不能被夺取了。这样就成为君子大人了。”

康熙政要卷十七

论经史文学第二十九

康熙十九年，圣祖谕翰林院掌院学士叶方蔼[①]曰：“《尚书》纪载帝王道法，关切治理，朕留心研究，期于贯通。讲幄诸臣，讲解明晰，深有裨于典学。著将《尚书讲义》刊刻颁行。”刊刻成，御制序曰：“天生民而立之君，非特予以崇高富贵之具而已。固将副教养之责，使四海九州，无一夫不获其所也。是故古之帝王，奉若天道，建都树屏以立其纲，设官置吏以张其纪，经天纬地以尽其材，亲亲尊贤以宏其业。黎民阻饥，而为之教稼；五品不逊，而为之明伦。为礼乐以导其中和，为兵刑以息其争讼。事未然而预为之备，患已至而亟为之驱。[②]概治天下之法，见于虞夏商周之书，其详且密如此，宜其克享天心，而致时雍太和之效也。所以然者，盖有心法以为治法之本焉。所谓敬也，诚也，中也。敬则神明有主，而物欲不能摇；诚则孚信在中，而伪巧不能间；中则公正无偏，而邪说不能移。凡《书》中曰‘钦明’，曰‘寅恭’，曰‘祇惧’，曰‘迪畏’，皆敬之属也。曰‘允塞’，曰‘至诚’，曰‘一德’，曰‘惇信’，皆诚之属也。曰‘义制事，礼制心’，曰‘沉潜刚克’，‘高明柔克’，曰‘宽而有制，从容以和’，皆中之属也。性之者为尧、舜、禹、文，身之者为汤、武、高宗，困而学之者为太甲、成王，悖而去之者为太康、桀、纣。呜呼！心法之存亡，治道之升降分焉，天命之去留系焉，曷其奈何弗鉴？朕万机馀暇，读四代之书，惕若恐惧。爰命儒臣，取宋、汉以来诸家之说，荟萃折衷，著为《讲义》一十三卷，逐日进讲。兹特加锓梓，颁示臣民。俾知朕仰法前代圣王，志勤道远。然夙夜兢兢，思体诸身心，措诸政事，以毋负上天立君之意，夫岂敢一日忘哉？是为序。”（《御制文集》）

［注释］

①叶方蔼：字子吉，号讱庵，昆山人，顺治十六年（1659）进士，累官至翰林院掌院学士兼礼部侍郎、《明史》总裁官、刑部侍郎。卒谥文敏。②“建都树屏以立其纲”十二句：事见《尚书·舜典》。

［译文］

康熙十九年（1680），圣祖皇帝吩咐翰林院掌院学士叶方蔼说：“《尚书》记载上古帝王的道理法度，对于治理国家关系密切，我留心研究，以期贯通其中的大义。经筵的诸位讲官，讲解条理明晰，非常有益于学问。诏令将《尚书讲义》刊刻，颁行天下。”刊刻完成之后，皇上御撰序言写道：“上天生养万民，并为之设立君主，并非只是给予一个崇高地位罢了，固然是要赋予教化休养的使命，使得四海之内九州各地，没有一个人不得其所。因此古代的帝王，奉行天道，建立都城、树立屏障以立其纲，设置官吏以张其纪，经天纬地以尽其才，睦亲尊贤以宏其业。黎民百姓艰难饥寒，就教导他们耕种；如果出现臣不敬君、子不孝父、夫妇不睦、长不爱幼、朋友无信的情况，就教导他们明白五伦的道理。制礼作乐以引导其中和之道，设置军队刑法以平息世间的争端诉讼。事情还没有发生就预先为之防备，祸患发生之后就立即为之驱除。治理天下的方法，都见于《尚书》中的《虞夏书》、《商书》、《周书》各篇之中，记载得如此详密，应当符合上天的意志，从而达到天地冲和、四海和熙的效果。之所以这样，是因为有其心法作为治国之道的根本，也就是所谓的恭敬、诚信、中和。恭敬就会使得神明有所主见，物欲私情不能动摇；诚信就会使得心中充满信义，虚伪奸巧不能侵入；中和就会使得公正无偏，歪理邪说不能撼动。大凡《尚书》中所说的‘钦明’、‘寅恭’、‘祗惧’、‘迪畏’，都是恭敬之类的意思；所说的‘允塞’、‘至诚’、‘一德’、‘惇信’，都是诚信之类的意思；所说的‘义制事，礼制心’，‘沉潜刚克’、‘高明柔克’，‘宽而有制，从容以和’，都是中和之类的意思。本性恭敬、诚信、中和的人，就是唐尧、虞舜、夏禹、周文王；而亲身去实践的，则是商汤、周武王、商高宗武丁；遭遇困境而刻苦学习的，是商朝的太甲、周朝的成王；悖乱而背离其义的，则是夏朝的太康、夏桀、商纣王。呜呼！心法的存与亡，治道的升降也由此而分别，天命的去留也系于此，为什么不引为借鉴呢？我在日理万机之余暇，阅读《尚书》中的虞、夏、商、周四代的文献，感到警戒而恐惧。于是命令儒臣采集汉代、宋代以来诸家的解说，加以荟萃，折中其义，编著为《讲义》一十三卷，每日进讲。现在特地加以刊刻，颁示给天下臣民，使他们知道我崇敬效法前代圣王，立志勤勉，任重道远。但我日夜儆惧，希望以此体验于身心，落实于政事，以期不辜负上天设立君主的本意，难道敢于一日忘却吗？以此作为序言。”

刊刻《四书解义》成，御制序曰：“朕唯天生圣贤，作君作师，万世道统之传，即万世治统之所系也。自尧、舜、禹、汤、文、武之后，而有孔子、曾子①、子思②、孟子。自《易》、《书》、《诗》、《礼》、《春秋》而外，而有《论语》、《大学》、《中庸》、《孟子》之书。如日月之光昭于天，岳渎之流峙于地，猗欤盛哉！盖有四子，而后二帝三王之道传。有四子之书，而后《五经》之道备。四子之书，得《五经》之精意而为言者也。孔子以生民未有之圣，与列国君、大夫及门弟子论政与学，天德王道之全，修己治人之要，具在《论语》一书。《学》、《庸》皆孔子之传，而曾子、子思独得其宗。明新止至善，家国天下之所以齐治平也；性教中和，天地万物之所以位育，九经达道③之所以行也。至于孟子，继往圣而开来学，辟邪说以正人心，性善仁义之旨，著明于天下。此圣贤训词诏后，皆为万世生民而作也。道统在是，治统亦在是矣。历代贤哲之君，创业守成，莫不尊崇表章，讲明斯道。朕绍祖宗丕基，孳孳求治，留心问学。命儒臣撰为讲义，务使阐发义理，裨益政治。同诸经史进讲，经历寒暑，罔敢间辍，兹已告竣，思与海内臣民，共臻至治，特命校刊，永垂永久，爰制序言，弁之简首。每念厚风俗，必先正人心，正人心，必先明学术。诚因此篇之大义，究先圣之微言，则以此为化民成俗之方，用期夫一道同风之治，庶几进于唐虞之代，文明之盛也夫。”（《御制文集》）

［注释］

①曾子：即曾参，字子舆，鲁国南武城人，十六岁拜孔子为师，得其真传，又传其学于孔子之孙孔伋，是儒家承上启下的人物，被尊为宗圣。著有《大学》、《孝经》。②子思：即孔伋，字子思，孔子孙，学于曾子，其门人又传于孟子，与孟子合称思孟学派，被尊为述圣，著有《中庸》。③九经达道：九经是《中庸》中用来治国以达到太平的九项具体工作：修养自身、尊重贤人、爱护亲族、敬重大臣、体恤众臣、爱护百姓、劝勉工匠、优待远人、安抚诸侯。达道即五达道，就是天下通行的五种人际关系：君臣、父子、夫妻、兄

弟、朋友。

［译文］

《四书解义》刊刻完成，圣祖皇帝御撰序言写道："我考虑天生圣贤，作为人民的君主和老师，千秋万代道统的传承，也就是治统所系的关键。自从唐尧、虞舜、夏禹、商汤、周文王、周武王之后，则有孔子、曾子、子思、孟子。而《易经》、《书经》、《诗经》、《礼记》、《春秋》之外，还有《论语》、《大学》、《中庸》、《孟子》这四部书。就好像日月之光经行于天空，五岳四渎之山水流淌和峙立于大地。多么重要啊！有了孔子、曾子、子思、孟子四子，而后尧、舜、禹、汤、文二帝三王之道才得以传承下来。有了四子之书，而后《五经》的理论体系才得以完备。四子之书，首先是得到了《五经》的精义，然后加以阐发议论。孔子以人类诞生以来从未有过的圣明，与春秋列国的君主、大夫以及他的弟子讨论政事与学问，天德王道的全部，修己治人的关键，都在《论语》一书之中。《大学》、《中庸》都是孔子思想的薪传，曾子、子思独得其正宗。明德新民，止于至善，这是家国天下之所以得到治理和安宁的原因；天命之谓性，率性之谓道，修道之谓教，以及致中和，这是天地万物之所以生长创造、九经五达道之所以通行天下的根本。到了孟子，继承往圣的道统，开创后来的儒学，破除异端邪说以端正人心，使得人性本善、仁政仁义的宗旨能够显明于天下。这些圣贤的训诲言论，都是为了千秋万代的人民所作的。儒学的道统在这里，天下的治统也在这里。历代贤明睿哲的君主，立国创业或继位守成，没有不对他们进行尊崇表彰，向天下人民讲明此道的。我继承祖宗基业，孜孜求治，留心学问，命令儒臣撰写四书讲义，务必要阐发义理，有益于政治。四书与其他经史一并进讲，历经寒暑，不敢停顿，现在终于告竣，希望与海内臣民共同努力，达到至治之世，特地命令校勘刊刻，以垂永久，并亲自撰写序言，置于书前。

每每感念淳厚风俗，一定要首先端正人心；而端正人心，一定要首先昌明学术。真诚地希望根据四书的大义，探究古圣先贤的微言，并以此作为教化人民、移风易俗的方法，以期达到一道同风的治世，差不多进入唐尧、虞舜时代的文明盛世！”

刊刻《日讲通鉴解义》成，御制序曰：“史之有传，其体有二：纪事编辞发凡起例，而褒贬之意寓于言外，俟观者深思而自得，此左氏之传也，涑水[1]之《资治通鉴》宗之；据事以断是非，原心以定功罪，予夺之不可假，如折狱然，此公、穀之传也，崇安[2]之《春秋传》宗之。二者缺其一，则史学不备。朱子作《通鉴纲目》，纲仿《春秋》，目仿丘明。罗十七代纪载之文，治以二百四十年褒贬之法，论者谓接统《春秋》，不虚也。朕勤求治道，涵泳六经之馀，乐观前代兴衰得失之迹，故《通鉴》一书，披览未尝去手。顾其间论断者，人各置喙，间亦有当于作者之意，而未能折衷于中而断于一。乃命儒臣仿胡安国之体，法《春秋》之义，撰次为文，依日进讲，寒暑无间，积岁月而成编。朕唯东周以前，无史而有史。盖古史之精义，已大备于《尚书》。故《春秋》纪十二公之事，犹然二帝三王之心法也。威烈以下，无《春秋》而有《春秋》。盖《纲目》之作，上接夫《麟经》[3]。故虽班、范诸史之文，实鲁史笔削之遗意也。而世道之升降，政治之隆污，于是乎在。夫危微治忽之介，判于毫芒，而相悬遂至于辽绝。当时或未及见，而后之观者了然，此不可不审其机，而深究其所以然也。是以论古人之行事，既贵其所见之至明，尤贵其居心之至公。盖善论古者如水然，人毋鉴于流水，而鉴于止水[4]。水无成形于中，故妍媸毕见于外。无成形者何？公而已矣。水无成形，犹人无成心也。无成心者何？公而已矣。夫公者，三代大道之行，而万世法戒之权衡也。朕读史尝著《绪论》一编，实本至公之意，期于至当之归。而于《日讲》一书，又以此谆谆申命儒臣。既卒业，将以刊于秘府，颁之群工。大经大法，或劝或惩，灿然毕具。其有裨于经书，岂浅鲜也欤?”(《东华录》四十七)

［注释］

①涑水：黄河支流，流经山西南部。这里指司马光。司马光为夏县涑水乡人，故称。②崇安：地名，今属福建。这里指胡安国。胡安国为南宋崇安人，学者称武夷先生、胡文定公。③《麟经》：即《春秋》，因《春秋》所记最后一年（鲁哀公十四年，前481），麒麟出现，故称。④人毋鉴于流水，而鉴于止水：语出《庄子·德充符》。

［译文］

《日讲通鉴解义》刊刻完成，圣祖皇帝御撰序言写道：“史书有人做传注，其体例有两种：一是纪事编辑，发凡起例，而在言语之外隐寓褒贬之意，待读者深入思考而后自己体悟出来，这是《春秋左传》的编纂方法，司马光《资治通鉴》以此为宗。二是根据历史事实以推断是非，追究心理动机以判定功罪，生杀予夺不可作假，就像折狱判案一样，这是《春秋公羊传》、《春秋穀梁传》的编纂方法，胡安国《春秋传》以此为宗。两种体例缺其一，则史学就不完备。朱熹作《通鉴纲目》，纲仿照《春秋》，目仿照左丘明，网罗《资治通鉴》所涵盖的十七代历史记载，以《春秋》涵盖二百四十年的褒贬手法加以观照，议论的人认为可以接续《春秋》的传统，不是虚言。我勤于讲求治国之道，在涵泳六经之余，喜欢观察历代兴衰得失的轨迹，因此《资治通鉴》一书不时披览，未尝离手。但其间各家议论，各自参与意见，间或有符合作者的意图，却未能折中于心从而统一论断。于是命令儒臣仿照胡安国《春秋传》的体例，效法《春秋》的微言大义，编撰成文，每日进讲，寒暑无间，岁积月累而成书。我认为东周以前，虽无专门史书却有历史记录。因为古史的精义，《尚书》已经大体齐备。所以《春秋》记录鲁国十二公的史事，仍然是唐尧、虞舜、夏禹、商汤、周文王二帝三王的心法。周威烈王之下，虽然没有《春秋》的记录，却有历史的记载。因为《通鉴纲目》的编纂，上接《麟经》。因此，即使后来史家如班固、范晔的著作，都是《春秋》记录鲁国史事的笔法遗意。而世道的升降，政治的盛衰，都在其中有所体现。人心的危险、道心的微明、国家的安定、治理的忽怠，都在毫芒之间判然分别，而其相隔悬远以至于荒远绝域。当时或许未及看到，后来的人却看得清楚，这就不可不详审其机缘，深究其原因。因此，讨论古人的行事，既要以见解高明为贵，尤其要以居心至为公正为贵。因为善于讨论古人的人就像水一样，人们不用流动不居的水观照，而以静止不动的水来观照。水中没有现成的形状，所以美丑都形之于外。没有成形是什么意思？就是公正罢了。水中没有成形，就像人没有成心一样。没有成心什么意思？就是公正罢了。公正，是三代大道的施行，也是千秋万代法则戒律的权衡。我读史曾经撰写了《绪论》一编，其实就是本着至为公正之意，以期达到至为允当的目的。对于《日讲通鉴解义》一书，又以此谆谆教诲儒臣。该书编纂完成之后，即将在内府刊刻，颁布给诸位臣工。其中的大经大法，有的出于劝勉，有的出于惩处，内容丰富，系统完备。这样的图书，对于经书的裨益，难道是微薄的吗？”

康熙二十二年，圣祖召八大学士等，问曰：“所修《明史》若何？”李霨奏曰：“草本已有大略，自万历以后，三朝事繁而杂，尚无头绪，方在参酌。”圣祖曰：“史书永垂后世，关系甚重。必据实秉公，论断得正，始无偏诐之失，可以传信后世。夫作文岂有一字一句不可更改者？当彼此虚心，互相推究。即如朕所制之文，亦常有斟酌更定之处。今观翰林院所撰祭文、碑文，亦俱不乐改易。若不稍加更定，恐文章一道流于偏私矣。尔等将此谕传示修史各官知之。”（《东华录》三十三）

［译文］

康熙二十二年（1683），圣祖皇帝召见八位大学士等，询问说：“你们所修《明史》怎么样了？”大学士李霨上奏说：“草稿已经有了大略，自从万历以后，泰昌、天启、崇祯三朝的史事繁杂，还没有头绪，正在参考斟酌。”圣祖皇帝说：“史书永垂后世，关系很重，一定要根据实际，秉公书写，论断正确，才不会失之偏颇，可以传信于后代。做文章怎么能够做到一字一句不可更改呢？应当彼此虚心，相互推究。就比如我所撰写的诏旨，也常有斟酌改订之处。现在看翰林院所撰写的祭文、碑文，也都不喜欢改动。如果不稍加改定，恐怕文章一道就会流于偏私了。你们将这个谕旨传达给修史的各位官员知道。”

康熙二十三年，圣祖谕大学士等曰：“朕前奉太皇太后诣五台山，览观山川形势，一一亲历其境。每台所制碑文，出自一时结构，尔等可详加斟酌。近见汉人中有自负才高，所作文不容人点窜，此习俗之可鄙，文之所以不工也。”大学士明珠奏曰：“圣上圣学天纵，睿藻敻绝，出入经史，臣等岂能仰窥万一？而谦抑之怀，尤为古帝王所不及。”圣祖曰：“文贵于简，可施诸日用。如章奏之类，亦须详明简要。明朝典故，朕所悉知，其奏疏多用排偶芜词，甚或一二千言，每积满几案，人主讵能尽览？势必委之中官，中官复委于门客。此辈何知文义？讹舛必多，奸弊丛生，事权旁落。此皆文字冗秽，以至此极也。”

又谕：“尔等所修之书，往日告成呈览。朕万机之余，讲求经史，无多暇晷。而书成盈帙，堆积几案，一时亟于披阅，未得从容研索，体验于身心政事。今闻《明史》将此告成，若将已成者，以次呈览，亦可徐徐翻阅，考镜得失，不致遗漏。”（《东华录》三十三）

［译文］

康熙二十三年（1684），圣祖皇帝吩咐大学士等说：“我以前侍奉太皇太后到五台山，观览山川形势，一一亲临其境。每台所撰写的碑文，出自一时的结构，你们可以详加讨论斟酌。近来看到汉族士人中有的自负才华很高，所作诗文不许别人改正，这种习俗非常可鄙，也是文章之所以不能工整的原因。”大学士明珠上奏说：“圣上学问出自天纵，睿智词藻堪称精绝，出经入史，臣等岂能仰望窥得万一？而圣上谦虚的心怀，尤其为古代帝王所不及。”圣祖皇帝说：“文章贵于简明，可以在日用平常中加以实践。例如奏章之类，也需要详明简要。明朝的典故，我都知道，但奏疏中多用排比虚词，甚至一二千言，经常堆满几案，君主怎么能够全都阅览？势必要委托给太监，太监再委托给他们的门客。这些人如何懂得文义？于是错误一定很多，奸巧弊端由此而生，大权旁落。这都是文字冗长不堪所造成的极端后果。”

又吩咐说：“你们所修的书籍，往日完成之后呈送御览。我在日理万机之余暇，讲求经史，没有多少闲暇，可是书籍卷帙浩繁，堆积几案，一时急于披览，来不及从容研究，并于身心政事中加以体验。如今听说《明史》即将告成，如果能将已经完成的部分，依次送呈御览，也可以从容翻阅，考察得失，不至于有所遗漏。”

康熙二十四年，圣祖谕大学士明珠曰：“朕观今古文章，风气与时递迁。六经而外，秦汉最为古茂，唐宋诸大家已不能及。凡明体达用之资，莫切于经史。朕每披览载籍，非徒寻章摘句，

采取枝叶而已。正以探索源流，考镜得失，期于措诸行事，有裨实用。其为治道之助，良非小补也。”（《东华录》三十五）

[译文]

康熙二十四年（1685），圣祖皇帝吩咐大学士明珠说：“我观察古今的文章，其风气变迁与时代同步。六经之外，秦汉文章最为古雅美盛，唐宋诸位大家已经不可企及。大凡明体达用之取资，没有比经史最切实用的。我每每披览典籍，不仅仅寻章摘句，采取其枝叶罢了。正是为了探索源流，考察得失，一起用于行事实践之中，有益于实用。文章作为治国之道的辅助，并非仅仅小补于事啊！”

是年，掌院学士李光地疏乞终养。圣祖予假一年，且悬掌院缺不他授，以速光地还。临行进所著《易学》二卷、《洪范说》一卷、《历理新书》一卷。召见，论易学，光地荐德格勒、徐元梦[①]。论实学，荐卫既齐、汤斌。至李颙为余姚之学[②]，李因笃为淹博之学[③]，耿介[④]之笃行，仇兆鳌[⑤]之历志，杨文言[⑥]之历算，亦皆以其名闻。因奏曰：“秦汉以后，礼坏乐崩，六经虽经宋儒阐明，然永乐间所修《大全》，未免芜杂疏漏。宜大征天下之士，搜罗群言，讨论编纂，以至礼乐制度，亦稽古论定。有典有则，贻厥子孙[⑦]，诚千载一时也。”圣祖然之，但曰：“士人纂书，多挟私聚讼，求其虚心公道，实为难耳。”（《李光地年谱》）

[注释]

①徐元梦：字善长，满洲正白旗人，康熙十二年（1673）进士，充日讲起居注官，累官至浙江巡抚、大学士、《明史》总裁官等。②李颙为余姚之学：李颙，字中孚，号二曲，周至人，明末清初三大儒之一。余姚之学，即王阳明之学。王为余姚人，故称。③李因笃为淹博之学：李因笃，字子德，一字孔德，富平人，遍读经史诸子，兼及音韵诗词书法，学问淹博，康熙十八年（1679）荐博学鸿词科，授检讨。④耿介：登封人，顺治九年（1652）进士，

历任翰林检讨、河南按察使，后归里主持嵩阳书院。⑤仇兆鳌：鄞县人，受业于黄宗羲，康熙二十四年（1685）进士，官至吏部右侍郎，著有《杜诗详注》等。⑥杨文言：著名天文历算学家，著有《历象本要》等。⑦有典有则，贻厥子孙：语出《尚书·五子之歌》。

［译文］

这一年（康熙二十六年，1687），翰林院掌院学士李光地上奏请求退休终养年老亲人。圣祖皇帝批准给一年假期，而且空缺掌院学士之职不授他人，以便让他速还朝廷。临行前，李光地呈上所著《易学》二卷、《洪范说》一卷、《历理新书》一卷。皇上召见，讨论易学，李光地推荐德格勒、徐元梦。讨论实学，李光地推荐卫既齐、汤斌。至于李颙所研究的阳明心学，李因笃所研究的淹博之学，耿介所倡导的笃志躬行之学，仇兆鳌的励志研究杜诗，杨文言的天文历算之学，也都名闻学林。于是上奏说："秦汉以后，礼崩乐坏，六经虽然经过宋朝诸儒阐明发扬，但明朝永乐年间所修《性理大全》等书，未免过于芜杂，疏漏很多。应当大力选拔天下文士，搜罗各家言论，讨论编纂，至于礼乐制度，也应当参考古法加以论定。这样有典章有法则，留给子孙后代，的确是千载一时的盛事。"圣祖皇帝颇以为然。但又指出："士人著书，多挟其私见，聚讼纷纭，要求其虚心公道，实在很难啊！"

康熙三十一年，圣祖谕大学士等曰："前纂修《明史》诸臣，以所撰本纪、列传数卷进呈。朕详悉披阅，并命熊赐履校雠。熊赐履于洪武、宣德本纪，訾议甚多。朕思洪武系开基之主，功德隆盛，宣德乃守成贤辟，虽时殊事异，然皆励精著于一时，谟烈垂诸奕世。为君事业，各克殚尽。朕亦一代之主也，锐意图治，朝夕匪懈，综理万机，孳孳懋勉，期登郅隆。若将前代贤君搜求其闲隙，议论其是非，朕实无此意也。朕于古之圣君，尚未能逮，何敢轻议前代之令主耶？若表扬洪武、宣德，著为论赞，朕尚可指示诸臣，重加称美。倘深求刻论，非朕意所忍为也。至于开创佐命诸臣，各著勋绩，列传内纪文臣事迹优于武臣，则议论失平，难为信史。纂修史书，虽史官之责，而当朕之时修成此书，稍有未协，咎将归朕。明代实录及记载事迹诸书，皆当搜罗藏弆。异日《明史》告成，新史与诸书俾得并观，以俟天下后世之公论焉。”（《圣训》）

［译文］

康熙三十一年（1692），圣祖皇帝吩咐大学士等说：“以前纂修《明史》的各位大臣，将他们所撰的本纪、列传数卷进呈御览。我详细披阅，并命令熊赐履进行校勘。熊赐履对于洪武、宣德本纪，批评很多。我想洪武皇帝是开国君主，功德隆盛；宣德皇帝是守成贤君，虽然时代不同，事情各异，但都以励精图治著名一时，其谋略与功业垂于后世。作为君主，其事业均可谓恪尽其职分。我也是一代之主，锐意图治，朝夕不敢懈怠，日理万机，孜孜勤勉，以期达到盛世之治。至于说将前代贤明君主搜求其缺漏，议论其是非，实在没有这个意思。我对于古代的圣贤君主，还不能达到，如何敢轻易议论前代的贤君呢？如果说表彰洪武、宣德皇帝，撰写论赞，我还可以指点各位大臣，大大加以称颂。倘若过分苛求、尖锐批评，就不是我所忍心做的。至于开国佐命诸臣，各自功绩卓著，列传内记录文臣事迹好于武臣，但议论失于公平，难以成为信史。纂修史书，虽然是史官的职责，但在我在位之时修成此书，稍有不妥，必将归咎于我。明代实录以及其他记载事迹的文献，都应当搜罗收藏。他日《明史》完成后，新的史书可以与原有文献并观，以等待天下后世的公论。”

康熙三十三年，圣祖命大学士等于翰林官员内，如有长于文章、学问超卓者具奏。大学士等奏曰："徐乾学[①]、王鸿绪、高士奇、韩菼[②]文章诗赋，颇为优长。又进士唐孙华[③]长于诗赋，文章不佳。"圣祖召唐孙华考试，谕大学士等曰："观唐孙华文学实优，但字不甚佳。著额外授为礼部主事，令于翰林院行走。"大学士等奏曰："《三朝国史》、《典训》、《一统志》、《明史》，尚未成书，徐乾学、王鸿绪、高士奇、韩菼等在籍皆文章素优之人，若召令各纂一书，书可速成。"圣祖曰："徐乾学等，著来京修书。徐乾学之弟徐秉义学问亦优，并著来京。韩菼原系内阁学士，告假回籍，不便与曾经处分之人一体取来修书，著以原官召取来京。"（《东华录》）

［注释］

①徐乾学（1631～1694）：字原一，号健庵，昆山人，康熙九年（1670）探花，授编修，历官内阁学士、左都御史、刑部尚书、修书总裁官等。②韩菼（1637～1705）：字元少，长洲人，康熙十二年（1673）状元，历官翰林编修、礼部侍郎、礼部右侍郎、礼部尚书兼翰林院掌院学士。③唐孙华（1634～1723）：字实君，太仓人，康熙二十七年（1688）进士，官礼部主事、浙江乡试副考官，后因事落职，归隐不出。

［译文］

康熙三十三年（1694），圣祖皇帝命令大学士等在翰林院官员之中，如果有擅长文章写作、学问超拔的人，上疏具奏。大学士等上奏说："徐乾学、王鸿绪、高士奇、韩菼文章诗赋，颇为优长。另外进士唐孙华长于诗赋，文章不怎么好。"圣祖皇帝召见唐孙华进行考试，吩咐大学士等说："我观察唐孙华的文学实际上很好，只是书法不很好。诏令额外补授礼部主事，让他在翰林院行走。"大学士等上奏说："《三朝国史》、《典训》、《一统志》、《明史》都尚未成书，徐乾学、王鸿绪、高士奇、韩菼等现在在原籍的文章优异的文人，如果召来各自分工编纂一书，就可以快些完成。"圣祖皇帝说："徐乾学等人奉诏令来京纂修图书。徐乾学之弟徐秉义学问也很好，一并来京。韩菼原来是内阁学士，请假回到原籍，不便与曾经受过处分的人一起召来修书，诏令他以原来官职来京。"

是年，圣祖谕大学士等曰："《明史》关系极大，必使后人心服乃佳。《宋史》成于元，《元史》成于明，其中是非失实者多，是以至今人心不服。有明二百馀年，其流风善政，诚不可枚举。今之史官，或执己见者有之，或据传闻者有之，或用稗史者亦有之，任意妄作，此书何能尽善？孔子，圣人也。犹言：'知我者其唯《春秋》乎，罪我者其唯《春秋》乎！'[①]孟子又言：'尽信书，则不如无书。'[②]当今之世，用人行政，规模法度之是非，朕当自任，无容他诿。若《明史》之中稍有一不当，后人将归责于朕，不可轻忽也。是以朕为《明史》作文一篇，尔等可晓谕九卿大臣。"

御制文曰："朕四十馀年孜孜求治，凡一事不妥，即归罪于朕，未尝一时不自责也。清夜自问，移风易俗未能也，躬行实践未能也，知人安民未能也，家给人足未能也，柔远能迩未能也，治臻上理未能也，言行相顾未能也。自觉愧汗，何暇论《明史》之是非乎？况有明以来，二百馀年，流风善政，岂能枚举？其中史官舞文杜撰，颠倒是非者，概难凭信。元人修《宋史》，明人修《元史》，至今人心不服，议论多歧者，非前鉴耶？朕实无学，每读朱子之书，见'相古先民，学以为己，今也不然，为人而已'之句，罔不心悦诚服。又读孟子'尽信书，则不如无书'，益见史官上古不免讹传，况今人乎？班马异同，《左》、《国》浮华，古人以为定论。孔子至圣，作《春秋》有'知我'、'罪我'之叹。后世万倍不及者，轻浮浅陋，妄自笔削，自以为是。朕观凡天下读书者，皆能分辨古人之是非，至问以时事人品，不能一字相答。非曰‘从来不与人往来’，即曰‘不能深知’。夫目前之事，作官之道，尚茫然不知，而于千百年前无不洞悉，何得昧于当世，而明于论古？岂非远者明而近者暗乎？所以责人重者责己轻，君子不取也。《明史》不可不成，公论不可不采，是非不可不明，人心不可不服，关系甚巨。条目甚繁，朕日理万机，精神有限，不能逐一细览。即敢轻定是非，后有公论者，必归罪于朕躬。朕不畏当时而畏后人，不重文章而重良心者此也。卿等皆老学素望，名重一时。《明史》之是非，自有烛见，卿等众议为是，即是也。刊而行之，偶有斟酌，公同再议，朕无一字可定，亦无识见，所以坚辞以示不能也。”（《圣训》、《东华录》七十四）

［注释］

①知我者其唯《春秋》乎，罪我者其唯《春秋》乎：语出《孟子·滕文公下》。②尽信书，则不如无书：语出《孟子·尽心下》。

［译文］

这一年（康熙四十三年，1704），圣祖皇帝吩咐大学士等说：“编修《明史》关系极大，一定要使得后人心服，才可以称得上好。《宋史》成于元代，《元史》成于明初，其中是非失实之处很多，因此至今人心不服。有明一代二百多年，其流风余韵，善政良规，的确不可枚举。如今的史官，有的固执己见，有的根据传闻，也有的使用稗史资料，任意妄作，这样修书怎么能够尽善尽美呢？孔子，作为圣人，还说过：了解我的人可能就通过《春秋》这部书，归罪我的人也可能通过《春秋》这部书。孟子也说过：完全相信书，还不如没有书。当今的世界，用人行政、规模法度的是非，我应当自己担当，不能推诿别人。如果《明史》之中稍有一些不当之处，后人也将归咎于我，不可轻易忽视。因此我对于《明史》专门写了一篇文章，你们可以晓谕九卿大臣知道。”

御撰文章写道：“我四十余年孜孜求治，凡有一事不妥，即会归罪于我，所以我未尝一时不加以自责。清静的夜晚我扪心自问，移风易俗，未能做到；躬行实践，未能做到；知人安民，未能做到；家给人足，未能做到；柔远能迩，未能做到；治臻上理，未能做到；言行相顾，未能做到。自觉惭愧汗颜，哪里有工夫讨论《明史》的是非呢？何况有明以来二百余年，流风余韵，善政良规，岂可枚举？其中史官舞文弄墨，随意杜撰，颠倒是非的，一概难以凭信。元人纂修《宋史》，明人纂修《元史》，至今令人心有不服，议论多有歧义，难道不是前车之鉴吗？我实在没有学问，每每阅读朱子的书，看到‘看看古代先民，都是为自己立身存心而学，如今却不然，只是学给人看罢了’的句子，无不心悦诚服。又读到孟子说的：‘完全相信书，就还不如没有书。’更可见史官关于上古的记载不免以讹传讹，何况今人呢？班固《汉书》、司马迁《史记》的异同，《左传》、《国语》言词浮华，古人都以为是定论。孔子作为至圣先师，作《春秋》还有‘知我’、‘罪我’的感叹。后世万倍不及的人，轻浮浅陋，妄自记录和删削，自以为是。我观察凡是天下读书人，都能够分辨古人的是非，至于问到当时的事件人品，就不能以一字作答，不是说从来不与人家往来，就是说不能深入了解。目前之事，做官之道，尚且茫然不知，对于千百年前却能够洞悉无遗，为什么昧于当代却明于古代呢？难道是遥远的事情明白而近前的事情幽暗吗？因此，苛责于人却轻责于己，君子不会这样做。《明史》不可不完成，公论也不可不采纳，是非不可不明断，人心不可使不服，关系很大。纂修的条目很繁多，我日理万机，精力有限，不可能逐一仔细阅览。这样就敢轻易决定是非，后世的公论，一定会归罪于我。我不畏惧当世的议论，却畏惧后人的公论，不注重文章而注重良心，就是这个缘故。你们都是饱学之士，威望素著，名重一时。《明史》的是非，自有真知灼见，你们众人议论正确也就正确了。刊刻行世，偶尔有所斟酌，再共同讨论，我没有一字可以钦定，也没有什么识见，所以坚决推辞以表示不能胜任。”

康熙四十九年，圣祖谕大学士陈廷敬等曰：“朕留意典籍，编定群书。比年以来，如《朱子全书》、《佩文韵府》①、《渊鉴类函》②、《广群芳谱》③，并其馀各书，悉皆修纂，次第告成。至于字学，并关切要，允宜酌订一书。《字汇》④失之简略，《正字通》⑤涉于泛滥。兼之四方风土不同，南北声音各异。司马光《类编》⑥，分部或有未明，沈约之声韵，后人不无訾议。《洪武正韵》⑦虽多驳辨，讫不能行，仍依沈约之韵⑧。朕尝参阅诸书，究心考证，凡蒙古、西域、洋外诸国，多从字母而来，音有地殊，难以牵引。大抵天地之元音，发于人声，人声之象形，寄于点画。今欲详略得中，归于至当，增《字汇》之阙遗，删《正字通》之繁冗，勒为成书，垂示永久。尔等酌议式例具奏。”（《圣训》）

［注释］

①《佩文韵府》：二百十二卷，清张玉书等奉敕撰，康熙五十年（1711）成书，乃分韵编排的辞书。②《渊鉴类函》：四百五十卷，分四十三部，清张英等奉敕撰，康熙四十九年（1710）成书。③《广群芳谱》：一百卷，清汪灏等奉敕在明王象晋《群芳谱》基础上改编、刊正、增益而成，康熙四十七年（1708）成书。④《字汇》：明梅鼎祚撰，分十二集，二百一十四部，收三万三千一百七十九字。⑤《正字通》：十二卷，明张自烈撰，在《字汇》基础上有所修订，但征引过于庞杂，释义亦有穿凿之处。⑥《类编》：一作《类篇》，十五卷，五百四十部，收五万三千一百六十五字。旧题司马光撰，实为王洙、胡宿等撰，司马光奏进。⑦《洪武正韵》：十六卷，明乐韶凤、宋濂等奉敕编撰。⑧沈约之韵：指南朝梁著名史学家、文学家沈约所撰《四声韵谱》，又名

《四声》、《四声韵》、《四声谱》、《四声类谱》。

［译文］

康熙四十九年（1710），圣祖皇帝吩咐大学士陈廷敬等说："我留意典籍，编纂完成群书。多年以来，所编纂的图书如《朱子全书》、《佩文韵府》、《渊鉴类函》、《广群芳谱》，还有其余各种书籍，都一一修撰，以次告成。至于文字之学，也关系切要，应当斟酌编订一本书。原有的《字汇》一书失之简略，《正字通》则失之过滥。再加上四方风俗习惯不同，南北各地声音各异。宋代司马光所编的《类编》，部首分类有的还不分明；南朝梁沈约的《四声韵谱》，后人也不无訾议。明朝的《洪武正韵》虽然多有批驳辩论，但迄今仍不能通行，还要依据沈约的《四声韵谱》。我曾经参阅各种书籍，精心考证，大凡蒙古、西域以及外洋各国的文字，多从字母而来，发音也有地域的差别，难以征引参考。大体说来，天地之间的天籁之音，发于人的声音，人的声音象形成为文字，则寄托于点画部首。如今要想详略得其适中，最终归于至当，可以增补《字汇》的缺漏，删节《正字通》的繁琐冗杂，编纂成书，以便垂示永久。你们斟酌议论其体例，上疏具奏。"

佩文、渊鉴二斋，皆皇祖几馀典学之所，屡命词臣纂辑诸书刊行，嘉惠万世。书成，所冠以二斋之名。所编纂有《周易折中》①、《诗书春秋传说汇纂》②、《日讲四书五经》③、《通鉴解义》④、《历代年表》⑤、《皇舆表》⑥、《子史精华》⑦、《性理精义》⑧、《朱子全书》、《月令辑要》⑨、《康熙字典》⑩、《音韵阐微》⑪、《渊鉴斋古文选》⑫、《历代赋汇》⑬、《全唐诗》⑭、《四朝诗》⑮、《全金诗》⑯、《咏物诗》⑰、《题画诗》⑱、《历代诗馀》⑲、《词谱》⑳、《渊鉴类函》、《佩文韵府》、《骈字类编》㉑、《分类字锦》㉒、《书画谱》㉓、《广群芳谱》各种。每呈乙览，并经钦定。

而《资治通鉴纲目》则圣祖御批也。又以载籍极博，浩如源海，命廷臣仿古人左图右史之义，分类编次，合成一书。为编六、典三十有二、部六千一百有九，名之曰《古今图书集成》。刻为铜字，排板印行。计一万卷，装为五百函。征引之富，卷帙之多，考核之精，皆从古所未有也。(《高宗御制全韵诗注》)

［注释］

①《周易折中》：二十二卷，一名《御纂周易折中》，李光地等奉敕撰。②《诗书春秋传说汇纂》：三十八卷，王掞等奉敕撰，康熙三十八年（1699）成书。③《日讲四书五经》：当为《日讲四书解义》、《日讲书经解义》、《日讲礼记解义》、《日讲诗经解义》、《日讲春秋解义》等的通称。④《通鉴解义》：即《日讲通鉴解义》，详见前文。⑤《历代年表》：即《历代纪事年表》一卷，康熙五十一年（1712）成书。⑥《皇舆表》：十六卷，喇沙里等奉敕编纂，康熙四十三年（1704）武英殿刻本。⑦《子史精华》：一百六十卷，允禄等奉敕编纂，类书。⑧《性理精义》：十二卷，李光地等奉敕编纂，取胡广《性理大全》删繁就简，存其纲要，诠解详注。康熙五十四年（1715）武英殿刻本。⑨《月令辑要》：二十四卷，图说一卷，在冯应京《月令广义》基础上增减而成，康熙五十四年（1715）武英殿刻本。⑩《康熙字典》：张玉书、陈廷敬奉敕编纂，是收录汉字最多的古代字典，也是历史上第一部以字典命名的辞书。康熙五十五年（1716）武英殿刻本。⑪《音韵阐微》：十八卷，李光地等奉敕编纂，雍正六年（1728）武英殿刻本。⑫《渊鉴斋古文选》：六十四卷，一名《御制古文渊鉴》，徐乾学等奉敕编纂，康熙四十九年（1710）内府五色套印本。⑬《历代赋汇》：一百八十四卷，陈元龙奉敕编纂，我国第一部赋体文学总集。⑭《全唐诗》：九百卷，彭定求等奉敕编纂，康熙四十六年（1707）扬州书局刻本。⑮《四朝诗》：一名《御选宋金元明四朝诗》，三百十七卷，张豫章等奉敕编纂，康熙四十八年（1709）武英殿刻本。⑯《全金诗》：一名《御订全金诗增补中州集》，七十四卷，郭元釪编，康熙五十年（1711）内府刻本。⑰《咏物诗》：即《御定咏物诗选》，一名《御定佩文斋咏物诗选》，四百八十六卷，康熙四十五年（1706）内府刻本。⑱《题画诗》：即《御定历代题画诗类》，一百二十卷，陈邦彦奉敕编纂，康熙四十六年

(1707) 刻本。⑲《历代诗馀》：一百二十卷，沈辰垣等奉敕编纂，康熙四十六年（1707）刻本。⑳《词谱》：即《钦定词谱》四十卷，陈廷敬等奉敕编纂，康熙五十四（1715）年刻本。㉑《骈字类编》：二百四十卷，沈宗敬等奉敕编纂。㉒《分类字锦》：即《御定分类字锦》六十四卷，何焯奉敕编纂，康熙六十一年（1722）刻本。㉓《书画谱》：即《佩文斋书画谱》一百卷，王原祁等奉敕编纂，康熙四十七年（1708）内府刻本。

［译文］

佩文斋和渊鉴斋，都是皇祖父（即康熙皇帝）日理万机之余暇致力于学问的场所。他曾经在这里多次命令词臣编纂汇辑各种书籍，刊刻行世，嘉惠后代。书籍编纂完成后，往往冠以佩文斋、渊鉴斋之名。所编纂的图书有《周易折中》、《诗书春秋传说汇纂》、《日讲四书五经》、《通鉴解义》、《历代年表》、《皇舆表》、《子史精华》、《性理精义》、《朱子全书》、《月令辑要》、《康熙字典》、《音韵阐微》、《渊鉴斋古文选》、《历代赋汇》、《全唐诗》、《四朝诗》、《全金诗》、《咏物诗》、《题画诗》、《历代诗馀》、《词谱》、《渊鉴类函》、《佩文韵府》、《骈字类编》、《分类字锦》、《书画谱》、《广群芳谱》等多种。每每进呈御览，并经过皇上钦定。而《资治通鉴纲目》则是圣祖皇帝御笔批评的。另外，因为文献典籍极其广博，浩如烟海，命令朝廷诸臣仿效古人左图右史的意思，分类编排合成一部类书，分为六编、三十二典、六千一百零九部，命名为《古今图书集成》，刻成铜活字，排版印行，共计一万卷，装订为五百函。其征引之繁富，卷帙之浩繁，考核之精审，都是自古以来所没有过的。

《训》曰："书法为六艺之一，而游艺为圣学之成功，以其为心体所寓也。朕自幼嗜书法，凡见古人墨迹，必临一过。所临之条幅手卷，将及万馀，赏赐人者不下数千。天下有名庙宇禅林，无一处无朕御书匾额，约计其数亦有千馀。大概书法，心正则笔正，书大字如小字，此正古人所谓‘心正气和，掌虚指实，得之于心而应之于手也’。”

［译文］

圣祖皇帝《庭训格言》写道：“书法是儒家传统的六艺之一，而置身于六艺之中的活动则是圣人之学的成功，因为它能使人的身心有所寄托。我自幼爱好书法，只要见到古人的墨迹，就必定要临摹一遍。我所临摹过的条幅、手卷已经有一万多件了，赏赐给人的也不下数千件。天下有名的庙宇禅林，没有一处没有我的御书匾额，大约估计其数量，也一千有余了。大概练习书法，心正则笔正，写大字就像写小字一样，这正是古人所说的心正则气和，掌心空虚而手指力实，得之于心，而使之于手。”

康熙政要卷十八

论舆地学第三十

康熙五十年，圣祖谕大学士等曰：“天上度数，俱与地之宽大吻合。以周时之尺算之，天上一度，即有地下二百五十里，以今时之尺算之，天上一度，即有地下二百里。自古以来，绘舆图者，俱不依照天上之度数，以推算地里之远近，故差误者多。朕前特差能算善画之人，将东北一带山川地里，俱照天上度数推算，详加绘图视之。混同江[①]自长白山后流出，由船厂、打牲乌喇向东北流，会于黑龙江入海，此皆系中国地方。鸭绿江自长白山东南流出，向西南而往，由凤凰城，朝鲜国义州、两间流入于海。鸭绿江之西北系中国地方，亦以江为界，此处俱以明白。但鸭绿江、图们江二江之间地方，知之不明。即遣部员二人往凤凰城，会审朝鲜人李万枝事[②]，又派打牲乌喇总管穆克登[③]同往。伊等请训旨时，朕曾密谕云：‘尔等此去，并可查看地方，同朝鲜官沿江而上。如中国所属地方可行，即同朝鲜官在中国所属地方行；或中国所属地方有阻隔不通处，尔等俱在朝鲜所属地方行。乘此便至极尽处，详加阅视，务将边界查明来奏。’想伊等由彼起程前往矣，此番地方情形，庶得明白。”（《圣训》）

［注释］

①混同江：是松花江流入黑龙江后两江汇合浩荡东去的一段大江，江面上北黑南黄泾渭分明，双色争流，颇称奇丽。这里指松花江。②李万枝事：康熙四十九年（1710）十一月，朝鲜平安道渭源人李万枝等九人“乘夜越境入采参，暮中扑杀清人五人，掠其参货”。为此双方合勘边界线，并立碑为记。③穆克登（1664～1735）：富察氏，满洲镶黄旗人，由侍卫历任打牲乌喇总管、吉林副都统、前锋统领、内务府大臣等。

［译文］

康熙五十年（1711），圣祖皇帝吩咐大学士等说：“天上的度数，都与地球的宽大相吻合。以周代的尺度计算，天上一度，就是地下二百五十里；以今日的尺度计算，天上一度，就是地下二百里。自古以来，绘制舆图的人，都不按照天上的度数，来推算地下道路的远近，所以错误很多。我以前特地派遣擅长计算和绘画的人，将东北一带的山川道路，都按照天上度数加以推算，详加绘图来观看。松花江从长白山流出后，经过船厂、打牲乌喇向东北流去，汇入黑龙江入海，这些都是中国的固有领土。鸭绿江从长白山东南流出，向西南而去，经过凤凰城，朝鲜国的义州、两间流入大海。鸭绿江的西北属于中国的领土，也以江水为界，此处都已经明确；但鸭绿江、图们江之间的地方，却知道得不够明确。当即派遣部员二人前往凤凰城，会审朝鲜人李万枝的事情，又派打牲乌喇总管穆克登等一同前往。他们请旨时，我曾经秘密谕令说：‘你们这次去，可以一并查看地方情形，同朝鲜官员沿江而上。如果中国所属地方可以行走，就同朝鲜官员在中国所属地方行走；间或中国所属地方有山河阻隔不通的地方，你们都可以在朝鲜所属地方行走。

乘着这次的方便可以到达极尽之处，详细观察巡视，务必将两国边界查明来奏。’想必他们已经从该处起程前往了，此番地方情形，差不多可以得以明白。”

康熙五十八年，圣祖谕内阁学士蒋廷锡曰：“《皇舆全览图》[①]，朕费三十馀年心力，始得告成。山脉水道，俱与《禹贡》相合。尔将此全图并分省之图，与九卿细看，倘有不合之处，九卿有知者，即便指出。看过后面奏。”

御制《皇舆表序》曰：“粤稽古皇，统一海宇。画疆经野，建立万国，以作民极[②]。故《周礼》土地之图，掌于司徒，隶于小宰。而《左传》称‘左史倚相，能诵八索九邱’[③]。孔安国曰：‘九邱者，九州之志也。’《史记》载萧何入关，收秦图籍，高帝以故具知天下阨塞。是可见有国家者，封域之广狭，郡邑之兴废，固不可不务远稽而近考也。朕尝博观群史，上溯源流。高辛创立九州，虞帝分为十二。周初职方以统九服，保章以辨分星。胙土列爵，天下井如。秦兼并六国，罢封建，置郡县。先王之制，至秦而一变矣，自是一统之盛。汉、隋、唐、宋、元、明制度递有更革。汉曰十三部，唐曰十五道，宋曰十五路，隋则改州为郡，元则以路隶省，明则革省置司。其都邑变迁，纷纭郁翳。或地存而名亡；或名同而地异；或地析而民散，莫可纪极。他若三国、六朝、五代，幅员既隘，升改寄置，尤为烦冗矣。朕因是简命儒臣，仿史家年表法，以本朝府、州、县之名为经，弁于其首。自唐虞以迄有明之地，与郡国州县为纬，分别其下。朕复亲加裁订，以详以核。古今舆制，灿若星辰之罗于天，历历可数也。爰命曰《皇舆表》。若夫土宇之广，北越沙漠，南逾沧溟，开辟以来，未列版图者，咸归籍内附。以古无其名，故斯表亦不能悉载焉。虽然，是宁独讨论之助云尔哉？《传》曰：‘有德此有人，有人此有土。’④《诗》曰：‘圣敬日跻，昭格迟迟。上帝是祗，帝命式于九围。’⑤则抚斯表也。朕敢不益博大厥德，以膺兹孔厚之版章欤？是为序。”（《圣训》、《御制文集》）

［注释］

①《皇舆全览图》：清代全国地图集，也是我国第一次经过大规模实地勘测，用科学方法绘制的地图。康熙五十六年（1717）木刻版，总图一幅、分图二十八幅；五十八年铜活字版，四十一图；后陆续增加省、府分图，达二百二十七幅。②以作民极：语出《尚书·君奭》：“前人敷乃心，乃悉命汝，作汝民极。”③左史倚相，能诵八索九邱：语出《左传·昭公十二年》。④有德此有人，有人此有土：语出《礼记·大学》：“有德此有人，有人此有土，有土此有财，有财此有用。”⑤“圣敬日跻”四句：语出《诗经·商颂·长发》。

［译文］

康熙五十八年（1719），圣祖皇帝吩咐内阁学士蒋廷锡说：“编撰《皇舆全览图》，我花费了三十余年的心力，才得以完成。其中的山脉水道，都与《尚书·禹贡》的记载相吻合。你将此全图以及分省的地图交给九卿详细观看，倘若有不合实际之处，九卿知道的，即便指出来。请你们看过后当面陈奏。”

御撰《皇舆表序》写道：“考察古代帝王，统一海内，划分疆域，建立各个诸侯国，为人民建立法则。因此《周礼》土地之图，由司徒掌管，隶属于小宰。而《左传》称：‘楚国的左史倚相，能够读懂八索和九邱。’孔安国《尚书序》说：‘九邱，是九州的地志。’《史记》记载萧何进入关中，收集秦朝的图籍，汉高祖因此而知晓天下的地理形势。由此可见拥有国家政权的人，对于疆域的广狭，郡邑的兴废，原本不可不加以远近考察。我曾经博览各种史籍，追溯源流。帝喾高辛氏创立天下九州，虞舜划分天下为十二州。周初以职方掌天下地图、主四方贡物，统御京城以外按远近所分的九服之地，以保章掌天星变动，分辨天上十二星辰与地上州、国位置的对应分野。分赐土地、分封爵位，使得天下井然有序。秦朝兼并六国，废除封藩建国制度，设置郡县。古圣先王的制度，到秦朝发生了一次大的变革，从此开创了天下一统的盛世。汉、隋、唐、宋、元、明各朝制度不断有所变革。汉朝分为十三部，唐朝叫做十五道，宋朝叫做十五路，隋朝改州为郡，元朝改路为省，明朝则沿袭元朝设置布政使司。其都城的变迁，也纷纭复杂、晦暗难明。有的是地方尚存而名称消亡，有的是名称相同而地方各异，有的是地方分置而人民散亡，无法记载考察清楚。其他如三国、六朝、五代时期，幅员已经很小，地方建置的升级、改名、侨置寄寓等，尤其纷繁复杂了。我因此选拔任命儒臣，仿照史学年表的制作方法，以我朝的府、州、县名为经，置于书前。以唐尧、虞舜时代一直到明朝的疆域及郡、国、州、县的设置为纬，分别列于其下。我又亲自加以裁定，详细考察审核。古今的舆地之制，就像是分布于广袤天穹之上的灿烂星辰，历历可数。于是命名为《皇舆表》。至于土地之广，北方越过沙漠，南方越过海洋，自从开天辟地以来，没有列入版图的地方，全部归入版图。有些地方因为自古以来没有其名，所以本表也不能全部记录下来。即使这样，这个《皇舆表》难道仅仅是讨论之助吗？《大学》上说：‘有了美德，就会拥有民众；有了民众，就会拥有土地。’《诗经》上说：‘明达谨慎与日俱升，诚敬祈祷久久不息，恭敬地对待上帝，上帝命商汤称王天下，作为九州的观瞻。’那么，手捧这个《皇舆表》，我怎么敢不更加博大其德，以接受这个广大而深厚的版图呢？以此作为序言。”

康熙五十九年，圣祖谕大学士、学士、九卿等曰：“朕于地理从幼留心，凡古今山川名号，无论边徼遐荒，必详考图籍，广询方言，务得其正。故遣使臣至昆仑、西番诸处，凡大江、黄河、黑水、金沙、澜沧诸水发源之地，皆目击详求，载入舆图。今大兵得藏，边外诸番悉心归化，三藏阿里之地，俱入版图。其山川名号，番汉异同，当于此时考证明核，庶可传信于后。大概中国诸大水，皆发于东南大干内外，其源委可得而缕析也。"

黄河之源，出西宁外枯尔坤山之东，众泉涣散，不可胜数，望之灿如列星。蒙古谓之敖敦他拉。西番谓之梭罗木，译言星宿海也。是为河源，汇为查灵、鄂灵二湖。东南行，折北复东行，由归德堡、积石关入兰州。

岷江之源，出于黄河之西，巴颜哈拉岭七七勒哈纳。番名岷捏撮，《汉书》所谓"岷山在西徼外，江水所出"是也。而《禹贡》导江之处在今四川黄胜关外乃褚山。古人谓江源与河源相近，《禹贡》"岷山导江"，乃引其流，非源也。斯言实有可据。其水自黄胜关流入至灌县，分数十支，至新津县复合而为一，东南流至叙州府，金沙江入之。

金沙江之源，自达赖喇嘛东北乌捏乌苏流出。乌捏乌苏，译言乳牛山也。其水名母鲁乌苏，东南流入喀木地。又东南流经中甸，入云南塔城关，名金沙江。至丽江府，又名丽江。至永北府会打冲河，东流迳武定府，入四川界。至叙州府合岷江，流迳夔州府入湖广界。由荆州府至武昌府，与汉江合。

汉江源出陕西宁羌州北嶓冢山，名漾水。东流至南郑县为汉水，入湖广界。东南流至汉阳县汉口合岷江。此诸水在东南大干之内，故源发于西番，委入于中国也。

澜沧江有二源，一源于喀木之格尔几杂噶尔山，名杂褚河；一源于喀木之济鲁肯他拉，名敖母褚河。二水会于叉木多庙之南，名拉克褚河，流入云南境为澜沧江。南流至车里宣抚司，名九龙江，流入缅国。澜沧之西为哈拉乌苏，即《禹贡》之黑水，今云南所谓潞江也。其水自达赖喇嘛东北哈拉脑儿流出，东南流入喀木界。又东南流入怒夷界，为怒江，入云南大塘隘，更名潞江。南流迳永昌府潞江安抚司境，入缅国。

潞江之西为龙川江。龙川江之源，从喀木所属春多岭流出。南流入云南大塘隘，西流为龙川江，至汉龙关入缅国。此诸水在东南大干之外，皆流入南海也。

又云南边境有槟榔江者，其发源自阿里之冈底斯东阿母朱喀巴珀山，译言马口也。有泉流出为牙母藏布江，从南折东流径藏危地，过日噶公噶儿城，傍合噶尔诏母伦江。又南流迳公布部落地，入云南古勇州为槟榔江，出铁壁关入缅国。而冈底斯之南，有山名郎干喀巴珀，译言象口也。有泉流出，入马品母达赖脑儿，又流入郎噶脑儿。两河之水西流至桑纳地。冈底斯之北，有山名僧格喀巴珀，译言狮子口也。有泉流出西行，亦至桑纳地。二水合而南行，又折东行至那克拉苏母多地，与冈底斯西马珀家喀巴珀山所出之水会。马珀家喀巴珀者，译言孔雀口也。其水南行至那克拉苏母多地，会东行之水，东南流至厄纳忒克国。为冈噶母伦江。即佛法所谓恒河也。《佛国记》[①]载，魏法显顺恒河入南海，至山东之渤海入口，应即此水矣。梵书[②]言："四大水出于阿耨达山，下有阿耨达池。"以今考之，意即冈底斯。是唐古特称冈底斯者，犹云众山水之根，与释典之言相合。冈底斯之前有二湖连接，土人相传为西王母瑶池，意即阿耨达池也。

又梵书言，普陀山有三，一在厄纳忒克之正南海中，山上有石天宫观自在菩萨游舍，是乃真普陀；一在浙江之定海县海中，为善财第二十八参观音菩萨说法处；一在土伯特，今番名布达拉山也，亦为观音化见之地。释氏之书，本自西域，故于彼地山川，颇可引为据也。

《禹贡》："导黑水至于三危。"旧注以三危为山名，而不能知其所在。朕今始考其实。三危者，犹中国之三省也。打箭炉之西南，达赖喇嘛所属拉里城之东南为喀木地，达赖喇嘛所属为危地，班禅额尔德尼所属为藏地，合三地为三危耳。哈拉乌苏由其地入海，故曰"导黑水至于三危入于南海也"。至于诸番名号，虽与史传不同，而亦有可据者。今之土伯特即唐之吐蕃。唐太宗时以公主下降，公主供佛像于庙，今番人名招招者，译言如来也。其地犹有唐时中国载去佛像。明成化中乌斯藏大宝法王来朝，辞归时，以半驾卤簿送之。遣内监护行，内监至四川边境，即不能前进而返。留其仪仗于佛庙，至今往来之人，多有见之。此载于《明实录》者。尔等将山川地名详细改正具奏。（《圣训》）

［注释］

①《佛国记》：一卷，又名《历游天竺记》、《释法显行传》、《法显传》等，东晋法显撰，记述作者从长安出发，度流沙，逾葱岭，遍游西天竺、中天竺、东天竺，从海上回国的行程及见闻。成书于义熙十二年（416）。②梵书：用梵语写成的古印度宗教文献，是婆罗门教和印度教的圣典吠陀的一部分，一译作净行书。

［译文］

康熙五十九年（1720），圣祖皇帝吩咐大学士、学士、九卿等说："我对于地理，从小就留心，凡是古今山川的名号，就算是边疆蛮荒之地，也一定详细考察图籍，广泛咨询方言，务必得其正源。因此派遣使臣到昆仑山、西番等地，凡是长江、黄河、黑水、金沙江、澜沧江各水的发源之地，都亲临考察，详加探求，记录于舆图之中。如今大军平定西藏，边外诸蕃都悉心归顺教化，前中后三藏和阿里地区全部并入版图。各地山川名号，番汉异同，都应当在此时考证审核明白，希望可以传信于后世。大体说来，中国的各条大河，都发源于东南大干内外，其原委可以条分缕析明白。”

黄河的源头，出于西宁外枯尔坤山的东面，很多泉源分布涣散，不可胜数，远远望去好像天上星辰光明灿烂，蒙古族称为敖敦他拉，西番称为梭罗木，翻译成汉语就是星宿海。这就是黄河之源，汇集成查灵、鄂灵两个湖。然后水流向东南行，折而向北，又向东行，由归德堡、积石关进入兰州。

岷江的源头，出于黄河的西面，巴颜哈拉岭的七七勒哈纳，番名叫做岷捏撮。《汉书》所说的“岷江在西部边陲之外，是长江水源所出的地方”，指的就是这里。而《禹贡》所记载的疏导长江之处，在今天的四川黄胜关外乃褚山。古人认为长江源头与黄河源头相近，《尚书·禹贡》上说的“疏导长江从岷山开始”，乃是引其流，而不是其源头。这话实际上有其依据。其水从黄胜关流入到灌县，分为数十支，到新津县又合而为一，向东南流到叙州府，金沙江汇入。

金沙江的源头，从达赖喇嘛所属西藏地区的东北部乌捏乌苏流出。乌捏乌苏，汉语翻译叫做乳牛山。其水名叫母鲁乌苏，向东南流入喀木地。又向东南流经中甸，进入云南塔城关，叫做金沙江。流经丽江府，又叫做丽江。流经永北府，与打冲河汇合，向东流经武定府，入今日四川境内。流经叙州府，汇入岷江；流经夔州府，进入湖广界。从荆州府到武昌府，与汉江汇合。

汉江的源头，出于陕西宁羌州以北的嶓冢山，叫做漾水。向东流到南郑县，叫做汉水，进入湖广界。向东南流到汉阳县的汉口镇与岷江汇合。这几条河在东南大干之内，所以发源于西番，迂回流入中国。

澜沧江有两个源头，一个源于喀木的格尔几杂噶尔山，名叫杂褚河；另一个源于喀木的济鲁肯他拉，叫做敖母褚河。这两条河在叉木多庙的南面汇合，叫做拉克褚河，流入云南境内就叫做澜沧江。澜沧江南流到车里宣抚司，改名叫做九龙江，最后流入缅甸国。澜沧江的西面是哈拉乌苏，也就是《禹贡》所说的黑水，即现在云南的潞江。其水从达赖喇嘛所属西藏东北部哈拉湖流出，向东南流入喀木界。又东南流入怒族的居住地界，叫做怒江，进入云南大塘隘，改名叫做潞江。向南流经永昌府潞江安抚司境内，流入缅甸国。

潞江的西面是龙川江。龙川江的源头，从喀木所属的春多岭流出。向南流的一支，进入云南大塘隘，向西流的一支叫做龙川江，流到汉龙关进入缅甸国。这几条河在东南大干之外，都流入南海。

另外，云南边境有一条槟榔江，其发源地在阿里地区的冈底斯以东阿母朱喀巴珀山，汉语翻译为马口。当地有清泉流出，称作牙母藏布江，向南又折向东流经藏危地，经过日噶公噶儿城，临近合噶尔诏母伦江。又向南流经公布部落地区，流入云南古勇州叫做槟榔江，流出铁壁关进入缅甸国。冈底斯的南面，有一座山叫做郎干喀巴珀，汉语翻译为象口。有清泉流出，流入马品母达赖湖，又流入郎噶湖。两条河之水向西流到桑纳地区。冈底斯的北面，有一座山叫做僧格喀巴珀，汉语翻译为狮子口。有清泉流出，向西流，也到桑纳地区。这两条河水汇合后向南流，又折而向东流到那克拉苏母多地区，与冈底斯西面马珀家喀巴珀山所流出的河水汇合。马珀家喀巴珀，汉语翻译为孔雀口。其水向南流到那克拉苏母多地区，与东流的河水汇合，向东南流到厄纳忒克国，叫做冈噶母伦江，也就是佛法中所谓的恒河。《佛国记》记载，法显顺着恒河进入南海，最后回到山东的渤海入口，所说的恒河应当就是这条河。梵书上说：“四大河水出于阿耨达山，山下有阿耨达池。”以今天的考察，也就是冈底斯。这就是唐古特所称的冈底斯，就像是比喻为众多山水的根源，与佛教经典的说法相吻合。冈底斯之前有两个湖相连接，当地土著人传说为西王母的瑶池，也就是阿耨达池。

另外，梵书上说：普陀山有三个，一个在厄纳忒克国的正南方的海中，山上有石天官观自在菩萨游舍，这才是真正的普陀山；一个在浙江省的定海县海中，是善财童子第二十八参拜观音菩萨说法的地方；一个在土伯特，现在番名叫做布达拉山，也是观音幻化现身的地方。佛教的经典，原本来自西域，因此对于这个地方的山川，颇可引为依据。

《尚书·禹贡》上说："疏导黑水到达三危。"以往的注释认为三危是山名，却不能知晓其所在的位置。我现在才考证得其真实情况。三危，就像是中国的三省。打箭炉的西南方向，达赖喇嘛所属的拉里城的东南为喀木地方，达赖喇嘛所属地区为危地，班禅额尔德尼所属地区为藏地，三地合起来称为三危。哈拉乌苏从这里流入大海，所以说："疏导黑水到达三危，流入南海。"至于各个藩属国家的名号，虽然与史传的记载不同，但也有其可靠的依据。现在的土伯特也就是唐朝的突厥。唐太宗在位的时候以公主下嫁突厥，公主建立庙宇供奉佛像，如今西番人叫做招招的，汉语翻译为如来。当地还有唐朝时期从中国运去的佛像。明朝成化年间乌斯藏大宝法王前来朝贡，辞行回去时，朝廷以半驾帝王仪仗送给他，派遣太监护送。太监到了四川边境，就不能前进而返回了，留下仪仗放在佛庙之中，至今往来的人们，大多还可以看到。这件事记载在《明实录》中。你们要将山川地名详细改正，一一陈奏。

论历算学第三十一

康熙八年，议政王等会议："南怀仁[①]奏吴明烜[②]推算历日差错之处，奉旨大学士图海等同钦天监监正马祜[③]，测验立春、雨水、太阴、火星、木星，与南怀仁所指逐款皆符，吴明烜所称逐款不合。应将康熙九年一应历日，交与南怀仁推算。”得旨：“杨光先[④]前告汤若望[⑤]时，议政王大臣会议，以杨光先何处为是，据议准行；汤若望何处为非，辄议停止；及当日议停，今日议覆之故。不向马祜、杨光先、吴明烜、南怀仁问明详奏，乃草率议覆，不合。著再行确议。”议政王等遵旨会议：“前命大臣二十员赴观象台测验南怀仁所言，逐款皆符，吴明烜所言，逐款皆错。问监正马祜、监副宜塔喇、胡振钺、李光显，亦言南怀仁历皆合天象。窃思百刻历日，虽历代行之已久，但南怀仁推算九十六刻之法，既合天象，自康熙九年始，应将九十六刻历日推行。又南怀仁言：‘罗睺、计都、月孛星[⑥]，系推算历日所用。故开载。其紫炁星[⑦]无象，推算历法，并无用处，故不开载。自康熙九年始，将紫炁星不必造入《七政历》内。’又言：‘候气[⑧]系自古以来之例，推算历法，亦无用处，嗣后亦应停止。’杨光先职司监正，历日参错，不能修理，左袒吴明烜，妄以九十六刻推算谓西洋之法，必不可用，应革职，交刑部从重议罪。”得旨：“杨光先革职，从宽免交刑部。”寻授南怀仁为钦天监监副。

先是，钦天监官按古法推算，康熙八年历以十二月置闰。至是南怀仁言雨水为正月中气，是月二十九日值雨水，即为康熙九年之正月，不当置闰，置闰当在明年二月。圣祖命礼部详询，钦天监官多直南怀仁。乃罢康熙八年十二月闰，移置康熙九年二月。其节气占候，悉从南怀仁之言。(《东华录》九)

[注释]

①南怀仁（1623～1688）：比利时人，耶稣会士，顺治十五年（1658）来华，曾任钦天监监正、工部侍郎，著有《康熙永年历法》、《坤舆图说》等。②吴明烜：回回人，曾任钦天监监副。③马祜：进士出身，康熙六年（1667）

任钦天监监正。④杨光先（1597～1669）：字长公，歙县人，曾任钦天监监副、钦天监监正，后以鳌拜党羽被判死刑，遇赦回乡。著有《野获》等。⑤汤若望：德国科隆人，耶稣会士，1619年来华，曾供职钦天监，协助徐光启等编纂《崇祯历书》。入清掌钦天监事，后任通政使，在清初历法之争中被判死刑，由太皇太后特旨赦免，死后康熙皇帝为之平反。⑥罗睺、计都、月孛星：按照印度古天文学，太阳绕地球运行的轨道与月亮绕地球运行的轨道初交点叫罗睺，升交点叫计都。月孛星即彗星。⑦紫炁星：十一曜之一，此星无天象。⑧候气：古代以苇膜烧成灰，放在十二律管中，置于密室，以占候气。某律管中灰飞出，即表示某一节候至。

［译文］

康熙八年（1669），议政王大臣等会同讨论："南怀仁上奏说吴明烜推算历日差错之处，奉皇上圣旨差大学士图海等会同钦天监监正马祜，测验立春、雨水、太阴（即太岁）、火星、木星，与南怀仁所指陈的各项都符合，吴明烜所称的各项都不符合。应该将康熙九年的所有日历，交给南怀仁来进行推算。"得到皇上圣旨："杨光先以前参劾汤若望的时候，议政王大臣会同讨论，认为杨光先何处是正确的，根据讨论准许施行；汤若望何处是错误的，就讨论停止施行；以及当初讨论停止，今天又讨论回复的原因，不向马祜、杨光先、吴明烜、南怀仁问明情况，详加陈奏，就草率讨论回复，与理不合。诏令再行确切讨论。"议政王大臣等遵旨会同讨论："此前命令二十名大臣到观象台测验南怀仁所言历法，各项都符合，而吴明烜所言，各项都错误。询问钦天监监正马祜、监副宜塔喇、胡振钺、李光显等，也说南怀仁所订历法都符合天象。我们想一天分为一百刻的历日，虽然历代施行了很久，但是南怀仁推算一天九十六刻的方法，既然符合天象，那么从康熙九年开始，应该将九十六刻历日加以推行。另外，南怀仁说：'太阳、月亮运行轨道的初交点罗睺、升交点计都以及彗星的出现，都是推算历日的依据，所以要记录，而紫炁星没有对应的天象，对于推算历法没有用处，所以不必记录。自康熙九年开始，将紫炁星不必列入《七政历》之内。’又说：‘候气是自古以来的旧例，推算历法，也没有用处，今后也应当停止。’杨光先任职钦天监监正，历日出现差错，不能纠正，还偏袒吴明烜，企图以九十六刻推算方法作为西洋之法，必不可用，应当予以革职，交给刑部从重议罪。”得到圣旨：“杨光先革职，从宽处置，免于交给刑部治罪。”不久，授予南怀仁钦天监监副之职。

此前，钦天监官员按照古法推算，康熙八年历日以十二月置闰。至此南怀仁说雨水为正月中气，正月二十九日正值雨水，即为康熙九年正月，不应当置闰，置闰应当在次年二月。圣祖皇帝命礼部详加咨询，钦天监官员大多支持南怀仁的观点，于是废除康熙八年十二月置闰，改到康熙九年二月。其节气的占候，都听从南怀仁的说法。

康熙四十一年，圣祖南巡驻跸德州，有旨取梅文鼎[1]书。李光地以《天学疑问》进。圣祖曰：“朕留心算术多年，此事朕能决其是非。”将书留览。后二日召光地谕曰：“昨所呈书甚细心，且议论亦公平。此人用力深矣。朕带回宫中细阅。”光地因求皇上亲加批驳改定，圣祖允之。

明年复南巡，于行在发回原书，中间圈点涂改及签贴批语，皆圣祖亲笔。光地复请此书疵谬所在。谕曰：“无疵谬，但算法未备。”

四十四年南巡，光地以抚臣扈从。圣祖问：“宣城处士梅文鼎今安在？”光地以“在臣署”对。谕之曰：“朕归时汝与偕来面见。”寻光地、文鼎伏迎河干，召对御舟中。圣祖从容垂问凡三日，谓光地曰：“天象算法，朕再留心此学，今鲜知者。如文鼎实仅见也。其人亦雅士，惜乎老矣。”御赐书“积学参微”四大字。明年命其孙瑴成[②]入内廷学习。

五十三年，谕瑴成曰："汝祖留心律历多年，可将《律吕正义》寄一部去令看。或有错处，可指出。夫古帝王有'都俞吁咈'四字，后来遂止有'都俞'。即朋友之间，亦不喜人规劝，此皆私意也。汝等须极力克去，则学问自然长进。可并将此意写与汝祖知之。"（《碑传集》）

［注释］

①梅文鼎（1633～1721）：字定九，号勿庵，宣城人，清初著名数学家，被誉为"历算第一名家"，著有《明史历志拟稿》、《古今历法通考》等。②瑴成（1681～1763）：梅瑴成，字玉汝，号循斋，梅文鼎长孙，继承家学，成为一代数学名家，奉诏主持《御制数理精蕴》，另校正《梅氏丛书辑要》、《增删算法统宗》。历官翰林编修、顺天府丞、通政使司右通政、左都御史等。

［译文］

康熙四十一年（1702），圣祖皇帝南巡驻跸德州，有圣旨命取梅文鼎的著作。李光地以《天学疑问》进呈。圣祖皇帝说："我留心算术多年，这件事我可以决定其是非。"将其书留下观览。两天后，召见李光地吩咐说："昨天你所进呈的书非常细心，而且议论也很公平。此人在天文历法领域用功很深。我带回宫中仔细阅读。"李光地于是请求皇上亲自加以批驳改订，皇上允准。

次年，圣祖皇帝又一次南巡，在行宫发回原书，其中圈点涂改以及附加书签、贴纸、批语，都是皇上亲笔。李光地又请示此书的瑕疵、纰漏所在，圣祖皇帝说："没有瑕疵纰漏，只是算法尚未完备。"

康熙四十四年南巡，李光地作为吏部尚书兼直隶巡抚扈从。圣祖皇帝问："宣城处士梅文鼎在哪里？"李光地回答说在他的官署里。圣祖皇帝吩咐说："我回来时你与他一起来面见。"不久，李光地、梅文鼎在河岸恭迎，在御舟中召见对答。圣祖皇帝从容垂问前后三天时间，对李光地说：“天象算法，我留心这些学问，如今很少有人通晓，像梅文鼎这样的学者堪称仅见。其人也是文雅之士，可惜年老了。”赏赐他御书“积学参微”四个大字。次年，命其孙子梅珏成进入内廷学习。

康熙五十三年，圣祖皇帝吩咐梅珏成说：“你祖父留心律历之学多年，可以将《律吕正义》寄一部让他看看。如果有差错之处，可以指出来。自古以来帝王有‘都俞吁咈’四个字，后来就只有‘都俞’两个字了。即使是朋友之间，也不喜欢有人规劝，这都是私心。你们必须极力加以克服，那么学问自然长进。可以一并将我的这个意见写给你祖父知道。”

康熙四十五年，李光地荐苏州府学教授陈厚耀[1]通天文算法，引见改内阁中书。圣祖试以算法，绘三角形令求中线，及问弧背尺寸，厚耀具札进。圣主命入直内廷，授编修，与梅珏成同修书。常召至御座旁，教以几何算术。

圣祖问曰：“汝能测北极出地高下否？”对曰：“遇春秋二分，用仪器测之，可得高度。若馀节气，又有加减之异，然亦不准。何也？地上有濛气之差[2]，以人目视之，有升卑为高，映小为大之异，故以浑仪测之多不合，唯在天度数则不差耳。”

圣祖又问：“地周三百六十度，依周尺每度二百五十里，今尺二百里。地周几何？径几何？”奏曰：“依周尺地周九万里，今尺七万二千里。以围三径一推之，地径二万四千里。以密律推之，当得地径二万二千九百一十八里有几。”

圣祖问：“地圆出何书？”对以《周髀算经》[3]曾言之。问何以将其圆也。对曰：“《职方外纪》[4]西人言绕地过一周，四匝皆生齿所居，故知其为圆。且东西测影有时差，南北测星有地差，

皆与圆形相合，故益知其为圆。”圣祖称善。（《碑传集》）

［注释］

①陈厚耀（1648～1722）：字泗源，号曙峰，泰州人，师从梅文鼎，康熙四十五年（1706）进士，历任苏州府学教授、内阁中书、翰林编修、国子监司业等。著有《借根方算法》、《算法纂法总纲》、《春秋世族谱》等。②濛气之差：即蒙气差，用望远镜观测太空星体时，星光进入大气时的真实天顶角与人在地面看到的天顶角不同，这种差异，是由于大气即行星的蒙气折射造成的，称为蒙气差。③《周髀算经》：我国流传至今的最早的一部数学、天文学著作，约成书于公元前1世纪的西汉。④《职方外纪》：明末传教士意大利人艾儒略著，介绍世界各地的文化、宗教、风土人情等。

［译文］

康熙四十五年（1706），李光地推荐苏州府学教授陈厚耀，以其精通天文算法，引见给皇上，改授内阁中书。圣祖皇帝考试其算法，画三角形让他求得中线，并问及弧背尺寸，陈厚耀都写成手札进呈。皇上命他入直内廷，授予翰林院编修，让他与梅珏成一起修书。经常召到御座旁边，教授几何算术。

圣祖皇帝问道：“你能测量北极高出地平面多少吗？”陈厚耀回答说：“遇到春分和秋分，用仪器测量，可以得出其高度。其他的节气，又有加减的不同，但也不准确。为什么呢？地上有蒙气差，用人的肉眼观察，有升低为高、放小为大的差异，因此用浑天仪测量多不符合实际情况，只有太空的度数是不差毫厘的。”

圣祖皇帝又问：“地球一周三百六十度，按照周尺每度对应地下二百五十里，今日通行的尺度为二百里。那么地球周长多少？直径多少？”陈厚耀上奏说：“按照周尺地球周长九万里，按照今日通行的尺度七万二千里。按照径一围三的近似比来推算，地球的直径二万四千里。按照圆周率的准确值推算，应当得出地球直径二万二千九百一十八里有余。”

圣祖皇帝又问：“地圆的说法出自哪本书？”陈厚耀回答说《周

髀算经》曾经说过。又问何以证明地球是圆的，陈厚耀回答说："《职方外纪》上记载西洋人说环绕地球一周，可以看到地球四周都有人民居住，因此知道地球是圆的。而且东西方测影存在时差，南北方测星存在地差，都与圆形相符合。因此更加可以证明地球是圆的。"圣祖皇帝称赞他回答得好。

圣祖《庭训》曰："尔等唯知朕算术之精，却不知我学算之故。朕幼时，钦天监汉官与西洋人不睦，互相参劾，几至大辟。杨光先、汤若望于午门外九卿前，当面赌测日影。奈九卿中无一知其法者，朕思己不知，焉能断人之是非？因自愤而学焉。今凡入算之法，累辑成书，条分缕析。后之学此者，视此甚易，谁知朕当日苦心研究之难也？"（《庭训格言》）

［译文］

圣祖皇帝《庭训格言》写道："你们只知道我精通推算历法之术，却不知道我学习算术的由来。我幼年时，钦天监的汉人官员与西洋人不和睦，互相参奏弹劾对方，几乎导致死刑。杨光先和汤若望在午门外当着九卿大臣的面赌测日影，怎奈九卿大臣中没有一个人知道测量日影的方法。我想自己不知道怎么推算，怎么能够判断别人的是非？于是就发愤学习天文历算。当今凡是进行推算的方法，多次编纂成书，各种条理分析明白，以后学习天文历法的人，阅读起来就很容易，有谁知道我当初苦心研究的困难啊！"

康熙政要卷十九

论礼乐第三十二

康熙十一年，圣祖谕太常寺曰："祀典关系重大，理宜敬慎娴习。近见尔衙门典礼俱未谙练，所奏音乐，亦未合节，殊非慎重禋祀之义。以后著详加练习，勿仍前怠忽，亵越祀典。"（《圣训》）

［译文］

康熙十一年（1672），圣祖皇帝吩咐太常寺说："祭祀典礼关系重大，理应恭敬谨慎，礼乐娴熟。近来看到你们衙门典礼都不熟练，所奏的音乐，也不合乎节律，实在不是慎重祭祀的本意。以后务必详加练习，不要仍然像以前那样懈怠轻忽，以免亵渎僭越祭祀典礼。"

康熙十二年，御史魏象枢《请颁礼书疏》曰："臣唯教化为朝廷之先务，礼制为教化之大端。必昭代之礼制，汇有成书，斯朝廷之教化行于天下。我皇上稽古右文，制礼作乐，纪纲法度，次第修明，独有礼制之书，尚未颁布，未免为国家三十年来之缺事。夫礼者，所以辨上下，定民志也。卿士大夫，颇重名义，军民人等，唯守科条。如房屋、舆马、衣服、器具、婚取、死丧、祭葬、宴饮之类，各有礼制，各有禁约。凡部臣之题请，与言官之条陈，或经议覆，或经会议，事事奉旨，何尝不曰遵行在案，通行晓谕乎？然而该部除在内行八旗、五城外，在外不过行之督抚，督抚行之布政，布政行之道府州县。止有告示一张，挂于署门，遵依一纸，报于上司；州县奉行之事毕矣，原非家喻而户晓也。未几而告示损坏，案卷残缺，官员迁调，父老凋谢。三十年之禁约，后生子弟，谁能记忆为何事？有厌常喜新而干禁者，亦有愚昧无知而犯法者；贵贱尊卑之等差，动辄紊乱，淫巧诈伪之行径，日见萌生；即直省官员之衙署执事犹有僭越；而况绅士军民，房屋、车马、衣服、器具之过分；婚娶、死丧、祭葬、宴饮之妄费，尚能家娴礼制，人遵禁约乎？此朝廷之教化虽行于天下，而未尝实行于天下也。何也？有文告而无成书故也。臣请敕下礼部，详查汉唐宋元所颁礼书及朱子《家礼》，并故明初年《礼仪定式》、《稽古定制》、《礼制集要》、《教民榜文》等书，何书简要，略仿体裁，为崇俭去奢，移风易俗之准。品官与士庶，务辨等威；吉礼与凶礼，各分门类。将屡年题定奉旨一切礼制禁约，集成一书，镂板颁行，并许坊间重刻广布。俾通都大邑，无不见闻，穷乡下里，尽知遵守。凡有故违者，治以法。数年之间，道德一而风俗同。文告之繁，条议之多，俱可省矣。按《周礼·大司徒》：‘以五礼防万民之伪而教之中。’孔子云：‘道之以德，齐之以礼，有耻且格。’[①]此之谓也。方今纂修《会典》，屡奉严纶，则煌煌礼制，不先著之为集，何以会之为典乎？礼臣

典礼而外，教化为重。我皇上宵旰图治之意，亟当仰体之矣。”疏入，下部确议具奏。（《寒松堂集》三）

［注释］

①道之以德，齐之以礼，有耻且格：语出《论语·为政》。

［译文］

康熙十二年（1673），御史魏象枢上奏《请颁礼书疏》写道：“我认为教化是朝廷的首务，而礼制则是教化的大端。一定要将本朝的礼制，汇编成书，以此使朝廷的教化推行于天下。皇上考察往古，注重文教，制礼作乐，使得朝廷的纪纲法度逐渐发扬光大，只有礼制之书，还没有颁布，未免成为我们国家三十年来的憾事。礼制，就是为了分辨上下的秩序，安定人民的志向。使得卿士大夫，都注重名节义气，军民人等，也都谨守礼仪规范。例如房屋、舆马、衣服、器具、婚娶、死丧、祭葬、宴饮之类，各有其礼制，各有其禁约。凡是部院大臣的题奏，科道言官的条陈，或者经过讨论回复，或者经过会同讨论，事事都奉旨行事，何尝不是遵行在案、通行晓谕呢？虽然这样，但各该部院除了在内行之于八旗、京城东西南北中五城之外，在外不过通过总督、巡抚行之，总督、巡抚不过通过布政使司行之，布政使司也不过通过道府州县行之。而且只有告示一张，张挂于官署门前；只有遵命行事的一纸文书，报告给上司；州县奉行之事完成，也并非做到了家喻户晓。没有多长时间，告示损坏，案卷残缺，官员升迁调动，父老凋零过世。三十年的禁约，后生子弟，谁能记忆什么事？其中有喜新厌旧而违犯禁约的，也有愚昧无知而违犯法律的；贵贱尊卑的等级秩序动辄遭到混乱，诈伪淫巧的行径日渐萌生；即使是各个直隶省的官员、衙门的吏员，也有的僭越礼制，何况绅士军民人等，房屋、车马、衣服、器具超越礼仪，婚娶、死丧、祭葬、宴饮的铺张浪费，还能够家家熟悉礼制、人人遵循禁约吗？这就是朝廷的教化虽然推行于天下，却未能真正施行于天下。为什么呢？只有文告而没有成文的礼书的缘故。我请求皇上敕令礼部，详加考察汉、唐、宋、元历代所颁行的礼书以及朱子《家礼》，以及明朝初年的《礼仪定式》、《稽古定制》、《礼制集要》、《教民榜文》等书，其中哪些书简明扼要，大体仿照其体裁，作为崇尚俭约、祛除奢侈、移风易俗的标准。官员与士人、庶民，务必分别等级秩序；吉礼与凶礼，各自分门别类。将历年来题奏议定、奉旨行事的一切礼制禁约，汇集成一本书，刻版印刷，颁行天下，并且允许民间书坊重印，广泛传布。从而使得通都大邑，无不见闻，穷乡僻壤，都知道遵守。凡有故意违犯的，依法治罪。这样数年之间，道德统一，风俗攸同。而且纷繁的文告、复杂的条议，都可以省略了。《周礼·大司徒》上说：'以吉、嘉、宾、军、凶五礼防止人民作伪，而教导他们合礼中道。'孔子说：'用道德教化百姓，用礼制约束百姓，使之有羞耻之心，自己纠正错误。'说的就是这个道理。如今正在纂修《会典》，多次奉皇上严旨，那么皇皇的礼制，如果不编集成书，如何汇为典制呢？除了负责礼制的大臣奉行典礼之外，应以对人民的教化为重。皇上宵衣旰食、励精图治的心意，亟待我们去体谅啊！"奏疏进呈后，下部院确切讨论具奏。

康熙二十年，圣祖诏礼部、翰林院议定乐章。明年，尚书帅颜保[①]、学士陈廷敬等集议。言："郊庙乐章，世祖章皇帝所亲定，臣等不敢变易。独朝会、燕飨，沿习前明，典章未备。祈敕下臣等考古乐之原，定声律之节，作为雅歌，用昭盛美。诏曰可。于是礼臣曰：'此词臣职也。'以属廷敬。乃考古乐之备者莫如《诗》。朝会之乐正，《大雅》之诗是也；燕飨之乐正，《小雅》之诗是也。汉以来失雅诗之义，魏得杜夔[②]所传古乐四篇，遂仿《鹿鸣》，作《於赫》篇以祀武帝；仿《驺虞》，作《巍巍》篇以祀文帝；仿《文王》，作《洋洋》篇以祀明帝。则直以《雅》为《颂》，且乱以《风》，又乌能得《雅》诗正义乎？晋以后，去古虽远，间存《雅》诗之遗。逮梁武帝《南北郊》、《明堂》、《太庙三朝》，悉名为《雅》，则是《颂》声亡而正雅之用混也。唐分雅、俗二部，然所谓雅者，以别俗之名耳，其实皆俗乐也。宋郊庙之乐曰'安'，其义亦犹唐曰'和'，隋曰'夏'也。而朝会燕飨之乐，亦以'安'名词，皆短歌，其亦犹有《雅》诗之遗意者与？唯《六变之曲》，声调靡曼，实皆五字长句也。及乎明之乐，无有足观者矣。我朝郊庙之乐，名曰'平'，今廷敬所撰乐章，实先定名义。朝会皇帝升坐曰'隆平'，还宫曰'显平'。万寿升坐曰'乾平'，还宫曰'泰平'。元旦升坐曰'元平'，还宫曰'和平'。冬至升坐曰'遂平'，还宫曰'允平'。小宴升坐曰'协平'，还宫曰'兴平'。郊祀导迎曰'佑平'。庙祀导迎曰'禧平'。谢见曰'庆平'。外藩谢见曰'治平'。虽略仿乎宋，而要皆以《雅》诗之义为准。至于《六变之曲》，则概无取焉。廷敬又尝诵正雅朝会之诗曰：'无念尔祖。'曰：'无遏尔躬。'③燕飨之诗曰：'视民不恌。'④曰：'遍为尔德。'⑤罔不尽其反覆丁宁之意，而不专主乎铺张扬厉之辞。廷敬窃取此义，故十四章之中，所以陈述天命之不易，大业之艰难者，虽不能尽其辞，亦略举其指焉。"（陈廷敬《午亭文编》一）

［注释］

①帅颜保：赫舍里氏，满洲正黄旗人，历任国史院学士、吏部侍郎、漕运总督、工部尚书、礼部尚书等。②杜夔：洛阳人，三国魏太乐令、协律都尉。③"无念尔祖"、"无遏尔躬"：语出《诗经·大雅·文王》。④视民不恌：语出《诗经·小雅·鹿鸣》。⑤遍为尔德：语出《诗经·小雅·天保》。

［译文］

康熙二十年（1681），圣祖皇帝诏令礼部、翰林院讨论确定乐章。次年，尚书帅颜保、学士陈廷敬等集会讨论。上奏说："郊庙祭祀的乐章，是世祖章皇帝所亲自确定，臣等不敢变易。只有朝会、燕飨之乐章，沿袭明朝的，典章制度尚未完备。请敕令臣等考察古乐的原委，确定声韵节律，撰写成雅歌，以昭示盛世之美。诏令说可以，于是礼臣都说这是词臣的天职，以此委派给陈廷敬。我于是考察古乐最为完备的，没有比得上《诗经》的。朝会之乐的正统，就是其中的《大雅》之诗；燕飨之乐的正统，就是其中的《小雅》之诗。汉代以来失去了雅诗的本意，三国魏杜夔所传古乐四篇，于是仿照《诗经·鹿鸣》篇作《於赫》篇，以祭祀魏武帝曹操；仿照《诗经·驺虞》篇作《巍巍》篇，以祭祀魏文帝曹丕；仿照《诗经·文王》篇作《洋洋》篇，以祭祀魏明帝曹叡。这样做直接以《诗经》中的雅诗作颂词，而且以国风窜乱其中，又怎么能够深得雅诗的正义呢？晋代以后，离开上古虽然已经很远，但间或还保留有雅诗的遗意。到了梁武帝时的乐章《南北郊》、《明堂》、《太庙三朝》，全部称为雅乐，这就是颂声消亡，而正雅之用相混了。唐朝乐章分为雅、俗二部，但是所谓的雅乐，也仅仅是为了区别俗乐罢了，其实都是俗乐。宋朝郊庙祭祀的乐章叫做'安'，其意思就像唐朝的'和'、隋朝的'夏'。而朝会、燕飨的乐章，也用'安'命名，都是短歌，还有雅诗的遗意吗？只有《六变之曲》，声调靡曼，实际上都是五个字的长句。到了明朝，其乐章已经不足观瞻了。我朝的郊庙之乐，叫做'平'，现在陈廷敬所撰的乐章，实际上是预先确定名义。朝会之乐章，皇帝升座叫做'隆平'，回宫叫做'显平'。万寿节升座叫做'乾平'，回宫叫做'泰平'。元旦节升座叫做'元平'，回宫叫做'和平'。冬至节升座叫做'遂平'，回宫叫做'允平'。小宴升座叫做'协平'，回宫叫做

‘兴平’。郊祀导迎叫做‘佑平’，庙祀导迎叫做‘禧平’。谢见乐章叫做‘庆平’，外藩谢见乐章叫做‘治平’。虽然略仿宋朝乐章，而其要旨都以雅诗之本意为准。至于《六变之曲》，则一概无取于宋朝乐章。陈廷敬又曾经诵读正雅朝会之诗说：‘无念尔祖。’又说：‘无遏尔躬。’燕飨之诗说：‘视民不佻。’又说：‘遍为尔德。’无不穷尽其反复叮咛的意思，而不专门讲究铺陈渲染、发扬光大的词句。陈廷敬采取这种意义，因此在十四乐章之中，着意陈述天命的不可改变、创业的艰难。虽然不能够穷尽其辞藻，也大体标举其要旨于其中。”

圣祖御制《日讲礼记解义序》曰：“朕闻六经之道同归，而礼乐之用为急[①]。孔子曰：‘安上治民，莫善于礼。’[②]又曰：‘上好礼则民莫敢不敬。’[③]诚以礼者，范身之具，而兴行起化之原也。天之生人，品类纷纶，莫可纪极，圣人起而整齐之。法于天，则于地，顺于人，达于时，协于鬼神，斟酌损益，以定其品节限制。俾天下化其好逸恶劳之心，而予以从善弃恶之道。蒸蒸焉，日蹈履于中正而不敢越，盖非有以强之也，率乎其理之所安而已。其纲有三百，其目有三千[④]。大者在冠昏、丧祭、朝聘、射宴之规，小者在揖让、进退、饮食、起居之节。循之则君臣上下赖以序，夫妇内外赖以辨，父子兄弟婚媾姻娅赖以顺而成。反是则尊卑易位，等杀无章，家未有能齐，而国未有能治者。故曰：‘动容中礼，而天德备矣。治定制礼，而王道成矣。’尝遐观三改，禹汤文武，惇叙彝典，以倡导天下。而其时之诸侯，秉礼以守其国，大夫士遵礼以保其家，下至工贾庶人，畏法循纪以世其业。呜呼！何风之隆哉？朕企慕至治，深维天下归仁，原于复礼。故法宫之中，日陈《礼经》，讲习细绎，盖不敢斯须去也。慨自嬴秦焚烧典籍，礼乃灭亡。汉兴，崇尚儒学，《礼经》始显，传之者十三家，而戴德、戴圣[⑤]为尤著。圣所传四十九篇，即所谓《礼记》者是已。迨程子、朱子出，表章《学》、《庸》，遂开千古道学之统。其馀四十七篇，虽杂出于汉儒，亦皆传述圣门格言，有切身心要旨。朕熟之复之，靡间寒暑，积有讲义，裒成全部，弁以叙言，用以无忘斯勤。然岂徒效儒生占毕云尔哉？务佩服其训词，而实体诸躬修，传之邦国，使百尔怀恭敬逊让之诚，兆庶凛撙节防闲之则。德化翔洽，上媲隆古，庶乃惬朕敦崇礼教之义也夫。”（《御制文二集》）

［注释］

①六经之道同归，而礼乐之用为急：语出《汉书·礼乐志》。②安上治民，莫善于礼：语出《礼记·经解》。③上好礼则民莫敢不敬：语出《论语·子路》。④其纲有三百，其目有三千：语出《礼记·中庸》：“优优大哉，礼仪三百，威仪三千。”⑤戴德、戴圣：汉代梁人，叔侄二人同师学礼，戴德删《礼记》为八十五篇，称为《大戴礼记》，戴圣又删为四十九篇，称为《小戴礼记》。

［译文］

圣祖皇帝御撰《日讲礼记解义序》写道：“我听说六经之道殊途同归，而以礼乐之用作为急务。孔子说：‘安定秩序，统治人民，没有比礼更好的了。’又说：‘身居上位的人讲求礼仪，人民就没有敢于不尊敬的。’的确是认为礼是规范人们行为的工具，是兴起教化的根本。上天滋生人类，其品类纷纭复杂，无法穷尽，只有圣人起而整顿统一。效法于天，取则于地，顺乎人情，通达时变，与鬼神相和谐，斟酌损益，以确定其品行节操的禁约限制，从而使天下人逐渐放弃好逸恶劳之心，为其指点从善弃恶之道。这样，蒸蒸日上，逐渐达到言行中正而不敢僭越，这并不是用什么手段强迫他们，而是遵从道理、安其身命罢了。礼仪的主要规则有三百，其细节则有三千。大的礼仪，体现在冠礼婚礼、丧礼祭礼、朝聘之礼、射礼、燕飨之礼的规范，小的礼仪，体现在揖让、进退、饮食、起居的细节方面。遵循礼仪，君臣上下就秩序井然，夫妇内外判然有别，父子兄弟之间、婚姻亲戚之间依礼而行。否则的话，就会造成上下尊卑秩序颠倒，政治刑罚无章可循，家庭不能得到治理，国家也不能得到治理。因此说：‘举止仪容符合礼仪，天的德行就具备了；天下安定就制礼作乐，圣王之道也就成就了。’我曾经远观夏商周三代，夏禹、商汤、周文王、周武王，以常道法则使人笃爱和顺，以此倡导天下人民。当时的诸侯，秉持礼仪以保守其封国；当时的大夫、士人，遵照礼仪以保守其家庭；下到工匠、商贾、庶民，畏惧法律、遵循纲纪以传承其家业。其风尚是何等的隆盛啊！我仰慕至治之世，深深感到天下人都称许仁人，源于克己复礼。因此，我的宫中每日放着《礼经》，不时讲习探究，不敢一刻放下。我感慨自从秦朝焚烧典籍文献，礼书都消亡了。汉代建立后崇尚儒学，《礼经》才得以彰显，传承礼学的有十三家，而以戴德、戴圣最为著名。戴圣所传的四十九篇，就是所谓的《礼记》。到了宋代二程、朱熹，表彰《礼记》中的《大学》、《中庸》，于是就开创了千古道学的传统。其余四十七篇，虽然杂出于汉代儒生，也都是传述圣门的格言，有关于身心的要旨。我反复熟读，寒暑无间，积累的讲义，汇编成一部书，前面冠以序言，以便不忘学习的辛勤，难道只是仿效儒生诵读而已吗？务必佩服其训词，亲身体验修养，然后传播到全国，使所有的人心怀恭敬逊让的诚心，老百姓敬畏地遵守禁约的规范。道德教化周遍天下，可以与上古相媲美，差不多契合我敦崇礼教的本意。”

圣祖《庭训》曰：“音律之学，朕尝留心，爰知不制器无以审音，不准今无以考古。音由器发，律自数生。是故不得其数，律无以生；不考以律，音不得正。雅俗固分，而声协则一，器虽代革，而音调则同。故曰：‘以六律正五音，今之乐犹古之乐也。’朕考核诸音律谱，按性理内《律吕新书》[1]，黄钟律分围径长短，准以古尺，损益相生十二律吕[2]，制为管而审其音。复以黄钟之积，加分减分，制诸乐器而和其调。实以黍面数合，播诸乐而音谐。因著为书，辨其疑，阐其义，正律审音，和声定乐，条分缕析，一一详明。盖天地之元声，亘古今而莫易，联中外以大同，六合之内，四海之外，此音同，此理同也。百世之上，百世之下，此理同，此音同也。是故不知古乐而溺于今，非特不知古，并不知今也。必复古乐而不屑于今，非特不知今，终以无从复古也。”（《庭训格言》，下同）

［注释］

①《律吕新书》：二卷，古代音乐经典著作，南宋蔡元定撰。②十二律吕：古乐有十二调，其中黄钟、太簇、姑洗、蕤宾、无射、夷则，称为阳律；大吕、夹钟、仲吕、林钟、南吕、应钟，称为阴律，又称吕。其中黄钟发出的声音为基准音，称为元声。

［译文］

圣祖皇帝《庭训格言》写道：“音律之学，我曾经留心过，才知道不制作乐器就无从定音，不度量今天就无法考察古代。音是由乐器发出来的，律管是由度数产生的。因此不了解度数，律管不能自生；不考察律管，音就达不到正。雅俗本有分别，而声音协和则是一样的；乐器虽然各代有所变革，而音调则是相同的。因此说：‘用六律管校正五音，当今的乐是由古乐而来的。’我曾经考核各种音律谱，考察《性理大全》中的《律吕新书》，黄钟律管分围径长短，根据古尺增减法相生十二律吕，制成律管而审定音乐。再以黄钟之积加分或减分，制成各种乐器来调和声调。实际用黍之长短按数量和乐器的长度相合，演奏诸乐而音调协调。根据这些编著成书，辨别其疑惑，阐明其意义，校正律管，审定声音，和谐声音以定音乐，条分缕析，一一详细明白。大概天地间的元声从古至今都不改变，联系中外以趋大同，六合之内，四海之外，这个音相同，这个道理也相同。百代以前，百代之后，这个道理相同，这个音也相同。因此不知道古乐而沉溺于今乐，不但是不知古，同时也是不知今。一定要恢复古乐而不屑于今乐，不但是不知今乐，最终也无从恢复古乐。”

《训》曰：“声音之道，以和为本。故《书》曰：‘八音克谐，无相夺伦，神人以和。’①尝见近世之人事儒学者，空谈理数，拘守旧闻，而于声字之义，鄙而不讲。工师则专肄声音，熟谙字谱，而于音律之原，茫然无知。殊不知工尺等字，即宫商之省文也。工、凡、五、六、乙、上、尺七字，而五声二变亦七音。工尺七字有出调，而五声二变亦旋宫。旋宫则转调，而当二变者则出调。古圣立法，原自简易，而后之人反从难处探索奥理却不知说愈繁而理愈晦。古之雅乐，唯用五正声，而间以二变，谓之七音。今之南曲，亦止用五字，而出调二字不用；北曲则杂以出调二字，名曰北调。然则古乐、今曲何尝不以正变之声而为宫调之准则耶？要之，乐以太和为本，是以古圣王唯得中声以定大乐，故与天地同和，荐之郊庙而神鬼享，奏之朝廷而人心风俗以淳也。”

[注释]

①八音克谐，无相夺伦，神人以和：语出《尚书·舜典》。

[译文]

圣祖皇帝《庭训格言》写道：“声音的道理，以和谐为本。所以《尚书》上说：‘八种乐器发出的声音能够和谐，不互相干扰，神与人得以和谐。’曾经看到近代的学习儒学的人，空谈道理方法，拘泥于旧闻，而对于声律的字义，往往不屑于讲究。乐师则专习声音，熟悉乐谱，而对于音律的根源，却毫无所知。殊不知‘工’、‘尺’等字，就是宫、商、角、徵、羽五音的省文。‘工’、‘凡’、‘五’、‘六’、‘乙’、‘上’、‘尺’七个字，就是宫、商、角、徵、羽五声和变宫、变徵二变，即七音。‘工’、‘尺’等七个字有出调，五声二变即旋宫，旋宫即转换音调，而当二变则出调。古代圣人立法，原来很简易，而后代人反而从难处探寻深理，却不知道说法越繁琐道理就越不明白。古代的雅乐，只用五个纯正的音而杂以变宫、变徵，叫做七音。当今的南曲也只用宫、商、角、徵、羽五字，而出调变宫、变徵不用；北曲则杂以出调变宫、变徵二字，叫做北调。既然这样，那么古乐今曲何尝不是以正音二变之声为宫调的准则呢？总之，音乐以阴阳二气和谐为本。因此古圣先王只有以切中声律来确定大乐，所以可以与天地同和谐，以此乐章祭祀郊庙而鬼神来享，演奏于朝廷则人心风俗就会淳厚。”

论务农第三十三

康熙十二年，圣祖谕户部曰：“自古国家久安长治之模，莫不以足民为首务。必使田野开辟，盖藏有馀，而又取之不尽其力，然后民气和乐，聿成丰亨豫大之休。见行垦荒定例，六年起科。朕思小民拮据开荒，物力艰难，恐催科期迫，反致失业，朕心深为轸念。嗣后各省开荒地方，俱再加宽限，通计十年，方行起科。其所司官员，原有议叙定例，如新任官自图录叙，掩袭前功，纷更扰民者，各督抚严行稽察，题参治罪。”（《圣训》）

［译文］

康熙十二年（1673），圣祖皇帝吩咐户部说：“自古以来，国家长治久安的政策，无不以人民丰衣足食作为首务。一定要使田野开辟，储藏有余，而且征取赋役不至于穷尽民力，然后人民和乐，形成富足兴盛的太平景象。现行的垦荒条例，新垦荒地六年开始征收赋税。我想人民生活拮据开垦荒地，物力困难，恐怕催促征课的期限太短，反而导致他们失业，我内心非常怜悯。今后各省开荒的地方，征收赋役都再加宽限，共计十年，才开始征收。有关官吏，原有根据垦荒成绩议叙擢升的定例，如果有新任官员为了图谋官位次第升迁，掩盖前任的功劳，纷更扰民的，各省总督、巡抚严行稽察，题奏参劾治罪。”

康熙二十九年，圣祖谕户部曰：“朕唯阜民之道，端在重农。必东作功勤，然后西成有赖。畿辅地方，去岁荒歉，已经蠲免钱粮，特发帑金，兼支仓粟赈济。虽小民糊口有资，其籽料牛具，恐多匮乏。今时届首春，田功肇始，若弗经营措给，将误俶载之期[①]。播种不齐，仓箱何望？直隶被灾州县卫所，穷民有不能自备牛种等项者，该府督率有司劝谕捐输，及时分行助给，务令田畴遍得耕耨，毋致稍有荒芜。八旗官兵皆倚屯庄收获，用以资生，若有被灾贫乏，耕作无力者，该都统等通行各该佐领，酌量佽助牛种。所有庄田，勿致播种后时，以副朕敦本劝农，爱养兵民至意。”（《东华录》四十五）

[注释]

①俶载之期：耕种的农时。语出《诗经·周颂·大田》：“俶载南亩，播厥百谷。”

[译文]

康熙二十九年（1690），圣祖吩咐户部说：“我认为使人民富足的办法，关键在于重农。一定要春耕生产勤勉，然后秋天守成才有保证。畿辅地方去年遭受灾荒，粮食歉收，已经蠲免了钱粮，并特地发放国库帑金，又支取仓库粟米进行赈济。虽然人民糊口勉强有所凭借，但种子、耕牛、农具，恐怕会多所匮乏。如今正当初春，农功肇始，如果不经营措置，将会耽误春耕。如果播种不齐备，那么收成还有什么希望？直隶受灾的州县卫所，穷苦人民有不能自备耕牛、种子等项支出的，各该官府要督率有关官吏劝谕捐输，及时分别进行补助，务必让田地普遍得到耕种，不致有稍微的荒芜。八旗官兵也都是依靠屯庄旗地的收获，赖以资生，如果因受灾而导致贫乏，无力进行耕作的，各该都统等官员通行传达各该佐领，酌量帮助耕牛、种子。所有的庄田，不要造成播种耽误农时，以符合我注重本业、劝谕农桑、爱养兵民的至意。”

康熙三十一年，圣祖御瀛台内丰泽园澄怀堂，召尚书库勒纳等入，谕之曰：“顷尔等进来时，曾见朕所种稻田耶？”诸臣奏曰：“曾见过稻苗已长尺许矣。此时如此茂盛，实未有也。”圣祖曰：“朕初种稻时，见有于六月时即成熟者，命取收藏作种，历年播种，亦皆至六月成熟。故此时若此茂盛。若寻常成熟之稻，未有能如此茂盛者。朕巡省南方时，将江南香稻暨菱角带来此处栽种。北方地寒，未能结实，一过霜降，遂至不收。南方虽有霜雪，然地气温暖，无损于田苗。谚云：‘清明霜，谷雨雪。’言不足为害也。总之南北地气不同，节候各异，寒暑之迟早，全视太阳之远近，所以赤道度数最宜详审。欲定南北之向，唯以太阳正午所到之度为准，此指南针亦不能无偏。设有铁器在旁，则针为所引，亦复不准，此是一定之理。今将一片石以绳悬之，使之旋转，俟其既定，刻记所向南北，复动如前，其所向南北仍复不变。即此可思其理。所以凡物皆有自然一定之理。”库勒纳奏曰：“闻黑龙江日长夜短，虽晚日落，不至甚暗，不知何故。”

圣祖曰："黑龙江极东北之地，日出日入，皆近东北方，所以黑龙江夜短，日落亦不甚暗。"

又命看澄怀堂后院所栽修竹，前院盆内所栽人参及各种花草。圣祖指示曰："北方地寒风高，无如此大竹。此系朕亲视栽植，每年培养得法，所以如许长大。由此观之，天下无不可养成之物也。"（《圣训》）

［译文］

康熙三十一年（1692），圣祖皇帝驾临瀛台内丰泽园澄怀堂，召尚书库勒纳等人进宫，吩咐他们说："刚才你们进来时，可曾见到我所种植的稻田？"诸位大臣上奏说："曾经见过稻苗已经长到一尺多高了，此时如此茂盛，实在是前所未有啊！"圣祖皇帝说："我刚刚种稻的时候，见有的稻谷六月就成熟的，就命人取来收藏，作为种子，因此历年所播种的稻谷，也都是到六月成熟，所以此时就如此茂盛。如果是平常成熟的稻谷，未有能够如此茂盛的。我巡察南方的时候，将江南香稻以及菱角带来这里栽种。北方土地寒冷，未能结成果实，一旦过了霜降，就没有收成了。南方虽然也有霜雪，但地气温暖，无损于田中的禾苗。谚语说：'清明霜，谷雨雪。'说的是霜雪不足为害。总之，南北地气不同，节候各异，寒暑的迟早，完全看太阳照射的远近，所以赤道度数最应当详加审查。要确定南北方向，只要以太阳中午所到的度数为准，即使是指南针也不能做到完全没有偏差。假如有铁器在旁边，那么指南针就会被吸引，也不准确，这是一定的道理。现在将一片石头用绳子悬起来，让它旋转，等到稳定下来之后，刻记所指向南北，又会像以前那样转动，其所指向南北仍然不变。即此就可以思考其中的道理。所以凡是事物都有其自然的一定的道理。"库勒纳上奏说："听说黑龙江日长夜短，即使到了晚上太阳落山，也不至于很暗，不知道是何缘故。"圣祖皇帝说："黑龙江是最东北的地方，太阳升起和落下，都接近东北方向，所以黑龙江夜短，日落也不是很暗。”

又命令观看澄怀堂后院所栽种的修竹，前院盆中所栽种的人参以及各种花草。圣祖皇帝指示着说：“北方地寒风大，没有这么大的竹子。这是我亲自看着栽种，每年培养也非常得法，所以长得如此高大。由此观之，天下没有不可养成的东西了。”

圣祖巡幸所及，轸念民依，知稼穑之艰难，尝作《农桑论》、《稼说》、《刈麦记》诸篇，以示王政之本。

御制《农桑论》曰：“尝观王政之本，在乎农桑。虞舜之命弃[①]曰：‘汝后稷播时百谷。’禹之告舜也，曰：‘政在养民，水火金木土谷唯修。’[②]殷之考绩群辟，亦曰：‘稼穑匪懈。’[③]周以农事开基，至成王之世，制礼作乐，典章明备，彬彬郁郁。然周公所作，蒙史所歌。若《豳风·七月》之篇，其道‘于耜’、‘举趾’、‘采桑’、‘载绩’之事，反覆不置。何前后圣同一指欤？盖农者，所以食也；桑者，所以衣也。农事伤则饥之原，女红废则寒之原。小民饥寒迫于身，而欲具称仁慕义，有无不竞，遵路会极，其势不能。朕尝躬行三推，以率天下农矣。而敦实崇俭之令，绳督有司，靡不加意。宜乎薄海以内，袯襫之众，比肩于野，杼柚之声，相闻于里。庶几古初淳朴之风，乃逐末者未尽息，而锦绣纂组之文日盛也。中夜求治，惄焉虑之。孟子曰：‘菽粟如水火，而民焉有不仁？’[④]旨哉，斯言！使天下之民，咸知贵五谷，尊布帛，服勤戒奢，力田孝悌。而又德以道之，教以匡之，礼以一之，乐以和之，将比户可封，而跻斯世于仁寿之域。故曰：‘农桑，王政之本也。’”（《御制文集》）

［注释］

①弃：人名，号后稷，是虞舜时期负责农业的官员。以下所引出于《尚书·舜典》。②“政在养民”二句：语出《尚书·大禹谟》。③稼穑匪懈：语

出《诗经·商颂·殷武》。④菽粟如水火，而民焉有不仁：语出《孟子·尽心上》。

［译文］

圣祖皇帝巡幸所到的地方，怜悯人民的疾苦，知道稼穑的艰难，曾经撰写了《农桑论》、《稼说》、《刈麦记》等多篇文章，以宣示王政的根本在于农桑。

御撰《农桑论》写道："我曾经观察王政的根本，在于农桑。虞舜命令其大臣弃说：'你后稷负责播种百谷。'大禹告诉虞舜时，也说：'美好的政治在于使百姓生活得好，水、火、金、木、土、谷六府之事要经营好。'商代考核诸侯卿士的政绩，也说：'稼穑之事不容懈怠。'周朝以农事开创基业，到周成王时代，制礼作乐，典章制度明确完备，文质兼备。然而周公所作，蒙史所歌，像《诗经·豳风·七月》之篇，其中提到'修理农具耜'、'举足下农田'、'采桑养蚕'、'开始纺绩'等事，反复不止。为什么前后的圣贤都同样重视农桑呢？因为农耕，是为了解决吃饭问题；桑蚕，是为了解决穿衣问题。农耕荒废是导致饥饿的根源，纺织荒废是导致寒冷的根源。人民饥寒交迫于身，却想让他们称颂仁政、仰慕道义，不相互竞争，遵照王法正路，依法律准则办事，势必不可能做到。我曾经亲自举行掌犁推三周的劝农礼，以为天下农事的表率。而敦行实政、崇尚节俭的诏令，约束监督有关官吏，无不关注农事。这样，就应该使得濒临大海以内，身穿粗衣的农夫，都比肩耕耘在田间，机杼的纺织之声，相闻于乡里。这差不多接近上古淳朴的风尚，可是追逐末业的人并未完全停息，而追求文采的锦绣衣服日益盛行。每当深夜，讲求治国之道，非常忧虑。孟子说：'粮食多得如水火，人民哪里有不仁爱的呢？'这句话说得太好了！假使天下之人，都知道以五谷为贵，以布帛为尊，勤劳勇敢，戒除奢侈，致力农耕，孝悌仁爱，然后以德行教导他们，以教育匡正他们，以礼仪统一他们，以乐章和乐他们，那么就将会出现每家每户都可以受封，从而跻身仁爱长久的境界。因此说，农桑是王政的根本。”

御制《耕织图[①]序》曰：“朕早夜勤毖，研求治理。念生民之本，以衣食为天。尝读《豳风》、《无逸》诸篇，其言稼穑蚕桑，纤悉具备。昔人以此被之管弦，列于典诰，有天下国家者，洵不可不流连三复于其际也。西汉诏令，最为近古，其言曰：‘农事伤，则饥之本也；女红害，则寒之原也。’又曰：‘老耆以寿终，幼孤得遂长。’欲臻斯理者，舍本务其曷以哉？朕每巡省风谣，乐观农事。于南北土疆之性，黍稌播种之宜，节候早晚之殊，蝗蝻捕治之法，素爱咨询，知此甚晰，听政时恒与诸臣工言之。于丰泽园之侧治田数畦，环以溪水，阡陌井然在目，桔槔之声盈耳，岁收嘉禾数十种。陇畔树桑，旁列蚕舍，浴茧缫丝，恍然如茆檐蔀屋。因构知稼轩、秋云亭，以临观之。古人有言：‘衣帛当思织女之寒，食粟当念农夫之苦。’朕惓惓于此，至深且切也。爰绘《耕织图》各二十三幅。朕于每幅制诗一章，以吟咏其勤苦，而书之于图。自始事迄终事，农人胼手胝足之劳，蚕女茧丝机杼之瘁，咸备极其情状。复命镂版流传，用以示子孙臣庶，俾知粒食维艰，授衣匪易。《书》曰：‘唯土物爱，厥心臧。’[②]庶于斯图有所感发焉。且欲令寰宇之内，皆敦崇本业，勤以谋之，俭以积之，衣食丰饶，以共跻于安和福寿之域，斯则朕嘉惠元元之至意也夫。”（《御制文二集》）

［注释］

①《耕织图》：一名《耕织图诗》，原为南宋楼俦所作，包括耕图二十一幅、织图二十四幅。康熙南巡见到后，命内廷供奉焦秉贞重新绘制，计有耕图、织图各二十三幅，并每幅制诗一章，作序刊行。后雍正、乾隆两朝多次摹绘。②唯土物爱，厥心臧：语出《尚书·酒诰》。

[译文]

圣祖皇帝御撰《耕织图序》写道："我日夜勤勉，研究探讨治国之道。感念生民的根本，以衣食为天。曾经阅览《诗经》的《豳风》，《尚书》的《无逸》等篇章，其中说到稼穑桑蚕，非常具体完备。古人还以此谱上乐曲，列入国家的典礼诏诰，拥有天下国家的人们，的确不可不反复流连其间啊！西汉的诏令，最为接近古典，其中说道：'农事荒废，就是饥饿的来源；纺织荒废，就是寒冷的来源。'又说：'耆老衣食无忧就会寿终正寝，幼儿孤儿得到衣食就成长壮大。'要想达到这种理想境地，离开农桑本业，以什么达到呢？我每每巡视观风，喜欢考察农事。对于南北土地的特性，黍稻播种的时宜，节候早晚的不同，蝗蝻捕治的方法，一向喜欢咨询，知道得很具体，听政之时也经常与诸位大臣讨论农事。在丰泽园之旁整理出数畦农田，周围溪水环绕，看起来阡陌井然，听起来桔槔声声，每年收获粮食数十个品种。田垄旁边栽上桑树，旁边还排列着蚕舍，清洗蚕茧，缫织成丝，仿佛是农家的茅屋一样。于是建起知稼轩、秋云亭，不时登临观赏。古人说过：'身穿布帛应当感念纺织女工的寒冷，吃着粮食应当感念农夫的辛苦。'我对于这一点的体会，至为深切。于是命画工绘制《耕织图》各二十三幅。我在每幅图上题上一首诗，以吟咏农夫、织女的勤苦，并书写于图中。自从农事的开始，一直到农事的结束，农夫手足劳顿的辛苦，蚕女养蚕纺织的劳累，全部描绘其情状。又命人雕刻书版，刻印流传，用来昭示子孙、大臣和庶民，使他们知道一粒粮食的艰难，一件衣服的不易。《尚书》上说：'爱惜地里生长的庄稼，使其心地善良。'我对于这些耕织图有感而发。而且想让寰宇之内，都敦崇农桑本业，勤勉谋划，节俭积累，逐渐达到衣食丰饶，跻身于安宁祥和、富足寿考的境界，这就是我嘉惠百姓的至意。"

圣祖《庭训》曰："古之圣人，平水土，教稼穑，辨其所宜，导民耕种，而五谷成熟。孟子曰：'五谷熟而民人育。'[①]则人之赖于五谷者甚重。尝思夫天地之生成，农民之力作，风雷雨露之长养，耕耘收获之勤劳，五谷之熟，岂易易耶？《礼·月令》曰：'天子以元日祈谷于上帝。'凡为民生粒食计者至切矣。而人何得而轻亵之乎？奈何世之人，唯知贵金玉而不知重五谷，或狼籍于场圃，或委弃于道路，甚至有污秽于粪土者，轻亵如此，岂所以敬天乎？夫歉岁谷少，固当珍重，而稔岁谷多，尤当爱惜。《诗》曰：'粒我蒸民，莫匪尔极；贻我来牟，帝命率育。'[②]噫嘻，重哉！"（《庭训格言》）

［注释］

①五谷熟而民人育：语出《孟子·滕文公上》。②"粒我蒸民"四句：语出《诗经·周颂·思文》。

［译文］

圣祖皇帝《庭训格言》写道："古代的圣人，平治水土，教导人民耕种收获，辨别土地适宜耕作，率领人民耕种，使得五谷成熟。孟子说：'五谷成熟了人民就会得到养育。'可见人民依赖五谷的程度之重。我曾经思考天地的生成发育，农民的努力耕作，风雷雨露的助长滋养，耕耘收获的勤勉辛劳，五谷的成熟，难道是容易的吗?《礼记·月令》上说：'天子要在正月的初一日向上帝祈祷谷物丰收。'这都是为百姓生计考虑，用心至为恳切。而人民怎么能够轻易亵渎它呢？为什么世上的人只知道看重金玉，而不知道看重五谷，有的把谷物胡乱抛置于场园，有的把它丢弃于道路，甚至有的让它污秽于粪土之中，轻贱亵渎如此，难道这就是敬天吗？歉收的年岁粮食少，本来就应当珍重；丰收年岁粮食多，更当爱惜。《诗经》上说：'粮食养活了民众，没有人不受其最大恩德；赐给我大麦小麦，上帝用它来养育人民。'哎呀，五谷是多么重要啊！"

康熙政要卷二十

论刑法第三十四

康熙十八年，圣祖谕刑部曰："国家设立法制，原以禁暴止奸，安全良善。故律例繁简，因时制宜，总期合于古帝王钦恤民命之意。向因人心滋伪，轻视法网，及强暴之徒，陵虐小民，故于定律之外，复严设条例，俾其畏而知警，免罹刑辟。乃近来犯法者多，而奸宄未见衰止。人命关系重大，朕心深用恻然。其定律外所有条例，如罪不至死，则新例议死，或情罪原轻，而新例过严者，应去应存，著九卿、詹事、科道会同详加酌定确议具奏。"（《圣训》）

［译文］

康熙十八年（1679），圣祖皇帝吩咐刑部说："国家设立法制，原本是为了禁绝暴乱、防止奸邪，以使良善之人获得安全。所以刑法中的律和例的繁简，都要因时制宜，总之期望符合古代帝王体恤人民生命的心意。以前因为人心滋生奸伪，轻视法网，以及强暴之徒欺凌虐害小民，因此在确定法律之外，还要严格设定条例，以使他们有所畏惧，知道警戒，从而免遭刑辟。可是近来犯法的人数增长，奸邪违法行为未见减少或停止的迹象。人的生命关系重大，我内心深为恻然。既定法律之外的所有条例，如果罪行不至于处死，可是新定条例论罪至死，或者犯罪情形本来较轻，可是新订条例规定过严，那么这些条例是应该删除还是保存，诏令九卿、詹事、科道官员会同详加讨论，酌定确切意见具奏。”

康熙二十年，圣祖谕三法司曰：“帝王以德化民，以刑弼教，莫不敬慎庶狱。刑期无刑[①]，故谳决之司，所关最重，必听断明允，拟议持平，乃能使民无冤抑，可几刑措之风。近览法司章奏，议决重犯甚多。愚民无知，身陷法网，或由教化未孚，或为饥寒所迫，以致习俗日偷，愍不畏法。每念及此，深为悯恻。在外督抚臬司及问刑各官，审理重案，有律例未谙，定拟失当，草率完结者；有胶执成见，改窜供招，深文罗织者；有偏私索诈，受属徇情，颠倒是非者。有一于此，民枉何以得伸？以后著严加申饬，内外大小问刑各衙门，洗心涤虑，持廉秉公，务期原情准法，协于至当，不得故纵市恩，亦不得苛刻失入[②]。痛改积习，加意祥刑[③]，以副朕尚德好生钦恤民命至意。”（《东华录》二十七）

［注释］

①刑期无刑：语出《尚书·大禹谟》：“刑期于无刑，民协于中。”②失入：谓轻罪重判或不当有罪而判刑。③祥刑：语出《尚书·吕刑》：“有邦有土，告尔祥刑。”孔传：“告汝以善用刑之道。”

［译文］

康熙二十年（1681），圣祖吩咐刑部、都察院、大理寺三法司说：“帝王以道德教化人民，以刑法辅弼教化，无不敬畏谨慎对待各种狱讼。施用五刑的目的是为了不用五刑，所以议罪裁决的机关，关系最为重要，一定要做到听审决断明白公允，拟议持平，才能使人民没有冤屈，可望达到天下文治、刑措不用的风气。近来阅览你们三法司的奏章，议决重犯很多。愚民无知，身陷法网，有的是因为道德教化没有使人信服，有的是因为饥寒所迫，以致风俗习气日益苟且，人们心中惑乱，不知畏惧法律。每每感念至此，我都深为怜悯。在外的总督、巡抚、提刑按察使以及问刑的各位官员，审理重案，有的不熟悉法律条例，定罪、拟议失当，草率结案；有的固执己见，甚至窜改供词，利用法律条文苛刻罗织罪名；有的偏袒私情，勒索敲诈，接受犯人家属的贿赂徇私作弊，颠倒是非。如果有其中的一项，老百姓的冤枉如何得以伸张？从今以后，诏令严加申饬，内外大小问刑衙门，洗心涤虑，廉洁自律，秉公办案，务必推原案情，依法审判，做到公正公平，至为妥当，不得故意纵情市恩，也不得苛刻量刑，定罪过当。痛改积习，注意善用刑罚，以符合我崇尚德化、爱惜生灵、体恤民命的至意。”

康熙二十五年，圣祖谕刑部、都察院、大理寺大小诸臣曰：“刑曹民命攸关，国典所系。今见法司谳鞫刑狱，或恐不得其情，专事苛刻。夫人命关系重大，必以中正之心，行平恕之道，使法蔽其辜，毋纵毋枉，必得实情，始免曲抑。若唯以深文为能事，锻炼为尽职，及狱词既具，奏牍既成，即反复推详，欲求其更生之路，亦甚难矣。朕于尔诸臣所上章疏，有情可矜疑、罪未允协者，皆驳令覆审。嗣后其各体朕怀，殚竭心虑，矢慎矢明，以副朕祥刑之意。朕批阅史册，采择历代贤臣慎刑事迹，书之简牍，内阁三法司官，其详加省视。”

又谕曰：“刑者，所以禁暴止邪。若豪猾奸宄，毋使漏网，贫弱无知，虽偶失于宽，亦不为过纵。”

御制《慎刑论》："圣人之治天下，有礼有刑。礼也者，所以劝民之为善也。刑也者，所以禁民之为非也。五伦以为准，三物[1]以为坊，渐而摩之，优游而自化之。邪慝不作，比户可封。圣人之心，岂不甚惬？而势有不能。于是制为刑罚以驱之于后，使天下之人，悚然有所畏而不入于非彝，是刑之设也。圣人之所不得已也，其轻者伤肌肤，重者戕性命，天下之惨痛，到刑罚极矣。圣人在上，不能使天下无刑人，而政平讼理，一民一物，卒无颠连困苦之虞者，则唯此慎刑之道得也。夫生人之性，有善而无不善，陷溺既久，匪僻乃生。一旦丽于邮罚，虽欲悔之，固无及已。故圣人之慎刑，所以全民衷也。雨露雷霆，天之所以成岁功也。而一岁之中，雨露时行，雷霆之用，不数数见焉，故圣人之慎刑，所以顺天道也。在《易》之《噬嗑》，其《象》为'明罚敕法'，而即继之以《贲》曰：'无敢折狱。'《丰》之《象》为'折狱致刑'，而即继之以《旅》曰：'明慎用刑。'《噬嗑》上离下震，《丰》上震下离，于义为明为断。而《贲》与《旅》皆有《艮》体，于义为止。圣人之意，以为用刑之道，贵乎明断相资，而必本之于至慎。圣人之心，如此其昭然而可睹也。然则慎刑者，所以止刑也。《书》曰'刑期无刑'，其谓是欤？朕尝谓欲天下之治，必使刑狱清简者，诚有鉴于此也。盖唯慎刑则不滥，善人无误罹文网之惧，刑慎则必当，不善者无侥幸苟免之心。天下虽大，天下之民虽众，使为善必蒙福泽，为不善必不可幸免，则是非别白，大道昭明，会极归极，是训是行[2]，而刑措不用矣。"(《圣训》、《御制文集》)

[注释]

①三物：犹三事，指六德、六行、六艺。《周礼·地官·大司徒》："以乡三物教万民，而宾兴之。一曰六德，知、仁、圣、义、忠、和。二曰六行，孝、友、睦、姻、任、恤。三曰六艺，礼、乐、射、御、书、数。"②会极归

极，是训是行：语出《尚书·洪范》："会其有极，归其有极。……是训是行，以近天子之光。"

［译文］

康熙二十五年（1686），圣祖皇帝吩咐刑部、都察院、大理寺大小诸臣说："司法机关乃人民生命攸关，国家法典所系。现在看到司法机关拟议裁决的刑狱案件，有的恐怕不能符合实际情况，而专门用心苛刻重治。人的生命关系重大，一定要以中正之心，施行持平宽仁之道，使得法抵其罪，既不纵容，也不冤枉，务必得其实情，才能避免冤屈。如果只知道以深文周纳为能事，罗织罪名为尽职，等到供词记录已完成，审判文书也形成之后，即使反复推究审查，要想求得重生之路，已经很难了。我对你们所上奏疏，有案情值得同情疑惑，所定罪行不够允当的，都驳回让重新复审。今后你们要体谅我的心意，殚心竭虑，矢志谨慎详明，以符合我以善用刑的心意。我披阅史册，采辑历代贤臣慎于用刑的事迹，书写记录于文书中，内阁及三法司的官员要详加审视。"

又吩咐说："刑罚，是为了禁绝暴乱、防止奸邪。如果是强横狡诈、违法作乱的人，不要使之漏网；至于是贫穷弱势、愚昧无知的人，即使偶尔失之于宽，也称不上过于放纵。"

圣祖皇帝御制《慎刑论》写道："圣人治理天下，有礼制也有刑法。礼制，是用来劝勉人民为善的；刑法，是用来禁止人民为非的。以君臣、父子、夫妻、兄弟、朋友五伦关系作为准则，以六德、六行、六艺三种事物作为防范，逐渐加以观摩，优游其中而自然得到教化。奸邪的行为不发生，那么每家每人的德行都可以表彰。圣人之心，岂不是很惬意？可是现实情况却做不到这一点。于是就制定刑罚从后面加以驱使，使天下的人惊骇恐惧，有所敬畏，不致陷入非理非法，这就是刑罚之所以设立的原因。圣人也是不得已而为之，轻者伤及肌肤，重者则戕害性命，天下最为惨痛的事情，到刑罚的实施达到了极点。圣人在上，不能使天下没有受刑的人，政治公平，狱讼合理，即使是一个人、一件物，最终也没有困顿穷苦的担忧，这就可谓得到了慎用刑罚的真谛。民众的本性，有善而无不善，长期处于水深火热之中，邪恶强盗就会产生。一旦因犯罪而遭受惩罚，即使想悔改，也来不及了。因此圣人慎用刑罚，就是为了保全人民善良的本性。雨露和雷霆，是上天成就每年收成的手段。可是一年之中，雨露不时出现，雷霆的出现却不多见，所以圣人慎用刑罚，就是为了顺从天道。在《易经》中，噬嗑卦的象辞是‘严明刑罚，整顿法度’，而接下来的贲卦的象辞就是‘不敢轻易判断讼事’。丰卦的象辞是‘决断狱讼，使用刑罚’，而接下来的旅卦的象辞是‘明察审慎地使用刑罚’。噬嗑的卦爻上为离爻，下为震爻，丰卦的卦爻上为震爻，下为离爻，在意思上都是以明察为断。而贲卦与旅卦都有艮卦之爻，在意思上是停止。圣人的本意，认为使用刑罚的原则，以公明断案为贵，而一定要以至为审慎为本。圣人的心意，如此明白昭然，可以看到。既然这样，那么慎用刑罚，就是为了中止刑罚。《尚书》上说：‘施用五刑的目的是为了不用五刑。’大概说的就是这个意思吧！我曾经说要想达到天下大治，一定要使刑狱清明简要，也的确是认识到这个道理。因为只要用刑谨慎就不会过滥，使善良的人没有误陷法网的恐惧；用刑谨慎也一定要得当，使不善的人没有侥幸苟且免于损害的心理。天下虽大，天下之人虽多，假使做善事一定会蒙受福泽，做坏事一定不可幸免，那么是非分明，大道昭然，聚集依法则办事的大臣，大臣就归向建立法则的君主，是法则是教导，是顺从了上天的教化。这样，刑罚措施也就没有必要施用了。”

圣祖《庭训》曰：“世间事甚不如意者，莫过于决断秋审[①]一事。夫杀人之人，理应偿命。但为人君者于杀人之事，必以哀

矜之心处之，故朕每理秋审之事，无一不竭尽心力而详审之也。”（《庭训格言》）

［注释］

①秋审：清代复审死刑案件的一种制度，因于秋季举行，故称。每年四月，各省对判处死刑未执行的案犯再行审议，分为“情实”、“缓决”、“可矜”、“可疑”，报送刑部；秋八月，刑部会同大理寺等集中复核，最后奏请皇帝裁决。

［译文］

圣祖皇帝《庭训格言》写道：“世间的事情很不如意的，莫过于决断秋审杀人的事。杀人的人，理当偿命。但是作为君主，对于杀人的事情，一定要以哀怜恻隐之心对待。所以我每逢处理秋审的事情，没有一个不是用尽心血去详细审查的。”

论赦令第三十五

康熙十八年，圣祖敕谕云南、贵州大小文武官员军民人等曰：“逆贼煽乱以来，尔等被其迫胁，陷身贼中，莫能自拔。地方百姓，久遭荼毒，诛求苛扰，困苦日深。在彼情形，朕已洞悉，每一念及，深为恻然。故屡颁敕谕，广示招徕，开以自新之路。今湖南悉皆平定，广西亦已纳款，独尔滇、黔一隅，民生尚在水火之中，朕以仁覆天下为心，岂忍西南万姓颠连无告，莫之拯救？且当时倡叛，罪止吴三桂一人，所属人员，均系胁从，情可矜恕。今特颁敕谕，再行招抚。尔等其各体朕宽大好生之心，翻然悔悟，争先来归，于各路大将军、将军等军前投诚，皆赦其前罪，论功叙录，加恩安插，令之得所。尔等勿得仍怀疑畏，坐失事机，有负朕嘉与维新至意。”

又谕兵部曰："湖南、广西已经底定，滇、黔指日荡平。凡在京、在外大小文武官员，内有家口陷于贼中者，有孑身投诚，家口仍在彼地者，有前以抗贼被害，而家口尚有遗留者，大兵到日，一一清察，务加保全，俾之得所，听其家属完聚。尔部即通行传谕各路大将军、将军、督抚、提镇等遵行。"（《东华录》二十三）

［译文］

康熙十八年（1679），圣祖皇帝诏令吩咐云南、贵州的大小文武官员、军民人等说："逆贼吴三桂煽动叛乱以来，你们被他们所胁迫，陷身于叛贼之中，不能自拔。地方上的老百姓长期遭受荼毒，诛求不已，苛政困扰，艰难困苦日益深化。你们在那里的情况，我都已经洞悉无遗。每当感念至此，我都深深感到恻然。因此多次颁布诏书，广泛进行招徕，为你们广开自新之路。现在湖南已全部平定，广西也已经纳款请降，只有云南、贵州一隅之地，人民还生活在水深火热之中。我以仁政普济天下作为自己的心愿，怎么能够忍心西南百姓困顿穷苦而无法申诉，没有人来拯救呢？况且当时倡导叛乱的，罪行只在吴三桂一个人，其所属人员都是胁从，其情可以怜悯宽恕。现在特地颁布谕旨，再次进行招抚。你们各自体谅我宽大之心、好生之德，翻然悔悟，争先前来归顺，到各路大将军、将军等的军前投诚，我都将赦免以前的罪责，根据功劳加以任用，而且特别加恩安排，令你们各得其所。你们不要仍然怀着迟疑畏惧之心，坐失良机，辜负我奖励优待那些弃旧图新的人的心意。"

又吩咐兵部说："湖南、广西已经平定，云南、贵州指日即可荡平。凡是在京师、在地方的大小文武官员，其中有家口身陷叛贼之中的，如果有孤身投诚，家口仍然在当地的，有以前抵抗叛贼遇害，而家口还有遗留当地的，朝廷大军到来之日，一一加以清查，一定要加以保全，使之各得其所，听凭其家属团聚。你们兵部当即刻通行传达谕旨给各路大将军、将军、总督、巡抚、提督、总兵官等知晓遵行。”

圣祖阅史至唐太宗谓赦有罪者贼良民①，曰：“赦者，小人之幸，君子之不幸，昔人论之详矣。诸葛亮治蜀，亦深以赦为非。朕幼时观之，似乎太刻。及临幸以来，稔悉人情，赦诚不可数也。唯当薄税敛，敦教化，使百姓足衣食以兴礼义，惜廉耻而重犯法；庶几刑措之风为致治之本原尔。”（《御制文二集》）

［注释］

①唐太宗谓赦有罪者贼良民：语见《资治通鉴》卷一百九十二：“夫养粮莠者害嘉谷，赦有罪者贼良民。”又见新旧《唐书》本纪。

［译文］

圣祖皇帝读史，读到唐太宗认为赦免有罪的人是贼害良民，感叹道：“赦免，是小人的侥幸，也是君子的不幸。从前的人们论述得已经很详尽了。诸葛亮治理蜀国，也深深感到赦免的不可取。我幼年时读到这里，感到似乎太过苛刻。等到即位以来，逐渐熟悉了人情，才感到赦免的确是不可以多次经常施行的。只应当轻徭薄赋，敦睦教化，使老百姓衣食丰足，从而兴起礼义之风，珍惜廉耻，不敢犯法。这样，差不多可以达到社会治平，刑措弃置不用，从而成为致治的本源。”

康熙政要卷二十一

辨兴亡第三十六

康熙二十三年，圣祖谒明太祖陵，过明故宫，慨然久之。御制《过金陵论》曰："金陵，《禹贡》扬州之域，秦立郡县为秣陵，两汉因之。孙权时称建业，东晋及宋、齐、梁、陈，地号佳丽。隋唐之间，六朝旧迹，渐致湮没。南唐李氏，始更筑城名金陵府。明有天下，建都于此。窥明太祖之意，以为宅中图大，控制四方，千百世无有替也。岁在甲子冬十一月，朕省方南来，驻跸江宁，将登钟山，酹酒于明太祖之陵。道出故宫，荆榛满目，昔者凤阙之巍峨，今则颓垣断壁矣；昔者玉河之湾环，今则荒沟废岸矣。路旁老民跽而进曰：'若为建极殿，若为乾清宫。阶礩陛级，犹得想见其华构焉。'夫太祖以布衣起淮泗之间，经营大业，应天顺人，奄有区夏。顷经过其城市，闾阎巷陌，未改旧观，而宫阙无一存者。睹此兴怀，能不有吴宫花草、晋代衣冠[①]之叹耶？"

“昔人论形势之地，首推燕秦，金陵次之。然金陵虽有长江之险为天堑，而地脉单弱，无所凭倚。六朝偏安，弗克自振，固历数之不齐，或亦地势使然也。明自文皇靖难之后，尝以燕京为行在。宣德末年，遂徙而都之。其时金陵台殿苑囿之观，声名文物之盛，南北并峙，远胜六朝。迨承平既久，忽于治安。万历以后，政事渐弛，宦寺、朋党，交相构陷。门户日分，而士气浇漓。赋敛日繁，而民心涣散。闯贼以乌合之众唾手燕京，宗社不守。马、阮[②]以嚣伪之徒，托名恢复，仅快私仇。使有明艰难创造之基业，未三百年而为丘墟，良可悲夫！《孟子》曰：‘天时不如地利，地利不如人和。’[③]有国家者知天心之可畏，地利之不足恃，兢兢业业，取前代废兴之迹，日加儆惕焉，则庶几矣。”（《御制文集》）

［注释］

①吴宫花草、晋代衣冠：语出李白《登金陵凤凰台》：“吴宫花草埋幽径，晋代衣冠成古丘。”②马、阮：即马士英、阮大铖，明亡后，相互勾结，拥立福王，排除异己，专权弄法，导致南明政权的速亡。③天时不如地利，地利不如人和：语出《孟子·公孙丑下》。

［译文］

康熙二十三年（1684），圣祖皇帝拜谒明太祖孝陵，经过明朝故宫，感慨了很久。御撰《过金陵论》写道：“金陵，《尚书·禹贡》称属于扬州之地。秦朝设立郡县，为秣陵郡，两汉因袭不改。三国东吴孙权在位时称为建业，东晋及南朝宋、齐、梁、陈时代，号称佳丽之地。隋唐之间，六朝的遗迹逐渐湮没无闻。南唐李氏建都，才另外筑城叫做金陵府。明朝统一天下，建都在这里。窥测明太祖朱元璋的本意，认为这里得地势之利，居于中心，控制四方，政权延续千百代也不会灭亡。甲子年（1684）冬十一月，我巡幸来到南方，驻跸江宁府，将要登上钟山，以酒祭奠明太祖孝陵。路过明朝故宫，满目荒榛，当年巍峨的凤阙，如今已经成断壁颓垣了；当年湾环的玉河，如今已经成了荒沟废岸了。路旁年老的乡民跪着进言道：‘这是建极殿，这是乾清宫。阶下的柱础和陛下的石阶，还可以想见当年豪华的结构。’明太祖以布衣崛起于淮河泗水之间，经营天下大业，感应上天，顺从民意，统一华夏。刚才经过金陵城，闾阎巷陌，还没有改变昔日的旧观，而宫阙却没有一个保留下来。目睹此情此景，令人兴起思古之幽情，怎么能够没有吴宫花草、晋代衣冠的感叹呢？”

“古人讨论天下形胜之地，首推燕京、关中，其次就是金陵。然而金陵虽然有长江之险作为天堑，但地脉单薄卑弱，无所凭借。六朝偏安江南一隅，不能振兴，固然是朝代更迭的次序不整齐，或许也有地势的因素使然。明朝自从成祖靖难之役后，曾经以燕京（今北京）作为行在。宣德末年，就迁都到北京。当时金陵台榭、宫殿、苑囿之规模，声名文物之繁盛，南北两京对峙，远远胜过六朝。等到承平日久，逐渐忽视了政治安全。万历以后，政事趋于废弛，宦官之祸、朋党之争，交相争斗，危害日深。门户之见既分，而士林风气日趋浇漓。而赋役的征敛日益频繁，民心涣散。闯贼李自成以乌合之众唾手而攻破京师，国家政权灭亡。马士英、阮大铖以轻狂伪善之徒，托名恢复明朝大业，实际上仅仅是快其挟私报仇之心，从而使得有明一代艰难创造的祖宗基业，不到三百年就化为丘墟，实在是可悲啊！孟子说过：‘天时不如地利，地利不如人和。’拥有国家政权的人知道天心之可畏，地利之不足依凭，兢兢业业，汲取前代兴盛、废弛的轨迹和教训，每日加以警示戒惧，就差不多了。”

康熙三十六年，圣祖谕大学士等曰：“观明史洪武、永乐所行之事，远迈前王。我朝见行事例，因之而行者甚多。且明代无女后预政，以臣凌君等事，但其晚季坏于宦官耳。且元人讥宋，明复讥元，朕并不似前人，辄讥亡国也，唯从公论耳。今编纂《明史》，著将此谕增入《修明史敕书》内。”（《圣训》）

［译文］

康熙三十六年（1697），圣祖皇帝吩咐大学士等说：“观察明朝历史上太祖朱元璋、成祖朱棣所行之事，远远超过前代帝王。我朝现行的事例，沿袭而行的很多。况且明朝没有太后干预政事、大臣欺凌君主等类的事情，只是明朝末年为宦官所败坏罢了。而且元朝人讥讽宋朝，明朝又讥讽元朝，我并不像前人那样，动辄讥讽亡国，而是只遵从公论罢了。如今编纂《明史》，诏令将这个谕旨增加到《修明史敕书》中。”

圣祖御制《宋高宗父母之仇终身不雪论》曰：“朕万机馀暇，命大学士、翰林该直者，于南书房出《宋高宗父母之仇终身不雪论》，朕亦作焉。大学士熊赐履将朕意已书，因文意得体，故不复作。众官作完进呈，朕一一细阅。责之太过者，不免刻薄，立己之意者，不能无私。文章虽雅，皆非至当不易之理。朕自弱龄苦好读书，未尝以文为事。况帝王之学，识其远者，大者而已。非儒生对句华辞多丽为胜也。览此众论，又不能无疑，故勉强濡笔出意见再论之。

“论古人之道，犹后之视今，须在中正和平。中正则不偏，和平则不阙。责人重者责己轻，千百年前所为，以瞬息论之易，一生数十年间事业成之难。自古创业守成，自有其法。创业唯艰，守成不易。宋之开创，已百馀年矣。徽宗守成之主，不能敬天法祖。有图燕之议[①]，亡失故有三也。所以天命将危，外患以深，虽孝子慈孙，不能改也。当日能保邦于未危，治之于未乱，任贤勿二，去邪勿疑。内有守国之贤相，外有谋勇之将士，可以一鼓而歼辽金，何难之有？若至危急存亡之秋，武侯之才，止于‘死而后已’之叹。仅存汉室三分，偏安蜀都矣。又览史册，韩世忠败金兵于金山，兀术乘骑而遁。金山者，共目所睹，岂能乘骑排兵耶？南渡史讹以至如此。况金兵破辽之后，兵已满万，人强将猛，非宋之所敌，明矣。备责不能卧薪尝胆，以雪父兄母后之仇，则高宗何辞？若论李纲之忠言不听，岳飞之丹诚不用，设使谏行言听，则必胜金兵于朱仙，生还二帝于汴京，朕实不信也。何也？根本已久不固，人心已久不一。上无惯战之良将，下无用命之士卒，天下虽有勤王之名，真伪莫测，虚实难分。高宗久在金营，孰强孰弱，自有切见。若使复仇雪耻，再整江山，实不能也，势使之也。孟子曰：‘寡众弱强不敌也。’[②]若论讲和之非，我太祖高皇帝因祖之仇，戊午起兵，战必胜，克必取，所向无敌，有往必成，神威圣武，深仁厚泽。犹念中国涂炭，数次议和。明朝引南宋讲和之非，始终不悟，归罪兵部尚书陈新甲为秦桧，弃市示众，发天下兵迎战。如袁崇焕、毛文龙、洪承畴、祖大寿、唐通、吴三桂，前后千馀员。凡出关者，非死即降，靡有孑遗。财赋因之已竭，人心随而思乱。百万雄兵，尽没东海，亿兆穷民，罹于边戍。元气尽伤于关东，闯贼蜂起于陇西。贼至京城，文武逃散，无一死于难者，岂非当日不主议和者乎？偏安社稷，犹存一线之脉络，若为雪耻复仇，同死于国难者，尤不知与明末同乎？否乎？文天祥云：‘社稷为重，君为轻，立君以存社稷，存一日则尽臣子一日之责。’实千载忠君之语，君与社稷并而为一也。使高宗匹夫之勇，死而无悔，不顾社稷，以死雪仇，又不知当时议论如何耶？天下非一人之天下，有德者可以居之。民不堪命，即有‘是日曷丧’[③]之诗。‘天视天听，自我民始。’[④]

有国家者，不可以不慎。朕不敢责于已然，而责于未然，取其'殷鉴不远'⑤之诫，自警自戒云尔！不暇多论古人是非也。”(《御制文四集》)

［注释］

①图燕之议：宋徽宗用童贯使辽所得燕人马植计，谋取为辽国多占的燕云十六州旧地。②寡众弱强不敌也：语出《孟子·梁惠王上》。③是日曷丧：语出《尚书·汤誓》：“时日曷丧，予及汝皆亡。”④天视天听，自我民始：语出《尚书·泰誓中》：“天视自我民始，天听自我民听。”⑤殷鉴不远：语出《诗经·大雅·荡》：“殷鉴不远，在夏后之世。”

［译文］

圣祖皇帝御撰《宋高宗父母之仇终身不雪论》写道：“我在日理万机的余暇，命大学士、翰林院当值的官员，在南书房撰写《宋高宗父母之仇终身不雪论》，我也撰写一篇。大学士熊赐履将我的意见已写出来，因为文章得体，所以我没有再写。众大臣作完进呈，我一一详加阅览，其中责备过分的，不免刻薄；以自己立论的，也不能做到无私。文章虽然雅正，都称不上至为得当、不刊之论。我从幼年就酷爱读书，不曾以文章为事。况且帝王之学，关键是见识深远、广大而已，并非像儒生对句，以词藻华丽为胜。阅览众人所论，又不能没有疑惑，因此勉强提笔，提出意见，再加讨论。

“讨论古人之道，就像是后人看今天，必须中正和平。中正就会不偏不倚，和平就会没有缺失。责备别人严重，自责就轻描淡写，千百年前的所作所为，以瞬息之间讨论很容易，但以一生数十年间成就事业就很难。自古以来创业与守成，自有其一定之规。创业艰难，守成不易。北宋开国创业，已经百余年了。宋徽宗作为守成君主，不能敬畏天命，效法祖先。曾经有图谋燕云旧地的动议，但其国家危亡的缘故很多。因此，天命将出现危机，外部祸乱也日益加深，即使其本人是孝子慈孙，也无法改变。当时如果能够保持国家不出现危机，政治不出现混乱，任用贤才没有二心，祛除奸邪没有疑虑。朝内有保守国家的贤相，前线有智勇双全的将士，可以一鼓作气，歼灭辽金，又有什么难处？如果到了危急存亡之秋，即使是诸葛武侯的才华，也只能留下‘鞠躬尽瘁死而后已’的感叹，使得汉室仅存三分之一，偏安西南一隅了。又观览史册，南宋将领韩世忠大败金兵于镇江的金山，金军元帅兀术骑马逃遁。金山之地，众目所睹，难道可能骑马打仗、排兵布阵吗？宋室南渡的史事以讹传讹，以至如此。况且金兵攻破辽国之后，兵力已满万人，士兵强壮，将军勇猛，宋军已经不是对手，这是很明显的。如果求全责备，说他不能卧薪尝胆，以为父兄母后报仇雪恨，那么宋高宗赵构如何推托得了？如果说他对于李纲的忠言不听信，对于岳飞的赤胆忠心不信用，假使其谏言得以听从施行，那么一定能够在朱仙镇大胜金兵，迎接徽宗、钦宗二位皇帝生还汴京，我实在难以相信。为什么呢？宋朝的根本不稳固已经很久了，人心不统一也已经很久了，上没有能征惯战的良将，下没有勇猛拼命的士兵，天下虽然有勤王的名义，但真伪莫测，虚实难分。宋高宗曾长期在金军营中，谁强谁弱，自有真切的见闻。如果让他复仇雪耻，重整江山，实在是做不到，这也是当时形势使然。孟子说：‘双方众寡、强弱悬殊，不相敌当。’如果说讲和不对，那么我朝太祖皇帝因为祖父的大仇，在戊午年（万历四十六年，1618）起兵伐明，战则必胜，攻则必取，所向无敌，有往必成，神圣威武，深仁厚泽，还感念中原地区生灵涂炭，数次和明朝议和。明朝引证南宋议和之非，始终不悟，归罪于主张议和的兵部尚书陈新甲，比于秦桧，斩首示众，征发天下大军迎战。又如袁崇焕、毛文龙、洪承畴、祖大寿、唐通、吴三桂，涉及将官前后达千余员。凡是出山海关作战的，非死即降，没有例外。国家财货赋税因此而枯竭，民心随之而思乱。百万雄兵，全部覆没于东海之滨，亿兆穷苦百姓，遭受戍边之苦。国家元气尽伤于关东地区，农民起义军却蜂起于陇西地区。起义军进入京城，文武官员纷纷逃散，没有一人死难的，难道都不是当年不主张议和的人吗？南宋社稷偏安于东南，尚存一线之脉络，如果为了复仇雪耻，同死于国难的，尤其不知道与明末相同呢，还是不同呢？文天祥曾说过：'国家社稷为重，君主为轻，拥立君主以保存社稷，存在一日就竭尽臣子的一日之责。'的确是千古忠君之语，君主和社稷合二为一了。假如宋高宗逞其匹夫之勇，死而无悔，不顾国家社稷存亡，以死雪耻复仇，又不知道当时的议论会如何。天下不是一人之天下，有德行的人都可以居其位。民不堪命，就有'这个太阳什么时候消亡'的诗句。'上天所见，来自我们民众所见；上天所闻，来自我们民众所闻。'拥有国家政权的人，不可以不谨慎小心。我不敢责备已经成为事实的历史，而责备尚未成为事实的未来，汲取'殷鉴不远'的训诫，以为自警和自戒，没有闲暇过多地讨论古人的是非。"

圣祖《讲筵绪论》曰："观古废兴之际，如夏、商之桀、纣，周之幽、厉，所以坠失天命，皆其自取。后世亦有无大失德而陨覆其家国者，如明之崇祯年间是也。皆由其臣子背公徇私，处言路者变易是非，淆乱可否，曾无实心体国之人，故至此耳。"（《御制文二集》）

［译文］

圣祖皇帝《讲筵绪论》写道："观察古代朝代更迭之际，如夏朝的桀，商朝的纣王，周朝的幽王、厉王，之所以丢掉政权，都是咎由自取。后世也有没有大的失德却导致国家倾覆的，例如明朝崇祯年间。都是由于其大臣背弃公义、瞻徇私情，身当言路的官员颠倒是非，混淆可否，没有实心实意公忠体国的人，因此导致这种结果。”

论贡赋第三十七

康熙七年，安南国王黎维禧奏请六年两贡并进。礼部议仍照《会典》定例三年朝贡。圣祖曰：“览王奏，称该国‘僻居禹服之外，道路悠远，山川阻深，供役劳苦，三年六年，先后各异，礼仪恭敬则一’等语，该国遵奉教化，抒诚可嘉，此进贡著照该王所奏行。”（《东华录》八）

［译文］

康熙七年（1668），安南国王黎维禧奏请：六年两次朝贡，一并进奉。礼部讨论认为应当仍旧按照《大清会典》的定例三年一次朝贡。圣祖皇帝说：“阅览安南国王的奏疏，称该国‘僻居华夏九州之外，道路遥远，山川阻隔，劳役供应非常辛苦，三年一次朝贡，或六年一并朝贡，先后虽然各有不同，但礼仪和恭敬之心是一样的’，该国遵奉我国的教化，诚心可嘉。其进贡方式就按照安南国王所奏施行。”

康熙十四年，鄂罗斯察汉汗遣其臣尼果赖·罕伯理尔鄂维策贡方物，奏称：鄂罗斯僻处远方，从古未通中国，不识中国文义，不谙奏疏仪式。今特向化输诚，愿通贡使。圣祖曰：“鄂罗斯国所处甚远，诚心向化，特遣其臣贡献方物，甚属可嘉。所奏之处，议政王大臣等议奏。”（《东华录》十七）

［译文］

康熙十四年（1675），鄂罗斯（即今俄罗斯）察汉汗派遣其大臣尼果赖·罕伯理尔鄂维策前来贡献方物，上奏说："鄂罗斯处于偏僻的远方，从古以来没有与中国通贡，不认识中国文字，也不熟悉奏疏和礼仪形式。现在特地仰慕教化、表达诚心，愿意互通贡使。"圣祖皇帝说："鄂罗斯国所处非常遥远，但诚心仰慕中国教化，特地派遣大臣贡献方物，甚属可嘉。其所奏请之事，议政王大臣等讨论具奏。"

康熙五十年，圣祖谕礼部曰："朝鲜国王李焞，自袭爵以来，慎守封圻，恪遵仪度，岁时贡献方物，克殚悃忱，四十馀年，未尝少懈。其国中之事，稍有关系者，必奏明仰请定夺，罔敢隐讳。每于钦差人员，竭尽小心，倍加敬礼。且抚恤国人，善于爱养，所属靡不悦服。朕用是深为嘉美。既尝曲示恩谊，值彼地饥馑，又自海洋运米赈济。故举国人众，至今犹深感戴。朝鲜贡物，朕屡次裁减，以至甚轻。但国小地隘，其年例贡物，内有白金一千两、红豹皮一百三十二张，犹恐难于备办，嗣后将此二项永停贡献。又闻朝鲜国使，沿途馆舍尽皆倾圮，难以止宿，历年进贡奉事人员，甚为劳瘁。著令各该地方官，修葺坚固，用副朕加惠远人至意。"(《东华录》八十七)

［译文］

康熙五十年（1711），圣祖皇帝吩咐礼部说："朝鲜国王李焞，自从继位以来，谨慎保守封疆，恪遵法度，每年按时贡献方物，竭尽忠诚，四十多年来不曾稍微懈怠。其国中之事，与中国稍有关系的，一定奏明我朝请示定夺，不敢有所隐讳。每每对于钦差人员，也都竭尽小心，倍加尊敬礼遇。而且抚恤国人，善于爱养百姓，所属人们无不心悦诚服。我因此深为嘉奖褒美，不仅委婉地表达恩德情谊，遇到其国内饥馑灾荒，又从海上运输粮食进行赈济。所以其举国民众，至今还深深感恩戴德。朝鲜的贡品，我多次加以裁减，以至于非常轻微。但其国土较小，每年例行贡品，有白银一千两、红豹皮一百三十二张，恐怕仍然难以备办。今后将这两项也永远停止贡献。又听说朝鲜国的使臣来中国朝贡的沿途馆舍都已经倾坏，难以住宿，历年以来进贡的办事人员，非常劳顿辛勤。诏令沿途的地方官安排修葺，务必使之坚固适用，以符合我施惠于远方之人的心意。”

康熙四十六年，外藩诸王、贝勒、贝子、公、台吉等各率所部进献马驼，圣祖却之。众皆叩首奏曰：“臣等祖父以来，受圣主隆恩，抚恤豢养，俾各得其所，已数世矣。逮及臣等，遭噶尔丹之变，父母妻子，俱不能相保。蒙我皇上轸念，特遣大臣官员将离散之人收养。又颁赏银米、布帛、牲畜等物，使永立生业，教之播种。比年以来，马匹蕃滋，衣食丰足。高厚之恩，万难仰报。今圣驾遥临边塞巡视，臣等生息进献之物，倘蒙收纳，则仰沐洪福，嗣后马匹愈加繁盛矣。”谕曰：“朕今教养尔等，人皆富庶，物尽蕃滋，尔等竭诚进献，朕心嘉悦，即与收纳无异。嗣后尔等其益勤生计，图维滋息，始副朕爱养至意。”（《东华录》八十二）

［译文］

康熙四十六年（1707），边外藩属诸王、贝勒、贝子、国公、台吉等各自率领所部进献马匹、骆驼等物，圣祖皇帝表示推辞。众人都叩首上奏说：“我等自从祖父、父亲以来，承蒙皇上的隆恩，抚恤豢养，使得各得其所，已经经历数代了。到了我们这一代，遭遇噶尔丹的叛乱，父母妻子儿女都不能保全，承蒙皇上怜悯关怀，特地派遣大臣官员将离散人员予以收养。另外颁赏银两、米粮、布帛、牲畜等，使他们永久建立生业，教导他们播种生产。近年以来，马匹繁衍，人民衣食丰足。皇上的天高地厚之恩，实在难以报答。如今圣驾临幸边塞巡视，我们所贡献的方物，倘若承蒙收纳，就能沐浴皇上的洪福，今后马匹将会更加繁盛了。”圣祖皇帝诏谕说：“我现在教养你们，使得你们那里人民都很富庶，物产尽皆繁荣，你们竭诚进献方物，我心里非常高兴，就和收纳贡献没有差别。今后你们更加勤勉于生计，图谋发展，才符合我爱养百姓的心意。”

康熙五十六年，福建巡抚陈瑸疏言：“会安县知县田广运[①]等，征收钱粮有方，居官声名俱好。恳圣恩破格鼓舞，于吏治民生大有裨益。”圣祖谕大学士等曰：“此奏甚善，征收钱粮，唯少加火耗，百姓易于输纳。从前马齐[②]任山西巡抚、张鹏翮任浙江巡抚时，钱粮俱清楚。蒋廷锡[③]任山东巡抚时，钱粮亦清楚。外省总督巡抚居官好，少加火耗，钱粮断不至缺乏也。田广运等俱著该部议叙。”（《圣训》）

［注释］

①田广运：字右君，号谨斋，泰州人，康熙五十一年（1712）进士，授惠安知县。②马齐：满洲镶黄旗人，历官内阁侍读学士、山西布政使、山西巡抚、左都御史、户部尚书、理藩院尚书、武英殿大学士等。③蒋廷锡：字扬孙，常熟人；康熙四十二年（1703）进士，历官礼部侍郎、户部尚书、文华殿大学士，卒谥文肃。

［译文］

康熙五十六年（1717），福建巡抚陈瑸上疏说：“会安县知县田广运等，征收钱粮有办法，做官也声名均好。恳请皇上开恩破格予以褒奖，加以鼓舞，对于吏治和民生都会大有裨益。”圣祖皇帝吩咐大学士等说：“这道奏章非常好，征收钱粮，只有少加征火耗，百姓便于缴纳。从前马齐任山西巡抚、张鹏翮任浙江巡抚时，钱粮也都非常清楚。蒋廷锡任山东巡抚时，钱粮也很清楚。各个直隶省的总督、巡抚居官良好，尽量少征火耗，国家的钱粮征收断不至于缺乏。田广运等人都令吏部讨论叙功。”

论征伐第三十八

我朝列圣武功之盛，拓疆之广，为前古所无。圣祖平定三藩、台湾、朔漠、西藏，大兵所临，壶浆载道。凡诸胜算，皆出庙谟。噶尔丹之役，圣祖亲削平之，煌煌神武，具在《方略》[①]。然圣意尝曰：“兵者，不得已而用之。”亦可以知我家法矣。（《方略序》）

［注释］

①《方略》：清代大型军事档案史料。自康熙二十一年（1682）诏设方略馆，将历次用兵的有关史料纂辑成书，历朝编就的约六十种，如《钦定平定三逆方略》六十卷、《钦定亲征平定朔漠方略》四十八卷等。

［译文］

我朝列位皇帝武功之盛，开拓疆域之广，为以前历代所未有。圣祖皇帝平定三藩之乱、统一台湾、平定漠北噶尔丹之叛、平定西藏叛乱，大军所临之地，百姓无不箪食壶浆以迎王师，充满道路。大凡这些胜利的筹谋，都是出自皇上的深谋远虑。平定噶尔丹之战，圣祖皇帝御驾亲征，一举削平，皇皇神圣武功，都记录在《方略》之中。虽然这样，皇上还曾经说过：“尖兵利器，万不得已才使用它。”从中也可以知道我朝的祖宗家法了。

圣祖《兵论》曰：“兵者，不得已而用之也。《孙子》曰：‘知己知彼，则百战百胜。’夫知己难，知彼亦难。矧当塞外荒邈之区，侦探之所不及，何以知其道里之远近，人众之多寡，山川之厄塞乎？汉世开边，史称最远，但尽数十年之兵力，得地无几。究未能灭其族类，而中国之财赋亦绌。何则？穷兵黩武之故也。我国家辟基广大，诸蒙古莫不臣属。风土疆域，可按籍而稽也。顷噶尔丹掠扰边陲，兴师讨罪。其道里之远近，人众之多寡，山川之厄塞，予固知之熟矣。去年春将亲统六师而出，召勇略将军赵良栋[①]问以方略。良栋曰：'老臣无他能，平日用师，唯精神贯注于事先耳。'予三临沙漠，事无巨细，躬亲筹画。往往以一己之精神，包括乎万事。动合机先，克灭渠寇。每思良栋之言之当也。顷者，灭噶尔丹之道有三：国家当隆盛之际，宇内熙恬，外藩倾服，独一噶尔丹妄逞凶顽，岂非自取覆亡？是我之得天时也。朔漠地虽辽阔，川原险要，可以何地进兵，何地犄角，了然指掌，是我之得地利也。师行雷动之顷，甲仗颁自禁中，粮饷出之公府，未尝轻劳民力。而禁旅养之有素，踊跃思奋，是我之得人和也。以知己知彼而上合天时，中获地利，下遂人和，又焉往而不克哉？昔人有云：'兵以戡乱戢报也。'今暴乱既除，兵甲偃息，默坐行幄，追维已往，姑叙述其事，以示安不忘危之心。然励精萃神，岂独用兵之道如是欤？"（《御制文二集》）

［注释］

①赵良栋（1621～1697）：宁夏（今银川）人，历任游击、副将、总兵、宁夏提督、勇略将军、云贵总督，谥襄忠。

［译文］

圣祖皇帝御撰《兵论》写道："尖兵利器，万不得已才使用它。《孙子兵法》上说：'知己知彼，就能百战不殆。'知己很困难，知彼就更加困难。假设身处塞外荒漠辽远之地，派人侦探有所不及，如何知道其道路的远近，人民的多少，山川的厄塞呢？汉代开拓边疆，历史上最称辽远，但是倾尽数十年的兵力，获得的土地也没有多少。最终也没有能够灭其族类，可是中国的财赋却因此而告匮。这是为什么呢？乃是穷兵黩武的缘故。我朝国家开创的基业广大，蒙古各部无不臣属。风土疆域，可以按照册籍加以稽考。不久前噶尔丹掠夺扰乱边陲，朝廷兴兵讨伐。那里的道路远近、人口多少、山川厄塞，我都已经熟知了。去年春天御驾亲征出师之际，召见勇略将军赵良栋，询问用兵方略。赵良栋说：‘老臣没有其他长处，平日用兵，只有精神贯注于事先罢了。’我三次驾临沙漠，事无巨细，都亲自筹划，往往以一己的精神，包括各种事务。行动往往合乎事机的先兆，从而克敌制胜，消灭贼寇。每每思虑赵良栋之言的得当。不久前，消灭噶尔丹的因素有三个：国家正当强盛之时，天下和乐，外藩归附，只有一个噶尔丹妄图逞其凶顽，难道不是自取灭亡吗？这就是我们得到了天时之利。漠北地方虽然辽阔，但其山川草原之险要，可以何地进兵，何地形成犄角之势，我们都了如指掌，这是我们得到了地利。大军出动之际，装备都从宫廷颁发，粮饷都从官府供应，不曾轻易劳动民力，而宿卫禁军平素训练有方，战时踊跃，人人想着奋勇争先，这是我们得到了人和。以知己知彼，而上合天时，中得地利，下得人和，怎么能够战而不胜、攻而不克呢？从前有人说过：军队是为了勘定混乱、遏止残暴。如今暴乱已经清除，兵甲得以偃息，我默默打坐在行军帐中，追思以往的事情，姑且叙述下来，以表示安不忘危的心意。然而励精图治、聚精会神，难道单单是用兵之地这样吗？”

圣祖《息兵安民论》曰：“一劳而天下永逸，一勤而兵革永宁者，非大有志与断不能也。凡人狃于常习，卒然临之以事，必苟且图目前之安，不为长治久安之策。虽暂取逸于一时，终因循蔓延而不可收拾。往往悔诸事后，诚何益哉？予自临御以来，留心机务，每遇大政，则谋之以深沉，断之以果决。其始未尝不慎重三思，而其要则唯以安民为念。自昔平定三逆之后，培滋元气，欲措斯民于衽席，未尝轻言兵事。比者厄鲁特噶尔丹妄逞凶顽，背弃誓约，侵凌我藩封，潜入我北漠。开谕再三，罔知悛改。不得不加之以兵。议者咸曰：‘蛮夷荒服，治以不治，古唯有驱逐之而已，防守之而已。远劳师旅，未必遂能灭除也。’予思我朝规模与往代异，我朝蒙古四十九部列居塞下，久奉臣贡。若任其蹂躏而不加芘覆，不特失外藩之心，将恐势成养痈，滋蔓边境，不若早为图之。爰整戎衣，躬临绝漠，既大破之。冬复再莅遐荒，相机剿抚。噶尔丹困蹙馀生，遣人乞命，其意缓我兵为兔脱[①]计。予心知之，而未忍逆诈[②]，姑与之定期以待之来。方春予复亲涉关塞，远处朔方。既俘其孽子，彼尚依栖榛莽，未悔厥心，知其不可以化诲也，乃命禁旅分道追收。噶尔丹势穷自尽，其下悉平。漠北万里，咸归疆域。从此海宇乂安，兵革不用，可以布化施泽，与民休养矣。方噶尔丹之盘踞土剌河也，诸蒙古为之心动。非毅然亲统六师，直穷巢穴，迫与之一战，必不能丧其魄而歼其众；及其败遁也，非严冬再出，久驻塞外，绝其所往。或奔匿他所，更费经营；春和之期，非跋履山川，分道进讨，示予不惮寒暑勤劳，必欲灭此而后已，则彼尚或支吾岁月，妄希苟延。三举一有不决，则机左师老，必致疲我苍赤，然予何敢以为志之断也？仰荷总社之灵，成此一劳永逸、一勤永宁之事。韬戢干戈，安静教育，使天下之民，士农工贾各业其业，乐其乐，岂不大为愉快哉？故予之用兵，实所以安民。今兵息而民安，将益讲求其安之之法，使后世知予息兵安民之意云。”（《御制文二集》）

［注释］

①兔脱：像兔子一样迅速逃脱。语出《孙子兵法》：“始如处女，敌人开

户；后如脱兔，敌不及矩。”②逆诈：语出《论语·宪问》：“子曰：‘不逆诈，不亿不信，抑亦先觉者，是贤乎！’”

［译文］

圣祖皇帝御撰《息兵安民论》写道：“一次劳顿而天下永逸，一次辛勤而战事永宁，如果不是具有远大志向，断然不能做到。一般人习惯安于常规旧习，突然面临大事，必定苟且图安，不做长治久安的打算。这样虽然暂时获得一时的安逸，最终会因循蔓延，导致不可收拾的局面。往往在事后感到悔恨，有什么益处呢？我自从即位以来，留心军国大事，每次遇到重大政事，就深沉谋划，果断决策。开始的时候未尝不慎重三思，而其关键则只以安定民生为念。自从平定三藩之乱之后，就力图培养元气，想安置人民太平安居的生活，不曾轻易谈论军事。近来厄鲁特蒙古噶尔丹妄图逞其凶顽，背弃誓约，侵掠欺凌我朝的藩属，并潜入我朝北部边境。朝廷再三开导训谕，他也不知道悔改。我们不得已采取军事行动。议论的人都说：那些蛮夷荒服之地，当以不管的办法来治理，古代只有采取驱逐之、防守之的办法罢了。长途征伐，劳动军队，未必就能够加以消灭。我思忖我朝规模与历代不同，蒙古四十九部分居塞下，长久奉诏朝贡。如果任其蹂躏而不加以保护，不仅会失去外藩的归向之心，将来恐怕会养痈遗患，滋扰边境，不如及早图谋。于是整理军装，亲临荒漠绝域，大破噶尔丹之后，冬天又再次莅临辽远的荒漠，相机进行剿抚。噶尔丹身陷困境，苟延残喘，派人乞求活命，其本意是作为缓兵之计，以便迅速逃脱。我心中知道，又不忍心妄自猜度其诈伪之心，姑且与他约定期限以等待其归降。次年春天，我又亲自远涉关塞，出兵朔方，俘虏其孽子，他还潜伏在草原，不悔改其初心，我知道他不可以教化训诲，于是命令禁军分道追讨。噶尔丹穷途末路，服毒自尽，其部下全部平定，漠北万里之地，都归属我朝疆域。从此天下安宁，兵革不兴，可以布施教化，与民休养生息了。正当噶尔丹盘踞土剌河之时，蒙古诸部人心动摇，如果不是我毅然亲率大军，直捣其巢穴，迫其决一死战，一定不能使其丧胆落魄，全歼其众；当其失败逃遁之时，如果不是严冬再次出击，长期驻兵塞外，断绝其往来道路，一旦任其奔逃藏匿于其他地方，就更加难以经营；春和景明之时，如果不是跋涉山川，分道进讨，显示我不惮寒暑劳顿，一定要消灭此敌而后已的决心，那么他还有可能延续时日，妄图希冀苟延残喘。三次行动，如果有一次不果决，就会导致错过时机，衰落士气，必定劳累我们苍生赤子，这样，我怎么敢不立志决断呢？承蒙祖宗社稷之灵应，成就这个一劳永逸、一勤永宁的事业。收藏干戈，安静教化，使得天下之民，士农工商各自安其业、享其乐，难道不是大为愉快的事吗？因此，我用兵打仗，实在是为了安定民生。如今战事止息，人民安宁，将更进一步讲求安定民生的方法，使得后人知道我息兵安民的心意。”

圣祖《庭训》曰：“兵书云：‘为将之道，当身先士卒。’前者，噶尔丹以追喀尔喀为名，阑入边界。朕计安藩服，亲统六师，由中路进兵，逐日侵晨起行，日中驻营。又虑大兵远讨，粮米为要，传令诸营将士，每日一餐，朕亦每日进膳一次。未驻营时，必先令人详审水草。或到乏水处，则凿井开泉，蓄积澄流，务使人马给足。竟有原无水处，忽尔清泉流出，导之可致数里，人马资用不竭。一近克鲁伦河，即身率侍卫前锋，直捣其巢，大兵随后依次而进。噶尔丹闻朕亲统大兵，忽自天临，魂胆俱丧，即行逃窜。恰遇西师于昭木多，一战而大破之。此皆由朕上得天心，出师有名，故尔新泉涌出，山川灵应。以数十万士卒车马，各各安全，三月之间，振旅凯旋，而成兹大功也。”（《庭训格言》）

[译文]

圣祖皇帝《庭训格言》写道："兵书上说：'为将之道，应当身先士卒。'以前噶尔丹以追击喀尔喀蒙古为名，侵入边界。我出于安定藩属的考虑，亲自统率大军，从中路进兵，每日早晨起来行军，中午宿营。又考虑到大军远征讨伐，粮饷供给非常重要，传令各营的将士，每天吃一顿饭，我也每天一次进膳。没有宿营之时，一定要预先派人详细审视水草情况。如果遇到水源缺乏的地方，就凿井挖泉，蓄积清水，务必使人马供给充足。竟然有原来没有水源的地方，忽然有清泉流出，可以达到数里，人马取用不竭。一接近克鲁伦河，我就亲自率领侍卫军作为前锋，直捣噶尔丹的巢穴，大军随后依次开进。噶尔丹听说我亲自统率大军，忽然从天而降，胆魄俱丧，当即逃之夭夭。恰好与西路大军在昭木多相遇，一战而大破之。这都是由于我上得天心，出师有名，因此新泉流出，山川灵应。数十万士卒车马，都很安全，三月之间，就凯旋了，成就了这一大功。"

康熙政要卷二十二

论安边第三十九

圣祖即位之初，敕谕安南国王黎维祺[①]曰：“朕唯修德来远，盛代之宏谟。纳款归仁，人臣之正谊。既输诚而向化，用锡命以宣恩，褒忠劝良，典甚重也。尔安南国王黎维祺僻处炎荒，保有厥众，乃能被服声教，特先遣使来归。循览表文，忱悃具见。古称识时俊杰，王庶几有之。朕心深为嘉尚，用锡敕奖谕，仍赉尔差官钗仁根银币衣服等物。遣安南馆通事序班一员，伴送至广西境上。并敕广西巡抚沿途拨发兵马，导之出疆，昭朕嘉与怀柔至意。尔受兹崇命，其益励忠勤，永作藩屏，恪修职贡，丕承无斁。钦哉，特谕！”（《东华录》一）

［注释］

①黎维祺：安南后黎朝皇帝，1619～1643 年在位，后禅位于真宗，1649～1662 年复位，庙号神宗。

［译文］

圣祖皇帝即位之初，敕谕安南国王黎维祺说：“我认为勤修德政，使远人归向，这是盛世的宏伟国策；纳款降服，归顺仁政，这是人臣的正确道理。归附向化之后，朝廷就要赐予诏命以宣示恩宠，褒扬忠诚，劝勉良善，其典制非常重大。安南国王黎维祺僻处南方荒蛮之地，保有其民众，能够信奉我朝的声威教化，最早派遣使者前来归顺。阅览其表文，足见其忠诚之心。古人说识时务者为俊杰，国王差不多可以称得上了。我内心深为赞许，因此颁布诏敕予以褒奖。赏赐国王所差使者钗仁根银币、衣服等物，另派遣安南馆通事序班一员，伴送到广西边境之上，命令广西巡抚沿途拨给兵马，引导使者出境，以昭示我褒奖、怀柔的心意。国王受此崇命，希望更加励志忠勤，永远作为中华的藩屏，恪守职分，勤修朝贡，承天受命，不要倦怠。特此诏谕！”

康熙十六年，圣祖谕大学士等曰：“闻厄鲁特、喀尔喀交恶兴戎，虽虚实未确，朕统御寰区，一切民生，皆朕赤子，中外并无异视。厄鲁特、喀尔喀倘因细故交恶，至于散亡，朕心大为不忍。伊等向相和好，贡献本朝，往来不绝，若交恶果实，当遣使评其曲直，以免生民于涂炭。如仰副朕一视同仁之意，仍前和好，相与优游太平，朕大嘉悦焉。但天寒路远，若遣使往回，无饲马驰驿之所，或致有误。今厄鲁特、喀尔喀使至，其令理藩院明白备檄交发来使传谕之。”（《东华录》二十）

［译文］

康熙十六年（1677），圣祖皇帝吩咐大学士等说：“听说蒙古厄鲁特、喀尔喀部相互交恶，引起战事，虽然消息虚实尚未确切，但我统御天下，一切人民都是我的赤子，无论中外并没有不同看待。厄鲁特、喀尔喀蒙古倘若因为小事交恶，以至于部众散亡，我心中大为不忍。他们二部向来友好相处，向我朝贡献方物，往来不绝，如果交恶之事确实发生，应当派遣使者为他们评论是非曲直，以免人民生灵涂炭。如果能够体谅我一视同仁的心意，仍然和好如初，和谐相处，太平无事，我就非常高兴。但因为天气寒冷，路途遥远，如果派遣使者往来，没有邮驿之所，或许会出现失误。如今厄鲁特、喀尔喀两部的使者都来了，诏令理藩院明白草拟檄文交给使者传达晓谕。”

是年，圣祖赐荷兰国王敕谕曰：“朕唯柔远能迩，盛代之嘉谟；修职献琛，藩臣之大节。输诚匪懈，崇赉宜颁。尔荷兰国王耀汉连氏、甘勃氏属在遐方，克抒丹悃，遣使赍表纳贡。忠荩之忱，良可嘉尚。用特降敕奖谕，并赐王文绮、白金等物。往其祇承，益砾忠贞，以副朕眷。钦哉！”

又谕议政王大臣等曰：“向者，罗刹侵犯雅克萨、尼布楚诸地，戕我居民，边境骚然。曾谕鄂罗斯察汉汗来使尼果赉等，撤回其众。自后竟不覆奏，反在在侵犯，肆行扰害。意尼果赉未达前旨于察汉汗，复令被擒罗刹持书喀尔喀地宣谕之，亦不覆奏。因遣发官兵往雅克萨招抚罗刹，不戮一人，令其头目额礼克谢等持书归去。罗刹闻我师言旋，复回雅克萨筑城以居。朕思本朝频行宣谕，曾未一答，而雅克萨罗刹又死守不去。或尼布楚诸地阻隔，前书未达，或雅克萨罗刹皆彼有罪之徒，不便归国，俱未可知，今问荷兰国贡使，称伊国与鄂罗斯接壤，语言亦通。其以屡谕，情节备悉，作书用兵部印付荷兰国使臣转发鄂罗斯察汉汗处收。雅克萨、尼布楚罗刹于何处分立疆界，各毋得逾越。则两界人民，均得安宁，不失永相和好之意。察汉汗覆奏时，令其使由陆路直来。若陆路难通，即以来奏付荷兰国代奏，再依此作书发西洋国转达之。”（《东华录》三十八）

［译文］

这一年（康熙二十五年，1686），圣祖皇帝颁赐荷兰国王敕谕说："我认为怀柔远方，优抚近地，是盛世的良策；勤修职分，进献方物，是藩臣的大节。藩臣降服归诚没有懈怠，朝廷也应该颁布诏令予以崇信赏赉。荷兰国王耀汉连氏、甘勃氏属于远方，能够表达赤诚之心，派遣使者带着文书前来纳贡。其忠诚之心，实可褒奖。因此特地颁布诏敕予以嘉奖，并赏赐国王丝绸、白银等物。请国王恭敬接受，更加励志忠贞，以符合我的心意。钦此！"

又吩咐议政王大臣等说："以前鄂罗斯侵犯我国雅克萨、尼布楚等地，杀害我方居民，引起边境骚动。我曾经谕令鄂罗斯察汉汗派来的使者尼果赉等，撤回其众。从此以后竟然不予回复，反而到处侵犯，肆行骚扰祸害。估计尼果赉未能传达谕旨给察汉汗，又命令被俘虏的鄂罗斯人带着文书到喀尔喀蒙古地方进行宣示规劝，也不回奏。于是派遣官兵前往雅克萨招抚鄂罗斯人，并没有屠戮一个人，而只是命令其头目额礼克谢等带着文书归去。可是鄂罗斯人听说我们军队凯旋，又回到雅克萨筑城并居住下来。我想我朝多次宣示诏谕，他们竟然没有一次回复，而雅克萨的鄂罗斯人又死守不离开。或许是尼布楚等地山川阻隔，以前的文书都没有传达，或许是雅克萨的鄂罗斯人都是他们国家的有罪之徒，不便回国，都不可知。如今询问荷兰国贡使，声称他们国家与鄂罗斯接壤，语言也可互通。就以多次诏谕的内容，双方交涉的详细情形，写成文书盖上兵部的印信，交给荷兰国使臣转发给鄂罗斯察汉汗。雅克萨、尼布楚地方的鄂罗斯人在何处分立疆界，不得超越，这样两国人民，都能够安定生活，不失永远和好的本意。察汉汗回奏时，令其使臣从陆路直接前来。如果陆路难以通行，就以回奏交给荷兰国代为奏请，再根据这种情况发布文书给西洋各国转达。"

康熙二十八年，与鄂罗斯国议定疆界之碑。文曰："皇帝抚有天下，殊方重译[①]，罔不宾服。师武既扬，文教亦讫。荡荡巍

巍，以成大一统之治。唯鄂罗斯国在黑龙江西北陲，夙尝通使效贡。后其边人弗戢，潜入雅克萨筑城以处，扰我属部猎户，使我猎户弗宁厥居。于是庙谟柔远，先之以文告，既不共命，则移偏师攻其城，克之。唯皇帝德并天覆，神武不杀，所获之俘，悉纵悉遣。且资之舟车糇粮，俾反其所。王旅既旋，抄略未已，用兴师复围其城，彼乃遣使讲和，请定疆域。康熙二十有八年夏，皇帝遣领侍卫内大臣索额图等至于尼布楚之地，宣布德意。鄂罗斯国使者费岳多罗·额里克谢等皆悦服。相与画疆定界，使我边人与其国人分境捕猎，期永永辑睦，无相侵轶。约既定，勒之贞石，以昭大信，垂诸久远。专条列如左[②]：一将由北流入黑龙江之绰尔纳，即乌伦穆河相近格尔必齐河为界。循此河上流有石大兴安岭以至于海。凡岭南一带流入乌龙江之溪河，尽属我界。其以岭北一带之溪河，尽属鄂罗斯国界。一将流入黑龙江之额尔古纳河为界。河之南岸为我属，河之北岸令为鄂罗斯属。其南岸之眉勒尔客河口所有鄂罗斯房舍，迁移北岸。一雅克萨之地，鄂罗斯所治之城，尽行除毁。所居鄂罗斯人民及诸物，用听撤往察汉汗之地。一两国猎户人等，毋许越界。如有一二小人擅自越界，捕猎偷盗者，即行擒拿送所在有司，准所犯轻重惩处。若十数相聚，持械捕猎，杀人抢掠者，必奏闻即行正法。虽有一二人犯禁，彼此仍相和好，毋起衅端。一从前我大清国所有鄂罗斯之人及鄂罗斯国所有我大清国之人，仍留如旧，不必遣回。嗣后有逃亡者，不许收留，即行送还。一和好既定以后，一切行旅，有准令往来文票者，许其贸易不禁。”（《经世文编》八十一）

［注释］

①殊方重译：殊方，远方，异域；重译，辗转翻译，引申为需要辗转翻译才通的地方。《三国志·薛综传》：“山川长远，习俗不齐，言语同异，重译乃通。”②专条列如左：此即《中俄尼布楚条约》，中俄签订的第一个条约，

正式签订于康熙二十八年（1689）七月二十四日（9月8日），正式文本是拉丁文，另有满文和俄文本，共六条，明确划定了东段边界。

［译文］

康熙二十八年（1689），我朝与鄂罗斯国讨论确定疆界碑。碑文写道："我朝皇帝统一天下，远方异域之地，无不朝贡归附。不仅军威得以振扬宇内，而且文德教化也达于四海。恩泽浩荡，道德崇高，从而成就了大一统的盛世。只有鄂罗斯国在黑龙江的西北部，以往曾经通使朝贡。后来其边境之人不加收敛，潜入雅克萨筑城居住，侵扰我朝属部的猎户，使得我方的猎户不能安居。因此朝廷决策怀柔远人，首先发布文告，对方不愿恭敬受命之后，就派遣部分军队攻克其城池。只是皇帝以天覆地载之德，神武而不杀戮，所获的俘虏，全部遣送回去，而且还资助他们舟车干粮，使其返回原来的居所。可是军队凯旋之后，他们又卷土重来，侵掠不已，无奈再次用兵包围其城池，对方才派使者讲和，请求议定疆域。康熙二十八年夏天，皇帝派遣领侍卫内大臣索额图等到尼布楚地方，宣布皇上的恩德与意旨。鄂罗斯国使者费岳多罗·额里克谢等都表示心悦诚服。于是双方划定界限，使得我朝边境人民与鄂罗斯国人划分国境进行捕猎，以期永远和睦相处，而不要相互侵犯。条约签订之后，刻石立碑，以昭示信义，垂于久远。其条约分列如下：第一，以由北流入黑龙江的绰尔纳，也就是与乌伦穆河相近的格尔必齐河为界，沿着此河向上到有石大兴安岭（即外兴安岭）作为两国分界线，一直到海，凡是从岭南一带流入乌龙江的山溪河流，全部属于我国界；岭北一带的山溪河流，则全部属于鄂罗斯国界。第二，以流入黑龙江的额尔古纳河为界，河的南岸属于我国，河的北岸属于鄂罗斯国。其南岸的眉勒尔客河口所有鄂罗斯房屋，全部迁移到北岸。第三，雅克萨地方，鄂罗斯所筑的城池，全部拆除毁弃，其中所居住的鄂罗斯人民及其财物，听其撤往察汉汗地方。第四，两国的猎户人等不许越界。如果有一两个小人擅自越过边界，进行捕猎偷盗的，当即擒拿送往当地官吏，按照其所犯罪行的轻重进行惩处。如果是十数人相聚，持有枪械进行捕猎，杀人抢掠的，一定奏闻朝廷，当即正法。即使有一两个人违犯禁令，但两国彼此仍然相互和好，不要再起争端。第五，从前我大清国属下的鄂罗斯人和鄂罗斯国属下的大清国之人，仍旧留居原地，不必遣送。今后如果有逃亡到彼此国境的，不许收留，当即送还。第六，两国和好既定之后，一切行旅，如果有批准的文书和往来文票的，准许贸易，不予禁止。"

是年，福建、浙江总督王骘[1]奏：日本商船应另停泊定海山，遣官察验，方许贸易。圣祖谕大学士等曰："此事无益。朕南巡时，见沿途设有台座，问地方官及村庄耆老。据云：明代备倭所筑。明朝末年，日本来贸易，大船停泊海口，乘小船直至湖州，原非为劫掠而来。乃被在内官兵杀尽，未曾放出一人，从此衅端滋长。设兵防备，遂无宁期。今我朝凡事皆详审熟计，务求至当，可蹈明末故辙乎？且善良之民，屡遭水旱，迫于衣食，亦为盗矣！武备固宜预设，但专任之官，得其治理，抚绥百姓，时时留意，则乱自消弭。否则盗贼蜂起为乱者，将不知其所自来，不独日本也。"

又谕大学士等曰："朕览书籍，边外诸处各蒙古等，在明代时屡侵边境。即于伊各蒙古内，亦互相战斗，不得宁谧。太宗文皇帝统驭以来，各蒙古皆安静矣。如朕所见，三十年来各蒙古俱获安生，极其恬息。彼等欢欣称道，谓从来未闻有如此太平，令我诸蒙古安然共享升平者，皆出自圣恩所赐。"伊桑阿奏曰："皇上视天下百姓，尽如赤子，故使内外之民，各得其所如此。"

(《东华录》四十四、《圣训》)

［注释］

①王骘：字辰岳，山东福山人，顺治十二年（1655）进士，历任户部主事、刑部郎中、光禄寺少卿、太常寺卿、江西巡抚，康熙二十七年（1688）授闽浙总督。后拜户部尚书。

［译文］

这一年（康熙二十八年，1689），闽浙总督王骘奏请：日本商船应当另外停泊定海山，派遣官员察验之后，才允许其贸易。圣祖皇帝吩咐大学士等说："这件事没有益处。我南巡的时候，看到沿途设有台座，就询问地方官以及附近村庄的老人们。据他们说：这是明代防备倭寇而建筑的。明朝末年，日本人前来贸易，大船停泊在海口，然后乘坐小船直到湖州，原本不是为了劫掠而来的，却被内地的官兵全部杀死，不曾放过一个人，从此双方的争端日益严重升级，于是设立军队，防备侵掠，就没有安宁的时候。如今我朝凡事都详加审核，充分考虑，务必求得至为得当，怎么会重蹈明朝的覆辙呢？况且良善的人民，屡屡遭受水旱灾害，衣食不足，饥寒交迫，也会铤而走险成为盗贼。军事防备固然应当预先设置，只要设官专理其事，治理得法，安抚百姓，时时留意，那么祸乱自然会得以消弭。否则盗贼蜂起，犯上作乱的，将不知道其来自何方，不仅仅是日本人了。"

又吩咐大学士等说："我阅览书籍，北方塞外蒙古各部在明代经常侵犯边境。就是其蒙古各部之间也相互争战，不得安宁。自从我朝太宗皇帝统御天下以来，蒙古各部都安静无事了。就像我所看到的，三十年来蒙古各部都得以安生，极其平静。他们也都欢欣称道，说从来没有听说如此太平，让我们蒙古各部安然共享升平的，这都是出自皇上的圣恩所赐。"伊桑阿上奏说："皇上看待天下百姓，都像赤子一样，所以使得内外之民，能够像这样各得其所。"

康熙五十一年，圣祖谕大学士等曰："红苗[①]等居深山之中，自古以来，并未向化，鄂海[②]等宣示德泽，尽行招抚，殊属可嘉。今红苗等输诚削发投顺，地方文武官员务仰体朕无分内外，咸俾尽享升平，无不乐业至意。将红苗等安插得所，从容化导。倘有不肖官员，将红苗侵蚀扰害者，该督抚即行指明题参，从重治罪。"（《圣训》）

[注释]

①红苗：苗族的一部分。苗族按服饰划分为红苗、黑苗、白苗、青苗、花苗等。其中红苗分布于湘西、黔东北一带。②鄂海：满洲镶白旗人，自笔帖式授内阁中书，历官至陕西巡抚、湖广总督。

[译文]

康熙五十一年（1712），圣祖皇帝吩咐大学士等说："红苗等少数民族居住在深山之中，自古以来，并没有归诚向化，鄂海等宣示朝廷的德泽，将他们尽行招抚，殊属可嘉。如今红苗等竭诚剃发归顺，当地文武官员务必体谅我不分内外远近，都要使其安享升平、无不安居乐业的心意，将红苗等少数民族安置停当，从容加以教化训导。倘若有不肖的官员将红苗加以侵扰危害的，该地总督、巡抚当即指明题奏参劾，从重治罪。"

康熙五十五年，圣祖谕大学士、九卿等曰："天下事未有不由小而至大，小者犹不可忽，大者益宜留心。尔等在衙门，或能办理事务，或以清白自持，亦止为身计耳。其关系封疆大事，未必深思熟虑也。即如海防乃今日之要务，朕时加访问，故具知原委。地方督抚提镇，亦未能尽悉也。朕南巡过苏州时，见船厂，问及，咸云：'每年造船出海贸易者，少至千馀，回来者不过十之五六，其馀悉卖在海外，赍银而归。'官造海船数十只，尚需数万金，民间造船何如许之多？且有人条奏，海船龙骨，必用铁梨竻木，此种不产于外国，唯广东有之，故商人射利偷卖。即加查讯，俱捏称遭风打坏。此中情弊，速宜禁绝。海外有吕宋、噶啰吧等处，常留汉人。自明以来有之，此即海贼之薮也。官兵出哨，或遇贼船四五只，官兵船止一二只，势不能敌。舵工又不奋力向前，将领亦无可如何，不过尾追而已，何能剿灭耶？

“张伯行曾奏，浙江之米，多出海贩卖。斯言未可尽信，然亦不可不为豫防。出海贸易，海路或七八更，远亦不过二十更。所带之米，适用而止，不应令其多带。在东洋可使贸易，若南洋商船不可令往。第当如红毛等船，听其自来耳。且出南洋，必从海坛经过。此处截留不放，岂能飞渡乎？又沿海炮台足资防守，明代即有之，应令各地方设立。往年由福建运米广东，所雇民船三四百只，每只约用三四十人，通计即数千人，聚集海上，不可不加意防范。台湾之人，时与吕宋地方人互相往来，亦须预为措置。凡福建、广东及江南、浙江等沿海地方之人在京师者，尔等可加细询。朕令广州将军管源忠①、浙闽总督满保②、两广总督杨琳③，来京陛见，亦欲以此面谕之。海外如西洋等国，千百年后，中国恐受其累，此朕逆料之言。

“又汉人心不齐，如满洲、蒙古，数千万人皆一。朕临御多年，每以汉人为难治，以其不能一心之故。国家承平日久，务须安不忘危，尔等俟管源忠等到京后，会同详议具奏。”（《圣训》）

［注释］

①管源忠：汉军镶黄旗人，康熙四十二年（1703）至雍正三年（1725）任广州将军。②满保（1673～1725）：觉罗氏，满洲正黄旗人，康熙三十三年（1694）进士，历官国子监祭酒、内阁学士、福建巡抚、闽浙总督等。③杨琳：汉军旗人，历任福建陆路提督、广东巡抚，康熙五十五年（1716）至雍正二年（1724）任两广总督、广东总督。

[译文]

康熙五十五年（1716），圣祖皇帝吩咐大学士、九卿等说："天下之事没有不是由小到大，小的事情尚且不能忽视，大的事情就更应该留心。你们在衙门，有的能够办理事务，有的以清白的节操自持，也都只是为了自身考虑罢了。对于关系到封疆的大事，未必经过深思熟虑。就譬如海防，乃是今日的要务，我时时加以察访，因此知道其中的原委。地方总督、巡抚、提督、总兵，也未必能够完全知晓。我南巡经过苏州时，看到船厂，问及海防情形，都说：'每年造船出海贸易的，至少千余人，回来的不过十分之五六，其余的人都被卖到海外，带着银子回来。'官府所造海船数十只，尚需数万两白银，民间造船哪有这么多？况且有人上疏陈奏，海船的龙骨一定要用铁梨笏木，这一品种并不出产于外国，只有广东地区有，因此商人牟利偷卖。即使加以查处，都谎称是遭遇风灾打坏。其中的情弊，应当迅速察访禁绝。海外有吕宋岛、噶喽吧等处，经常留居汉人。从明朝以来就有，这就是所谓的海贼的渊薮。官兵出哨，有时遇到海贼船只多达四五只，官兵船只只有一两只，其形势不能相敌。掌舵的工人又不奋力向前，将领们也无可奈何，不过尾随其后罢了，如何能够剿灭呢？

"张伯行曾经奏请：浙江的大米，很多出海贩卖，这句话未必尽可听信，但也不能不为之预防。出海贸易，海路有时要有七八更（每更约水程六十里），最远也不过二十更。所带的大米，适用就可以了，不应当让他们多带。在东洋，可以让他们进行贸易，如果是在南洋，商船不可以让他们前去。但应当像荷兰等国船只，听任他们自由往来罢了。况且出海到南洋去，一定要从福建的海坛岛经过。如果在此处截留不让放行，难道能够飞渡过去吗？另外，沿海炮台足以作为防守的凭借，明代的时候就有了，应该命令各地都设立炮台。往年从福建运输大米到广东，所雇民船三四百只，每只大约雇用三四十人，共计就达到数千人，聚集到海上，不可不注意严加防范。台湾的人民，不时与吕宋岛上的人民互相往来，也必须预先加以措置。凡是福建、广东以及江南、浙江等沿海地方的人民在京师的，你们可以详细询问。我诏令广州将军管源忠、闽浙总督满保、两广总督杨琳前来京师陛见，也想以此当面吩咐。海外如西洋等国家，千百年之后，中国恐怕要受其连累，这是我的预测之话。

“另外，汉族人民的人心不齐，而像满洲、蒙古则是数千万人都是一条心。我即位多年，每每以汉族人民为难以治理，就是因为他们不能一条心的缘故。国家承平日久，务必要安宁不忘危机，你们等到管源忠等来到京师后，会同详加讨论具奏。”

康熙政要卷二十三

论巡幸第四十

是年，圣祖南巡，舟过高邮湖。见民间天庐多在水中，恻然念之。因登岸巡行堤畔十馀里，召耆老详问致灾之故。复谕王新命[①]曰："朕此行原欲访问民间疾苦，凡有地方利弊，必设法兴除，使之各得其所。昔尧忧一夫之不获，况目睹此方被水情形，岂可不为拯救耶?"先是，一应章奏，俱三日一送行在，进呈御览。当圣驾驻跸沂州，时奏章迟久不至，圣祖待至夜分，数遣问内阁。传谕曰："奏章关系国政，最为紧要。朕于巡幸之次，昕夕披览，未尝稍有稽留。前此赍本官迟滞，业已处分，今日又何淹久未至耶？毋拘时刻，至即呈进，朕将宵兴省览。"是夜漏下四鼓，奏章始至。比呈进，圣祖即起，详览彻曙。

又谕江苏巡抚汤斌曰："朕欲周知地方风俗，小民生计。有事巡行，凡需用之物，皆自内府储备，秋毫不取之民间。恐地方有不肖官员，借端妄派，以致扰害穷民。尔其加意严察，如有此等，即指名题参，从重治罪。其沿途供役纤夫，及闻朕巡行至此，远来聚观百姓，恐离家已遥，不能自归。尔逐一详察，多方区画，令其还家。”（《圣训》）

[注释]

①王新命：四川潼川人，历官江苏巡抚、两江总督、河道总督、闽浙总督。

[译文]

这一年（康熙二十三年，1684），圣祖皇帝南巡，船过高邮湖。看到民间田地庐舍多浸泡在水中，恻然动心，于是登岸巡行堤畔十多里，召见当地老年人详细询问招致水灾的原因。又谕令两江总督王新命说：“我这次南巡原来想访问民间疾苦，凡是有关地方利弊，一定设法兴利除弊，使人民各得其所。从前，唐尧为一个农夫没有收成而担忧，何况目睹这一带遭受水灾的情形，难道可以不为之拯救赈济吗?”此前，一应的奏章都是三天一次送到行宫，进呈御览。当皇上御驾驻跸沂州（今山东临沂）时，奏章迟迟不到，圣祖皇帝等到深夜，数次派人询问内阁。传达谕旨说：“奏章关系到国家政治，最为紧要。我在巡幸途中，早晚披览，未尝稍微稽留。以前送奏章的官员有所迟滞，已经进行处分，今日为什么拖延很久没有送到呢？无论什么时刻，送来当即呈进，我将在晚上起来阅读。”这一晚直到四更天，奏章才送到。等到送呈御前，圣祖皇帝当即起来，详加阅览直到天亮。

又吩咐江苏巡抚汤斌说：“我想要详细了解地方风俗，民众的生计情况。有事情巡行地方，凡属需要之物，都从内府储备，于民间秋毫无取。恐怕地方有不肖的官员，借端妄加摊派，以致扰害穷苦的人民。你们用心严厉察访，如有这等情形，当即指名题奏参劾，从重治罪。那些沿途供应劳役的纤夫，以及听说我巡行到这里从远处赶来聚观的百姓，恐怕离家已经很远，无法自己回去。你们逐一详加察访，多方筹划，让他们顺利归家。”

康熙二十八年，圣祖临幸杭州，谕扈从部院诸大臣曰：“朕稽古省方，咨求治理。阅视河道，期底平成。凡有利于民生，必令群沾实惠。兹行浙省，禹陵在望。念大禹功德隆盛，万世永赖，应行亲诣，以展企慕之忱。其致祭典礼，所司即察例举行。政治所先，在崇文教。江南、浙江为文人萃集之地，入学额数，应酌量加增，永昭宏奖。江宁、镇江、杭州驻防满洲、汉军兵丁，镇守要地，久历岁时，深用朕念，应加恩赉，以彰优恤。”（《圣训》）

[译文]

康熙二十八年（1689），圣祖皇帝驾临杭州，吩咐扈从南巡的部院诸位大臣说：“我遵循古制视察地方，咨询访求治国之道。巡阅河道利弊，期望治理成功。凡是有利于民生的，一定让群众得到实惠。这次来到浙江，大禹陵墓在望。感念大禹功德隆盛，万世仰赖，应该亲自前往拜谒，以表达仰慕向往的诚心。祭祀的典礼，有关官员当即参考旧例举行。政治的首务，在于崇尚文教。江南、浙江作为文人荟萃的地方，进学的名额，应该酌量增加，永远昭示褒奖文教之意。江宁府、镇江府、杭州府驻防的满洲、汉军八旗兵丁，镇守江南要地，历时已久，深可怜悯感念，应该加以恩赏，以彰显朝廷优恤八旗的心意。”

是年，圣祖驻跸江宁府城，江南苏松绅士军民等叩请圣驾暂留数日，以慰万姓瞻天觐日之私，并献本处所产土物。圣祖曰：“国家之用，虽尽出于百姓，朕兹南行，民间之物，秋毫无扰。尔等既各输诚，姑取米一撮，果一枚，以慰民殷殷来贡之意。至朕时巡事毕，已奏闻皇太后矣。明日发驾，不必勉留。”臣民再三叩请，继以泣下。圣祖勉俞其请，命再驻一日。（《东华录》四十三）

［译文］

这一年（康熙二十八年，1689），圣祖皇帝南巡驻跸江宁府城，江南苏州、松江地区的绅士军民人等都来叩请皇上圣驾多留数日，以安慰百姓瞻仰天颜的心意，并且奉献上本地所产的土物。圣祖皇帝说：“国家的用度，虽然都出自于老百姓，我这次南巡，民间的物品秋毫不加扰害索取。你们既然要表达各自的诚心，姑且取大米一把，水果一枚，以安慰百姓殷切前来贡献的心意。至于我南巡的事情已毕，并且已经奏闻皇太后了。明天出发，不必勉强挽留。”臣民再三叩请，继而哭泣。圣祖皇帝勉强允准所请，命令再驻一天。

是年，圣祖南巡还京师。召大学士、九卿等谕曰：“朕此番南巡，遍阅河工，大约已成功矣。曩者河道总督于成龙未曾遵朕指授修筑，故未能底绩，近张鹏翮一一遵谕而行。向来黄河水高六尺，淮河水低六尺，不能敌黄，所以常患于淤垫。今将六坝堵闭，洪泽湖水高，力能敌黄，则运河不至有倒灌之患，此河工所以能告成也。又沿途咨询地方官，直隶巡抚李光地、河南巡抚徐潮居官皆优，山东巡抚王国昌①、江苏巡抚宋荦②俱安静，福建巡抚梅铜③、江西巡抚张志栋④亦优，广东巡抚彭鹏诚为有守，浙江巡抚张泰交⑤虽属新任，亦优。赵申乔当其任布政使时，朕尚信其不取，及任巡抚，好受词讼，则朕难信矣。甘肃巡抚齐世武⑥，赋性褊急，好行参劾。凡为大吏者，当宽大和平，正己率属。宥其小过，以渐训励，使勉为循良。岂可恣意以参劾为事乎？”

又谕曰：“朕御极以来，无时不以民生为念。虽纤微之事，亦不肯稍有怠忽，勤劳已四十馀年矣。今海内奠安，民生富庶，而河工适又告成，朕又颁诏天下，大沛恩赉，故星夜还銮。诏内款项，尔等可会同详阅。”

寻下诏曰：“朕为天下生民主，宵旰勤劳，励精图治。凡国家之休戚，闾阎之乐利，晷刻间无不注意于此。天下之大，兆民之众，朕谁欺？欺天乎？今四十馀载，亲历饥馑者不知其几，南北用兵者不知其几，人心向背者不知其几，天变地震者不知其几。自维凉德，不能抚育，履冰临渊，兢业慎守。仰赖上天眷佑，祖宗德厚，幸生创业未久之际，方免失坠。今海寓升平，年岁稍和，生民俱已乐业。迩来诸王、大小臣工、士庶，因朕五旬，舆情肫初，屡请加上尊号，朕坚意固辞，不允所请。盖朕不以名誉称扬为尚，唯以海内富庶为心。屡蠲赋役，屡省刑罚，总欲使老安少怀，风俗淳厚，渐几于康乂隆平之治。近因淮、黄告成，乃东南要务，再授方略，望有善后。朕不辞劳瘁，亲往阅视。见畿辅、山左、浙江等省，耆老人民，俱中心爱戴，虽童稚亦咸欢欣瞻仰。是知民心皆一，用是益深轸念，视切如伤。所以星夜还銮，兹特大沛洪恩，普施遐迩。庶几民生咸登寿域，和协遍满寰区。诸王以下，文武官员俱加恩赐，军民年七十以下者，免其子一人徭役；八十以下者，与绢一匹、棉一斤、米一石、肉十斤；九十以上者，倍之。云南、贵州、四川、广西毋出明年赋。察其义，恤困穷，举遗逸。罪非常赦不原者，皆赦除之。”（《东华录》七十一）

［注释］

①王国昌：奉天官学生，康熙三十七年（1698）任山东巡抚。②宋荦：

字牧仲，商丘人，官至江苏巡抚、吏部尚书。③梅鋗：字尔止，宣城人，官至福建巡抚、左都御史。④张志栋：字敬修，昌邑人，官至福建、浙江、江西巡抚，迁大理寺卿、刑部右侍郎。⑤张泰交：字公孚，阳城人，康熙十九年（1680）进士，官至浙江巡抚。⑥齐世武：佟佳氏，满洲正白旗人，历官山西布政使、陕西巡抚、甘肃巡抚、川陕总督、刑部尚书。

［译文］

这一年（康熙四十二年，1703），圣祖皇帝南巡回到京师。召见大学士、九卿等吩咐说："我这一次南巡，全面巡阅治河工程，大体已经成功了。以前河道总督于成龙没有遵从我的指教修筑河工，所以未能取得成绩，如今张鹏翮一一遵照谕旨实施。向来黄河水高六尺，淮河水低六尺，不能冲刷黄河之水，所以经常出现淤垫。如今将六坝堵塞，洪泽湖水位提高，水力可以冲刷黄河，就使得运河不至于有黄水倒灌的灾患，这是河工所以告成的原因。另外，沿途咨询考察地方官，直隶巡抚李光地、河南巡抚徐潮，居官都很优异；山东巡抚王国昌、江苏巡抚宋荦，居官都很安静；福建巡抚梅鋗、江西巡抚张志栋，居官也颇优秀；广东巡抚彭鹏，居官的确有操守；浙江巡抚张泰交，虽然是新近到任，也很优秀。赵申乔做布政使的时候，我还相信他不取于民，等到升任巡抚，喜欢接受词讼，就使我难以信任了。甘肃巡抚齐世武，秉性狭隘，性情急躁，喜欢参劾官员。凡是做封疆大吏的，应当宽大和平，自身端正，为下属表率，原谅其小过错，以逐渐训诫勉励，使之成长为循良官吏。难道可以随意以参劾为能事吗？"

又吩咐说："我即位以来，无时无刻不以民生为念。即使是细微之事，也不肯稍有懈怠轻忽，勤勉辛劳已经四十余年了。如今海内安宁，民生富庶，正值治河工程告成，我又颁诏于天下，大行赏赉，因此星夜赶回京师。诏令中的各个条款，你们可以会同详加参阅。"

不久，又下诏说：“我作为天下人民的君主，宵衣旰食，勤勉忧劳，励精图治。凡是国家之忧喜祸福，民间的和乐利弊，每时每刻无不刻意关注。天下之大，人民之众，我可以欺骗谁？难道能欺骗上天吗？至今四十余年，我亲历饥馑灾荒不知有多少，南北各地用兵不知有多少，人心向背不知有多少，天变地震不知有多少。自感德行浅薄，不能抚育万民，如履薄冰，如临深渊，兢兢业业，谨慎自守。仰赖上天的眷顾和垂佑，以及祖宗的厚德，有幸生于创业未久之际，才免于出现差错。如今海内太平，岁月和顺，人民都已经安居乐业。近来诸王、大小臣工以及士人庶民因为我五十大寿，舆情恳切，多次恳请给我加上尊号，我都坚决推辞，不允准其所请求。因为我并不以名誉上的称颂和褒扬为重，只以海内富庶安宁作为心愿。我曾经多次蠲免赋役，减轻刑罚，总希望使得老有所安、少有所怀，风俗淳厚，逐步接近康宁隆平的治世。近来因为淮河、黄河治理工程告成，乃是东南地区的重要事务，再次指授方略，希望能够妥切善后。我不辞劳累，亲自前往阅视。看到直隶、山东、浙江等省的老人平民，都从内心爱戴，即使是儿童也都欢欣鼓舞，瞻仰天颜。从而知道民心都是一样的，因此更加深切怜悯感念，视为自己的伤痛。所以星夜回京，特地大行恩赏，普遍施惠给远近的臣民。希望使民生都能福寿安宁，天下四方和睦相处。诸王以下文武官员，都加以恩赐，军民人等年龄七十岁以下的，免除一个儿子的徭役；八十岁以下的，赏赐绢一匹、棉一斤、米一石、肉十斤；九十岁以上的，加倍赏赐。云南、贵州、四川、广西免除明年的赋税。察访孝义之家，抚恤困穷之人，荐举隐逸的贤才。罪行只要不是通常的赦免不能宽恕的，都予以赦免除罪。”

是年，圣祖西巡还京师，谓大学士等曰：“前南巡多由舟行，官民群集两岸迎驾。顷西巡皆由陆路，凡临幸郡邑，官民无不扶老携幼，欢腾道左。每清问及之，又令在乘舆左右，备咨地方之利弊，彼皆抒诚陈奏。是以风俗人情，靡不洞悉。朕巡幸七省，畿辅、秦、晋民俗丰裕，江浙则较三十八年时更胜。山东近因水旱，大异畴昔，河南百姓生计甚艰，此二省之民深廑朕怀。又闻各省火耗，俱是加一钱。钱粮最少者，唯有甘肃。通计正额共二十八万有奇，加耗亦止二万八千。州县官钱粮既少，加耗无几，不敷用者，亦或有之。其馀赋额皆多，如一州县正额者有二三万，加耗即至二三千，宜敷用矣。而州县官仍有以艰难告者，其故安在？朕随地咨访，督抚虽有不馈遗者，然馈藩臬者若干，馈道府者若干，岂可尽云廉吏乎？”（《东华录》七十二）

［译文］

这一年（康熙四十二年，1703），圣祖皇帝西巡回到京师，对大学士等说：“以前我南巡多乘船出行，官员百姓都聚集在两岸迎驾。不久前西巡都通过陆路出行，凡是临幸的府县地方，官员百姓无不扶老携幼，万众欢腾，迎接于道路两旁。每每向他们咨询访问，还让他们来到銮舆的左右，详细咨询地方的利弊，他们也都各抒己见，真诚陈奏。因此风俗人情，无不洞悉无遗。我巡行了七个省，直隶、陕西、山西民俗丰裕，江苏、浙江则比康熙三十八年时更好。山东近来因为水旱灾害，与以前比变化很大，河南百姓生计非常艰难，这两省的人民，是我内心深深挂念的。又听说各省的火耗，都是加征一钱。钱粮最少的，只有甘肃省，共计正项税额二十八万有余，加耗也只有二万八千。州县官员因为该地钱粮很少，加耗也没有多少，不敷使用，也是有的。其余各省的赋税数额都很多，如一个州县的正项税额有二三万，加耗也就达到二三千，应该够使用了。可是有的州县官员仍然以用度困难陈告，其原因何在？我随地咨询察访，州县官员中对总督、巡抚虽然有不馈赠礼物的，但是馈赠布政使、按察使若干，馈赠道台、府台若干，难道可以说都是廉吏吗？”

论畋猎附

圣祖以我朝素娴骑射，故能战必胜，攻必克。且深念祖宗创业艰难，而开国诸臣，亦皆勇果无敌，由于所习之精勤也。恐承平日久，人或贪安逸而忘本务，是以常举行围之典。自康熙壬戌以迄壬寅，或猎于边墙，或田于塞外，几无虚岁。而南苑近在城南尺五，岁或三四莅焉。凡以讲武习劳，景前徽而敦善俗，为国家久安长治计者，至深远也。（《高宗御制全韵诗注》）

［译文］

圣祖皇帝认为我朝一向娴熟骑射，所以能够战必胜，攻必克。而且深深感念祖宗创业艰难，而开国诸臣也都是神勇果敢，所向无敌，这都是因为所习骑射的精勤。恐怕承平日久，有的人贪图安逸而忘却了本业，因此常常举行围猎大典。自从康熙二十一年一直到康熙六十一年，有时围猎于长城，有时围猎于塞外，几乎没有虚岁。而北京南苑近在城南咫尺之地，每年三四次莅临围猎。大凡是为了讲求武事、训练体能，发扬前辈的传统，敦睦良好的习俗，作为国家长治久安的大计，其意义至为深远。

康熙五十八年，圣祖谕近御侍卫等曰：“朕于骑射、哨鹿[①]、行猎等事，皆自幼学习，稍有未合式处，默尔根侍卫即直奏无隐。朕于诸事谙练者，皆默尔根之功。迄今犹念其诚实忠直，未尝忘也。朕自幼至今，凡用鸟枪弓矢获虎一百三十五、熊二十、豹二十五、猞猁狲十、麋鹿十四、狼九十六、野猪一百三十二，哨获之鹿凡数百。其馀围场内随便射获诸兽，不胜记矣。朕曾于一日射兔三百一十八，若庸常之人，毕世亦不能及此一日之数

也。朕所以屡谕尔等者，以尔等年少，宜加勤学。凡事未有学而不能者，朕亦不过由学而能，岂生而能者乎？”（《圣训》）

［注释］

①哨鹿：一种诱鹿射猎的方法，专指清代木兰围场，根据地形和禽兽分布，划分七十二围，由大臣率领骑兵合围，然后由头戴鹿角面具的士兵吹起木制的长哨，模仿雄鹿求偶的声音，引诱雌鹿前来，再奏请皇帝首射，皇子、皇孙随射，王公贵族骑射，最后大规模围射。

［译文］

康熙五十八年（1719），圣祖皇帝吩咐近御侍卫等说：“我对于骑射、哨鹿、行猎等事情，都是自幼学习，稍微有些不合规范之处，默尔根侍卫就直截了当地指出来，毫无隐瞒。我对于这几项事情都能做到谙练纯熟，都是默尔根的功劳。至今我还感念其诚实、忠心和耿直，不曾忘记。我从小至今，共计使用鸟枪、弓箭猎获老虎一百三十五只、熊二十只、豹二十五只、猞猁狲十只、麋鹿十四只、狼九十六只、野猪一百三十二只，哨鹿所获达数百只。其余在围场内随便射获的各种野兽，不可胜计。我曾经在一天之内射杀兔子三百一十八只，如果是平常之人，恐怕毕其一生也不能达到我这一天的数目。我之所以多次吩咐你们，是因为你们年轻，应该更加勤学苦练。凡事没有不经过学习而能够成就的，我也不过是通过学习而达到成功，难道可以生来就能做到的吗？”

圣祖《庭训》曰：“我朝祖宗开创以来，弧弓之利，以威天下，伐暴安民，平定海内。今朕上荷祖宗庇荫，坐致升平，岂可一日不事讲习？朕日率尔诸皇子及近御侍卫人等，射侯射鹄，备仪备典。八旗官兵，以时试肄。朕常临御教场，历观兵卒，等其优劣，赏赐褒嘉，黜陟劝勉。故尔旗分佐领，各各娴习弓马，武备足观。《礼》曰：‘男子生，桑弧蓬矢六，以射天地四方。天地四方者，男子所有事也。故必先志于其所有事。'[①]又曰：'射者，进退周旋必中礼。内志正，外体直。'又曰：'立德行者莫如射。而射者所以观德也。''故孔子射于矍相之圃，盖观者如堵墙。'《易》曰：'射隼射雉。'[②]《诗》曰：'决拾既佽，弓矢既调。''角弓其觩，束矢其搜。''敦弓既坚，四鍭既钧，舍矢既均，序宾以贤。'[③]《书》曰：'若射之有志。'[④]子曰：'射不主皮，为力不同科。'[⑤]'射有似乎君子，失诸正鹄，反求诸其身。'[⑥]《周礼》以射法治射仪。然则古圣经书，射以垂训，历历可监。习射上功，宾兴择士。况我国家立德立功，振兴要务，自当严加训练，多方教谕，不可一刻废懈也。"（《庭训格言》）

[注释]

①"男子生"六句：语出《礼记·射义》。②射隼射雉：语出《易经·解卦》："公用射隼，以解悖也。"《旅卦》："射雉，一矢亡，终以誉命。"③决拾既佽，弓矢既调：语出《诗经·小雅·车攻》。角弓其觩，束矢其搜：语出《诗经·鲁颂·泮水》。敦弓既坚，四鍭既钧，舍矢既均，序宾以贤：语出《诗经·大雅·行苇》。④若射之有志：语出《尚书·盘庚上》。⑤射不主皮，为力不同科：语出《论语·八佾》。⑥射有似乎君子，失诸正鹄，反求诸其身：语出《中庸》。

[译文]

圣祖皇帝《庭训格言》写道："我朝自从太祖、太宗开创以来，以弓矢之利，威震天下，征伐强暴，安定百姓，平定海内。如今我承蒙祖宗庇护，不经劳累就达到天下太平，怎么能一天不从事讲习武备呢？我每天率领你们众皇子及身边侍卫人等，练习射箭击中靶心，按照古代的射礼举行。八旗官兵，也按时测试练习。我经常亲临教场，检阅观看士兵，评定其优劣，予以赏赐褒奖，罢黜升迁以示劝勉。因此你们旗下的佐领，人人娴熟骑射，武力战备可观。《礼记》上说：'男子生下来，用桑木做成的弓和蓬梗做成的箭六支，来射天地四方，天地四方是男子成就事业的地方，因此必先使孩子有志向于天地四方。’又说：‘射箭的人，进退旋转必须符合礼节，内心端正，身体正直。’又说：‘要树立德行，没有比得上射礼的。而射礼就是观看人的德行的。’‘所以孔子习射礼于矍相的菜园，观看的人多得像一堵墙。’《易经》上说：‘射中一只飞鹰，射中一只野鸡。’《诗经》上说：‘扳指护肩已经准备好，弓矢已经调理。’‘牛角弓弦已张紧，众箭射出声嗖嗖。’‘有画装饰的弓很坚硬，四人的箭都在弦上，箭射出去都击中靶心，按射中的多少排序坐定。’《尚书》上说：‘像射箭要有箭靶。’孔子说：‘比赛射箭不一定要穿透箭靶，因为每个人的气力不同。’‘射箭有些像君子行道，没有射中箭靶的中心，应该返回到自己身上找原因。’《周礼》按照射的法则确定射的礼仪。那么古代圣人的经书，用射来传布训诫道理，清清楚楚地可以看到。练习射箭是上等技能，设宴招待贤能选择贤士，何况作为我们国家树立道德、建立功业的振兴的关键，自然应当严格训练，多方面进行教育，不可一刻废弃和松懈。”

康熙政要卷二十四

论灾祥第四十一

康熙七年，圣祖谕吏部等衙门曰："近见天气亢旸，祷雨未应，风霾日作，禾苗枯槁。倘仍不雨，秋成无望，民生何赖？皆由内院、六部、都察院大臣不能公忠体国，政事舛错，及一切事务应完结者，驳察耽延，则例繁多，任意轻重，以致属员胥吏，乘机作弊者甚多。著即指名参奏，从重治罪。其才庸不能办事者，著亦参奏黜革，勿得徇情姑留。如经朕知，或被旁人纠参，将该管官治罪不贷。刑部督捕等衙门，狱讼牵连，日久不结，令无辜沉冤狱底。而拟罪引律，偏用重条，严刑酷罚，以苛察为明，深求为能。积怨既深，上干天和，垂示灾异。宜加修省，以为消弭之计。至科道职司言责，纠参建白，必有益国计民生，方应陈奏，勿得苟且塞责。各部院大小臣工，尚其同心协力，修举政事，共挽天心，体朕惓惓求治之意。"（《圣训》）

[译文]

康熙七年（1668），圣祖皇帝吩咐吏部等衙门说："近来看到天气大旱，祈雨也没有灵验，而且大风阴霾每日发作，田中禾苗都枯槁将死。倘若仍不下雨，秋天的收成就没有希望了，人民生活仰赖什么呢？这些都是因为内院、六部、都察院的大臣不能够公忠体国，政事处理出现差错，以及一切事务应当完结的，驳察迁延，则例繁多，任意决定轻重，以致所属官员吏役乘机作弊者很多。诏令当即指名参奏，从重治罪。其中才能平庸、不能办事的人，也要参奏黜退革职，不得徇情姑息。如果经我察知，或者被别人纠察参劾，将主管官员治罪，严惩不贷。刑部督捕清吏司等衙门，刑狱诉讼牵连过广，长期无法结案，让无辜之人沉冤狱底；而定罪所征引的律例偏用重条，严刑酷罚，以苛察为明断，以深求为干才；积怨过深，冒犯了上天的和乐之气，招致上天以灾异垂示教训。应当深刻反省，作为消弭灾祸的对策。至于科道官员，掌管言论之责，纠察参劾，建言献策，一定要有益于国计民生，才应该陈奏，不得苟且搪塞责任。各个部院的大小臣工，希望同心协力，治理好政事，共同挽回上天的心意，体谅我孜孜求治的心意。”

是年冬，京师地微震。圣祖谕大学士、九卿等曰：“朕自临御以来，早夜孜孜，以敬天勤民为念，不敢少有逸豫。偶遇灾变，则尤悚然靡宁。今次地震，朕心不胜兢惕。方今外寇初平，海宇无事，而灾变示儆，不可不加修省。朕披览前史，如汉之文、景[①]，宋之仁宗[②]，亦有此异。因其克修人事，遂获长享太平。其他遇灾不儆，视为适然，卒致衰替，可为炯戒。每见内外大小官员，多图暇逸，怠于职业，能实体朕怀，留心民事者甚少。兹宜加殚乃忱，共勤实政，以为修弭之道。一切政事有应兴应革者，尔等可悉心讲求，集议具奏。”（《东华录》六十）

［注释］

①汉之文、景：西汉文帝刘恒、景帝刘启统治期间（前180～前141），

推崇黄老之术，轻徭薄赋，与民休息，史称文景之治。②宋之仁宗：宋仁宗赵祯在位期间（1022～1063），国家太平，经济繁荣，文化发展，被誉为明君、仁主。

［译文］

这一年（康熙三十六年，1697）冬天，京师发生轻微地震。圣祖皇帝吩咐大学士、九卿等说："我自从即位以来，日夜孜孜不倦，以敬畏天命、勤勉民事为念，不敢稍微安逸懈怠。偶尔遇到灾异，就更加恐惧不安。对于这次地震，我心中不胜警戒。当今外部的贼寇刚刚平定，海宇升平无事，可是灾异却不时垂示警告，不可不加以修身反省。我披览前代的历史文献，如西汉的文帝、景帝，北宋的仁宗，这些治平之世也有这样的灾异。因为能够治理好政事，于是就得以长享太平。其他时代遇到灾异不加警戒，视为偶然事件，最后导致国家政治衰颓，甚至灭亡，可以作为明显的鉴戒。往往看到内外大小官员，大多贪图轻松安逸，职事懈怠，能够真正体谅我的心意，留心民事的很少。这就应当竭尽各自的心力，共同襄助实际的政事运作，以作为修治和消弭灾异的方法。一切政事，如有应当兴办和革除的，你们可以用心讲求，会同讨论上疏具奏。"

圣祖《庭训》曰："朕自幼登极，迄今六十馀年。偶遇地震水旱，必深自儆省，故灾变即时消灭。大凡天变灾异，不必惊慌失措，唯反躬自省，忏悔改过，自然转祸为福。《书》云：'惠迪吉，从逆凶，唯影响。'[1]固理之必然也。"（《庭训格言》）

［注释］

①惠迪吉，从逆凶，唯影响：语出《尚书·大禹谟》。

［译文］

圣祖皇帝《庭训格言》写道："我自从幼年登极做皇帝，到现在已经六十余年。偶然遇到地震、水灾、旱灾，一定自己深深反省警戒，因而灾异也很快得以消除。大凡上天发生变故、出现灾异，不必惊慌失措，只要反身自省，忏悔改过，自然就会转祸为福。《尚书》上说：‘顺从善道就吉利，顺从恶道就凶险，就像影子出于形体、回响出于声音一样。’这原本是道理的必然。”

论慎终第四十二

康熙二十三年，圣祖谕九卿、詹事、科道等曰：“御史卫执蒲[①]奏请，御门听政，或以五日，或以二三日为期。其意盖欲君臣之间，政事馀暇，稍得休息也。朕自躬亲庶政，宵旰弗遑。念致治之道，务在精勤。励始图终，勿宜有间。二十馀年以来，于凡用人行政，事无巨细，罔不殚心筹画，早夜孜孜，有如一日。郊庙禋享，必躬执祀事。间有不亲诣之时，皆甚非得已。至于内殿斋居，几微悉谨。左右暬御，咸所稔职。在朕未明求衣，辨色视朝。日与大小臣工率作省成[②]，用熙庶绩。近念尔诸臣奏事劳苦，少展御门晷刻，俾得从容入奏，非图便安。迩年海宇敉宁，政事渐简。顷复谕部院事务应归并者，酌量合奏，期于简要清省。从此民生日康，刑清政肃。部院章奏，当不期省而自省。必豫定三日五日，以为奏事常期，非朕始终励精之意也。”（《东华录》三十三）

［注释］

①卫执蒲：字禹涛，陕西韩城人，顺治十八年（1661）进士，历官户部主事、佥都御史、顺天府尹、左副都御史，著有《真定奏疏》等。②率作省成：语出《尚书·益稷》：“念哉！率作兴事，慎乃宪，钦哉！屡省乃成，钦哉！”

[译文]

康熙二十三年（1684），圣祖皇帝吩咐九卿、詹事、科道官等说："御史卫执蒲上疏奏请：皇帝驾临乾清宫听政，或以五日为期，或以二三日为期。其本意是想要君臣之间在政事余暇，稍微得以休息。我自从躬亲政事，宵衣旰食，没有闲暇。考虑到治国之道，务必精勤，始终励精图治，不应该有所间歇。二十余年以来，对于用人行政，事无巨细，无不殚心竭虑，积极筹划，日夜孜孜不倦，有如一日。郊庙祭祀，必定躬亲行礼，间或不能亲临之时，都是非常不得已的情况。至于内廷起居，细微之处都谨慎小心。这些情况，左右侍从大都熟知。对我来说，天色未明就求衣起床，天色微明可以分辨颜色就早朝听政，每日与大小臣工致力于政事兴革，并考察自省以求成功，从而兴起各种事情。近来感念你们奏事辛苦，稍微推迟御门听政的时间，使你们可以从容入奏，并非图谋个人的方便。近年海宇安宁，政事逐渐简明。不久前谕令各个部院事务应该归并的，酌情进行合并奏请，以期简要节省。从此民生日益康乐，刑罚清明，政令整齐。各个部院的奏章当会不期望节省自然就会节省。一定要预先确定三日、五日一朝，作为奏事的正常期限，并不是我慎终如始、励精图治的心意。"

康熙二十四年，九卿等以佥都御史姚缔虞[①]奏请，自今凡大朝之期[②]，及大雨大雪，皆不启奏。其大寒大暑，亦宜酌定间数日一御门。应如所请。圣祖谕大学士等曰："朕莅临以来，孜孜图治，罔有暇逸。唯期裨益国家，乂安兆庶，用臻上理。非不自知劳苦也，但念庶务殷繁，一日万机。若从所请，未免始勤终怠。且恐不及详察，致有疏略舛错，于政事得失所关匪细。自后大朝之期，一切章奏，交送内阁。遇大雨雪，临时请旨。其祁寒盛暑之时，各部院果无应奏事宜，方许暂止启奏。朕始终不欲一

念倦怠，晏安自便也。”（《圣训》）

［注释］

①姚缔虞：字历升，湖北黄陂人，顺治十五年（1658）进士，历官礼科给事中、吏科给事中、左佥都御史、四川巡抚，康熙二十七年（1688）卒于官。②大朝之期：一种纯为礼节祝贺而设立的朝会制度。每年元旦、冬至及万寿节，皇帝御太和殿受王公、文武百官参拜、庆贺，称为大朝，与处理日常政务的常朝相对。

［译文］

康熙二十四年（1685），九卿等大臣因为佥都御史姚缔虞的奏请：从今以后凡是大朝的时间，以及大雨、大雪天气，都不启奏议事。遇到每年的大寒、大暑，也应当酌定间隔数日一次御门听政。讨论认为应该允准他的奏请。圣祖皇帝吩咐大学士等说：“我即位以来，孜孜图治，没有任何闲暇安逸，只希望有益于国家治理，人民安宁，以达到天下大治。我也并非不知道劳苦，只是感念事务紧急繁杂，日理万机。如果准许你们所请，不免会开始勤勉而终归懈怠；况且恐怕来不及详加考察，以致出现疏略和错误，对于政事得失关系不小。从今以后，凡遇到大朝的时间，一切奏章都送交内阁；遇到大雨和大雪天气，临时请旨定夺。至于严寒酷暑之时，各个部院果真没有应该奏请的事宜，才允许暂时停止启奏。我始终不想产生一点倦怠的念头，晏息安逸，以图自己方便。”

圣祖《庭训》曰：“凡天下事不可轻忽，虽至微至易者，皆当以慎重处之。慎重者，敬也。当无事时，敬以自持。而有事时，即敬以应事。务必谨终如始，慎修思永。习而安焉，自无废事。盖敬以存心，则心体湛然居中。即如主人在家，自能整饬家务。此古人所谓‘敬以直内’①也。《礼记》篇首，以‘毋不敬’②冠之。圣人一言，至理备焉。”（《庭训格言》）

[注释]

①敬以直内：语出《易经·坤卦·文言》："君子敬以直内，义以方外。"②毋不敬：语出《礼记·曲礼上》："毋不敬……安民哉！"

[译文]

圣祖皇帝《庭训格言》写道："大凡天下之事，都不可以轻易疏忽，即使是最微小、最简易的事情，都应当用慎重的态度去处置。慎重就是心存诚敬。在没有事情的时候自己心存诚敬，有事情的时候以诚敬的态度对待事情，务必要终了如开始一样谨慎。要谨慎修身，思虑深远，坚持练习，使之成为习惯，自然没有空废的事情。大概居心以敬，就内心清澈。就像是主人在家，自然能够整顿好家务。这就是古人所说的'敬以直内'。《礼记》开篇头一句就讲'毋不敬'，圣人一句话就讲出了至理。"

圣祖阅史至冯道[①]对唐明宗[②]，谓"历险则谨而无失，平路则逸而颠蹶"。曰："粤稽史册，国家当蒙庥袭庆之后，率以丰亨豫大[③]，弛其兢业之心，渐致废坠者，往往有之。所以古昔圣贤，每于持盈保泰之际，三致意焉。冯道以明宗喜有年，而设譬以对，犹得古人遗意。虽道之生平，不足比数，而其言古自可采也。"（《御制文二集》）

[注释]

①冯道：字可道，瀛州景城（今河北交河东北）人，后唐端明殿学士、兵部侍郎，历事后唐、后晋、后汉、后周四朝，在相位二十余年，自号长乐老。②唐明宗：李嗣源，李克用养子，926～933年在位，谥圣德和武皇帝，庙号明宗。③丰亨豫大：语出《易经》，丰卦："丰亨，王假之。"豫卦："豫大有得，志大行也。"

[译文]

圣祖皇帝读史，看到冯道应对后唐明宗时所说的"历经险阻则谨慎而不会失足，道路平坦则安逸而颠倒失次”，评论说：“考察历代史册，国家蒙受恩泽、承袭盛事之后，大多因为富足兴盛的太平安乐景象，放松其兢兢业业之心，逐渐走向废弛衰落，往往有这样的情况。所以古圣先贤每每于守成事业、保持安定之际，再三表达其意。冯道因为后唐明宗看到丰收在望高兴之时，运用比喻进行应对，还有古人的遗意。虽然冯道的生平行迹，不足以相提并论，但其议论古代史事，自有其可以采纳之处。”

附　录

康熙政要叙

赐进士出身、前军机大臣、协办大学士、外务部尚书臣瞿鸿禨谨叙

翰林院检讨、臣章梫仿吴兢《贞观政要》体例，恭纂《康熙政要》既成，以示臣瞿鸿禨。臣鸿禨受而读之，谨拜手稽首，飏言曰：自古君道之隆，莫如尧舜，虽以禹汤文武之圣，而不能比迹唐虞，非徒世运升降然也。自时厥后，递嬗且二千年，贤君哲辟，治道休明者，周成康、汉文景而外，莫不称唐之太宗、宋之仁宗，而贞观之治为尤盛。然权谋功利之习，犹不免杂出乎其间，方诸三代，其不逮甚远，况于尧舜！

若我圣祖皇帝，则诚尧舜之君也。其心尧舜之心，其政尧舜之政，等百世之王，功德未有高焉者也。仰唯圣祖敦敏徇齐，圣神天纵，自五龄后终始典学，圣德日新，八龄践阼，主极克端，慎修思永。言乎圣学，则经经纬史、博极群书，上而天象地舆，

历算律吕之精微，三礼八政之繁赜，下至射御医筮，百家众技之长，极之满蒙回藏文字之源流，泰西各国制器考工之新法，莫不洞穷蕴奥，兼综旁通。言乎圣治，则群生在宥，庶绩咸熙，礼乐刑政，粲然备举，农桑沟洫，纤悉无遗。天下钱粮，普免一周，不加丁赋，永为定数，则节用而爱人；料敌制胜，服之即止，渠魁既诛，胁从罔治，则神武而不杀；清心寡欲，执两用中，六十有馀年，孜孜犹一日，仁如天，智如神，大而能谦，勤劳而不倦；是以明良交泰，民物熙丰，俗美风醇，寰宇清晏，巍巍乎，协和时雍之化一，唐虞之盛世也。

臣尝目想神游，而深求其故，固由治定功成，以臻太平之极轨，而要唯圣人之修己好学，笃守乎六经之道，以阐明性理为归，其旨不外主敬存诚，躬行实践，而其极至于尽人物之性，以赞天地之化育，故曰克己复礼，天下归仁。

圣祖《庭训》尝曰："心法为治法之原。"此所以上接尧舜之心传，而克成尧舜之治道也。於戏！德至矣！蔑以加矣！今天子冲龄嗣服，与圣祖时同，家法具在，岂待他求哉？臣伏愿陛下绍闻衣德，监成宪而迪前光，心圣祖之心，而行圣祖之政，则先圣后圣有同揆，上追尧舜无难，知人安民，柔远能迩，于富强乎何有？则臣棂勤辑斯编，导扬谟烈之微意，臣虽衰老，犹庶几及见德化之成也夫！

康熙政要叙

《书》之《盘庚》、《高宗》，《诗》之《假乐》、《卷阿》，皆所以纪述谟训，歌颂徽美，示翼直于当代，树后王之则仿，实贻后人政要之义。钦唯我圣祖冲龄践阼，首戡三藩，北定准部，西奠藏卫，朔漠河源万里之远，千百种族之繁，请命受吏，同于中夏；蟠木流沙大蒙太平之域，执贽献琛，秩于司天、卫于虎贲者，不可胜纪；历年之永，作人之盛，茀禄之康，盖自汉以来所未有也。先正曾氏国藩述中兴之功，追本于我圣祖在人之泽，世以为知言。夫其时西学之哲，方在绵蕞，东方诸国，鲜知重者，而御定《律历渊源》、御制《几暇格物编》以天亶之聪，劬学敏求，有如不及，是今日学术政治之嬗易，器械轮路之创作，圣人固已见微知著，爰成巨制，垂裕后来。《易》曰："极天下之赜，通天下之志，故能成天下之务。"是今之政与学，皆圣祖启之贻之也。章检讨梫绩学深思，覃于掌故，故仿唐史臣吴兢《贞观政要》之体，为《康熙政要》卷二十有四、目四十有二，择精语详，使二百年以后读者，如见先正王氏熙、冯氏溥、李氏光地诸臣一堂拜飏之盛。《盘庚》、《高宗》之《书》，《假乐》、《卷阿》之《诗》，犹可得其仿佛。彼曾巩《政要》，留正圣《政草》，其纪述之意虽同，其事实盖未能比例于一意者。中和位育之功，大同之治，皆将基于是编乎！无疆唯休，亦无疆唯恤，谨正冠拜手，序而归之。

实录馆总裁、经筵讲官、军机大臣、体仁阁大学士徐世昌谨序

自　序

臣梫少治儒书，好研帝学，观历代兴衰之故，考列朝因革之原，窃以为百王之治，无有过我圣祖之盛者。圣祖仁如尧，俭如禹，文如舜，武如汤，好学如殷宗，敬胜如周考，而其治似因实

创，其时似安实危，运以神谟，廓乎大定，享国久远，卜世绵长。间尝欲用吴兢《贞观政要》之例，辑为《康熙政要》，蓄书不备，搜采斯穷，自通籍以后，与修国史，恭纂实录，又与本署讲习馆同学诸臣朝夕讨论，因得窥列圣讦谟之富，皇朝文献之遗，簪笔禁垣，敬谨缀集，再易寒暑，乃成《康熙政要》二十四卷，合四十二篇，其事具本史宬记载，文集弥慎甄录，稗野之说，非敢杂厕。吴兢书有《封建》一篇，今昔异情，无取傅会，而今所增《遵法》、《祖制》、《优礼大臣》、《勤学》、《恤勋旧》、《尚廉》、《理学》、《舆地》、《历算》诸篇，皆非唐宗之所有，盖我圣祖圣学之大、德量之闳、规模之远，实即万年有道之治所由启，而岂三代以下之君所可比肩而语哉？

顾圣猷宏烈，铄古震今，馆阁所储，何啻万帙。兹之所辑，特具体耳。吴兢《自序》称有国有家者，克遵前轨，择善而从，可久之业益彰，可大之功尤著。区区之意，庶几同之。

宣统二年夏臣棂谨识

按：此篇附于目录之后，无题，“自序”二字乃校注者所加。

图书在版编目(CIP)数据

康熙政要/(清)章梫纂;曹铁注译. —郑州:
中州古籍出版社,2012.5
(国学经典)
ISBN 978-7-5348-3828-6

Ⅰ.①康… Ⅱ.①章… ②曹… Ⅲ.①康熙帝(1654-1722)-生平事迹②典章制度-中国-清代 Ⅳ.①K827=49②D691.5

中国版本图书馆 CIP 数据核字(2012)第 078963 号

书名:康熙政要
KANGXI ZHENGYAO
著者:(清)章梫
注译者:曹铁
出版发行:中州古籍出版社
(地址:郑州市经五路 66 号 邮政编码:450002 电话:0371-65723280)
承印单位:河南大美印刷有限公司
开本:640mm×960mm 1/16 **印张**:28
字数:300 千字 **印数**:1-5 000 册
版次:2012 年 5 月第 1 版 **印次**:2012 年 5 月第 1 次印刷

定价:36.00 元